Joachim
Gauck

ヨアヒム・ガウク

新野守広 訳

ガウク自伝

夏に訪れた冬、秋に訪れた春

論　創　社

Original title:WINTER IM SOMMER - FRÜHLING IM HERBST: ERINNERUNGEN
by Joachim Gauck, in Zusammenarbeit mit Helga Hirsch

a division of Verlagsgruppe Random House GmbH, München, Germany
Published by arrangement through Meike Marx Literary Agency, Japan

ガウク自伝——夏に訪れた冬、秋に訪れた春

目次

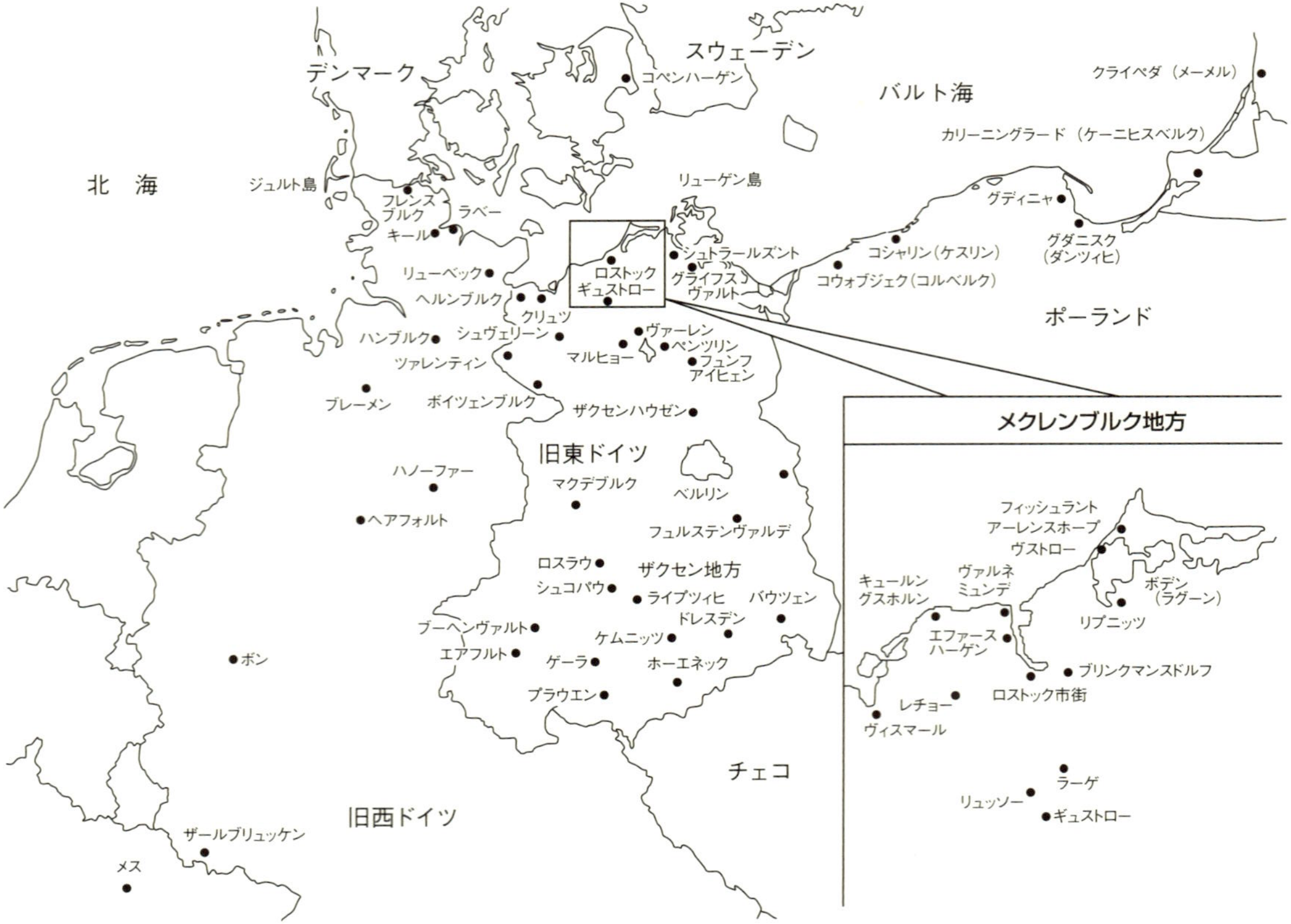
デンマーク
スウェーデン
バルト海
北　海
ジュルト島
フレンスブルク
ラベー
キール
リューベック
ヘルンブルク
クリュッツ
ハンブルク
シュヴェリーン
ツァレンティン
ブレーメン
ボイツェンブルク
コペンハーゲン
リューゲン島
シュトラールズント
グライフスヴァルト
ロストック
ギュストロー
ヴァーレン
ペンツリン
マルヒョー
フュンフアイヒェン
ザクセンハウゼン
クライペダ（メーメル）
カリーニングラード（ケーニヒスベルク）
グディニャ
グダニスク（ダンツィヒ）
コシャリン（ケスリン）
コウォブジェク（コルベルク）
ポーランド
旧東ドイツ
ハノーファー
ヘアフォルト
マクデブルク
ベルリン
フュルステンヴァルデ
ロスラウ
ザクセン地方
シュコパウ
ライプツィヒ
バウツェン
ドレスデン
ブーヘンヴァルト
エアフルト
ケムニッツ
ゲーラ
ホーエネック
プラウエン
チェコ
ボン
旧西ドイツ
ザールブリュッケン
メス
メクレンブルク地方
フィッシュラント
アーレンスホープ
ヴストロー
キュールン
グスホルン
ヴァルネミュンデ
ボデン（ラグーン）
リプニッツ
エファースハーゲン
ブリンクマンスドルフ
ロストック市街
レチョー
ヴィスマール
ラーゲ
リュッソー
ギュストロー

第一章　『私がそこからやって来たところは……』[1]

あの夏を訪れてみよう。それほど遠くない日々だ。ロストックの東、メクレンブルク地方のバルト海沿いに、フィッシュラントと呼ばれる細長い砂洲地帯がある。ボデンと呼ばれる入江《ラグーン》を外海から細長く区切る砂洲に立つと、夏の暑さもしのぎやすい。その幅がわずか五百メートルに狭まったところに、海沿いの小さな村ヴストローがある。

五歳になるまでの日々を私が過ごしたヴストロー。今も心に残る最初の記憶はこの村に始まる。幼い私を間近にのぞきこむ母の顔、家、庭の木、明るい空。広大な海、祖母、暗い空。小さな妹、子どもたちの涙と喜び。すべては生まれて初めて見たものだ。

夏の日々を思い出すたびに、きまって目に浮かぶ最初の情景がある。十二歳のとき、マリアンネおばさんの家に泊めてもらった。彼女は母の友人で、入江沿いのいかにも古風な木骨造《もっこつぞう》の家に、二人の子どもと一緒に住んでいた。家に入ると粘土質のローム土でできた家畜用の暗い土間があり、奥に台所と居間が見え、猫たちが行ったり来たりしている。見上げると、梁の下に巣を作った燕たちが飛び込んできたり、家の外へ飛び出たりした。

この家は、マリアンネの父親で、生粋のメクレンブルク人コノー爺さんのものだった。爺さんはポルトと呼ばれる木製の小さなボートを持っていて、五十歩ほど離れた庭の端の、葦原が入江に少しせり出したあたりに自分だけの「港」を造って停めていた。私はボートに乗せてもらって、こぎ方と帆の使い方を教わった――ボートには帆を張ることもできたのだ。入江沿いの草原をまわって干し草を集めたり、刈り取り機に使うロープを対岸の郡庁所在地から運んだりするのも、このボートだった。もちろん爺さんは低地ドイツ語の方言をしゃべる。相手が土地の人だろうが、よそ者だろうが関係ない。たまに風の具合が絶好調のときなど、ボートを減速して帆を降ろさないでもすむよう、風に話しかけることもあった。

ボートに乗るのは、私と爺さんの孫のブルカルトだ。私たちが「上手に」ボートを扱うと、爺さんは褒めてくれる上に、農家風の台所でレックミルヒと呼ばれるほぼ粒状の凝乳《クヴァルク》をご馳走してくれる。もうすぐマリアンネが乳脂の攪拌に取り掛かろうものなら、私は少し水気の残った濃黄色の新鮮なバターが猛烈に欲しくなるのだ。彼女は晩の食卓ででき上がったバターを樽から出して、黒パンの上にたっぷり塗ってくれる。私たちはいつも腹をすかしている。風が吹いていても、どんな天気でも、いつも戸外で、中庭で、草地で、入江で遊んでいるのだから。

その日はいつもと違って暴風雨だった。村の年寄りは、たいてい嵐は外海と入江に挟まれたフィッシュラントを避けて通るというが、いったん嵐に見舞われると風雨はとても激しい。ブルカルトと私は台所の向かいにある小屋に逃げ込んだのだが、雷が空を引き裂くと震え上がった。そして、小屋の板屋根を太鼓のように叩く大きな雨音と、母屋の柔らかい葦ぶきの屋根に静かに浸み込む雨音に耳を傾けていた。

暗くなったので、マリアンネの台所にろうそくがともる。台所の扉の上半分が開いているので、彼女の働く姿が見える。私はその瞳を見るのが好きだ。幼い私には、彼女の瞳はいつも人生を肯定しているように思えたからだ。その目は、いつどこででも、そうしてきたに違いなかった。しかしこの夏、彼女のまなざしがとらえていたのは私だ。私は彼女の世界に属していると感じた。彼女は私を守ってくれた。さて、マリアンネは顔を上げると、小屋にいる私たちの方を見て微笑み、合図をくれる。もうすぐ夕食になるらしい。
明日には嵐は収まるだろう。明日はマリアンネが私たちをヴストローの教会に連れて行ってくれる日だ。毎週水曜日、教会堂では夏の晩の集いが開かれる。旅回りの楽師が演奏し、オルガンが奏でられる。そして最後に、いつもきまって、ある歌が歌われる。私はその歌をすぐに覚えてしまうだろう。

一日は終わり、美しき飾りも終わります
イエス様、私のそばにいてください
今、夕暮れを迎えます
あなたの光を
消さないでください
地上の私たちのもとで

（ヨハンネス・エッカルト〔一五五三―一六一一年〕作詞『子どものための祈りの歌』）

家への帰り道、入江に沿って自転車を走らせながら、私はこの歌を口ずさんだ。今晩私はブルカルトと一緒に、古い小屋の隣の、以前子牛を飼育していた家畜小屋で寝るのだ。電灯もベッドもない中、ねずみやコウモリと一緒に藁の上に横になる。私たちは勇敢な一人前の少年なのだ。中庭に面した扉は開けっ放しになっていて、寝返りを打つと晴れた夜空の星々が鮮やかに見える。「一日は終わり、……／あなたの光を／消さないでください」。口ずさむうちに、いつしか私は寝入ってしまった。
それから三十年以上も経ったある日、西ドイツのラジオ番組に出演したロストック出身の作家ヴァルター・ケンポヴスキー*が「若い頃、故郷は苦しみの場所だった」と語るのを耳にしたことがある。そのとき私が彼に覚えた反発は、今でも忘れられない。というのも、私にとって故郷は幸せの場所だったからだ。ただ、あの一九五二年夏の日々の幸せは、実際にはその前年に我が家を襲った不幸と結びついていたのだが、私がその事情を知るのは、それから二十年も経ってからのことである。当時マリアンネが私を泊めてくれたのは、その前年に私の父が連行され、行方不明になったからだった。前年の夏に暗い出来事があったおかげで、彼女の家で過ごしたひと夏の思い出が、それ以前の心象をすべて目立たなくしてしまったのだった。

　家族と一緒にロストックに引っ越した後も、一生を通して、ヴストロー村は私にとって避難所であり、いつでもほっとした気持ちになれる拠り所だった。子ども時代も、独身のときも、結婚して子どもたちが生まれたときも、老年に達した現在も、いつもヴストローは私の大切な場所である。ロストックを出発して、フィッシュラントへの道を左に曲がり、バルト海と平行に北東へ車を走らせ、遠くにヴストローの教会の塔が見えると、右手の草地と葦原の向こうは入江《ボデン》だ。今でもここまで来ると、特別な温かさと内面の喜びが私を包む。たとえほんの短い訪問に過ぎなくとも、故郷にいる気持ちになれる場所だ。

　私の父ヨアヒム・ガウクと母オルガ・ガウクはこの土地の生まれではない。二人は結婚後の一九三八年に、今のパーク通り――当時はアドルフ・ヒトラー通りと呼ばれていた――にあった航海学校の向かいの家を半分借りた。父の父（私の祖父）はザクセン地方の出身ではあったが、父母ともメクレンブルク地方で育ったので、二人にとってヴストローはまったくよその土地というわけではなかった。父はヴストローの航海学校に通い、まず航海士の資格を取得した後、一九四〇年に外洋航海の船長資格A6を得て卒業した。しかし第二次世界大戦がはじまっていたため、船長として航海に出ることはなかった。もっとも父は、大学入学資格《アビトゥーア》を取得した直後の見習水夫時代から四本マストの帆船グスタフ号に乗り込み、世界中の港をまわっていた。我が家の家族アルバムには、

1952年の夏。母の友人マリアンネと息子のブルカルト、そして私。父が行方不明になった私たちが最初に過ごさねばならなかった夏、マリアンネは私に家庭的な幸せを提供してくれた。

オーストラリア、アフリカ、スカンジナビア、スマトラの国々の写真が残っている。最後はハンブルクのフェルディナント・ライース社に入り、アフリカのバナナや南国の果物をドイツに運んだ。

母は父が陸に上がった機会を逃さず、しっかりつかまえたようだ。我が家で語り継がれてきた逸話を紹介しよう。三十一歳の若きガウクがカメルーンから帰国したとき、ハンブルクの船会社で出迎えた若きオルガ・ヴァレマンは、期待に胸を躍らせて尋ねたという。

「読んでいただいたかしら、私の手紙」。

父は手紙のことは何も知らなかった。

「じゃあ私たち明日、ブランケネーゼ〔ハンブルク市西部の街区〕で結婚するのをご存じないのね?」。

父はその場で結婚を決めたに違いない。

こうして母も、父が軍隊に徴集されて航海学校に通うようになったのを機に、ヴストロー村に住むことになった。村には父の母アントニー・ガウクがバルト海沿いに家を建てて、一人で住んでいた。アントニーはメクレンブルク地方の小さな町ペンツリンで小規模ながらも畜産業を営む農家の娘で、実家は中世以来の都市農家〔都市の市民権を持ち、都市に属する耕作地で農業を営んだ〕だった。遺産はあったが、定期的な収入がなかった。そこで生計を安定させるため、ヴストローに夏のペンションを建てようと考えた。村の人々は反対した――「あの女、あんなところに家を建てようなんて、どうかしてないか」。外海に面した建設予定地が村からかなり離れていたからだ。しかし一九三六年、数名の休暇滞在客にも部屋を提供できる住居兼ペンションは完成した。

父がまだ幼い少年だった頃、父の母（私の祖母）アントニーは離婚した。その理由は誰も知らなかった。息子の父ですら、自分の父親の写真を一度も見たことがなく、ドレスデン出身の薬剤師だったと教わっただけだった。自尊心の強いメクレンブルク人だった祖母は、質問はおろか、噂さえも禁じてしまった。尋ねられても答えず、あらゆる記憶を消し、夫の名前をさっさと片付けたわけだ。父は成人した後も、散歩中に彼女が振り返り、愕然として思わず声を漏らすときなどに、いかに彼女が夫を拒絶してきたか、実感することができたという――「おまえはお父さんそっくりだ！」。離婚した後、祖母は独身を通した。それればかりか私の妹のマリアンネは、まだ小学生の頃から、祖母に男嫌いを吹き込まれたものだ――「男の子にのぼせるんじゃないよ！」。

無愛想で意志が固く、わがままなところもあった祖母は、連れ合いがいなくても、実に存在感があった。ドイツ帝国時代の堂々とした家具と蔵書がびっしり詰まった書棚に囲まれた姿は、いかにも威風堂々としていた。ときおり私の母は義母を傲慢で支配欲が強いと感じたにちがいない。「お義母さんは物知りだから教わることも多いけれど、これ以上はダメという線を引かないと、いつも口を挟んでくるの」と母は妹のゲルダへ手紙で書いている。母は義母に対して、いくぶん距離を取っていた。

母自身は事務の職業訓練を受けた自立した女性だった。とりわけ実務の才にたけていた母だが、家事や子どもの教育のために、やむなく職業を断念した。母の両親フランツ・ヴァレマンとルイーゼ・ヴァレマンは、田舎の人だった。フランツはクークックという名のどこかの小さな村で生まれ、ルイーゼはロストック近郊のカッセボームで生まれた。

ルイーゼの両親は、とても貧しい農業労働者[2]だった。ルイーゼが小さい頃、子どもたちは一つのベッドに二人で寝なければならなかった。食卓には父と母の椅子しかなく、子どもたちは立ったまま食事をとった。ルイーゼはちょうど七年生〔十三歳〕まで学校を終えると、働きに出なければならなかった。でも彼女は、貧しかった当時を一度たりとも嘆いたことがなかった。むしろ、クリスマスで小さな贈物にわくわくしたり、十ペニヒから二十ペニヒ程度のお小遣いを持って聖霊降臨祭でにぎわうロストックに歩いて出かけ、広場の屋台でワッフルを注文して食べたり、メリーゴーラウンドに乗ったりしたことがどんなに素晴しかったか、話してくれた。

祖母ルイーゼは十七歳で左官見習いのフランツ・ヴァレマンと結婚し、ロストック市内の賃貸アパートに二人で引っ越した。私の母オルガが生まれたのは一九一〇年だった。数年前に長男のヴァルターが生まれており、数年後には次女のゲルダが生まれた。結婚後も貧しい生活は続いた。インフレの嵐もすごかった。祖母の話では、一九二〇年代前半、ヴァイマール共和国初期のある週末に、夫フランツがリュックサック一杯の現金をかついで帰宅したことがあった。しかしこの大量の現金も、急いで商品と取り換えないと、次の週には無価値になるほどだったという。

一九三〇年代に入ると、幸運が訪れた。祖父が左官のマイスター資格〔ドイツの伝統的な職業資格〕を取得したのである。続いて祖父はコンクリートミキサー一台と手押し車数台を購入し、従業員を何人か雇うと、フランツ・ヴァレマン建設という会社を興した。当時の古い写真には、ビール太りした祖父がオペルの自家用車の前に立ち、得意げにポーズを決めている姿が写っている。立身出世に成功したのだ。一九三〇年代の終わりに、祖父はロストック郊外の閑静なブリンクマンスドルフに庭付きの自宅を建てた。家からは一帯の草はらが見渡せた。この家は三人の子どもたちが成長してそれぞれ家庭を持った後も、皆の拠り所であり、避難所だった。孫である私自身、何度もこの家で過ごしたことがある。

母方は親戚付き合いがお互いに密だった。とくに私の母オルガと母の妹のゲルダはそうだった。まるで人生の重要な決定をあらかじめ打ち合わせていたかのように、二人は数週間違いで結婚し、しかも地元の男を夫に選ばなかった。子どもが生まれたのも、ほとんど同じ頃だった。私のいとこにあたるゲァハルトはゲルダ叔母の長男だが、誕生日は私よりわずか五カ月早いだけだ。

しかし、母と叔母の性格は対照的だった。金髪のショートヘアだった叔母は、誰が見ても母より魅力的だった。一方、黒髪のオリー――母のオルガはこう呼ばれていた――は、妹よりも賢かった。ゲルダ叔母は妻にふさわしく、オリーは母親にふさわしかった。とはいえ、たとえ二人が互いをライバル視していたとしても、私たち子どもの前ではおくびにも出さなかった。母と叔母の仲は、信頼と連帯で支えられていた。それは二人が結婚後、ゲルダ叔母はザールブリュッケン、ロストック、キール、そしてメーメル〔東プロイセンの町、現在はリトアニアのクライペダ市〕へ、母はヴストローへ、それぞれ夫の事情のために引っ越した後も続いた。

ヴストローは普通の村ではなかった。この村には、一八四六年に設立された「大公国立ヴストロー航海学校」があった。これはメクレンブルク地方ではじめての官立航海学校だった。船乗りたちは世界各地から大きな貝殻や、日本、中国、イギリスの陶磁器を持ち帰り、女たちは夫が船長として勤務する船の写真で贅沢な部屋を飾った。生徒も教師も入れ替わりが激しかったが、フィッシュラントの女たちと結婚して、ヴストローにとどまる者も少なくなかった。船乗りたちがもたらす世界の息吹は、こうして土地の手堅い気風に織り込まれた。

昔からヴストローには大勢の船長が住んでいた。帆船が主流だった時代には、当時の有力な船団がここに基地を構えていた。しかし、十九世紀末に蒸気船が帆船を駆逐すると、ヴストローはかなり地味な観光地になってしまった。もっともこれは、交通手段が限られていた当時の事情を考慮に入れなければならない。一九二九年にフィッシュラント道路が建設されるまでは、対岸の町リプニッツから入江《ボデン》を船で渡る以外に、ヴストローへの交通手段はなかったのだ。小さな帆船と蒸気船が一日に二往復、一時間かけて、避暑客や雌牛、羊、豚、郵便物を運んだ。第二次世界大戦が終わった後も、地元の少年たちは桟橋に立ち、避暑客の荷物を手押し車や荷車に乗せてペンションに運んだ。夏休みになると私も時々そうやって、小遣いをかせいだ。

　夏のハイライトの一つは、入江一帯の村々で代々行われてきた「樽壊し」という祭りだった。とくに戦後、共産主義者[3]が各地の射撃祭や田舎の伝統行事を根絶してしまったため、この祭りは大きな意義を得た。まるで時代の流れから取り残されたような素朴さがあり、自由ドイツ青年同盟（ＦＤＪ）[4]やピオニーア組織[5]の制服を着た少年少女が行進する姿などどこにも見当たらず、社会主義賛歌の合唱も党幹部の演説もなかった。その代わりに、飾り立てられた馬と戦前の勲章を身につけた乗り手たちが登場した。時代や支配者がいかに変わろうとも、途絶えることなく行われてきた儀式だった。そもそもこの祭りは、ニシンを詰めた樽を出荷する船積みの祝賀行事として始まった。樽の出荷先は、十九世紀に入るまでメクレンブルク地方とフォアポンメルン地方の一部を占領していたスウェーデンだった。これが人気を得て、祭りに発展したのが「樽壊し」である。三ないし四メートルの高さにニシン樽を宙づりにし、疾走する馬上の騎手がこれを叩いて壊すまで競い合う。優勝者は「樽王」の称号を獲得し、「偉大なるフィッシュラントを讃えよ！　古き祭りのならわしに誉れあれ！」と乾杯の音頭を取るのだ。

　色鮮やかな夏服を着て遠巻きに見ていた見物客も、重い木製の棍棒で宙づりの樽を打ち壊した馬上の男たちも、ともに満足する楽しい時間。これこそ「私たち」の祭りだった。誰もがこのまま続けたいと願う祭りだった。

さらに、四キロメートルほど北にアーレンスホープがあったおかげで、ヴストローは観光スポットとしても魅力があった。十九世紀末以降、人里離れた海辺の村アーレンスホープは独特な哀愁で数多くの画家や作家を惹きつけ、ブレーメン近郊の有名なヴォルプスヴェーデと並ぶ芸術村に発展していたのである。ここで活動した芸術家の中では、とくに画家パウル・ミュラー＝ケンプ*とエーリヒ・ヘッケル*が有名だった。彫刻家のゲァハルト・マルクス*も近くに家を購入した。当初マルクスはベルリンとフィッシュラントを往復する生活をしていたが、一九三三年、ヒトラーの政権掌握にともない、ハレの芸術学校の教授職を解雇され、「退廃芸術」の烙印を押されて作品の大部分を没収された。以後第二次世界大戦が終わるまでずっとこの村で過ごした。彼の家のすぐ近くには画家フリッツ・コッホ＝ゴータ*が移り住んだ。ゴータは童話『うさぎの学校』の挿絵で有名な画家で、今はヴストローの墓地に眠っている。墓地には彼のほかにも、一九〇八年にライプツィヒで体操と音楽の学校を設立したドーラ・メンツラー*の墓もある。彼女は夏の間、ヴストローで授業を行っていたが、一九三三年、学校の主宰者を退いた。両親の一方がユダヤ人であったため、学校が閉鎖に追い込まれるのを恐れたのだ。しかし彼女の仕事は人々の記憶に残った。第二次世界大戦の後、私は土地の人々から「跳ねっ娘」の話を何度も聞いたことがある。これは戦前にヴストローの浜辺で裸になってダンスを踊った若い女性たちのことで、東ドイツ時代にバルト海沿岸で大流行したヌーディスト文化のさきがけだった。戦後、上品ぶる共産党上層部のたびたびの抵抗にもかかわらず、ヌーディスト文化は人々に支持されて普及した。

ヴストローには画家ヘートヴィヒ・ホルツ＝ゾンマー*が夫の画家エーリヒ・テオドール*と住んでいた。私の小学校時代の同級生だったクリスティアン・ゲートイェン*は、二人と一緒に森を歩きながら絵を学び、画家になった。二〇〇八年に早すぎる死を迎えるまで、ゲートイェンは二人の先達に倣い、花々の絵や風景画を描き続けた。

1940年、戦争中の夏。ヴストローのアドルフ・ヒトラー通りにあった自宅の庭にて。私の人生の始まりを見守ってくれた三人の女性。私を膝に抱いた祖母アントニーを真ん中にして、左に母、右に祖母ヴァレマン。一番左は隣家の女性。

　これが私の育った世界だった。一九四〇年一月二十四日、ロストックの病院で生まれた私は、吹雪の中、祖父の車に乗せられてヴストローへ戻る途中、自宅まで一キロメートルほどのところで雪に閉じ込められ、軍隊に救出された。この年の冬は寒かった。デンマークに向かうバルト海の砕氷船は難渋した。スウェーデン南部には四メートルもの積雪があったという。

　戦争が始まっていたとはいえ、とくに町から移り住んだ者にとって、村の生活は穏やかだった。村には小さな家々や、ネオゴシック風の教会があり、教会の塔に昇ると、外海のバルト海から内海の入江まで一望できた。絶え間なく吹く風は、ポプラや菩提樹の並木を通り過ぎ、草原を越え、砂丘を吹き抜けた。そして風が強まると、威嚇する波の音も大きくなった。海が荒れて、人間の生け贄を要求したり、浜辺に船を打ち上げたりすることもあった。今、入江に陸揚げされてレストランとして使われている「シユティンネ」号は、もとはデンマーク製の二本マストの帆船だったが、一九六五年の嵐で打ち上げられ動けなくなったものだ。

父は私が生まれてすぐに海軍に徴集されたため、ほとんど家にいなかった。しかし父親不在とはいえ、私は守られていると感じていた。残された母と私と妹の三人家族はけっして孤立していなかった。祖母のアントニーは歩いて数分のところに住んでいたし、戦時中で物資が窮乏していたにもかかわらず、母は残された船長の妻たちとの小さな集まりに私たちを連れて行ってくれた。当時は子どもが五人いる家庭も珍しくなかったから、私たちはいつも大勢の人々に囲まれて過ごした。今思い出しても、集まりは明るい雰囲気だった。彼女たちは夫が戻らず、不安を感じていたと思うが、子どもには露ほども気づかせなかった。

一歳半年下の妹マリアンネによると、私は母のお気に入りだったようだ。実際母は、一歳の私を撮った写真に、愛情に満ちた短い言葉を書き残している。ところが親戚の話では、私は母にとって、とても扱いにくい子どもだったと言う。というのも、十分な量の飲み物と食べ物が得られなかったので、赤ん坊の私はよく大泣きしたそうだ。そのようなとき、おそらく母は、当時の多くのドイツ婦人がお手本にしたヨハンナ・ハーラーの育児書『ドイツの母と最初の子ども』を読んで、そこに推奨されていた通りに厳しくしつけた。いわく、おしゃぶりを与えても子どもが泣き止まないとき、「母親になった皆さんは、情に動かされてはなりません！　子どもをベッドから抱き上げたり、かかえたり、ゆすったり、抱いて歩き回ったり、膝に乗せたりしてはいけません。授乳も駄目です」。後年、私はこの育児書を自宅の書棚に見つけた。「泣き叫ぶ子どもには、母の指示を守らせなければなりません。しつけに従わない場合、ある程度冷たく扱う必要があります。態度をあらためるまで部屋に一人で放っておきなさい。そうすれば子どもは信じられないほど早い時期にしつけを理解するのです」。

母はこの指示に正確に従ったものと思える。子どもの私は乳母車に一人乗せられて、家のそばの草はらに放置されることがしばしばあった。けれどもヨハンナ・ハーラーの理論とは正反対に、幼い私が母のしつけに素直に従うことは、けっしてなかったようだ。というのも、皆の語るところによれば、私はいつまでも激しく泣き続けたからである。「泣けば子どもの肺は鍛えられ、健康になります」というハーラーの手引きは、当時の母親たちを安心させた。ところが手本通りに放っておかれ、満たされないまま育った私は、いつも食べ物や飲み物を探してきょろきょろする子どもになった。まもなく妹のマリアンネが生まれると、幼い私は誰も見ていないと信じて、妹の哺乳瓶をつかみ、一気に飲み干してしまった。もちろんこのときのご満悦は、母に見つかってごく短時間に終わった。

戦時中のことなので、配給切符に応じて配られる食糧だけでは足りなかったが、実務の才覚に秀でた母のおかげで、ヴストローの我が家では食べ物が不足することはめったになかった。私たちは庭に実ったものを瓶詰にし、足りない野菜や果物を近所から分けてもらった。しかし一九四三年の七月から十二月にかけて、父のもとで過ごした四か月強の期間の食料事情はひどかった。当時、デンマーク東部海岸の掃海艇での任務を終えた父は、ゴーテンハーフェン（現グディニャ市〔ポーランド〕）近郊のアードラースホルスト航海学校に配属され、数学と航海学を教えていた。母は私と妹を連れて、父のもとに引っ越したのである。母はヴストローでの生活水準を維持しようと試みたが、ドイツ占領下のポーランドでは不可能だった。叔母ゲルダに宛てた手紙の中で、母は湯沸かし器やスカート、ブラウスを送って欲しいと書いている。母は食料の送付もゲルダに頼み、マーマレード、リンゴ、ジュース、カブ、ブドウ（ブリンクマンスドルフの祖父ヴァレマン家の外壁にはブドウが実をつけた）やトマトも瓶詰にして、郵便や汽車で送ってもらった。トマトは輸送途中に一部潰れてしまったので、瓶詰にして送るように頼んだのだった。

戦争の被害について母はたった一度、一九四三年十月十日のゲルダ宛の手紙の中で、ゴーテンハーフェンを標

1943年の復活祭。ドイツ占領下ポーランドのゴーテンハーフェン［現グディニャ］近郊、アードラースホルスト航海学校に勤務していた父を訪ねた母と私と妹のマリアンネ。私たちは夏から秋にかけて、父の狭い官舎で数か月間暮らしたが、幼い私は楽しくなかった。この土地で私たちは何をしていたのだろう。おそらく見知らぬ土地の違和感が私を不安にさせたのだ。

的にした「ものすごい空襲」について触れただけだった。この空襲では「病院が爆撃され、病院船も破壊されました。さらに防空壕にも爆弾が命中しましたが、そこには病院の子どもたちがたくさん避難していました」。アードラースホルストは空襲を免れたが、「すごい数の爆撃機を目にして、私たちはパニックになりました。二百機以上は飛んできたでしょうか。こんな光景は見たことがありません」。一方で母は、住民の不安については一言も書いていない。遺族や負傷者への同情も、戦争中の出来事についての心配も、書かれていない。スターリングラードで大敗北を喫し、東部戦線のクルスクの攻撃も失敗に終わったドイツ国防軍は、すでに防戦一方だった。一九四三年初夏には東部戦線からの撤退は免れようもなかった。父はこのような戦況について、十分な情報を入手していたにちがいない。しかも叔母ゲルダは、海軍の従軍牧師として東プロイセンのメーメル〔現クライペダ、リトアニア」に徴集された夫の身を案じていた。現在の知識をもとに考えてみると、家族の日々の安寧を気遣うあまり、戦争という大きな状況に言及しない母の手紙は奇異にも思える。母は現地のポーランド人に差別的な言葉を使い、彼らに慣れるのは大変よとか、こんなに盗難が多いところは初めてね、などと書いたが、迫りくる戦争の危険についてはかたくなに無視した。おそらくこのようにして、母はドイツの究極の勝利を信じる気持ちを保とうとしたのかもしれない。

私には空襲の記憶は残っていないが、アードラースホルストの思い出には全体的に暗い影がある。アードラースホルストもバルト海沿岸に位置しており、広大な砂浜と断崖があるところはヴストローに似ていたが、私にはよそよそしく、不安定で、冷たい土地に感じられた。狭い官舎住まいは窮屈だったし、複数階建ての殺風景な集合住宅が立ち並ぶ風景には不安を覚えた。ヴストローの町並みの大きな菩提樹が懐かしかった。アードラースホルストはすべてあまりにも分かりにくかった。とくに閲兵式は、幼い私を混乱させた。父親を誇りに思う気持ちを学ばせようと、私によそいきの服を着せて閲兵式に連れていった母は、海軍の兵士が行進してくると、パレードがよく見えるように私を抱き上げ、通りの端から人差し指で隊列を指し、何度も繰り返し言ったのだ。「ほら、お父さんよ、見えないの？　あそこよ、ほら、あそこ！」。抱き上げられた子どもには、制服姿の大人たちが歩調を合わせて行進するのがたしかに見えた。それは美しく、印象深く、圧倒的な光景だった。けれども、どの制服姿も他の姿と区別がつかない。連打される太鼓の音が響くなか、無限とも思える隊列がきびきびと歩みを進める姿は果てしない。いったいどうやって三歳の子どもに、たった一つの顔を見つけろというのだろう。実際そこに父の姿を認めることは無理だった。

半年の官舎生活の後、ヴストローに戻ると、ラジオ放送から流れる「国防軍総司令部発表」をよく聞いた。もちろん子ども向けの番組ではない。独特のファンファーレが鳴り響くと、戦線での勝利の報告が読み上げられた。幼い私も勝利を期して、木製玩具の戦車を二両投入した。一両は緑と茶色の迷彩色に塗られていた。もう一両はチャコールグレーで、第一次世界大戦で活躍したイギリス軍の戦車に似ていた。私は狭いリビングの椅子の間を這い回り、ねばり強く戦車を操った。母が後に語ったところによると、私は圧倒的に強力な敵に捕えられた父を救出するために、エジプト北部の町エル・アラメインをはじめ、世界中に遠征したのだそうだ。おそらくこの幼い子どもは、ゴーテンハーフェンの父の身に危険が迫っていると信じていたのだろう。

一九四四年、たしかナチの婦人団体が開催した催しの一つだったと思うが、私はクリスマスを祝う集いにはじめて正式なデビューを果たした。参加者の前でクリスマスの詩を朗読し、言い間違えも詰まりもしなかったのである。それは「戸外から、森から、私はやってくる……」という、あの有名な詩だった〔テオドール・シュトルム『従者ループレヒト』（一八六二）〕。サンタクロースは感動して、集いが終わった後に君の家に寄って、特別な贈物をあげようと約束してくれた。実際、サンタ役の男は約束を守って我が家を訪れたため、私は木製の戦車をもう一両増やすことができた。

ヴストローは戦争の被害を免れた。村はずれの草はらに爆弾が二つ落ちたが、被害はなかった。これに対してロストックの被害は甚大だった。早くも一九四二年四月に英国空軍の空襲を受け、市街地の六十パーセントが破壊された。四月二十三日から二十七日にかけての四日間に、毎夜数百機もの爆撃機が飛来したのだ。歴史的な面影を残していた街並みは灰燼に帰し、聖ニコライ教会やペテロ教会も焼失した。ヴストローでは大人たちが堤防の上に立ち、南西のロストックの方角を不安げに眺め、湖面のかなたから立ち上る煙を見つめていたという。多くの村人はロストックに親戚がいた。母は両親の安否を気遣った。西から風が吹くと、ヴストローの家々の庭にも灰が降った。メクレンブルク地方はすでに戦場だった。

戦争に関する私の唯一の記憶は、ロストックに住む母方の祖父母ヴァレマン家を皆で訪れたときのものだ。私たちは身を寄せ合って地下室に座った。遠くの方でサイレンが聞こえた。状況がどれほど切迫していたのか、幼い私にはわからなかったが、大人たちが抱いた不安は私にも伝わってきた。

　祖父母はどうにか戦争を切り抜けた。住まいのあったロストック郊外のブリンクマンスドルフにも爆弾が落ち、近所の家が二軒破壊された。けれども祖父母の家では、母屋に建て増したガレージが壊れて母屋の屋根が破損しただけで済み、祖母と叔母と二人のいとこは地下室に避難していて無事だった。いくつかの家具が壊れたが、使えないほどではなかった。しかし、戦争末期の一九四五年四月は命がけだった。地上戦の前線から砲弾の音が聞こえてくると、祖父は干し草を運ぶ手押し車に羽ぶとんと若干の家財道具を積み込み、私のいとこのゲァハルトとデルテを載せ、大人たちで手押し車を押して西に向かい、バード・ドベランで道を折れてレチョー村へ入った。一家は戦争が終わるまで、村の牧師館に身を寄せた。

　一九四五年五月一日、ソ連軍はロストックとリプニッツに現れた。五月二日、ソ連の戦車が数両、ヴストロー村の通りを通って、バルト海の海岸線沿いの断崖地帯に直接やって来た。しかし戦車は撤退したドイツ軍が残した無人の陣地と破壊された二つの砲台を確認すると、現れた方向に走り去った。

　五月三日の朝、ついにヴストロー村は占領された。私たち子どもは、大人たちの後について、高台に上った。そこからは砂洲のフィッシュラントを曲がりくねって走り、最後は村に入る一本道が見渡せた。ソ連軍は郡庁所在地リプニッツを出発して、西から村に入ってきた。ぼろぼろの軍服を着た兵士らが、農夫用の荷車に乗って現れた。これを曳く馬たちは毛が伸び放題で、痩せ衰えていた。一発の銃声も発することなく、彼らは村に入った。村のほとんどの女たちは身を隠し、顔を黒く塗った者も多かった。

　ロシア兵が占領先で行った数々の暴行のうわさが広まると、父方の祖母アントニーはあわてて我が家の中庭に駆け込んできた。彼女が一目散に向かったのは、白い円の中にハーケンクロイツを黒く描いた赤地の旗だった。一九三五年以後、ドイツ帝国の旗として使われるようになったこの旗は、実は私が作ったものだった。五十センチメートルの長さの旗竿に、ドイツ的徹底ぶりを発揮して布製の旗をしっかり結びつけ、掲げていたのだ。祖母は旗を引きはがそうとしたが、なかなかはがれなかったので、膝の上に旗竿を載せて真っ二つにへし折り、布と一緒に火にくべた。ちょうど家では洗濯中だったので、洗濯用の湯を沸かすために火をおこしていたのだ。私は祖母の振る舞いに仰天した。この世界で起きていることは理解できなかった。「処分しなきゃだめ！」と祖母は宣告した。「ロシア兵が来る前に処分するのよ！」。

ところが母は驚くほど落ち着いていた。母はソ連軍が現れるわずか数日前に、三人目の子どもである私の弟エッカルトを産んだばかりだった。ロシア兵が村の通りを折れて我が家の前に立ち、アジア的な顔立ちの見慣れない姿の男を先頭に三名の兵士が家の中に入ってきたとき、何千人ものドイツ人が当時聞いたあの言葉がまず聞こえてきた――「ウーリ、ウーリ」。このとき母は機転をきかせてすばやく腕時計《ウーア》をはずすと、ソファーとクッションの隙間に滑り込ませた。そしてロシア兵に両腕を掲げて見せ、時計を持っていないことをわからせた。

村人の持ち物は徴発され、盗まれた。自家用車を所有していた医者や数名の村人たちは、車を引き渡さなければならなかった。学校の前に集められた自家用車には鍵がかかっていなかった。子どもたちはこっそり車内にもぐりこむと、ハンドルを握って遊んだ。大満足だった。私たちの父親は誰も自家用車を持っていなかったからだ。今でも私は、このとき車内で嗅いだ革張りシートの素敵な匂いや、ガソリンの匂いを覚えている。自家用車に続いて、ラジオや電話機も引き渡さなければならなかった。自転車は引き渡しを要求されなかったが、ロシア兵はたいていこれも徴発した。

航海学校は占領された。校舎の正面にそびえていたモミの木は一本、また一本と伐り倒され、馬小屋を建てる材料にされた。ジャイロコンパスなどの、新人の航海士や船長が仕事の習得に使っていた航海用の道具類は無造作に投げ捨てられていたが、後に我が家の庭に集められた。村の多くの家は将校用の宿舎として接収された。我が家と玄関を共有していた隣りのフックス家では、二部屋とベランダをソ連の少佐に提供しなければならなかった。これを知った母は、最初生きた心地がしなかった。しかし越してきた少佐は、私たち子どもを心から可愛がってくれた。ただ、いつもウォッカの臭いがする少佐に抱きかかえられるのは、あまり気持ちの良いものではなかった。とはいえ、彼はいつも笑顔で私たちにパンをくれたのだった。

バルト海に面して建っていた三軒の家は、軍事目的のために利用された。その中には祖母アントニーの家も含まれた。ロシアの兵士たちは祖母の家を、海を見張る監視所に好都合だと思ったのだろう。葦ぶき屋根に穴をあけ、衣類と家具類を窓から放り出し、蔵書を引き裂いた。ロシア語で「占領者ドイツ人どもに死を！」と落書きされた書物もあった。けれども幸運なことに、祖母は怪我もなく無事で、若干の家具を持ち出して村の知人宅に部屋を借りることが許された。

一九四五年六月中旬に母が知人に出した手紙には、難民、(6) 疎開者、および外国人は数日以内にヴストローから出て行くことになったと書かれている。さらに、軍事的な理由から、海岸線一帯から立ち退かされるかもしれないといううわさが流れていることにも触れられている。しかし実際には、海岸への立ち入り禁止措置に限定されたことは明らかだった。子どもたちもバルト海の海岸に近づくことは禁止された。

五歳だった私は、身辺で起こる出来事をおおよそなりとも理解するには小さすぎた。私にとって終戦は、なんと言っても面白く、わくわくするものだった。兵士たちの登場は、小さな村の生活に変化をもたらした。外観からして、兵士たちは村人とは異なっていたし、別の言葉をしゃべり、態度や振る舞いも違っていた。何か新しいことが始まっていたのだ。

私よりやや年上の少年たちも、一連の出来事をまずスポーツや冒険の側面から見ていた。少年たちはヴストローとアーレンスホープの間のバルト海岸沿いの断崖地帯に放置されたドイツ国防軍の砲台跡を探検し、うずたかく積まれたベルト、弾薬入れ、廃棄された薬莢を発見した。今日ではバルト海の荒波が海岸線を削ったため、これらナチ時代の軍事施設跡はおろか、東ドイツ時代の軍事施設跡も海の中に消えてしまったが、当時の少年たちは土を掘り返して砲弾の薬筒を見つけると、叩いて中の火薬を取り出し、火をつけて花火遊びをしたものだ。数年後には私も仲間に入った。私たちは集めた弾薬の粉を五十センチもの高さに積み上げ、その上に海藻や小石、砂を載せた。あらかじめ掘っておいたこの塊につながる溝に火薬を敷いておき、即席の導火線代わりにした。ひそかな満足感があった。火薬の塊が吹き飛ぶと、あたり一面に小石が飛び散った。

大人になった私がこれらの出来事を思い返すと、少年時代の思い出のあまりの無邪気さに驚きを禁じ得ない。現実は冷酷だった。ソ連軍が入村する直前、ヴストローでは何人もの自殺者がでた。私がこの事実を知ったのは、かなり後になってからだった。彫刻家のヨハン・イェニヒェン*は動脈を切った。ナチ党員ではなかった彼がなぜ自殺したのか、今でもわからない。一家そろって東部から避難してきたヘニングス家の人々が自殺した理由も不明のままだ。両親は八歳の娘を殺害した後、自ら命を絶った。ヴストロー出身の村の警察官は、妻とともに自宅の屋根裏部屋で首を吊って死んだ。アーレンスホープでは、熱狂的なナチ党支持者として知られていた夫婦が拳銃自殺した。二人は敗者に下される罰を恐れたのだろう。

十五歳から五十歳までの成年男子が逮捕されたことも、当時の私は知らなかった。戦時中の村にかろうじて残っていた男たちはナチ党員か突撃隊員であるとみなされ、そのほとんどがノイブランデンブルク市近郊のフュンフアイヒェン収容所に送られたか、ソ連領内の収容所に移送されたのだ。

婦女暴行についても、私は何も気づかなかった。母はしつこく何度もつきまとわれ、一度など一人の兵士がニヤニヤ笑いながら玄関口に立ったことがあったが、隣家には例の少佐が間借りしており、家には生まれたばかりのエッカルトもいたためか、事なきを得たという。一方、村の女たちの中には、夜七時に堤防に集合して塹壕を掘るよう命令された女性もいた。これでは逃げようがなかった。目の前はバルト海、背後は草はらである。たとえ逃げたとしても、どうすることもできなかっただろう。実際、このような命令が出た日には、数名の女性がマイヤー医師の診療所を訪れ、妊娠を防ぐための洗浄処置を受けた。一九四五年の春から夏にかけて、診療所には四十名にものぼる人々が保護を求めてきたが、三分の二は女性だった。ソ連兵を追い返すため、マイヤー家は黄疸で寝ていた祖母を玄関の入り口のすぐ脇に移して、ベッドに寝かせておいた。祖母の肌はまっ黄色だった。実際に玄関の敷居を踏み越えて侵入を試みたロシア兵がいたが、ベッドの祖母を見るなり踵を返して立ち去った。

　兵士たちはチフスやパラチフスをはじめ、感染病をとても怖がった。性病の感染が確認されると、将校といえども一兵卒に降格される決まりだった。このためマイヤー医師は占領軍からも重宝された。ある晩、彼はロシアの司令官に呼び出され、司令官自身の淋病の手当てをした。医師が帰宅したのは、翌朝だった――「ストー・グラム！」〔ロシア語で「百グラム」の意。ウォッカを飲み干すときの乾杯の音頭〕。一晩中司令官とウォッカを乾杯し続けねばならなかった彼は、足腰が立たないほど酔っ払って帰還した。しかし家族は朝帰りの医師を憎まなかった。亜麻布に包まれた牛肉を持って帰ってきたからだ。亜麻布は盗品、肉は徴発された雌牛だった。司令官からのお礼である。

　我が家ではもちろん医師宅のようには行かず、食料は乏しかった。砂糖も、パンも、小麦粉も、塩も、すぐになくなった。夏になると女たちは浜辺に出て、バルト海の海水をすくって大きな亜鉛メッキのたらいに入れ、水分を蒸発させた。しかしこのやり方では、たらいの底にかすかに塩の薄い幕が得られるだけで、ほとんど成果がなかった。各家庭でとれる野菜や果物とわずかな家畜だけでは、村人の食料をまかなえなかった。とくに東プロイセンやポンメルン地方から大勢のドイツ人難民が押し寄せたため、村の人口は戦争前のほぼ二倍に膨らんでいた。戦争末期にバルト海を渡ってデンマークに逃げたナチ親衛隊が村に残していった糧食のおかげで飢えをしのいだ者もいたが、たいていの村人は蒸気船に乗って郡庁所在地リプニッツに買い出しに出かけ、農家を一軒一軒まわってシーツやテーブルカバーを卵やパンに交換してもらった。難民の中には漁師がいた。彼らの存在は貴重だった。漁師たちはバルト海に出て、カレイやニシンと、彼らがトビスと呼ぶ小さな魚を獲った。

家に男の子がいる家庭は、物資の調達が比較的容易だった。例えばロシア兵が雌牛を村の北部アルトハーゲンへ追い立てたとき、一頭の牛が海沿いの断崖から落ちたことがあった。このとき現場に駆けつけた少年たちは、肉を一切れずつ自宅に持って帰ることができた。医師の息子はロシア兵が放し飼いにしていた馬を九頭も盗み、スポーツ競技の勝者のように得意満面だった。父親はただちに六頭を追い払ったが、一頭を荷台の前につけて徴発された自家用車の代わりに使い、さらに一頭を農家に連れて行き雌牛と交換した。こうして少年たちは、家族が生き延びるために多大な貢献をした。

しかし、我が家は困窮した。母だけでは家族を養うのに無理があった。ソ連軍が来る直前、東プロイセンにいた父はデンマークとの国境沿いの町フレンスブルクのミュルヴィク海軍士官学校に配置換えになり、終戦と同時にイギリス軍の捕虜になった。その後父はイギリスとポーランドの連絡将校の監督下に置かれ、ドイツ国内で強制労働に従事させられたポーランド人労働者を貨物船で母国に帰国させる任務に就いた。当時の私たちは、父の所在をつかめなかった。ようやく父が戻ってきたのは、一九四六年夏のことである。終戦時、私も妹も弟も幼すぎて母を助けることができず、一九四五年末、我が家はロストックに住む母方の祖父母ヴァレマン家に移った。ちょうど叔母ゲルダの夫がロストックの西のザーニッツ村へ牧師として赴任したため、部屋が空いたのだった。

父方の祖母アントニーは、海辺にあった自宅の返還を期待して、一人でヴストローに残った。しかしこの家の賃貸契約は、ロシア人からある大企業へ移譲されてしまった。祖母は屈辱にも等しいわずかな家賃しか得られなかったが、それを年金代わりに暮らした。当初の賃貸契約の期限が来た後も祖母は契約を更新せざるを得ず、結局家はマクデブルクの国有企業に賃貸された。こうして自宅を奪われた祖母はあちこち転々とし、最後はヴストローの牧師館に身を寄せた。一九六四年、牧師夫妻ハンス・ヴンダーリヒとレナーテ・ヴンダーリヒのもとで、祖母は亡くなった。ヴストローは祖母の自ら選んだ第二の故郷だったが、自分の建てた家で人生を全うすることはかなわなかった。祖母の死後もヴストローを訪れる機会はたびたびあったが、私たちは祖母が建てた家の方に行くのを避けた。外から見た祖母の家は、あまりにも悲しかった。

堤防沿いの祖母の家は、私たちにとって、政府の恣意性を象徴した。所有者は私たちだったが、実際には私たちのものではなかった。家は次第に荒廃した。藁ぶきの屋根はぼろぼろになり、物置小屋が建て増されたため、外観は醜悪の一言に尽きた――東ドイツの建物に典型的な外観になってしまった。家のそばを通るときは、他人の家を見る気持ちがした。

祖母の家は失われた――つまり、終わったのだ。いずれにせよ政府にとって、祖母の家などどうでもよかった。その後この家がたどった運命は、東ドイツ時代に数えきれないほどあった不正についての一挿話にすぎない。八〇年代半ばに最後の賃貸契約が切れると、父は借り手のマクデブルク電力会社に、今後この家を自ら使用したい、自分には子どもたち、孫たち、ひ孫たちがいる、と申し入れたが、拒否された。電力会社は所有者である父の許可を得ずに、隣接する休暇用バンガローのために敷地内に巨大な汚水溝を設置しており、建物と土地を明け渡す意志はまったくなかった。

父は契約の順守を求めて郡裁判所に提訴したが、敗訴に終わった。続いて二審の県裁判所に控訴したが、ここでも敗訴した。しかも社会主義的大企業による不動産の利用は一個人の私的な利用に優先すると勧告を受けたばかりか、賃貸契約に期間を定めていた条項が取り消されてしまい、無期限契約になってしまった。弁護士はこの判決を明らかな不当判決とみなし、ベルリンの最高審に控訴するよう父に勧めたが、父は断念した。どうせ自

祖母アントニーの家。当時は今と違い、堤防のすぐそばにさびしく立っていた。1945年を境に、祖母はこの家に住むことがかなわなかった。家はソ連軍に徴用された後、強制的に国有企業に賃貸された。1989年の激動の後、私たちの手に戻った家は、それ以来、孫、ひ孫、やしゃごたちが集まり、休暇滞在客ももてなす家族経営のペンションである。

分はこの国ではいかなる権利も持てないだろうし、勝てるかどうかわからない訴訟を起こすだけの費用もないと父は言った。訴訟を断念した父は私たち子どもの前で宣言した。「こんな小屋なんか、村にくれてやる」。

実際東ドイツでは、不動産を地方自治体に譲渡することは珍しくなかった。例えば市街地に賃貸アパートを所有していても、家賃が法律で低く抑えられているので、家主は必要な修繕費用をまかなえない。放っておくと、アパートは朽ち果ててしまう。そこで高齢化した家主たちは家を「救う」ために、利益を生まない不動産を自治体に頼んで引き取ってもらったのである。

当時、すでに成人していた私たちが止めなかったら、父はほんとうに祖母の家を手放したかもしれなかった。私たちは、海沿いの広大な不動産にはいつでも買い手が見つかるはずだからと説得した。一方、東ドイツでは、地方自治体には物件を先買いする権利があった。この権利が行使されるのを防ぐには、父は国家が是認した者の中から新しい買い手を見つけなければならなかった。それは共産党幹部や高級官僚、さらには軍隊、人民警察、秘密警察の関係者らのことだったが、父はそんな連中に祖母の家を売る気は毛頭なかった。私たちのメクレンブルク教会監督《ビショフ》に買ってもらいたかったのだが、体制を批判していた監督たちに家を売る許可が下りる見込みはなかった。もっとも、他の地方には体制とより良好な関係にあった教会関係者がいたので、ヴォルフガング・シュヌーア*という弁護士に依頼して、ベルリンやグライフスヴァルト、テューリンゲンで買い手を探してもらった。

最初、このシュヌーアという弁護士は、まず自分に買わせてほしいと言い出した。しかも一九三四年時点の不動産価格で買いたい、自分にはそれ以上の資金はないというのだった。これは当時の実勢価格と比べるとわずかな金額でしかなかった。私たちは金持ちになるつもりはなかったが、損な取引をするつもりもなく、彼の申し出を断った。

一九八七年四月初め、シュヌーアの仲介は成功したようだ。実はシュヌーアは長年、トルステンというコード名で活動した国家保安省《シュタージ》の非公式協力者（IM）[7]だった。しかもこの男は、IMの中でもとくに重要なIMB[8]にランクされていた。彼が指導将校のフィードラー少佐[9]に提出した報告書には、テューリンゲンのラント教会[10]が祖母の家の購入を決定したという報告がラント教会常議員マルティン・キルヒナーからあったことが記されている。キルヒナーもキュスターというコード名を持つIMであり、やはり長年シュタージに協力してスパイ活動を行っていたのだった。テューリンゲンのラント教会は、エアフルト県行政評議会[11]とロストック県行政評議会の双方から支持を取り付けることに成功していた。

私はこの事実をまったく知らなかった。一九八八年、メクレンブルク・ラント教会の信徒大会議長団を切り盛りしていた私は、大会開催準備のための当局との話し合いの最中に、突然、バルト海沿いの家を売却なさってもロストック県行政評議会は反対しませんと告げられた。体制側は私を懐柔するために「利得」を提供しようとしたのだ。彼らの意図に気づいた私は冷静に答えた。「私は家を持っていません。〔同姓同名の〕父とお間違いではありませんか」。

驚いたことに、これでテューリンゲンのラント教会が祖母の家を購入する件は立ち消えになった。その後、新しい買い手が現れたかどうか、シュヌーアからの連絡は一切なかった。もちろん彼は超多忙だった。体制批判活動家の裁判を支援する弁護士として引く手あまただったシュヌーアは、シュタージから見てきわめて便利な情報提供者であり、福音主義教会の奉仕活動に積極的なキリスト者でもあった。家の売買といった民法上の案件は後回しになったのだろう。

後回しになったのは、東ドイツ人民《フォルク》が[12]政府を追い払うまでだった。突然、これまでのように存在するものが一つもなくなる時がきたのだ。弁護士として人々の敬意を集め、一九九〇年には将来の東ドイツ首相候補とまで見なされたシュヌーアは、スパイの正体を暴露され、歓迎されざる人物《ペルソナ・ノン・グラータ》になった。建前に過ぎなかった私たちの「権利」は、本当の意味での権利になった。傲慢だった工場長や法律家たちは、親切な契約相手に変わった。

ぼろぼろに荒廃した祖母の家は、ふたたび私たち家族の手に戻った。私たちはローンを組んで改修工事を行い、かつて祖母アントニーが営んでいたように休暇用ペンションを開いた。都合のつく場合には、私たちも訪れる。祖母の孫である私たち四人はだいぶ年を取ったが、さらに祖母のひ孫が十人、やしゃごが十六人も集まると、かなりの大所帯だ。ペンションの各部屋に掛かっている昔の写真は、関心のある滞在客にこの家の歴史と、「どうかしていた」祖母について、いくらかでも語ってくれるだろう。

第二章　夏に訪れた冬

一九五一年六月二十七日のことだった。もともとこの日は、夏の天候が決まるという言い伝えのある「七人の眠りびとの日」[1]だったが、父方の祖母アントニーの誕生日とも重なっていたため、我が家にとっては特別な一日だった。父と母は七十一歳になった祖母を祝うため、四歳になった次女ザビーネを乗せて、ロストックからヴストローの菩提樹通りへ車で出掛けた。ところが次の日、ザビーネを抱いた母は疲れ切った表情で帰宅した。

「お父さんが連行された」。

前日の夜七時少し前、二人の私服の男がヴストローの祖母の滞在先に姿を見せ、父の所在を尋ねたという。すでにロストックの我が家を訪れていた男たちは、応対に出た長女マリアンネから父がヴストローにいることを聞き出していたのだ。彼らはネプチューン造船所で事故が起こったと告げると、事故調査のため父に同行を求めたという。当時父は、ロストックの海運労働保護監督官を務めていた。

男たちが一時間ほど待つ間に、父は訪問先の知人宅から戻ってきた。彼らは父を連れて、中庭の東屋に入った。後に父が語ったところでは、最初から私服の訪問をおかしいと感じていた父は、とっさに庭を横切って航海学校の方へ逃げて身を隠そうと考えたが、残された家族の身に何か起こることを恐れ、同行に同意したという。

母は父に付き添おうと大急ぎで上着を着てカバンをつかんだが、私服に拒まれた。連中の後に従って外に出た父は、青いオペルに乗せられた。以後、父の消息は絶えてしまった。

まさしく連行されたのだった。

私たち子どもですら、「連行する《アブホーレン》」という言葉を聞き知っていた。この言葉は、災いと危険のシグナルだった。もちろん子どもだった私は、戦前のナチ党独裁時代に「連行する」という言葉が呪わしい災いを意味したことをまだ知らなかったが、大人たちには自明のことだった。居酒屋に入り、グラスに目を落として無防備に語り出すとき、家族の集まりで政治的な風刺ネタを大声で語るとき、戦前の歌を歌うとき、ただちに制止する声がかかった。「口をつぐめ。連れて行かれたいのか」。子どもの私たちにも、連行された人のことは耳に入っていた。ただ、彼らが具体的にどういう人々なのかは知らなかった。

後年、作家ウーヴェ・ヨーンゾン*の小説『記念の日々』を読んだ私は、このとき連れて行かれたメクレンブルクの人々の運命を、その名前とともに知ることになった。一九四五年に十年間の強制労働の判決を受けたロストック出身の法学博士タルンハイデン教授。一九四六年に逮捕され、ソ連で一時行方不明になったエルンスト・リュプケ教授。二十五年間の強制労働の刑に服したエーリヒ＝オットー・ペプケ、ゲルト＝マンフレート・アーレンホルツ、ハンス・リュヒト、ヘルマン・ヤンセン、大学教会牧師ヨアヒム・ラインケ等々、多くの人々が辛酸をなめた。

さらに後年、信じられないような馬鹿げた理由で「ナチ人狼部隊②」の濡れ衣を着せられた大勢の若者たちのことも耳にした。ナチの地下活動戦闘員とみなされた彼らは、ブーヘンヴァルト、ザクセンハウゼン、さらにメクレンブルク地方のフュンフアイヒェンなどの強制収容所に送られて消息を絶った。これらの強制収容所の管理は、ナチの手からソ連に引き継がれていたのだ。

戦後、ナチ党幹部、親衛隊、突撃隊、ゲシュタポ、情報機関の幹部、そして政治指導者らを逮捕して有罪の判決を下したことは、疑いもなく正当な行為である。しかし、実際に逮捕された者の中には、東ドイツ政府の恣意的な決定の犠牲になった人々が大勢いた。彼らは不当に誹謗され、さまざまな理由をつけて告発されたのである。よく目を付けられたのは、比較的地位の低かったナチ支持者だったが、スターリン体制に反対する者も当然、告発の対象になった。処刑された人々の中には完全に無実だった者もいた。例えば戦時中一貫してナチに反対した福音主義神学者エルンスト・ローマイヤーがそうだった。一九三〇年代のはじめ、ブレスラウ大学教授で学長も務めたローマイヤーは、ユダヤ人の大学教員――とくにマルティン・ブーバー*――を明確に擁護したため、一九三五年にグライフスヴァルト大学へ懲戒転籍の処分を受けた。終戦直後に学長に復帰したが、一九四六年二月、ソ連内務人民委員会に逮捕されて数日後に免職になり、四六年九月十九日に銃殺された。その理由は不明である。彼に下された死刑判決がモスクワで正式に取り消されたのは、処刑から五十年も経った一九九六年のことだった。

当時、このような人々がいたことを私たちは知らなかった。私たちが知っていたのは、父はナチ党の幹部でもなく、ゲシュタポにも属さず、親衛隊員でも突撃隊員でもなかったということだけだった。東ドイツになってからも、父はサボタージュを行ったこともなく、反ソ連のプロパガンダ活動にも関係していなかった。東ドイツから逃亡を試みたこともなかった。武器も所有していなかった。それなのになぜ連行されたのか。

母と祖母アントニーはその日のうちにネプチューン造船所に電話をかけ、事故が本当に起こったのか問い合わせたところ、事故の報告は一件も入っていないことがわかった。二人は急いで国家公安局と刑事警察に出かけた。警察に失踪届けを出すと、毎日人民警察の警察署を訪ねて回った。しかし、どこに行っても、担当官は肩をすくめるばかりだった。「お宅のご主人がロシア人に連れて行かれたのなら、我々にはどうすることもできませんね」と言われることもあった。

祖母はこのような説明に満足するつもりはなかった。七月初め、彼女は東ドイツ大統領ヴィルヘルム・ピークに宛てて陳情書を出した。返事がなかったため、九月にもう一度書いた。「私は完全に打ちひしがれておりますが、閣下に対しては、全幅の信頼を込めて、息子を見つける助力をお願いする次第でございます。息子の妻は全く健康を害してしまいました。私は母として、たった一人の息子を探しております」。祖母は大統領のほかにも、国家保安省シュヴェリーン支部、ロストック検事局第一検事、赤十字国際委員会ドイツ代表団に手紙を出した。東ドイツ首相オットー・グローテヴォールの息子が休暇でヴストローにやってきたときには、祖母は母を会いに行かせた。東ドイツ政府のラジオ放送と新聞の責任者だったゲァハルト・アイスラーがアーレンスホープに滞在した折には、面会を求めて祖母自ら出かけた。

さらに祖母はロストックからバウツェンまで、メクレンブルク地方とザクセン地方の各刑務所を何週間もかけて訪ね歩いた。しかしそのどこにもヨアヒム・ガウク〔ガウクの父の名前も同姓同名のヨアヒム・ガウクである〕を知る者はいなかった。シュヴェリーンでも消息はわからなかった。ところがこの頃父は、短期間ロストックに留め置かれた後、シュヴェリーン法務局に併設された刑務所に収容されていたのだ。これは戦時中ゲシュタポが使っていた建物で、デムラー広場に面しており、戦後はソ連の秘密警察に当たる内務人民委員会が引き継いでいた。しかもこの刑務所は、ドレスデンのバウツェン通りや、ポツダムのライスティコー通りにあった刑務所と並んで悪名高かった。新しく東ドイツが建国され、原則的には裁判権と刑の執行権が東ドイツに移行した一九四九年十月七日以降も、ソ連軍事法廷は大勢の東ドイツ市民を裁いたのだ。ソ連軍事法廷で判決を下された東ドイツ市民の数は、おそらく四万人から五万人にのぼるだろう。

父は二十五年の刑を二つも受けた。

一つはスパイ活動のかどによる二十五年もの量刑で、その理由は一通の手紙だった。父は一九四七年、デッサウ市近郊のロスラウ造船所で、ソ連の高速船の検査を担当した。このとき父と一緒に検査を担当した造船所の上司フリッツ・レーバウは、西ドイツに逃亡した後、父を西ベルリン訪問に招いた。手紙には旅費として五十マルクが同封されていた。父は手紙を無視したが、レーバウの知己として招待されたことが不運となった。レーバウはフランスの情報機関の協力者だったというのだ。

もう一つの二十五年の量刑は、反ソ連扇動活動を行ったというありもしないでっち上げだった。連中は我が家を家宅捜索して、合法的に配送された西ドイツの航海学専門誌を押収していた。このような非難は恣意的だった。まず逮捕し、それから不法行為をでっち上げるのが連中のやり方なのだ。父の書棚にはナチ時代の雑誌も置かれていた。戦時中の雑誌が発見されたとしても、やはり父には同じ量刑が下されたにちがいなかった。

父の話では、シュヴェリーンの軍事法廷の入り口には、なんと「正しい裁きは再び確立し」という旧約聖書詩編〔九十四章十五節〕からの引用が掲げられていたという。壁にはレーニンとスターリンの巨大な肖像写真が掲げられ、テーブルと壁には赤旗が飾られていた。法廷には三人の将校と一人の通訳がいた。非公開だった。弁護士も認められていなかった。被告に有利な証言をする証人の出廷もありえなかったという。

有罪の判決が下ると、たいていソ連に護送されて強制労働収容所に送られるか、モスクワで処刑されることになっていた。ソ連送りを免れた場合は、黄色い煉瓦造りの外観のために「黄色い悲惨」と呼ばれた悪名高きバウツェンの監獄などの東ドイツ国内特別収容所に移された。父の場合、最終的な流刑地はシベリア南部だった。ブレスト〔ポーランドとの国境沿いに位置するベラルーシの町〕、オリョール〔モスクワの南南西約三百六十キロに位置する町〕、モスクワ、そしてシベリアのノヴォシビルスクを転々とさせられた父は、一九五二年にバイカル湖の西のタイシェット収容所に到着した。一帯はシベリアの針葉樹林帯《タイガ》だった。父は樹木を切り倒して角材や重い枕材に加工する作業に従事しなければならなかった。多くの拘留者は飢えと拷問のため、生き延びることができなかった。森林や炭鉱でのきつい作業を避けるため、厳しい罰にもひるまず自傷行為に及ぶ者もいたが、それほど過酷な作業だった。後に父が語ったところによると、夏は気温が三十度を超え、冬は氷点下三十度以下になったという。あるときなど、温度計の水銀柱が氷点下五十二度まで下がったため、さすがに休みになったこともあった。一年後、痩せ細った父は「廃疾者」に認定され、軽い作業に回された。

残された家族は何も知らなかった。まさか父がシベリアに送られているとは、考えもしなかった。もし生きているなら、東ドイツ国内のバウツェンの監獄に収容されているにちがいないと推測していたのだ。祖母アントニーと母は父が死亡している可能性も考えたと思うが、私たち子どもの前では一言も言わなかった。一九五一年十一月五日、東ドイツ大統領ヴィルヘルム・ピークとの面会申請が六回も却下された祖母は、再び陳情書をしたためた。「重ねて閣下のご助力をお願い申し上げます。息子がたとえむごたらしく殺害されてしまったとしても、閣下のご指示があれば警察の捜査が開始され、事件の概要が明らかになるのでございます」。

私は父のためにお祈りを始めた。私たちの家庭は北ドイツのごく普通のプロテスタントだったので、とくに信心深いわけではなく、毎日祈りを捧げる習慣などなかった。しかし私は自分を強いて、不在の父のために毎晩子ども部屋で祈るようになった。父に特別なきずなを感じていたわけではなかったが、無事に生きて、家に帰ってきて欲しかったのだ。母はとても辛そうだった。宙を見つめて、涙を流すことがよくあった。母が泣く姿など、これまで見たことがなかった。何度もシュタージに出頭を命じられ、「離婚しなさい。あなたの夫はスパイですよ」と圧力をかけられたのだ。母は離婚には応じなかったが、このとき心に生じた不安は容易に消えなかった。三十年以上も後になって、私の妹のマリアンネがシュタージに呼び出されたことがあったが、このとき母は不安からパニックを起こし、身体の震えが止まらないほどだった。

当時、父以外にも大勢の人々が連行されたが、私は彼らのことを何一つ知らなかった。例えば「自由こそ、わが祖国だ」と発言したかどで連行された若き法学生アルノー・エシュ。後年私が知ったところによれば、旧東プロイセンのメーメルからの難民家庭の子弟だったエシュは、東ドイツで活動を許されていた自由民主党（LDP）[4]のロストック大学活動グループの設立者だった。彼は一九五〇年七月、三、四人の学友とともに死刑判決を下され、五一年七月二四日、二十三歳の若さで、モスクワのソ連秘密警察中央監獄ルビャンカで銃殺された。

ロストック大学でドイツ文学とスポーツを専攻し、体育会のリーダーを務めていたカール＝アルフレート・ゲドヴスキーのことも、私は知らなかった。彼は東ドイツで禁じられていた書籍を西ベルリンで購入していた。裁判の最後でゲドヴスキーは、「私たちは学友に、歴史的弁証法的唯物史観以外の、別の世界観があることを示したかった。一つの世界観を選びとるためには、他の世界観を知る必要があるからだ」と発言した。十二月六日、彼は死刑を宣告された。学友だったブルンヒルデ・アルブレヒト、オットー・メール、ゲラルド・ヨラム、アルフレート・ゲァラハは、強制労働収容所での二十五年の刑を宣告された。迫害を受けたこれらの人々や迫害の事実をいかに知らなかったかを思うと、私は恥ずかしさを抑えられない。

共産主義の不正と闘っていたのに、父以外の不当な判決を受けた人々を知らなかった私は、周囲に何を期待しようとしたのだろう。大学入学後に学友たちが、私の父は特別で稀なケースだとみなしたのも、仕方がなかったのではないか。

私たちが不運に耐えられるのは、おそらく日常生活を取り戻したときだけだ。ショックで動揺した後の日常は、元に戻る権利を要求するものである。我が家の場合もそうだった。

母は船乗りの妻として、パートナーの不在中、何週間でも何カ月でも、一人で家庭を切り盛りするすべを身につけていた。つまり、夫が戻らない生活には慣れていたのだが、今回は以前と違って一通の手紙も届かない。我が家の生計を支える稼ぎ手が行方不明になったのだ。ロストック市は生活保護手当に月額四十五マルク(5)、四人分の子ども手当に月額百四十二マルク、家賃補助に三十二マルク、合計で月額二百十九マルクの扶助手当を認めたが、家族の生活を支えるには足りなかった。母は職を探したが、四人の幼い子持ちで、しかも夫が「連行された」という事情があったため、なかなか雇い主は見つからなかった。けれども結婚前に事務の経験を積んでいたことが幸いして、自宅近くのドイツ皮製品流通センターという国有企業に秘書兼事務員の職を見つけることができた。

毎日炒めたジャガイモと牛乳スープの貧しい食事が続いたときでさえ、母は家の中が開放的になるように心を配り、訪問者を心から歓待した。私たちが誰か連れて帰ると、食事に招き、泊まっていくように勧め、子どもの私たちにもたくさん話しかけた。しつけは厳しすぎず、かと言って愛情べったりでもなかった。つねに私たちのためにそこにいて、獅子のように守ってくれた。母が仕事に出かけて留守の間は、母の兄ヴァルターとその妻ヒルデの伯父夫婦が私の幼い弟エッカルトと妹ザビーネの世話をしてくれた。母の妹ゲルダとその夫ゲァハルトの叔母夫婦も心が広く、親切だった。二人は私たちをゲァハルトの赴任地ザーニッツの牧師館に快く招いてくれたし、後にギュストローに赴任してからも、私たちをいつも歓待してくれた。さらに西ドイツの知人たちからは、マーガリン、コーヒー、食用油、ヤシ油、サラミ、本、衣類の小包が届いた。そればかりか、一面識もないにもかかわらず、東ドイツ家庭の子どものために代父母《パーテンシャフト》を引き受けてくれた西ドイツの家庭からも、小包が送られてきた。後に俳優、演出家として有名になるハルク・ボーム*の家庭もその一つだった。

本当に心のこもった支援が多かった。フィッシュラント在住の作家ケーテ・ミーテ*は、お父さんも習っていたからあなたも習いなさいと言って、アコーディオンを持ってきてくれた。父が逮捕されてから最初に迎えたクリスマス・イブのことだったが、西ドイツのライン地方出身でカトリック教徒だった我が家のかかりつけのリューター医師が、お菓子で一杯の籠を自分の娘ブリギッテに持たせて届けてくれた。もう外は暗くなっていた。「メリー・クリスマス、ガウク家のみなさん！」と挨拶してくれた彼女の訪問は、思いがけないプレゼントだった。

こうして私たちは困難な時代を切り抜けた。終戦直後の物資の乏しい時代をしのいできた私たちは、貧しさには慣れていた。一九四六年のクリスマスの思い出は忘れられない。子どもの私には靴がなく、一週間前から学校を休んでいた。ところが母方の祖父母ヴァレマン家を訪ね、飾り付けた部屋に入ると、モミの木の下の数少ないクリスマス・プレゼントの中に、一足の編み上げ靴が私のために置いてあるのがしっかり目に入った。私には二サイズほど大きい靴だったが、見事な茶色い革製だった。アメリカに移住したドーディという、私の会ったことのない祖母アントニーの姪からのプレゼントだった。

当時、片親の家庭は珍しくなかった。私と妹のマリアンネは、両親や片親が欠けた子どもたちと一緒に学校に通った。彼らの親は戦争で亡くなったり、行方不明になったり、捕虜になったりしていた。とはいえ、私のクラスにもマリアンネのクラスにも、父のようなケースは見当たらなかった。当然のことながら、私たちはピオニーア組織や自由ドイツ青年同盟（ＦＤＪ）には入団しなかった。しかし妹は納得せず、しばらくの間、母と議論を繰り返した。「なぜ私は入団してはいけないの？」。妹は学校でのけ者にされたと感じていた。妹の友だちの中には、我が家と同じ様に体制に距離を取る親の子どもたちがいたが、学校の行事には参加したので、なぜ自分だけが行事に参加してはいけないのか、妹は理解できなかったのだ。けれどもこの問題に関して、我が家で子どもの教育にたずさわった三人の女性たち――母、母方の祖母ヴァレマン、母方の義伯母ヒルデ――の見解は、妥協の余地なく一致していた。例えば小学校の頃、良い成績を取った私は、成績優秀者のバッジを着けて得意げに帰宅したところ、母に平手打ちされてしまった。バッジにＪＰというユングピオニーア組織（Jungpionier）の略号が書かれていたため、母は私が組織に入団したと勘違いしたのだった。本当は成績優秀賞にすぎなかったというのに！　妹のザビーネの場合はもっとひどかった。ある日の午後、ザビーネは満面に喜びを浮かべて、ピオニーア組織のクリスマス・パーティーから帰宅した。ピオニーアのパーティーに行くことは我が家では禁じられていた。義伯母のヒルデが飛んできてザビーネからクリスマス・プレゼントを奪い取ると、床に投げつけ、両足で踏みつけた。「おまえはピオニーアの連中からプレゼントをもらうのか。お父さんを連行したあいつから！」。

我が家の節度ある生き方には明確な一線が引かれていた。「おまえたち、いつピオニーア組織に入るのって聞かれたら、『お父さんは今どこにいるんですか、いつ帰ってくるんですか、それがわかれば入ります』って言い返しなさい」と母は何度も私たちの肝に銘じさせた。

父の身に降りかかった運命のおかげで、子どもたちは徹底的に鍛えられた。家族に対する無条件の忠誠が義務となり、体制側とのほんのささいな交流も禁止された。「これをしてはいけません」という母の言い方には誤解の余地がなかった。この教えを忠実に内面化した私は、ＦＤＪが主催する余暇プログラムの誘惑に負けることはなかった。おかげで私の精神は、道徳的に快適な状態にあった。節度ある生き方をしているのは自分たちの方だと信じることができた。私は道徳的かつ政治的な目標の浸透を目ざす政府の宣伝を、直観的にはねつけた。連中こそが、私たち家族に悲惨と不正をもたらしたからだった。

私は父の運命を隠さなかった。黙っているのは裏切りに思えた。ときに非難の声を上げることも辞さなかった。学校で歌わされる歌詞や標語があまりに白々しいとき、社会主義建設の偉業が自画自賛されるとき、心の中に憤りと怒りがほとばしった。新米教師らは、教育者として未熟であるがゆえに、一層政治に情熱を注ぐこともよくあった。私は怒りのあまり、自制を失ったこともある。議論する気も失せ、「こんなこと、全部ウソだ！」と非難する気力だけがかろうじて残った。そういうとき、教師はたいてい高慢な視線を私に向けた。その眼からは、私を罰して黙らそうという意図が見えた。

教師には二つのタイプがあった。うわべだけの共産主義者と、心底からの「共産主義信奉者」である。前者は子どもたちへの思いやりを持っていたが、後者には注意が必要だった。うわべだけの共産主義者は、静かにしなさい、授業を妨害してはいけません、と言うだけだったが、「信奉者」は叱責したり、素行の評点を悪くしたりした。生徒全員から好かれていた歴史の先生は「うわべ」の方だった。六年生のとき、授業中に怒りの発作を起こした私を脇へ連れ出すと、私には読めないラテン語で文を書いて渡してくれた。「Si tacuisses, philosophus mansisses（黙っていたら、君は哲学者だったのに）」。母はこれを知人に訳してもらい、意味がわかるとうなずいた。でも本当に納得してうなずいたとは思えなかった。というのも、母は私に恥ずかしいトラブルなど起こさない優等生であって欲しいと願うかたわら、単なる思い上がりや大人ぶりたい年頃の空威張りでないかぎり、私の勇気を評価していたからだ。おそらく母は、少年の私が思春期特有の厚かましさの背後で、規範に反抗し真理のために闘う能力を着実に身に着けていると感じていたに違いない。イエスマンしかいない世界には、あえてノーを言ったり、反対の意志を少なくとも行為で示したりする人間が必要だった。

私は態度のでかい生徒だった。正義と道徳は自分の側にあると確信していたので、思春期特有の反抗的態度を他の生徒よりも抑えなかったのだろう。上級課程に進むと、生徒に人気のあったドイツ語の若い女性教師クラウゼ先生の気を引こうとやっきになったこともあった。素敵な作文を書いたり、詩人ライナー・マリーア・リルケや小説家ヘルマン・ヘッセなどの繊細で感覚の鋭い作家の文章を引用したり、反対に、馬鹿をやったり調子に乗りすぎて悪ふざけをしたりした。あるとき、クラス全員が必死で作文に取り組んでいるのに、私はあえてくだらないことばかりしゃべっていた。

一時間後、クラウゼ先生は私に忠告した。「そろそろやめるわね、ヨアヒム」。

さらに三十分後、クラウゼ先生は言った。「まだ何も書いてないの！」。

「まだです、先生」と私は答えた。「詩の女神《ミューズ》がキスしてくれるまでは」。

先生は私を教室の外に追い出した。私は学校の向かいのパン屋で小さなケーキを二十八個買い――ひとつ十五ペニヒだった――、教室に戻ってクラスメート全員に配り、意気揚々と教室を後にした。素晴らしい一日だった。思春期特有の高揚感とはこのことだった。作文帳が返却されると、空白のページに若いクラウゼ先生の角張った見事な筆跡の署名だけが、最低評点を示す数字の五〔ドイツの学校の評点は日本と逆に一が最高点、五が最低点〕とともに、コメント抜きで赤で記されていた。

また別のときに、当時誰もが知っていた「アリョーシャ、コルホーズが火事だ、党員手帳を守れ！」という標語を替え歌にして、ロシア民謡風のメロディーをつけたことがあった。授業の始まりではクラス全員で歌をうたうことになっていたので、いつものように全員起立して歌い出した。

アリョーシャ、アリョーシャ、コルホーズが火事だ！
ニワトリに鞍をつけて、党員手帳を守れ！
アリョーシャ、アリョーシャ、コルホーズが火事だ！

定規で缶を叩いての大騒ぎだった。興奮して替え歌を歌う私たちをクラウゼ先生は冷ややかに見ていたが、この件を他の教師たちに告げ口することはなかった。だからこそ私たちは先生を愛したのだ。いや尊敬していた。先生は共産主義体制順応派だったが、オープンな性格で、カリキュラムにない書物も一緒に読んでくれた。先生は私たちを傷つけない、と感じていた。後年、私は先生を自宅に訪ね、父が収容所で書いた詩を見せたことがあった。父は収容所で作った自作の詩を暗記し、帰還後書き記したのだ。

一九五〇年代前半の東ドイツでは、社会主義体制に従わない生徒や反対する生徒たちがクラスの過半数を占めていた。彼らは私の周囲にいて、私の防護壁になってくれた。とは言っても、私の振る舞いを支持してくれたわけではない。多くの級友はひどく用心深かった。しかし誰かが口を開いて、心の中で思っていることや、登下校時のように自分たちだけのときにしか話せないことを発言すると、皆ひそかに嬉しがり喜ぶのだった。クラス内での序列はそれほど高くなかった私だが、ある種の権威は持っており、何人かの級友たちの支持をいつも当てにできた。私にとってこれは良い経験だった。「まともな人々」は私の側にいるのだ。私は道徳的に正当で、仲間に受け入れられていると感じていた。

学校や公の場では共産主義イデオロギーの干渉があったが、これに反抗するのは、私にはたやすい場合が多かった。ところが反ファシズム教育の場合になると、距離を取るのは難しかった。私たちは人間として、いつも犠牲者に同情するからだ。戦時中ナチに抵抗した共産主義者のことを聞くたびに、私は心を痛めた。しかしすぐに、制度として行われた反ファシズム教育を寄せつけない免疫ができた。学校や映画館では、第二次世界大戦末期にナチに処刑されたドイツ共産党元党首エルンスト・テールマン*が殉教者として讃えられたり、ナチの独裁を倒したソ連軍の功績が賞賛されたり、戦争の犠牲者が追悼されたりする機会があったが、私は感動に巻き込まれないように心掛けるようになった。私を抑圧する共産主義者に負けたくなかったのだ。彼らが職務に命を捧げたことは確かだとしても、そのプロパガンダが偽りであるからには、彼らに感情移入などできなかった。もし私が西ドイツに住んでいて、アンナ・ゼーガース*の『第七の十字架』を読んだなら、きっと心から感動しただろう。しかし当時、私たち生徒が映画館に引率されて『労働者階級の息子エルンスト・テールマン』という映画を見せられたとき、事実が歪められている、半分は嘘だと私は疑ったのだ。「連中」の言うことは信じられなかった。もちろんそんな私も後年には、偽りの中にも真実があり、真実もまた誤りやすいことを、驚きとともに理解するようになった。かたくなだった若い私が、ナチに抵抗して立ち上がった共産主義者の苦しみを、東ドイツ国家がプロパガンダを通して命じたやり方とは別の、私自身納得できる形で理解するまでには、長い年月が流れなければならなかったのである。こうして私は、最後まで抵抗の意志を捨てずにレジスタンスを貫いた共産主義の人々に深い尊敬の念を抱いた。自らの命を危険にさらすという、かけがえのない稀有な態度を示した彼らは、他の大多数の人々よりずっと多くのものを与えてくれた。彼らが遺した証しは、いつまでも消えない。

当時、他にもさまざまな出来事が私を興奮させた。世界史は十三歳の私にショックを与えようと待ち構えていた。

一九五三年三月五日、「諸国民《フォルク》の父であり、進歩する人類の偉大なる指導者」と称された天才的頭脳の持ち主、ヨシフ・ヴィッサリオノヴィチ・スターリンが死んだ。全国の学校は驚きと壮麗な振る舞いの入り混じった雰囲気の中で、彼の死を演出した。幼稚園でも工場でも、あらゆる公共施設で、葬儀を組織する委員会が立ち上がった。このとき体験した学校の行事や週間ニュース映画、デーファ〔DEFA、ドイツの映画会社 Deutsche Film AG の略称〕の製作した映画や新聞記事は一つの大仰なパノラマとなって、私の記憶のなかに残っている。スターリンを讃えるカンタータを書いたり、詩を捧げたりした詩人もいた。詩人ヨハネス・ベッヒャー*は興奮のあまり、次のような頌歌を書いたほどだ。

全ドイツはスターリンに感謝するだろう
街々にスターリンの銅像が立つ
葡萄の蔦からまるところ、そこに彼はいるだろう
キール、そこに一人の学生が彼を見出す

ライン河の流れもケルンの大聖堂も
彼の噂をするところ、そこに彼はいるだろう
彼はいるだろう、美しき善きすべての場所に
すべての山々に、すべてのドイツの河に

あなたが歩んで来る。なんという暖かな明るさが
なんという力が、あなたから流れ出ることか、
監獄で歌う囚人は
囚われのわが身を巨人と感じる

スターリンの名の下にドイツは一つになる
吾らに平和をもたらすのは彼だ
彼は吾らのもの、吾らは彼の家族
「スターリン、スターリン」、世界の幸せ

父はスターリンの死をシベリアの収容所での便所掃除作業中に知った。氷点下の三月、仮設便所の踏み板の下に、糞尿は鍾乳洞の石筍のようにそびえていた。ちょうど氷結した糞尿を砕く作業を行っていたとき、隣接する作業場からサイレンが聞こえた。サイレンは鳴りやまなかった。いつもと違う、何かが起こったに違いないと父

は感じたという。踏み板の上で作業していたウクライナ人が、下で作業していた父に問いかけるように穴をのぞきこみ、二本の指で上唇を何度もこすって、スターリンのひげをまねた。「やつが死んだんじゃないか」。

我が家では皆安堵した。スターリンのような世界史上類を見ない権力者でも、死には勝てなかったのだ。独裁者が生の限界を知ることは、普通の人々の死とは意味が違う。私たちにとってスターリンの死は、ありきたりとはいえ、とても効き目のある慰めだった。つまり独裁者といえども、永遠に生きるわけではない。

スターリンの死を報じた当時のラジオ放送や週間ニュース映画を思い返すと、まだ国中が喪に服していたとき、そのわずか数週間後に大変な出来事が起こることになるとは、誰一人予想できなかったのも無理もないと思う。

一九五三年六月十六日、仕事のノルマが十パーセント引き上げられたことに抗議して、東ベルリンの労働者が立ち上がったのだ。自由選挙と政府退陣の要求も出された。抗議する労働者たちは要求を掲げ、声を合わせて叫んだ。「我々は自由な人間になりたい!」。

極度に興奮し、期待で胸が膨らんだ私は、毎日午後から夜にかけてラジオにかじりついた。西ベルリンのアメリカ駐留軍放送〔Rundfunk im amerikanischen Sektor、略してRIAS(リアス)〕の電波は妨害されたが、それ以外の西ドイツのラジオ放送は受信できたのである。東ベルリンの二つの企業で働く労働者が小規模の抗議デモを組織し、ライプツィヒ通りの労働組合本部と官公庁に向けて出発した。しかもデモ隊が進むにつれて、合流する労働者は増え続ける一方であるという。自由な労働組合など存在しない東ドイツで街頭デモが可能だとは、信じられなかった! 六月十七日、労働者蜂起はほぼ東ドイツ全土に広がった。街頭に出た人々の数は、おそらく百万人になっただろう。デモが行われた場所は七百カ所にのぼり、多数の刑務所と警察署が襲撃された。全国に二百十七あった郡のうち百六十七に戒厳令が敷かれた。

今でも私は、街頭の円筒形広告柱《リトファスゾイレ》に貼られたソ連軍司令官の巨大な公示を覚えている。「第一号命令。三人以上の人間が集まって行う路上や広場、公共の建物内でのデモ、集会、示威行為、その他の集まりをすべて禁止する」。

戒厳令が敷かれたということは、一九四五年と同様、ソ連軍が政府の実権を掌握したことを意味した。ところが我が家や知人、級友たちの間に不安はなかった。むしろ信じられないほどの幸福感が満ちていた。何といっても学校が丸一日休校になったからだ。続いて、後の「公民」の前身である「現代社会」の授業がしばらく休講になった。それまでイデオロギーを固く信じてきた教師たちは、怖気づいてこわばり、自己批判を熱く語る者も現れた。年長のキリスト教徒の生徒のなかには、青年会《ユンゲ・ゲマインデ》を脱退しなかったという理由で退学処分を受けた者がいたが、彼らは再入学が許可され、大学入学資格試験《アビトゥーア》の受験が認められた。

いつも寝坊助よばわりされてきたメクレンブルク地方の労働者や農民たちも立ち上がった。六月十八日の朝九時、ロストックのネプチューン造船所では五千人の労働者がストライキに入り、「我々は政府の退陣を要求する！」というスローガンを掲げた。港湾都市ロストックとシュトラールズントでは、全労働者のほぼ三分の一にあたる一万人強がストライキに入った。同じ十八日、農民相互扶助協会の郡書記が行った演説は、「おまえたち党員は、全員縛り首だ。とくに政府はどいつもこいつも犯罪者だ」などと叫ぶ農民たちの野次を受け、再三にわたって中断された。ロストック市長と「社会主義統一党（ＳＥＤ）のボスども」には、匿名の脅迫状が届いた。「ルンペン、ごろつき、ロシアの奴隷、おべっか使い、人間のクズども。我々はおまえたちを一人残らず絞首刑にする。我らの望みは、我々の自由だ。おまえたちは戦後八年間、我々を飢えさせた。ドイツ人民《フォルク》を滅ぼすペストども。嘘と空約束は終わりにしろ。我々はアーデナウアー*を望む。ほかの連中は要らない。分別のある政治家を望む」。

今日の私たちは、一九八九年の後に発見された多数の文書から当時の状況を知ることができる。それによると、当時ＳＥＤは数週間にわたって活動が麻痺した。一九五三年七月、党のロストック県指導部は「現在、党員と党指導部は守勢に回り、大衆に引きずり回されている。敵は我が党員の隊列に甚大な影響を与えた」ことを確認している。リューゲン島の小さな町ザスニッツだけでも、ＳＥＤの大衆組織に所属する党員二十二名が党員証を返却した。ＦＤＪの大衆組織の中には、統率が効かないところもあった。党幹部、党員、ＦＤＪ員らは挑発をうけ、襲われたり、暴行を受けたりした。

国内に高まった不満のガス抜きを図るため、政府はノルマの引き上げを撤回したが、結局、何もかも元どおりになった。労働者蜂起は息の根を止められてしまった。五十五名が抗議運動を理由に処刑され、五千人以上が逮捕された。ＳＥＤの指導者ヴァルター・ウルブリヒト*は多くの批判を受けたにもかかわらず、無傷でその地位にとどまった。対照的に、党機関紙『新しいドイツ《ノイエス・ドイチュラント》』の編集主幹ルドルフ・ヘルンシュタットやシュタージ長官ヴィルヘルム・ツァイサーら党内改革派は影響力を奪われた。スターリンの死後、しばらく強硬路線が中断していたモスクワでも、再び強硬派が復活した。

一方、我が家には重大な変化が起こった。一九五三年九月二日、シュタージの明確な指示にもとづき、母は口頭で通達を受けた。それは父が「占領軍に対する敵対行為のため、一九五一年七月六日、二十五年の禁固刑を受けた」という内容だった。

今や、少なくとも父がソ連に生存していることを知った母は、ただちにソ連大使ウラジミール・セミョーノフに手紙を書いた。「夫にもし罪があるとしても、それはいかなる罪か、まったく説明いただいておりません。これは私ども家族全員にとって、理解しがたいことであります。（……）私どもは何年もの間、夫の消息を得られない日々が続いております。このための苦しみは大変なものでございます。たとえわずかでも、夫が生きているほんの少しの証を得られるならば、どんなに幸せなことでしょう！　人道的な配慮をいただければ、私ども皆、とくに子どもたちにとって、大変にありがたく存じます。短くても構いません。なにとぞ夫が私ども家族に手紙を書くことを認めていただきたく、お願い申し上げます」。

父が逮捕されて以来、数えきれないほどの嘆願書を書いて投函してきた私たちには、今度も大きな期待は望めなかった。ところがちょうどこのときは、ソ連の強制労働収容所の管理システムがすこし緩んだ時期にあたっていた。ある日我が家に、A6版の独特な形の葉書が配達された。表面にはロシア語が書かれていたが、裏面の手書きの文字は間違いなく父の筆跡だった。音信不通になってから二年間以上も経った末の、私たちが得た最初の生存のしるしだった！　差出人住所にはモスクワのある番号が記されていた。後に私たちは、西ドイツの新聞に掲載されたソ連強制労働収容所に関する記事を手掛かりに、これがシベリアのタイシェット収容所の番号であることを突き止めた。私たちは地図を広げた。タイシェットはどこだ。父は今そこにいるのだ。

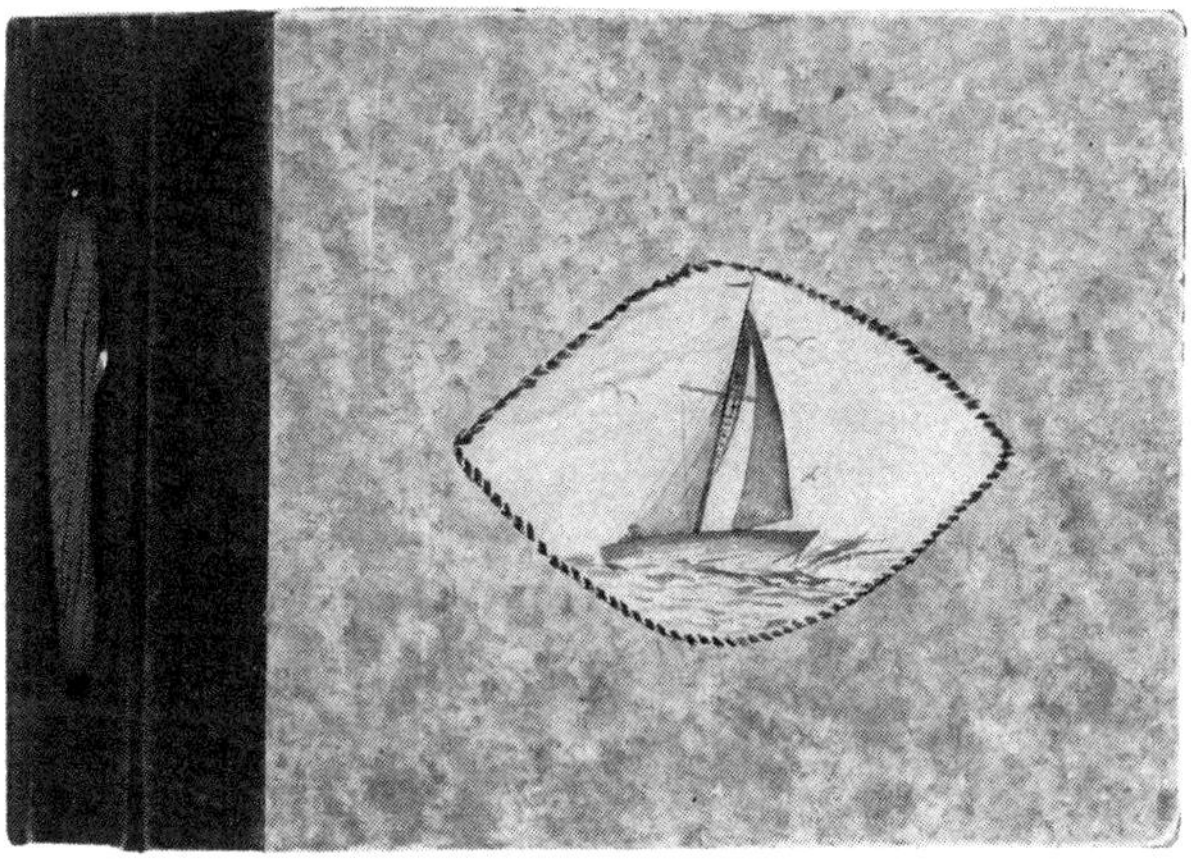

父がシベリア抑留中に自分で装丁したアルバムの表紙。二年間の音信不通を経て父の生存がようやく判明した後、月に一度小包を送ることが許された私たちは、父に写真を送ることができた。

続いて父から届いた三枚の葉書はどれもほぼ同じ文面だった。つまり私たちが父に出した葉書は届いていないと判断せざるをえなかった。そこで次からは封書を送ることにし、母の手紙と一緒に私たち子どもが大きな筆跡で書いたカードを同封し

父とともに収容されていたロシア人の囚人たちは、この写真を見て、「これ、本当にあんたの子どもたちか？　あんたは金持ちなのか？　こんなにまるまると肥えているなんて！」と語った。左から私、ザビーネ、マリアンネ、エッカルト。1953年撮影。

た。すると父から、十ポンド〔約五キロ〕以内の小包なら受け取れるという返事が来た。私たちは、父に届くかどうか確証のないまま、砂糖、下着、手袋、靴下、サラミ、イワシの酢漬け、ビスケット、それから我が家では見たことがなかったニンニクを、小包に詰めて送った。写真を送っても構わないというので、母は私たちに晴着を着せ、写真家のもとへ連れて行き、髪を丁寧に梳いて撮影させた。こうして笑顔の写真ができ上がった。

　これらの写真は父が収容所から持ち帰ったので、今でも我が家にある。収容所のロシア人囚人は写真に写った栄養状態のよい私たちを見て、「戦争に勝ったのは俺たちなんだぞ！」と苦々しく父に語ったそうだ。実際、収容されていたドイツ人が作業のため収容所の外に出る機会があると、ぼろぼろの身なりをしたロシアの子どもたちに「金《きん》をくれ！　金《きん》をくれ！」とせがまれることがあったという。もちろん誰も金など持っていない。そこで父は、ときどき西ドイツの親戚からチョコレートの差し入れを受け取っていたので、包装のアルミ箔を子どもたちにあげた。「変な気持ちだったよ」と後に父は話してくれた。「ソ連にとってゴミ以下の囚人だった私たちに、収容所の外の『自由な』子どもたちが物乞いするんだから」。

　私たち家族は、なぜ父が流刑の判決を受けたのか、いつ釈放されるのか、相変わらず何も知らされなかったが、父から手紙が届くようになって、少し安心し、希望を抱くようになった。そんな折、母方の祖母ルイーゼは奇妙な振る舞いに出た。父がいつ帰還するか具体的な手掛かりがまるでないのに、ある日父の洋服を干して風に当て、タンスから下着を引っ張り出して洗濯し、アイロンをかけたのだ。たとえ誰かに何かを吹き込まれたにしても、祖母なりに直感が働いたのだろうか。

　一九五五年九月初め、西ドイツ首相コンラート・アーデナウアーはモスクワに招待され、クレムリンで実務者間協議を行った。私たちはこのことを西ドイツのニュース報道で知った。出発前アーデナウアーは、モスクワ訪問の最大の目的はソ連に抑留されているドイツ人捕虜の解放であると語っていた。その数は、戦争捕虜が一万人、非戦闘員捕虜が二万人にも及んだ。実際アーデナウアーはモスクワでの困難な交渉を切り抜け、外交関係の樹立と引き換えに捕虜の解放を勝ち取ったのだ。私はラジオの前に何度も陣取った。モスクワから帰国したアーデナウアーがケルン／ボン空港で熱狂的な歓迎を受ける様子に耳を傾けた。同年十月七日、貨車で運ばれてきた捕虜たちは、西ドイツ中部の町フリートラントの引き揚げ者収容施設に到着した。その日も私はラジオの前に座り、大勢の母親が、妻が、姉妹が、兄弟が、ソ連に抑留されていた戦争捕虜と非戦闘員捕虜に再会し、感激する様子に耳を傾けた。

　十月十九日、私は突然校長室に呼び出された。呼び出されるような原因は思い当たらなかったが、自分でも優秀な生徒と思えなかった私は、憂鬱な気持ちで校長室に入った。共産主義者の校長は私を叱るのかと思いきや、愛想よく私を迎えると、興奮気味に言った。「たった今、電話がありました。お父さまが帰還されましたよ」。言い終わると校長は立ち上がり、おごそかに手を差し出した。帰宅を許された私はぼうっとしてしまい、教室に駆け戻ると何も言わずにかばんをつかみ、いつものように路面電車に乗って終点で降り、さらに徒歩で十分の自宅に急いだ。「さあ、おまえは幸せになるんだ」と心の中の声が言った。しかし幸せな気分にはなれなかった。家に帰ると、ひどく痩せて、ほとんど歯がなく、髪の薄い、しかしとても男性的な顔立ちの男が座っていた。よく知っている人でもあり、まったく見知らぬ男でもあった。父と私は抱擁しただろうか。覚えていない。当時の男たちは、そんなことはしなかった。

その日、東ドイツのフュルステンヴァルデにあった受け入れ施設に到着した父は、わずかな金額の支度金と衣服を支給され、提供された食事を済ますと、直ちに義姉ヒルデの家に電話をかけた。義姉の家には、当時まだ珍しかった電話が引かれていた。

「そこに座っているのはヒルデかな」。父は持ち前の皮肉っぽい言い方で尋ねた。

「まあ、ヨヘン〔ヨアヒムの愛称〕なのね！」。

父は母の勤務先の住所を教わった。翌日、父が小さな木製トランクを片手に職場を訪れると、母の同僚は皆荷物の積み降ろし口に立ち、父を待ち構えていた。

四年を超える空白期間が生じてしまえば、おそらくどんな再会も無邪気というわけにはいくまい。妹マリアンネは、母の傍に立つ男に会った途端、物怖じしてしまった。「走って二人を出迎えたけれど、家まで話すことがなくて、困って下を向いて歩いたの」と後に妹は語った。こんな私たち家族とは正反対に、たまたま庭や通りに出ていた近所の人々は感動した。戦後、私たちに木靴を作ってくれた木工職人は、頭上で両手を叩いて叫んだ。「なんてこった、信じられねえ！　あのヨヘンが帰《けえ》ってきたか！」自宅までの道すがら、出会う人すべてがこんな調子だった。

母はまず、夫に精力のつく料理を作った。卵を二個、三個、四個も使ってスクランブルエッグを作った。ミルクも小麦粉も水も一切混ぜなかった。我が家では誰も口にすることのなかった、混ざりものなしのスクランブルエッグだった。私たち子どもは食卓を囲んで立ち、この男がごく少量の食事を黙々と集中して味わう様子を、嫉妬をこめて見つめていた。父は飢餓状態だったため、摂取可能な量が限られていたのだ。そのうち母方の祖父母や、ヴァルターとヒルデの伯父夫婦が現れ、居間は人で一杯になった。数日後、父の帰還を祝う会が開かれた。いとこのゲァハルトは、祝宴のメインディッシュとなる鶏を大きな段ボール箱に入れて、ギュストローから手荷物として運んできた。列車のなかで興奮した鶏が暴れたため、とてもきまりが悪かったそうだ。

もちろん私たちは嬉しかった。悪夢は終わったのだ。けれどもこのときを境に、夫婦も家族も新しく仕切り直す必要が生じた。父がいなくなって以来、私たち全員、それぞれの事情に合わせて以前とは全く異なる生活になっていたので、まずお互いの関係を築き直さなければならなかったのである。母は一家の大黒柱としての役割に慣れていた。父の不在中、一家を養い、子どもたちを守ってきた母は、すべての判断を一人で下さざるをえなかった。今この責務から解放されることになったとはいえ、母はほっとしただけではなかったと思う。母親の役割を完璧にこなした後に、もう一度妻の役割を学ばなければならなくなったのだから。

私も不安定になった。わずか十四、五歳だったとはいえ、父の代わりに母の真剣な相談相手を務めてきた私は、年齢以上に大人にならざるを得ず、バランスを欠いたまま成熟し、困ったやり方で早熟に振る舞うこともあった。ところが今や私のランクは落ちて、第二のポジションに後退せざるを得なくなった。幼い妹弟の生活に関して、母から相談を受けることもなくなった。妹弟たちの就寝時間の後、私が起きていることも許されなかった。これまで母のそばで享受してきた特権を失った私は、家長としての役割を明確に要求する父に従属しなければならなかったのである。

とは言え、私は父を心から尊敬した。ガリガリに瘦せて帰還した父だったが、いくつか後遺症が残った点を除けば、心身の状態は比較的よかった。昔のようにちょっと見栄えも良かった。とくに精神はしっかりしており、心の安定を欠く人間として帰還したのではなかった。後に語ってくれたところによると、シュヴェリーンのソ連軍司令部の監獄では自分の心の弱さに負けそうになったことがあり、尋問に呼び出されると体の震えを抑えられないことも何度かあったそうだ。しかしその後、父の心にはしっかりと堅固なものが生まれ、周囲の人々も父のオーラを感じるほどだったという。このように収容所体験を語った父は、スターリンとソ連の強制労働収容所を生き延びた自分を東ドイツが傷つけることはありえないと考えていたと思う。

収容所体験を聞いていると、父は無力な被害者にはとても思えなかった。体験を語るとき、怒りや憤りを露わにしない。イスラム文化圏の民話にはナスレッディン・ホジャという機知とユーモアに富んだ男が登場するが、父はアイロニーと辛辣なユーモアの点でホジャに似ていた。そもそもホジャの話を私たちに語ってくれたのは父だった。シベリアの収容所で囚人たちが話しているのを聞いたのだ。

ある日、ホジャは市場に来て座り、泣き出した。人々は彼のまわりに集まり、「どうして泣いているんだい、ナスレッディン」と尋ねた。

「おまえのロバはどれくらい賢いのか答えてみろ、とカリフ様に聞かれたので、とても賢いです、と答えたんだ。すると、おまえのロバに読み書きを教えろと命令されてしまった。もしロバが読み書きできないと、首をはねられてしまう」とホジャは答えた。

人々はホジャに同情した。ところが次の日、市場にあらわれたホジャは笑っていた。人々は彼のまわりに集まり、「どうして笑っているんだい、ナスレッディン」と尋ねた。

「昨日カリフ様に謁見を賜り、ロバに読み書きを教えるのはとても難しいので二十五年お待ちくださいとお願いしたんだ。カリフ様は認めてくださったよ」とホジャは答えた。

これを聞いて人々は言った、「おまえはなんてバカなんだ。二十五年経てばロバが読み書きできるのか。おまえは首をはねられるぞ」。

ところがホジャはこう答えた、「バカはおまえたちの方だ。二十五年経てば、俺か、ロバか、カリフ様の誰かが死んでるじゃないか！(6)」。

この話を語り終えると、父は次のように結論づけた。「偉大なる冷酷なカリフ、スターリンは死んだ。しかし私は生き残った。ロバたちも死んでないな」。

父は水先案内人の仕事に就いた。職に就くとき、ＳＥＤに入党する意志はあるかという、船長全員が受ける質問を受けたが、父は「この場で共産主義について議論するつもりか」と問い返した。誰かに「同志ガウク」と呼びかけられようものなら、眉毛を吊り上げて「同志？　聞き違ったかな」と言い返した。父は東ドイツで独自の道を歩んだが、抵抗運動の闘士にはならなかった。しかし、必要とあらば、共産主義に距離を置く自分の立場をはっきり宣言する一人の人間として、体制とは一線を画して暮らした。また、父はロストックのクロスター教会に通い出したが、これは私たち家族にとって新しい展開だった。教会では、信仰に関する事柄を真摯かつ時代に即して表現するシュトゥルーベ牧師の説教を聞いて、得るところがあったようだ。

結局、自分自身に戻った父は、神、節度、公正、真理といった、これまでその重要性を予感するにとどまっていた価値に、まったく別の深みから信頼を寄せたのだ。父は権威主義的な性格の持ち主で、自信過剰の傾向があったかもしれないが、これらの根本的な問いにおいて衒いはなかった。以前はその性格がわざわいして、抑圧する側にも尊敬に値する人間がいることや、共産主義者のなかにも自らの信条のために苦しむ人々がいることなどを見通すことができなかった。これらの点を理解するために、父はまず難儀な道を歩まなければならなかった。

今こうして思い返すと、被害者としてシベリアから帰還した父の存在はとても大きく、当時反抗期を迎えていた私の、父親と対決すべき反発心が抑えられてしまったことがよくわかる。父親がナチの犠牲になったり、抵抗運動に参加して処刑されたりした子どもたちも、同様の証言をしている。これらの子どもたちは、亡き父親を称賛するように導かれる。家庭内に父を祀る祭壇が設けられているようなものだ。我が家の場合も事情は似ていた。誕生日や祝日に人が集まると、父は自作の詩を朗読した。私たち子どもは実に敬虔な気持ちで、父の朗読に耳を傾けたものだ。

私の藁布団からのぞくライ麦の穂は
病んだ我が心を癒してくれた……

独房での理不尽さを語りながら、穀物畑について見事に書いたり、ライ麦の穂の完璧な物語を語ったりすることのできた父。そんな父を称賛する以外に、私に何ができただろう。心から感動した私には、父の書いた詩の欠点を見つけることなどできなかった。

内面に自由を感じていた父にとって、東ドイツの政治的な不自由は大したことではなかった。大切だったのは、自分の家族や自宅の庭、自分のバルト海、そしてヴストローの牧師館の人々だった。祖母アントニーの自宅が接収されたためそこに住めなかった父に、牧師館の人々は部屋を提供してくれたのである。低地ドイツ語の方言で書いたフリッツ・ロイター*やルドルフ・タルノー*といった郷土作家の本があれば、父は引きこもって暮らすことができた。ここが私たちの故郷であると言うのだった。父の故郷はメクレンブルク地方のこの土地なのだ。DDR〔Deutsche Demokratische Republik（ドイツ民主共和国）の略称〕の三文字が入口に掲げられている政治的ビオトープに暮らしていたのに、そこは父の故郷ではなかった。父はけっして東ドイツを故郷と名づけなかっただろう。

　この後しばらくの間、父と母は西ドイツへの移住を考えたらしい。しかし、ハンブルクで面接を受けたとき、すでに四十九歳になっていた父は、水先案内人として西ドイツで働くには年を取りすぎていることを納得した。父はどうしても水先案内人になりたかった。遠洋航海に出掛けて何週間も何か月も家族と別れる船長の生活に戻りたくなかったのだ。しばらくするとヴィスマールに、続いてロストック港に水先案内人の口が見つかった。こうして我が家は東ドイツにとどまることになった。父はこの決断を説明してこう言った、「東ドイツにはアントニーのおばあさんがいる。ヴァレマンのおじいさんとおばあさんもいる。ハンブルクの友だちはいつでも訪ねて行ける。どこにだって旅行に行ける。ベルリンに行けば、自由に西に行き来できるからな」。

第三章　去るべきか、とどまるべきか

一九五五年の夏は素晴らしかった！　私は十五歳になった。メクレンブルク地方の田舎者だった私は、近くのギュストローに住んでいた同い年のいとこゲァハルトと一緒に、パリ旅行をした。旅行と言ってもわずか一日の滞在だったが、期間の長短は関係なかった。皆が夢みていたあの街を征服したのだ。シャンゼリゼ、凱旋門、アンヴァリッド〔廃兵院〕のドーム教会、ノートルダム大聖堂、エッフェル塔、オペラ座、リュクサンブール公園を見た。メトロに乗り、伝説的な名優ジェラール・フィリップが舞台に出ていたシャイヨ宮の国立民衆劇場に夢中で駆け込み、ほとんど名前すらわからない花々、魚、果物、野菜でぎっしり埋めつくされた市場に立った。信じられなかった。キヨスクで売られていたグラビア誌の表紙には、胸をほぼ露わにした女性の写真が見え、町角のいたるところで堂々とキスをするアベックがいて、私とゲァハルトはくすくす笑いを止められなかった。なんて素晴らしい世界！　私たちはコカコーラを飲み（サンドイッチは東ドイツから持参した）、大判の高価な絵葉書を買い、東ドイツの親戚一同と友人たちに世界のメトロポール、パリからの挨拶を書き送った。

　ザールブリュッケンからパリまで私たちを乗せてくれた長距離夜行トラックの運転手たちが、帰りもドイツまで同乗させてくれることになっていた。ところが夜八時を過ぎても、彼らは待ち合わせの市場に現れなかった。

約束をすっぽかしたのだ。東ドイツびいきだった彼らは、パリへ来る道中、意見の合わない私たちと何時間も議論になったので、帰り道でもう一度言い争う気にはならなかったのだろう。というのも、私たちが東ドイツから来たことを知ると、ザールラントの運転手たちは目を輝かせて話し出したのだ――東ドイツでは、社会主義の工場で働く労働者と農業生産共同体で働く農民が大きな役割を果たしているって言うじゃないか。東ドイツの社会主義建設がどれほど進んでいるか、俺たちもこの目で見られたらなあ――。それに対してゲァハルトと私は、六月十七日の労働者蜂起が弾圧された話やシベリア流刑になった私の父の話をして反論したので、結局彼らは「おまえのおやじが逮捕されたのは、なんか理由があったのさ」とコメントして黙ってしまった。こうして帰りの約束はすっぽかされたが、他の運転手たちが助けてくれたおかげで、私たちは東に向かう別の長距離トラックに乗せてもらえた。明け方、ロレーヌ地方のメスという町の近くで、食肉を運ぶ私たち東ドイツのトラックがパンクして路肩に停車しているのが見えたとき、ゲァハルトと私は満足感がこみ上げるのを抑えられなかったことを告白したい。

ザールブリュッケンは、この夏の私たちの拠点だった。ゲァハルトは彼の父方の祖母の家に泊まり、私はまったく面識のなかった獣医の家にホームステイして、夏休みを過ごした。私の母の恩師にあたる人が、父親が行方不明になった私たち一家を気の毒に思い、この獣医を紹介してくれたのだ。彼は「東からきた小僧」を喜んで引き受けてくれた。私は獣医の仕事には興味が持てなかったが、彼が教えてくれたザールラント地方の政治状況には魅せられてしまった。一九五五年十月、フランスとドイツのどちらに属するかを決める住民投票が予定されていたのだ。[1] そのためザールラントの人々はとても高揚していた。フランス経済圏の中の自立した地域にとどまり続けるか、西ドイツの連邦州の一つになるか、重大な決定を下す日が迫っていたのだ。西ドイツの州になることを主張するドイツの政党が警察の介入を受けずに活動できるのも、ザールラントでは戦後初めてのことだった。

獣医は私を連れて政党集会を回ってくれた。「出かけるぞ、小僧。どういう風に民主主義が行われるか、よく見ておけよ!」。

ザールラントの市民はなんと率直で、しかも情熱的に自分の考えを主張するのだろう。私は興奮してしまった。しかもこの論争は、私にとっても他人事ではなかった。戦前の一九三五年、ザールラントは国民投票を実施し、大半の住民の支持を得てドイツに加わっていたが、私たち東ドイツに住む者もそのドイツの一員だったのだ。

休暇が終わり、学校へ戻った私は、以前と違うものの見方をするようになった。すべては相対化されて見えるようになったのだ。自由ドイツ青年同盟(FDJ)の団旗掲揚式にも、その偏狭な幹部生徒らにも、公民の教師にも、その授業のテーマにも、何週間も落ち着いて冷静に対応した。優越感を得た私は、身の回りの狭い世界にこだわらなくなった。西ドイツで過ごした一夏は、地理的にも精神的にも、私の扉を外へ向けて大きく開いてくれた。

当時、西ドイツに旅行することは難しくなかった。人民警察に出向いて身分証明書を預け、仮証明書を発行してもらい、東西ドイツ間連絡列車に乗れば、ハンブルク、フランクフルト、ケルン、ミュンヘンに行くことができた。もっと簡単に西ドイツに行きたいときは、東ベルリンに行き、二十東ドイツペニヒの乗車券を買って都市鉄道や地下鉄に乗れば、西ベルリンに出られた。もちろんフリードリヒ通り駅をはじめ、いくつかの国境駅では、人民警察と税関職員がパトロールしていた。西ドイツから商品を持ち込む東ドイツ人と、東ドイツで安価な商品を購入した西ドイツ人を摘発するのが彼らの任務だった。けれども所持品検査は乗客の一部を対象に行われただけで、乗客全員の持ち物が組織的に検査されることはなかった。

私たちが西ドイツに出かけた理由は、買い物や親戚、知人訪問といった実利ばかりではなかった。自分たちとは違う日常生活を、ただ単に深く吸い込む。そのために西ドイツに出かけたのだった。西の空気は東とは別の匂いがした。東の空気は、ガソリンと油を混合させて燃焼する二サイクル－エンジン車特有の排気ガスの臭いが強かった。さらに冬になると、露天掘りで採掘された褐炭の臭いがした。二サイクル－エンジン車の臭いも、硫黄分の多い褐炭製練炭が燃える臭いも、西ドイツの空気にはなかった。東でよく吸われたタバコの銘柄は安物の「トゥルフ」や「サーレム」、後には「カビネット」だった。一方西では、「ハーベー」「アストーア」「ピーター・スタイヴサント」が吸われていた。西から届いた小包を開けるときでさえ、特別な匂いが私たちの鼻孔をくすぐった。「パルモリーヴ」や「カロデルマ」といった高級石鹼の匂いは、今でも覚えている。西には本物の味がするコーヒーがあり、ファッショナブルなジーンズ、ペチコート、スウェット・シャツがあった。それに比べると東のファッションにはどこか年金暮らしの若年寄を思わせるところがあり、若さが感じられなかった。

西ドイツの喫茶店では、あたりを見回さなくても気楽に話せた。店内はリラックスしていた。落ち着いた雰囲気になじむと、東ドイツ市民でさえおしゃべりになる。ひとたび私たちを乗せた東西ドイツ間連絡列車が国境を越えて西ドイツに入ると、車内を覆っていた不安気な沈黙はゆるむのだ。乗客はパンを取り出し、魔法瓶を開け、お互いに勧め合った。西ドイツに入ったのだ。そこは安堵の吐息をつく場所であり、自由の土地であり、とくに私たちのような若者にとって無限の可能性に満ちた世界だった。

私はその可能性を何度も利用した。一九五六年、クラスメートのフランクと一緒にサイクリング・ツアーを敢行し、ハンブルク市とシュレースヴィヒ＝ホルシュタイン州を旅した。当時、西ドイツのユースホステルは、東ドイツの若者に宿泊代と食事代相当の引換券を提供していた。つまり西ドイツが私たちに旅行をプレゼントしてくれたようなものだった。キール市近郊の町ラベーにある巨大な海軍記念塔にも上った。両大戦で戦死した兵士を悼むための塔に上ると、北海とバルト海をつなぐ運河の素晴らしい光景が眼下に開け、息をのんだ。遠くの船が運河をゆっくりと進む様子は、まるで船が草原を滑るように見えた。ハンブルクでは、当然、聖ミヒャエル教会の塔に上り、港を一周する観光船に乗った。そして、いよいよ旅の終わりを翌日に控えた晩、ハンブルク港に面したシュティントファング丘のユースホステルの主人は、「君たち、ジュルト島を見る気はないのかね？」と島行きを勧めた。そこで私たちは旅を二週間延長することに決め、ジュルト島のリストという町にあった労働組合青年部の保養所に移動した。

こうして休暇を満喫した私だったが、西ドイツで暮らそうとは思わなかった。いつでも西ドイツに行けるのだから、移住する必要を感じなかったのだ。ロストックには家族が住み、友だちも多い。学校も卒業まで通いたい。すでにメクレンブルク地方に深い繋がりを感じていた私は、バルト海沿岸を去りたいとはけっして思わなかった。しかしその一方で、色彩豊かで騒々しい西側世界の誘惑に心地よく身を任せることもあった。葛藤の多い東ドイツの生活は厳しい。それを少しでも楽にしてくれる軽やかな西側世界で、釣り合いをとっていた。私は故郷を真剣に愛した。西ドイツはいわば愛人のようなものだった。

一九五八年、いとこのゲァハルトは西ベルリンに移住した。西ベルリンの彼のアパートは、私の「国境の向こう側」の拠点になった。最初にゲァハルトが借りたシェーネベルク地区のアパートはぼろぼろで、部屋にはマットレス以外に家具がほとんどなかった。次にウーラント通りのアパートに引っ越したゲァハルトは、友人の音楽学生やその彼女たちと共同生活を始めた。西ベルリンは放埒で騒々しいばかりか、罪深くもあったのだ。終戦直後、米兵とドイツ人女性のカップルで世間の注目を集めたこの街には、五〇年代になると反抗的な若者たちが集まった。東ドイツでは未知の、因習にとらわれない生活世界が生まれたのである。当時はそう呼ばれてはいなかったが、これは六〇年代にはやった住居共同体《ヴォーンゲマインシャフト》〔一つの住居を数人でシェアして住む〕がどこよりも早く生じたものと言えた。

私は何度もウーラント通りを訪れた。もちろん、単に訪れただけである。すぐ近くの繁華街クーダムを、センスの良い女性たちが歩いていた。レーニン広場にはオートバイに乗った不良少年がたむろしていて、ラジオからはビル・ヘイリーの『ロック・アラウンド・ザ・クロック』が流れていた。東ベルリンに住む知り合いの女性は、ポツダム通りのスポーツ・パラストで開催されたビル・ヘイリーのロック・コンサートのチケットを手に入れることができた。後で彼女が話してくれたのだが、今では伝説と化したこのコンサートが始まると、本物のビル・ヘイリーを見た観客は「恍惚となり、叫び、踊り、跳ね回り、ついに座席を全部破壊した」そうだ。当時の私たちは、足繁く映画館に通った。孤独で反抗的なアウトサイダーが人気を集めていた。ジェイムズ・ディーンやジャン＝ポール・ベルモンドが体現する怒れる若者たち《ヤング・アングリー・マン》の時代だった。東ドイツ在住を証明できれば、入場料は東のマルクで支払えた。たいていの場合、ピオニーア組織やＦＤＪの入団証を示せば、文句を言われなかった。私たちは西ベルリンの有名なジャズクラブ「アイアーシャーレ」にも行った。私たちの誰もが愛した歌手といえば、それは当然、ロックンロールの王様、エルヴィス・プレスリーだった。エルヴィスのレコードを買い、『ハートブレイク・ホテル』や『ラブ・ミー・テンダー』を思う存分聞いた。

こうして私は大学生になった。西ベルリンを訪れると、そこでは実存主義が流行していた。ジャン＝ポール・サルトル、アルベール・カミユ、カール・ヤスパース、マルティン・ハイデガーら精神の巨人たちの本を私たちは感動しながら読み、影響を受けた。いとこのゲァハルトのアパートで営まれていた共同生活も魅力的だった。ゲァハルトの彼女のユッタは黒髪の繊細な女性で、その物静かで、どこか暗いところのある振る舞いに魅せられてしまった——少なくとも東ドイツの田舎から出てきたばかりの神学生だった私には、彼女はとても魅力的だった。当時すでにパートナーのいた私だったが、もしそうでなかったら、世慣れた放任主義と精神的自由とある種の放埒さの入り混じった日々の誘惑に負けていたかもしれない。私にとってユッタは、実存主義を具現化した女性の典型だった。黒い服、それもたいてい黒いタートルネックのセーターを着ていた。学生だったが、ほとんど大学には行かず、カフェやバー、ジャズ喫茶に入りびたっていた。いつも口元にタバコをくわえ、手にウイスキー・グラスを持ち、目の下に隈があった。その表情は世界苦を表していた。

後になってわかったことだが、ユッタは作家ウーヴェ・ヨーンゾン*の義妹だった。ヨーンゾンはメクレンブルク地方のギュストローでユッタの姉エリーザベトと知り合った。彼は終戦直後の難を逃れて、ポンメルン地方のアンクラムから移住していたのだ。一九六二年からはエリーザベトと一緒に西ベルリンで暮らした。ユッタのおかげで私はおそらく、彼が初めて出した小説『ヤーコプについての推測』を東ドイツで最初に読んだ一人になった。この本で彼は一躍有名作家になった。ヨーンゾンは東ドイツや東西ドイツの対立にまったく独自の言葉を編み出し、彼独特のアプローチを行ったからだった。

ユッタはいつも超然としていて、自立した優雅さがあるように見えた。しかし、これも後からわかったことだが、実際の彼女はむしろ頼る者のいない子どものような人で、西ベルリンになじめず、彼女から訪ねていける友もいなかったという。彼女の悲惨な最期については、いとこのゲァハルトから伝え聞くことができただけだった。ゲァハルトはしばらく後にユッタと別れたが、彼女とのコンタクトを失わずにいた。私自身は、一九六一年にベルリンの壁が築かれて以後、彼女と会う機会はなかった。

ユッタは不安定になり、現実に追いつけない様子だったという。彼女は痩せた。周囲の人々が助力を申し出たが、彼女はすべて拒んだ。一九六八年のある夜、留守番を任されていたヨーンゾンの西ベルリンのアパートで、彼女はタバコを口にくわえたまま眠ってしまった。作家として注目されたヨーンゾンは、このとき妻と一緒にニューヨークに滞在していた。火事が起こった。火は長時間くすぶり続けたため、階下の天井には焼けたベッドの輪郭がその後何日も浮かび出ていたほどだった。たぶんユッタは外へ逃げようとしてクローゼットから服をつかみ、着替え、通りへ飛び出そうとしたのだろう。しかしドアのところで倒れてしまった。彼女の死には、どこかミステリアスで不可解なところがあった。ユッタは詩人インゲボルク・バッハマン*からエレガントなクレージュの服をプレゼントされ、好んで着ていた。服をユッタに譲ったバッハマンは、その五年後、やはり就寝中のタバコの火が原因で亡くなった。

　葬儀に出席するため、ヨーンゾンは妻とともにニューヨークから帰国した。葬儀では、幼いころからユッタをよく知っていたシャルフ教会監督《ビショフ》が講話を述べた。散会後、ウーラント通りのアパート時代の友人たちが集まって酒宴となった。いとこのゲァハルトの話では、ヨーンゾンは飲み会に付き合い、皆の酒代も払ってくれたが、若いボヘミアンたちの乱痴気騒ぎに閉口して、すぐに帰ってしまったらしい。

　ユッタの悲劇的な死は、私を揺り動かした。ユッタは自由を自分のものとしたのに、進むべき方向を見失ってしまった。悲しみは尽きなかった。これは彼女一人の物語ではなかった。憧れを静められずに西側世界に飛び出したけれども、自由な世界に適応できなかった人は少なくなかったのだ。

　一九六一年の夏、〔八月十三日に〕ベルリンの壁が築かれる直前、私は二度ベルリンを訪れる機会があった。最初は七月中旬のことで、第十回ドイツ福音主義信徒大会[2]に参加するためだった。このとき社会主義統一党（ＳＥＤ）政治局は、大会が始まるわずか数日前に東ベルリンでの催し物を禁止し、東ドイツの民間バス会社に西ベルリンの会場へ車両を運行しないよう指示した。東ドイツ市民を「冷戦の挑発」と「スパイ機関」の介入から保護するという理由からだった。その結果大会の開会にあたって、礼拝の会場として使用許可が下りていた東ベルリンの三つの教会に収容人数を超える人々が集まった。閉会式は西ベルリンのオリンピック・スタジアムで行われた。主催者を代表して六万人を超える参加者の前に立ったハインリヒ・ギーゼン牧師は、「私たちの頭上には影が差しました。残念なことに、たいへん大勢の兄弟が来られなかったのです！」と述べた。

　すでに東西ドイツ間の応酬は激しさを増していた。一九六一年三月、ワルシャワ条約機構の会議に出席したＳ

ED書記長ヴァルター・ウルブリヒト[*]は、西ベルリンは「水路」の役割を果たしており、そこを通って東ドイツから西ドイツへ「人身売買」が横行し、東ドイツの生活物資が西ドイツに横流しされていると発言した。二カ月後、東ベルリンの駐東独ソ連大使ミハイル・ペルヴーシンはクレムリンへの報告の中で、東ドイツの共産主義者は自国からの大量脱出をコントロールするため「西ドイツへの扉」を閉める計画を立てていると言及した。モスクワはウルブリヒトがこの種の抑圧的な行動をとらないように、これまでずっと牽制してきたのだった。それが変わったのが、一九六一年六月にウィーンで開催されたフルシチョフとケネディの首脳会談だった。ソ連共産党第一書記フルシチョフは、米英仏の西側連合国がベルリンを「自由都市」として認めなければソ連は単独で東ドイツと平和条約を締結すると、一九五八年末以降繰り返し脅しをかけていた。「自由都市」とは、米ソ英仏四カ国占領状態の破棄、つまり米英仏西側三カ国の西ベルリンからの追放を意味していた。首脳会談でケネディは、フルシチョフの最後通牒をあらためて拒絶した。この結果ウルブリヒトは、フルシチョフの反対を恐れる必要がなくなった。東ベルリンに壁を建設する準備に着手した彼は、千五百名の人民警察官から成る「保安部隊」を編成し、警察の緊急出動部隊を四千名に増強した。

　二度目にベルリンを訪れた八月初旬、妻の叔母リーザは危険を察知していた。叔母は旧東プロイセンの中心都市ケーニヒスベルク〔現カリーニングラード〕を追われた難民だった。私の妻は北ドイツのバルト海沿岸にたどり着いたが、リーザは西ベルリンのパウルスボルナー通りに落ち着いた。当時妻と私は、恋人同士だった。親戚の目をわずらわしいと考えていた私たちは、叔母の家を頻繁に訪れることはなかったが、週末にベルリンに出かけたときには泊めてもらうこともあった。

　官庁に勤めていたリーザは、影響力のある社会民主党（SPD）党員を恋人に持っていた。SPD東ドイツ支部で重要な地位に就いていた彼を、彼女はいつも偽名で呼んでいた。彼のような人物は国家保安省《シュタージ》に監視されており、その生活には危険が多かったのだ。彼らは〔西ベルリンに逃げてきた東ベルリン市民を一時的に保護する〕マリーエンフェルデ収容所で支援活動に尽力するかたわら、東ドイツの政治状況と経済状態を探っており、情報を東ベルリンに運び、東ベルリンの情報提供者との間に諜報活動のネットワークを築いていた。このため西ドイツの政党が東ベルリンに開設した支部にはシュタージが潜入していた。物品が略奪されたり、党員が誹謗されたり、誘拐されて東ベルリンで公開裁判にかけられ、見せしめの重罪刑を宣告されることもあった。

リーザは恋人から東ベルリンの状況に関する最新情報を得ていた。東の経済状況が劇的に悪化していることや、毎日国境を越えて西ベルリンの職場に通う「国境越え通勤者《グレンツゲンガー》」が東ベルリンの住居から退去処分を受けたことや、自家用車、オートバイ、テレビ、冷蔵庫、洗濯機などの高級消費財の販売に制限がかけられ、本人と親族が東ドイツで就業していることを証明できる顧客にしか東ベルリンでは販売が許可されなくなったことなどをリーザは知っていた。彼女によれば、東ドイツから西ドイツへ逃げ出す人々の数は増加する一方で、一九六一年七月には、一九五三年以来の最大数に達したという。実際、五四年以降、累計で約一万七千五百名の教師が逃げ出し（その内八百五十名は大学教員だった）、三千五百名の医師、千四百名の歯科医師、三百名の獣医が国を離れた。さらに熟練工、手工業者、小売商、農業労働者を加えると、逃げ出した人々は膨大な数になる。その多くは東ドイツで教育を受けた人々だった。彼らは東で働くことを拒んだのだ。東ドイツは血を流していた。

リーザには、SED書記長ウルブリヒトがこのような事態を黙って見ているとは思えなかった。彼女はソ連軍の侵攻を予想した。東プロイセンから避難してきた彼女は、もう二度とソ連軍を経験したくなかった。六一年八月の始め、妻と私がこの夏二度目に叔母を訪ねると、彼女は私たちに、西ドイツ南部のバイエルン地方に引っ越すつもりだと打ち明けた。バイエルン州首相のフランツ・ヨーゼフ・シュトラウス*のもとなら安全だろうと言うのだ。そして、ちょうどお前たちには家がないから、空いたアパートに住む気はないかと声をかけてくれた。

妻と私にとって、天にも昇る嬉しい驚きだった。二部屋とキッチンとバスがあり、水道水はきちんと出て、作りつけのクローゼットもあった。叔母のアパートは西側世界の匂いがした。本物の西ベルリンだった。当時すでに子どもがいた私たち夫婦は、ロストックの祖父母ヴァレマン家の半地下の一部屋に、家族三人で住んでいた。しかも非合法だった。当時の東ドイツで合法的に住宅に入居するのは簡単ではなかったからである。戦争で破壊されたため廃墟が多く、さらに東方からのドイツ人難民も多かった。そのため住宅は常に不足していた。住宅局には住まいを求める人々の長い待機リストができていた。若い家族はアパートの割り当てを得るまでに十年かかるのが普通だった。独り者は間借りできる部屋を探さなければならなかったが、部屋を借りるにも職場が発行する理由書が必要だった。私たち夫婦の場合もまったく見込みがなかった。結婚式の後、住宅局の窓口を訪れたが、取りつく島もなかった。

「そんなにお若いのに、もう結婚しているのですか?」。

私たちは十九歳で結婚した。

「それで、どちらにお住まいですか?」。

妻は妻の両親の家に、私は私の両親の家に住んでいた。

「それでよろしいではないですか。何か問題でもあるのですか?」。

それがまさに問題だった。私の両親は結婚に反対していたので、一緒に住むことは考えられなかった。両親の方でも私たち夫婦と一緒に住むなど想像できなかった。ちょうどその頃、一九六〇年の夏だったが、母方の祖父母ヴァレマン家に間借りしていたロストックの大企業に勤めるエンジニアが一夜で西ドイツに逃げた。そこで妻と私は住宅局に無断で、空いた部屋に移った。半地下の小さな部屋で、一つだけあった窓も上半分しか地面の上に出ていなかった。浴室はなく、洗面台があるだけだった。それでも当時の東ドイツの住宅事情を考えると恵ま

妻のハンジ。東プロイセンからの難民の娘で、私と同じ学級に通っていた。大戦前の趣味そのままに、おさげ髪を結っていたのが、最初、とても印象的だった。

れた方だったが、西ベルリンのリーザ叔母のアパートに比べるといかにもみじめだった。

妻と私の結婚は、高校での恋愛が発展した結果だった。クラスメートはお祝いの会を開いてくれたが、彼らの友情はまず遠慮がちで、どこまでも用心深く、私たちの未来を疑問視していた。私は外向的で、生意気で、反抗的で、しばしば学ぼうとせず、怠け者だったが、生きることを望み、女性と詩人と政治に対する期待で胸を膨らませていた。妻は内向的で、内気で、気が弱く、目立とうとしなかったが、勤勉で勉強熱心だった。彼女は人生を信頼していなかった。

私たちを結びつけたのは、文学への愛だった。私はヘルマン・ヘッセ、ハインリヒ・ベル、アーネスト・ヘミングウェイが好きで、彼女を連れて我が家の屋根裏部屋に上がり、ライナー・マリーア・リルケの『旗手クリストフ・リルケの愛と死の歌』を読んで聞かせたりした。彼女もたくさんの詩を知っていて、演劇を愛していた。彼女のおかげで私はベルトルト・ブレヒトとトーマス・マンを見直した。もともと私はブレヒトに根深い不信の念を抱いていた。ブレヒトは、我が家を抑圧する東ドイツ国家から劇場をプレゼントされていたのだ。学校でブレヒトの凡庸な詩『黍《きび》の教育』を課題として無理やり読まされたこともあった。こんな私に彼女は、ブレヒト作品の政治的な面ばかりに目を向けるべきではない、ブレヒトの詩は繊細であると同時にシニカルであり、柔らかく挑発的なのだと教えてくれた。私は詩の言葉に夢中になった。

　私は彼女に手紙を書いた。「幸せになろう、だって君は……」——その後はマンフレート・ハウスマンの詩を引用した。

君は僕のために、僕は君のために選ばれた
呼吸する詩のなかの韻と韻のように
どちらかが欠ければ、どちらも無になる……(3)

　私たちは貧しかったが、いつも信頼と心づかいを贈り合い、精神的には豊かだった。そして、ついに、大いなるロマンスをはぐくむことができた。結婚に反対する両親や、ぎすぎすした人間関係などの恐ろしい外の出来事は、私たち二人が織りなす世界の前では無に等しかった。しかしそうは言っても、リーザ叔母のアパートの誘惑はとても大きかった。妻と私の脳裏にさまざまなファンタジーがあふれ出した。嬉しさのあまり微笑み合い、誘惑に心が揺れた私たちだったが、結局、目を見合わせて言った。「いいえ、結構です」。

　その一年前、私は西ベルリンのシュタイン広場にあるレストランで、ロストック大学で共に学んだ二人の学友と会っていた。二人とも東から逃げ、西ドイツに移住していた。私は二人に言った。「君たちの逃亡は、同級生の間で評判がよくない、君たちがいなくなったおかげで、未来の東ドイツの牧師が二人減るわけだ。君たちは自由を求めたのではなく、良い生活を求めただけだとさえ推測する同級生もいたらしい。よその国の方が暮らしがより良いというだけで移住するなど、許されるのか」。このとき私は二人を嫉妬したのではなかった。安易な道を選ぶ必要のあった二人に対して抱いた感情は、むしろ優越感だった。正しい者は逃げ出さず、前線にとどまると思っていたからである。私たちは神学生だった。人々を見捨ててはならない。神の教えを広めることで、党とは異なる基準を実践するのが私たちの仕事なのだと信じていた。

東ドイツにとどまる理由は、まだあった。私は東ドイツを熟知していたのである。矛盾に聞こえるかもしれないが、東ドイツの政治的な不安定さは計算可能だった。どこに落とし穴があるか、何がどうつながっているか、どうすればすり抜けることができるか、よくわかっていた。敵対している党のたいていの連中よりも現実を熟知していた。そうであるなら、どうしてこの地を去らなければならないのか。

しかし、私たちがリーザ叔母から西ベルリンのアパートを借りないかと言われた一九六一年の八月初旬、もしこの数日後にベルリンの壁が築かれることを知っていたなら、どのような決断をしただろう。東と西のどちらでも選べる状況がこれほど早く消えることを予感していたら、私の返事は違っていたかもしれない。壁ができる前の私の感じ方は、作家ウーヴェ・ヨーンゾンが三人称の語り手を用いて語った自身の体験同様、楽観的なものだった。「彼は亡命者ではなかった。……亡命とは、彼の理解では、生命の危険が迫るなかでの火急の逃亡のことだ。ところが彼は、電車に乗ってやってきたのだった[4]」。だから、ようやく武装した国境警備兵がベルリンの壁を築くレンガ工の作業を監視し、西ベルリンへの出入りを封鎖する姿を報道写真で見たとき、自分には選ぶ自由がもはやないことを悲痛な気持ちで知ったのである。西ベルリンを訪問することはできなくなった。逃げ出さなかった者は、閉じ込められたのだ。私たちは東に住むしかなかった。

リーザはソ連のフルシチョフが第三次世界大戦に拡大する危険を承知の上で西ベルリンを蹂躙するのではない

かと恐れていたが、幸いなことにこれは杞憂に終わった。戦争が起こらないのは明らかだった。フルシチョフが西ベルリンを放棄したシグナル、それがベルリンの壁だった。米英仏の西側連合国には、ソ連と戦争する危険を冒してまで、ベルリンの壁の建設に抗議する意志はなかった。この結果達成された平和の代償は、永遠に続くと思われたドイツの東西分断だった。

私の周囲では絶え間なく別れが続いていたが、ベルリンの壁ができるまで私は悲しみを感じることがなく、むしろ別れをまったく普通の出来事とみなして、平静に受け止めていた。逃げた人々の数は多かったにせよ、彼らをもう一つのドイツに訪ねることは可能だったし、そこを起点に西ドイツ旅行をすることもできたからである。亡命の波は繰り返し生じた。私たちの直接の知り合いでも、祖父母の家の隣に住んでいた裁判官や、両親の家に間借りしていた法律家が去った。同じ通りに住んでいたエレン・デドー――七歳のとき初めてキスを交わした幼馴染だった――の一家もいなくなった。薬剤師ピーパーとその家族、建築家ファッハとその家族、教師シェーフースとその家族もいなくなった。父の知り合いの船長経験者の中で、ヴストローに残ったのは我が家だけだった。第一章で触れたマリアンネおばさんも、二人の子どもたちを連れて出て行った。シェルパー家、ヘルト家、シリング家、ショムマルツ家も去った。ライヒェ家では、四人の息子のうち二人が去った。

西ドイツへ逃げた住民の家の中は、ほぼ住んでいた状態のまま残された。家具を売ったり譲ったりしては、逃げ出す準備をしていると疑われかねなかったからだ。放置された品々は人々の物欲の対象になった。当時のことを思い出すと、私は陰惨な気持ちになる。使える物を物色するために、親類縁者や近所の人が空き部屋に押し入ったことも稀ではなかった。何週間も不在が続けば逃亡の疑いは高くなり、西ドイツから手紙が来ればもう間違いない。鍵を手に入れて部屋に入る人もいたし、鍵さえ使わない者もいた。盗んでも良心が痛む人はいなかった。住人を追い出した張本人である東ドイツ国家を遺留品で豊かにするわけにはいかないから、国営商店がやってきて目録を作成後売却してしまう前に、戦利品として確保しようというのだった。中には、公認鑑定士が遺留品を査定しているときに訪れてその場で購入したり、中古品を扱う店で売りに出されているのを購入したりして、正規に入手する人もいた。

クラスメートが西ドイツへ去っても、私は平気だった。私が通っていたゲーテ高校は、ロストック駅のすぐそばにあり、教室の窓から駅のホームに停まる列車が見えた。ある日、友人のヘルゲ・リヒターが声をかけてきた。ヘルゲは私よりもさらに自己主張が強い男で、家族は医者をしており、大変繁盛していた。「俺はもう限界だ。次のラテン語のテストは受けない」と宣言すると、彼は教室を出て行った。次の時間が始まったが、私は急に気分が悪くなったふりをして、新鮮な空気を吸うためにしばらく外に出たい、友人のクリスティアン・ゲートイエン*に付き添ってもらいたいと教師に申し出た。

私とクリスティアンはかろうじて駅のホームでヘルゲに追いついた。トランクも手荷物も持たず、両親にすら何も告げずに、ヘルゲは列車に乗って行ってしまった。私とクリスティアンは学校へ帰り、テストを受けた。一週間後、ヘルゲから絵葉書が届いた。「よお、無事着いたぜ。今、映画館にいる。プレスリーの『監獄ロック』だ」。彼は住む場所を変えたに過ぎない。このような亡命に悲劇的なところはまったくなかった。

すでに一九六一年以前に、「共和国逃亡」は大衆現象になっていた。五〇年代末には、大学入学資格試験《アビトゥーア》を受けられるクラスの過半数の生徒が西ドイツへ去った。大学進学が認められないのをあらかじめ予想できたからだ。例えば法学部に進学を許可されたのは、共産主義の信奉者だけだった。薬剤師や医者の家庭の子弟は、薬剤師や医師になりたくても、大学の学籍を得る見込みがほとんどなかった。大学進学の優先権は労働者の子弟が持っていたからである。しかもSED幹部の子は労働者の子弟として扱われた。人民軍の将校を父に持つ子も、同じように労働者の子弟に該当した。ところが、もし機械工から身を起こした父親が昇進してエンジニアの国家資格を得たとすると、その子どもは知識人階級に分類され、大学へ進学できなくなった。クラスメートのフランク・ゼーゲリッツは、父親が薬局を経営していたため、私企業経営者の息子として扱われた。フランクはどちらかというと西の生活に向いた気質の男だったが、ＦＤＪに加入していたため、高校の卒業に関しては問題なかった。しかし卒業後の職業についてはほとんど見込みがなかった。そこで彼は国を去り、西ドイツで法律家になった。このような選択をしたフランクをとがめることはできなかった。

　私たちの担任教師も国を去ったが、これは別の意味で話題になった。彼はＳＥＤ党員の資格をカモフラージュに利用していたからである。逃亡後、この教師が教員間で「反革命グループの中心」だったことが発覚し、新聞紙上で告発がなされた。私たちのゲーテ高校はロストック市立統合学校に合併させられた。ＳＥＤの路線に忠実な教育者が、規模の大きくなった学校を仕切るようになった。こうして教育的、かつイデオロギー的な締め付けが強まったが、ちょうど卒業したばかりの私たちは幸運にもその対象からはずれた。

　ベルリンの壁の建設は、人々の大量亡命に終止符を打った。したがって壁建設を勝利とみなして祝った者もなかにはいた。壁ができたおかげで東ドイツが血を流し続けることはなくなり、人材が恒常的に「引き抜かれる」事態も解消され、東ドイツ固有の社会システムを構築するチャンスが得られたというのだ。しかし大多数の人々にとって、壁の建設はショックだった。驚愕した人々は、全国民《シュターツフォルク》に隷属を強要した支配者一味の思い上がりに怒りを覚えた。

　党指導部は家族を引き裂き、旅行の自由を奪い、あらゆる人的交流を禁止したばかりか、ベルリンの壁を「ファシストの攻撃に対抗するための防御壁」と宣言するほど愚かだった。一般党員の目にも、東ドイツは帝国主義の攻撃から自国を守ってきたと主張する指導部のプロパガンダが真実でないことは明らかだった。血が流れ出るように人々が逃げ出す事態を前にして、党指導部は自分たちのために国家を守ろうとしたのだった。

西ドイツは壁という鉄のカーテンの背後に消えてしまった。恋人たち、婚約者たち、夫婦、子どもたちとその両親、兄弟姉妹が引き裂かれた。生活の基盤を失った人々も大勢いた。国境を越えて西ベルリンに通勤していた東独市民は不安定分子とみなされ、出世の道が閉ざされたり、重要な企業施設で働けなくなったりした。西ベルリンの学校で教鞭を執っていた教師は、生涯にわたり東ドイツで教職に就くことが禁じられた。西ベルリンの大学に通っていた学生は、東ドイツの生産現場に送られた。西ベルリンの高校に通学していた生徒は教育を終えるのが認められず、就職のため見習修業を始めなければならなかった。

一九六一年を境に、私たちの国は城塞のようになった。城主は国の内部のあらゆる出入りと、一人ひとりの人生の諸段階を決定する権利を手中に収めた。壁ができるまでは、ときどき「国境の向こう側」に出かけたり、西ドイツから訪問客を迎えたりして、イデオロギーの押し付けや抑圧と折り合えたが、壁が築かれた後では抑圧を埋め合わせる道は閉ざされてしまった。私たちは一週間どころか、一日たりともそこから逃れられなくなった。以前は旅行の自由があったため、学校や大学、仲間内、職場の雰囲気はまったく違っていた。旅行は私たちの日常の大事なテーマだった。旅行の自由があったおかげで、東ドイツの日常には奇妙なパラレル・ワールドが形成されていたのだ。一九六一年以後に生まれた者は、このような日常を想像できなくなった。

六一年八月十三日に壁が築かれて以来、ベルリンを通って西ドイツへ抜け出る道はなくなった。こちら〔東ドイツ〕にいて、同時にあちら〔西ドイツ〕にいることは不可能になった。西ドイツの知人や親戚が死亡しても、葬儀への出席すら許可されなかった。東西の交流はゼロになった。わずかな私用電話を利用して西ドイツへ電話をかけるときは、電話局に申請しなければならなかった。受話器の前で半日待ち続けた揚句に、結局つながれないこともたびたびだった。

ベルリンの壁が築かれた日こそが東ドイツのそもそもの誕生日であるとよく言われたものだ。六一年八月十三日、この日から私たちは永遠に東ドイツに属した。四九年十月七日の東ドイツ建国ではなく、六一年八月十三日のベルリンの壁建設が、私たちの態度と精神にとりわけ長期の影響を与えることになった。圧倒的な権力を保持した国家装置に客観的無力を科せられていた住民は、今や主観的にも無力になった。権力に参加する制度的な可能性を奪われた人々は、責任を担って行動する能力を次第に失った。

六一年八月以後、東から西へ国境を越えようとする者は、本当に「生命の危険」を冒さなければ国を去ることができなくなった。ヨーンゾンが理解した意味での亡命者になったのだ。人々は高層アパートの西ベルリンに面した窓から飛び降りた。検問所の封鎖帯をトラックで突破した。東西ベルリンの境を流れるテルトー運河やハーフェル川、シュプレー川、フンボルトハーフェンを泳いで横断した。私たちのメクレンブルク地方では、バルト海を渡った人や、すくなくとも渡ろうとした人々がいた。客車をつないだ機関車ごと国境封鎖帯に突っ込んだ機関士がいた。外国のパスポートを偽造して検問所を通過した者もいた。六一年末までに十三名が亡命の際に命を落とし、三千人以上もの人々が亡命に失敗して逮捕された。政治的理由から迫害を受けた者の数は、六一年下半期には五倍に増え、七千二百名に達した。

西ドイツは、手の届かないところへ転位した。その半分は、もはや私たちが行けないところになった。残りの半分は、西ドイツを良く知り、評価してきた東の人々の心の中に移った。たとえ一時的な滞在しかできなかったとしても、私たちは西ドイツを我が家と感じていたのだ。そのため、壁ができて以後、二種類の西ドイツが存在することになった。一つは未知の方向に日々変化し続ける現実の西ドイツである。もう一つは、別れをけっして望まない東ドイツの人々の心の中に生きる、憧れとしての西ドイツだった。

こうして私たちの心の中に憧れが住みついた。西ドイツは、十七歳の少年が台座に載せて賛美する女性に等しかった。おそらく彼女の美しさは、何十年も何百年も保たれるだろう。少年に彼女の顔のしわが見えないように、西ドイツにも存在した自由の欠如や制限は、私たちの多くには見えなかったか、まるでベールを通して透かし見るようにしか目に入らなかった。自分たちのものではないものを、私たちは理想化した。

壁ができてから十年ほど経つと、私はときどき西ドイツの夢を見るようになった。しかもそのことを誰かに話すと、その人も「実は私も昨夜、夢の中で西ドイツに居た」と私に言うのだ。何度も繰り返されるこの夢のモチーフは、すべての重荷から解放されて安堵したときの、あの感情に他ならなかった。あたかも出国のパスポート・チェックのために停車した列車が、国境警備兵の検査を終えてふたたび動き出したかのように、車窓の外に西ドイツの家々や自動車が見え始め、ああ、私たちは自由の地にいると実感するのである。夢の中で私たちは微笑み合い、語り合い、今本当に西ドイツにいると感じて、幸せだった。好きな音楽を聴けるし、その価値を認める本や新聞を読めるし、ローマ、ロンドン、コペンハーゲン、どこにだって行きたいところに行ける。ハンブルクの洗練されたユングフェルンシュティークだって、猥雑なレーパーバーンだって、ケルンの大聖堂やアルプス山脈だって、行けないところはない……。

私たちの西ドイツは、実際に人々の暮らす西ドイツから遥かに遠ざかってしまった。かの地の人々、とくに六八年世代や左派の活動家は私たちを訪問すると、西独社会の欠点を語るのが常だった。私たちは彼らによく抗議した。激しい議論になることもあったが、それは私たちが彼らに西ドイツの良さを説明し、彼らが私たちに東ドイツの社会主義の良さを説いたからだ。西の彼らも東の私たちも、それぞれの内的現実を抱えていた。その現実を認める誠実さを持ち合わせていることもあった。

西ドイツから訪問者があったり手紙や贈物を受け取ったりすると、私たちはいつも喜んだものだが、この喜びは恵まれた社会に生きる西側の同胞には理解できなかったようだ。壁に隔てられて生きていた私たちは、忘れ去られていない印として、それでもどうにか一員である印として、訪問、手紙、贈物といった西ドイツからの思いやりが必要だった。西側の品々を過剰に尊重したため、ときどき奇妙な習慣が生まれることもあった。例えばバルト海沿岸で休暇を過ごす大勢の人々は、漂流物を探して浜辺を歩き回った。オランダの有名なリキュール「BOLS」をはじめ、西側諸国の有名な商標のついた瓶を見つけると、きれいに洗い、リビングや廊下の飾り棚にトロフィーのように飾ったのである。私はそういう家庭を何軒も訪れたことがあった。空き瓶を飾るのは、国家に所有されているにしても、すべて所有されているわけではないことを表明するためだった。こうして空き瓶、ブリキ缶、西ドイツのポリ袋（東ドイツの学校では持ち込みが禁止されていた）、ジーンズ、Tシャツなどが自主独立を表す反抗的な記号となった。

　このような憧れは西ドイツを失った悲しみの裏返しだったが、私も含めて、たいていの東ドイツ市民はこれをほとんど自覚していなかったと思う。心が麻痺するのを恐れて、私は悲しみを追い払ってしまったのだ。「悲しみよ、邪魔しないでくれ。私は生きたい。強くなりたい」と私の心は語っていた。有名な民謡の歌詞にある通り、たとえ「暗い牢獄に」幽閉されていても、少なくとも内心は自由であり続けられる、心の中でなら壁も柵も壊せると信じた者は多かった(5)。

　私でさえ、牢獄に閉じ込められた日常に感染してしまい、半分あきらめた物の見方をするようになってしまった。このことを私が完全に理解し、かつ感じたのは、ようやく牢獄の外に出たときだった。東ドイツの不正、差別、イデオロギー上の狭量さにはたびたび怒りを覚えた私だったが、日常生活にあまねく行き渡っていた屈辱には無感覚になっていた。これに気づかされたのは、八〇年代初めのある日の午後、教会活動を通して知り合った三人のスウェーデンの女性教師がロストックを訪れたときのことだった。三人はとても連帯感に富み、親切で、知的だった。彼女たちは私の四歳の娘に、西側諸国の通貨と交換しなければ手に入らない特別な品物をプレゼントしようと考え、私たち家族と一緒にロストックのインターショップに入った。インターショップというのは東ドイツ国内で外国製品が買えた特別な店で、東の中の西の飛び地、いわば治外法権的な場所であり、店内では自由な世界で生産された喉から手がでるほど欲しい商品がたくさん売られていた。東ドイツ市民は入店を許されないこともあったし、手持ちの西ドイツマルクを国家が定める低い交換レートでフォーラム・チェックという小切手に引き換えさせられることもあった。とにかくこのとき私たちは、スウェーデンからのゲストと一緒に店を訪れた。店外には西の通貨を持たない人々が窓に鼻を押し付けて、自分たちには手の届かない多彩な商品の山を見ていた。私たちの娘は買ってもらった品物を抱え、喜びに顔を輝かせて店を出たが、三人のスウェーデン女性のうちの二人の目に涙が浮かんだ。

「どうして泣いているのですか」。

彼女たちが泣いたのは、芝居を一緒に演じなければならなかったからだった。その芝居では、一方の価値が他方より高かった。彼女たちが持参した通貨はオールマイティーで、私たちの通貨の価値はゼロだった。私の娘が満面に笑みを浮かべて喜んだ贈物は、スウェーデンの生活水準から見れば陳腐でみすぼらしく思えるおもちゃにすぎなかった。彼女たちが泣いたのは、ベルリンの壁や監視塔、牢獄などの抑圧の象徴からはるか遠く離れたこの全く平凡な日常生活の場で、東ドイツの階級構造と抑圧構造に出会ったからだった。このような条件の下で私の娘にプレゼントを買ったことを品位に欠ける恥ずかしい行為と感じた三人は、私たちのことを気の毒に思ったのだった。

このとき私はどのように振舞ったのだろう。私は闘いを使命と感じていたので、彼女たちを慰めようとして、私たちはいかなる慰めも必要としないと断言した。私たちはこのような状況に慣れてしまったので、侮辱も屈辱も感じないとも付け加えた。私はこういう自分の態度を誇らしく思った。この誇りが、うつ病やアルコール中毒、自殺衝動から私を守っていたのだ。自己憐憫や悲しみに浸って自分を弱めるのではなく、挑発に賭け、反撃のラッパを吹き、フォアハンドで打ち込むのが私の流儀だった。

私は小さなニッチに自足する人々を批判していた。個人的な小さい隙間に人生の大きな幸せを魔法のごとく呼び起こして、制約を満足と称していたからだ。ところがその私自身こそ、ちっぽけな幸せに満足して生きてきた当の本人だった。スウェーデンからのゲスト三人をヴストローとアーレンスホープ間のバルト海に面した断崖地帯に案内し、ここはヨーロッパでもっとも美しい散策道の一つですと紹介したときの私こそ、まさにそうだった。顔を輝かせて誇らしげにゲストの前に立ち、磯と浜辺のにおいと海の味を自画自賛する私を、彼女たちは一層気の毒に思ったことだろう。もし私がザクセン地方に生まれていれば、地元のエルベ砂岩山地を誇らしげに称賛しただろうし、もしブランデンブルク地方に生まれていれば、ポツダムのサンスーシ宮殿と庭園を誇り高く語ったにちがいない。西側諸国の観光地と比べる機会がなかった私たちに、東ドイツの風景が過度に美しく感じられても不思議ではなかった。私たちはノルウェーのフィヨルドも、ギリシャの地中海沿岸も見たことがなく、フランスのローヌ河を下ったこともなく、ドーヴァー海峡の絶壁の上に立ったこともなく、ローマのサン・ピエトロ大聖堂を訪れたこともなかった。西の書物を読み、西の音楽を聴き、西の服を着ていても、私たちは田舎者だった。手に入らないことへの悲しみを感じないように、手に入るものの価値を高めた。入手できるもので生活をやりくりするために、入手できないものへの悲しみを抑圧した。

一九六〇年代のある日曜日、ロストックの北の、ヴァルノー川がバルト海に注ぎ込む景勝地ヴァルネミュンデに家族で出かけたことがあった。私たちは海に突き出た突堤に立った。二人の息子は妻と私の手を握っていた。ちょうどそのとき、私たちの目の前を、大きな白い船がバルト海の海原に向けて出航していった。圧巻だった。子どもたちは興奮した。

「すごい！　僕らも乗りたい！」。

行き止まりの突堤の先端に立つ私たち。後方の陸地も前方の海も監視されていたが、このときは監視塔も監視船も見えず、広さと遠さと自由を感じさせるバルト海だけが見えた。夢想へ誘われた私たちの美しい瞬間。カメラの方を振り返れば、私たちは別の顔を見せるだろう。

「あれはデンマークに行く船だから、乗れないんだよ」。

「どうして。人が乗ってるのが見えるじゃない！」。

「そうだね。でも西から来た人しか乗れないんだよ」。

　二人の息子は怒った。「とってもおかしい」と言い出した。このとき、お父さんも閉じ込められているのは不愉快なんだよ、と言えたらどんなによかったろう。しかしそう言う代りに、私は子どもたちを悲しみから守ろうとした。こんなに幼い頃から、自分たちを囚人だと考えたり感じたりしてはならないのだ！　お前たちはまだ小さすぎてわからないんだと二人に説明した私は、ヴァルネミュンデの浜で売っているアイスクリームはデンマークのアイスクリームよりずっとおいしいぞ、と付け加えた。このように、苦痛や怒り、憤りに押しつぶされるのを避けるために、異常な事態を正常だと説明することはよくあった。私たちは生活力を鍛え、たくましくなった反面、日常生活の機能が阻害される恐れがある場合、無意識に感情を禁止し、部分的に押し殺してしまった。

壁ができてから二年半以上、東西ドイツ間の行き来は完全に途絶えた。ようやく一九六三年末に国境通過許可証に関する協定が締結され、西ベルリンの住民はクリスマスと新年の期間に東ベルリンの親戚を訪問することができるようになった。翌年には国境通過許可証に関する第二の協定が締結された。また一九六三年からは、〔西ドイツ政府が金銭を提供して出国させる〕東ドイツ政治犯の自由買い《フライカオフ》の実現に向けた交渉が、西ドイツ政府の全ドイツ問題担当省と東ドイツの弁護士ヴォルフガング・フォーゲルとの間で始まり、少しずつ壁に隙間が生まれ始めた。当初東ドイツ政府は、一人当たり八千ドイツマルク〔ドイツマルク（DM）は西ドイツの通貨〕と交換で政治犯を西ドイツに出国させると表明していた。後にこの値段は一人当たり九万七千ドイツマルクに引き上げられた。ほぼ同じころ、福音主義教会も東ドイツの政治犯の自由買いに着手した。対象となったのは、亡命幇助者や刑期の長すぎる判決を受けた政治犯だった。囚人交換の合意もなされた。個々のケースの中には、離ればなれになった家族の再会が実現することもあった。私の妹ザビーネの例を挙げてみよう。

一九六五年春、ちょうどザビーネが大学入学資格試験《アビトゥーア》に合格した頃、旧知のヨヘン・ツェークがハンブルクから訪ねてきた。ヨヘンとは、彼が洗礼を受けたとき、私の父が代父をつとめた縁があった。終戦までツェーク家はロストックの富裕層に属していた。ヨヘンの祖父グスタフ・ツェークの代に商売の拡大に成功したのだ。一九〇六年から二二年にかけて、ロストックに服飾専門店とカーペット専門店を開き、贅沢な別荘を建てたばかりか、ポンメルン地方のコルベルクとケスリンに衣料品の百貨店を開き、バルト海沿いの保養地ヴァルネミュンデにも百貨店を開店した。しかし終戦とともにツェーク家は、これらすべての資産を一夜で失った。二軒の百貨店があったポンメルン地方はポーランドに帰属することになり、ロストックとヴァルネミュンデの店舗は接収されてしまった。ロストックの別荘はソ連軍が利用した後、ロストック大学に移譲された。戦後の一時期、一家は自宅の地下室に住んだが、ヨヘンの父は西ドイツのハンブルクに脱出し、再教育を受けて税理士になった。一家が所有していた家具や絵画は知人や親戚に分配された。私の妹ザビーネは人形用の乳母車を譲り受け、あちこちで自慢していたが、まさかそれが自分の未来の夫の両親から譲り受けた物になるとは思ってもいなかった。

そのまさかが起こった。一九六五年の夏、ザビーネはヨヘンに恋をした。秋には妊娠に気づいた。これは私の両親には大変なショックだった。というのは、娘には高校卒業を望んでいたこともあるが、それよりなにより、生まれてくる子どもが非嫡出子になるからだった。私の両親にとって孫が非嫡出子になるという想像は最悪だった。

ザビーネ自身も驚き、途方に暮れた。生まれてくる赤ん坊を毎朝六時に託児所に連れて行く東ドイツの普通の生活はいやだとしか考えられなかったのだ。このとき最悪の事態から娘を救ったのは、母の実行力だった。母はショックから立ち直ると、東ベルリンの地区総長《ゲネラールズーパーインテンデント》(6)になっていた妹ゲルダの夫ゲァハルトに助けを求め、福音主義教会の出国候補者リストに娘の名前を載せることに成功した。ザビーネとヨヘンがお互い良き伴侶となるかどうかはわからないにせよ、ともかく子どもを非嫡出子にしてはならないと母は考えた。一九六五年十月、最初の出国申請は却下された。ザビーネのような向上心溢れる若い女性を敵国に移住させてはならないというのが申請却下の理由だった。しかし、教会の交渉の枠組みの中でゲァハルトが姪のために粘り強く話を進めた結果、一九六六年四月中旬、ザビーネは出国を許可する通知を受け取り、五月初めに出国した。

ザビーネが出国できたのは、特別な支援を受ける幸運に恵まれたからだった。他の人々は出国許可を求めてむなしく待ち続けていた。出国が決まったザビーネが必要な書類をもらうために東ベルリンのシャリテー病院の産婦人科を訪れたとき、応対してくれた助産婦は泣き出したという。彼女は西ドイツへ移住しようと、すでに五年間も苦労していた。夫と子どもたちは仕事先と住居を探すために、一足先に西ドイツのノルトライン＝ヴェストヴァーレン州に移住した。続いて彼女も西に行こうとしたそのとき、ベルリンの壁が築かれ、家族の計画は不可能になり、一家離散の状況に陥ったのだ。また、出国後ザビーネがハンブルク市リッセン地区の病院で西ドイツでの定住に必要な検診を受けたときも同様で、やはり助産婦が泣き出してしまった。東ドイツのリューゲン出身の彼女は、移住準備のため、単身、夫と子どもたちに先立って西ドイツに来たところ、壁ができた。しかも夫が離婚を申請して認められたため、彼女は子どもの扶養権も奪われてしまったのだった。

このような例は何千もあった。何千もの人々が西ドイツへの出国を強く求めていた。当初東ドイツを去るつもりのなかった人々も、徐々に体制の狭量さに息苦しさを感じ出した。私たち家族の古くからの友人であり、一九六七年に生まれた私の娘ゲジーネが洗礼を受けたときに代母を務めてくれたジビュレ・ハンマーも、その一人だった。ジビュレは私の妹ザビーネと一緒に、ロストックのスポーツ学校で大学入学資格試験《アビトゥーア》を受けた。大学でドイツ文学と英文学を専攻した後、ベルリンのフリードリヒスハイン地区で学校の教師になった。家庭に問題を抱えた生徒たちを担当した彼女には、比較的多くの自由が許されていた。一九七五年には個人的な事情でロストック市に戻り、エファースハーゲン地区の第五十一般教育総合技術学校(7)に異動した。ちょうど私の教会があった地区だった。

〈ジビュレ・ハンマーの証言〉

東ベルリンで六年間教職に就いていた間、ある程度自由に慣れていたので、心の準備のないまま、ロストック市エファースハーゲン地区の第五十一般教育総合技術学校（マクシム・ゴーリキ学校）の抑圧的な雰囲気に直面してしまいました。たとえ一つひとつの抑圧は大したことがないように見えても、全体は耐え難くなります。最初は長靴でした。学校のあった新興集合住宅地区は入居が始まって何年も経っていたのに、ぬかるみがひどく、駅から学校まで道路に敷いた板の上を歩かなければなりませんでした。同僚たちは泥だらけになった靴を校内で履き替えていましたが、私はロストックの狩猟専門店で買った革製の長靴を校内でもそのまま履いていました。この革靴は、モスクワの赤の広場の衛兵が履いている長靴にそっくりでした。泥の目立つ長靴を履いていれば、歩道建設のアピールにもなるだろうと考えたのです。それに、仕立ててもらった絹のスカートにも似合っていました。ちょっと人目を引いたと思います。ところが革の長靴が気に入らなかった校長から、履き替え用に普通の靴を持ってくるように言われました。でも私は従いませんでした。

しばらくすると、私がガウク家の子どもたちと面識があることが知られるようになりました。三人のお子さんは第五十一般教育総合技術学校に通っていました。クリスティアンは私の英語クラスを受講していましたし、マルティンとゲジーネは私が代講を担当した授業に出席していました。私がガウク家の知り合いで、たびたび家に出入りしていることが明らかになると、校長と副校長に呼び出されて、こう言われました。「校庭を見回るとき、ガウク牧師の子どもたちや、彼の教会で堅信礼を受ける子どもたちと親しくしないように」。「しかし教師には生徒と良好な関係を築くことが必要です！　それに、どの生徒が教会で堅信礼の準備教育を受けているのか、私にはわかりません。私はゲジーネの代母ですし……」。

すると奉仕労働に出るように言われました。私は「無理です。午後は英語の授業を担当しています。学校と交わした契約を守らねばなりません」と抗議しました。しかし校長は、授業よりも奉仕労働を重視しました。授業を重視する私とは正反対でした。私が英語の授業をしている間、他の者は土を掘り、芝の種をまき、灌木を植える。それではよくないというので、私の英語の授業は朝六時四十五分からのゼロ時限目に移動させられました。こんな早朝の授業に生徒が来るのだろうかと思いましたが、予想に反して、生徒たちはやってきました。しばらくすると私は疲れ切ってしまい、精神安定薬なしには学校生活を送れなくなりました。

一九七六年六月、私は夏休み明けの異動を言い渡されました。「異動先のカール・マルクス高校では定評のある同僚と同志が集団指導体制を築いていますから、あなたのイデオロギーを確実にするために、力添えが得られるでしょう」と言われました。

私は異動を拒み、退職しました。これ以上教師を続ける意欲がなくなったため、東ベルリンのアパートに戻りました。夜間、郵便局で仕分けのバイトをしたり、短期契約でドイツ映画社の仕事をこなしたりして、なんとか糊口をしのぎました。

国外に出たいと願いました。このままでは負けてしまう。背骨が折れてしまう。破壊されてしまう。体制は私の自立性を攻撃したのです。でも、出国申請をするつもりはありませんでした。申請すれば、私の存在は連中の慈悲に左右されてしまいます。強引に国境突破を試みて、射殺されるつもりもありませんでした。残された手段は検問所の通過です。亡命を支援する協力者の助けを借りれば、成功する確率は低くはないことが知られていました。

人生を賭けたシナリオはこうでした。昔のクラスメートに、三歳の息子を連れて亡命しようとしている女性がいました。まず私たちは毎週末にヒッチハイクを始めました。行く先はライプツィヒ、ドレスデン、ロストック。近い将来、検問所のある場所へ出かけても、目立たないようにするためです。当時は皆ヒッチハイクをしていました。ヒッチハイク文化が流行っていましたから。次に、カモフラージュのため、私たちはバーベルスベルク映画学校に入学を申請するとともに、ハンガリーでの休暇を申し込み、支払いも済ませました。私は自動車教習所にも申し込みました。東ベルリンの生活を続ける見せかけを作ったのです。

ある日、すでに西ベルリンに移り住んでいたザビーネ・ガウクから、決行日を知らせてきました。一九七七年六月十七日決行です！　友人と息子は十九時三十分にヘルムシュテット方面に向かうミヒェンドルフの高速パーキング・エリアで、私は一日後の同時刻に同じパーキングで反対方向のベルリン方面に向かうことになりました。亡命協力者はまず友人と息子を乗せてハノーファーに走り、翌日の帰路に私を乗せて西ベルリンに向かう手はずでした。

私は友だちに別れを告げられないことにとても苦しみました。友だちを危険にさらしたくありませんでした。政府は残った者たちに「犯罪を知っていた者」や「共和国逃亡幇助者」の罪を即座に着せるからです。私は誰にも知らせずに、人間関係からすっと消える必要がありました。友だちに「さようなら」を言うとき、私だけが永遠に会えなくなることを知っているのでした。少なくとも三十年後、友だちが年金生活に入って西ドイツに来られるようになるまでは、再会できないのです。

まず友人が息子を連れて決行しました。彼女は西ドイツに帰る旅行者になりすましました。西ドイツで市販されている服を着て、財布には西のドイツマルクだけを残しました。協力者の自動車はルノー4です。三歳の息子がそのトランクでおとなしく眠れるように、知り合いの小児科女医が処方してくれた睡眠薬をオレンジジュースに混ぜて飲ませました。私は二人をシェーネフェルト近くの市のはずれまで見送りました。二人はそこからミヒェンドルフの高速パーキング・エリアまでヒッチハイクをするのです。

その晩、私はドイツ座で最後の芝居を見ました。アパートに帰り、興奮して電話を待ちました。ようやくザビーネから電話がありました。「妹が誕生パーティーをベルリンでやりたがってるわ」。これは、友人と息子が無事ハノーファーに到着したことを告げる暗号でした。

翌日は私の決行日でした。与えられた指示に曖昧な所はありません。ミヒェンドルフの高速パーキング・エリアでガソリンスタンドの休憩所に入り、協力者の男を待つのです。面識はありませんでしたが、彼は私の写真を持っているので、きっと見つけてくれるはずでした。協力者はテーブルの上に、私の友人が嵌めていた指輪を投げつけることになっていました。これが友人の金の指輪であれば、投げつけた男を信頼できるのです。そして男は「大事な婚約指輪を車に忘れるなんて、どういうことだ」と大声で私をののしる手はずでした。

　私はアパートの鍵をシュプレー川に捨てました。もし誰かに鍵を預ければ、その人に逃亡幇助の疑いがかかります。それに、発覚後のシュタージの家宅捜索を邪魔してやりたい気持ちもありました。私も西ドイツで市販されている服を着て、シェーネフェルトでヒッチハイクをしました。ところが乗せてくれたヴァルトブルク〔東ドイツで生産された小型車〕の運転手はしつこい奴で、私の膝に手をのせたままミヒェンドルフを通り過ぎ、走り続けます。私は大声を上げて車を停めさせ、なんとか車外に出ましたが、そこは高速道路の真ん中。当然、人目を引く場所でした。幸運にも、反対方向の高速の出口に向かう車線にイギリス人が車を停めて、ラジエーターに水を補給していました。車内には私が座れそうなスペースはありませんでしたが、私がヴァルトブルクの運転手から受けたトラブルを訴え、恋人と待ち合わせているミヒェンドルフへ連れて行ってほしいと奥さんに話すと、彼女は短い区間ならと、私を膝の上に乗せてくれたのです。

　ミヒェンドルフに着くと、まずトイレに入り、気持ちを落ち着けなければなりませんでした。冷静さを取り戻すと、計画通り休憩所に入ってテーブルに座り、二人分の食事に水とコーヒーを注文して、まだ見ぬ婚約者を待ったのです。当時、シュタージの連中はたいてい黄色いワイシャツを着て、見るからに怪しい書類鞄を持っていました。私が入った休憩所にも明らかにこの手の男たちが二つのテーブルを占め、空のコーヒーカップを前に『新しいドイツ《ノイエス・ドイチュラント》』紙を広げて、監視の目を光らせていました。私はできるだけ落ち着いて見えるように心がけました。ついに、一人の男が私に向かって歩いて来ました。男は金の指輪をテーブルに投げつけ、甲高い声でののしりました。「これで二度目だ！　俺のプレゼントのどこが気に入らないんだ！　指輪を車に忘れるなんて！」。私も応じます。「怒鳴ることないじゃない！　忘れちゃったんだからしょうがないでしょ！」。売り言葉に買い言葉が続いた後、私は大声で言いました。「ボーイさん、お勘定、お願い！」。彼は、もちろん、西のドイツマルクで払いました。

外へ出ると、ルノー4の助手席に乗り込みました。走行中、西ベルリンに入る検問所のあるドライリンデンに着くまでに、ベルトを引っ張り、車内の後部荷物収容スペースを開けると、後部座席を乗り越え、その中に身を隠しました。ところが後部の狭いスペースの中で、パニックの発作が起こりかけました。もしこの車が後部から追突されたら、いないことになっている私は発見されず、出血多量で死んでしまうのですから。それから、検問所で咳が出るんじゃないかと不安になりました。私はザビーネに頼んで特別に西ベルリンから送ってもらった咳止め薬を舐めました。後でわかったのですが、これは咳止め効果のない市販のタブレット清涼菓子でした。でもこのお菓子のプラシーボ〔疑似薬〕効果は絶大でした。咳は出なかったのです。

最初は東ドイツの検問所でした。係官が「身分証明証と許可書を！」と言うのが聞こえました。やり取りのすべてが聞こえたのです。続いて西ドイツの検問所を通過しました。その後は静寂。協力者は右折して車を停め、荷物収容スペースから私を外に出してくれました。あたりを見回した私は、ヒステリックな発作に襲われました。「騙したわね！　ここは西ベルリンじゃないわ！　大都会の西ベルリンに、こんな森、あるはずない！」。

すると彼は私をつかんで揺すぶり、大声で言ったのです。「道を見ろ！　走ってる車のナンバーを見ろ！」。私たちが立っていたのは、西ベルリンの南西部の森を抜けるポツダム通り《ポツダーマー・ショセー》でした。行き交う車はすべて西ドイツのナンバー・プレートを付けていました。でも、なかなか落ち着きを取り戻せなかった私を見て、彼はクロイツベルク地区のカフェに向かいました。そこでなんと、一日前に亡命に成功した友人とばったり出会ったのです。彼女は飛行機でハノーファーから西ベルリンに着いたところでした。まるでハリウッド映画のようでした。私たちは抱き合って泣き崩れました。

一九七八年の一月、ジビュレが亡命してからほぼ九か月後、私は西ベルリン訪問が許可された機会を利用して、彼女と再会した。妹のザビーネが再婚することになったため、十日間の西ベルリン訪問を申請したところ、予想に反して認められたのである。実に十七年ぶりの西ベルリンだった。私はジビュレのような人々を誇らしく思った。政府の拘束力など取るに足らず、すべての市民をくじけさせる力もないことを政府に向って示したのだ。しかし私の心にはわだかまりが残った。ジビュレのように私たちを見捨てて出ていく者が増え続ければ、この先どうなるのだろう。東ドイツに留まる正直者は、ますます弱体化するばかりではないか。

私は再会したジビュレに「最終的に真理が勝つために行動する人は、東に残るべきだ」と言った。「東ドイツを変えることは、もう大切ではないのかい?」。

「私に一生ベルトコンベヤーの前で過ごさせたかったの?」と彼女は問い返した。「出国申請をしたせいで職場を解雇され、教会の補助員をして生計を立てている人もいる。私の場合もその可能性は本当に高かったのよ。あなたが簡単に言えるのは、教会がバックについているから」。

教会は牧師に東ドイツから西ドイツへ移ることを認めていなかった。そうした者は神学上の忠誠義務に違反したとみなされ、相応の扱いを受けた。一九七五年から八九年にかけて約百名の牧師が東ドイツを去って西ドイツに移ったが、その後の彼らの牧師任職は最低二年間留保され、ラント教会との協議を経てからようやく認められた。このような扱いは、将来の教会を担う人材を強制的に東ドイツに残すためなのではないかと批判する声も少なくなかった。しかし私自身は、強制されて残ったのではない。残りたいから残ったのである。教会の中に自由で保護された空間を見出したから残ったのだ。一方ジビュレが国を去ったのは、東ドイツ国家が教会の外に自由な空間を認めなかったからだ。自由の権利と自由に移動する権利を要求していた私は、この権利を行使する他人の行動に口を挟むことはできないはずだった。このことを私は頭の中でははっきりと理解していた。けれども実際には、私にとっても教会にとっても、割り切れない部分が残った。私たち教会は東ドイツからの出国を望む人々を支援しなかったし、支援した場合でも限定的にとどまった。私たちのラント教会監督シュティーアは、国に残るよう説教で訴えていたのだ。「神はまさにこの地で私たちを必要としています。神の愛を伝える使者として、道具として、神は私たちを必要としています」。

このような呼びかけにもかかわらず、国を去る教会関係者は稀ではなかった。ここでは若いクリスティーネの例を話そう。彼女はオルガン奏者と結婚したが、悪性の病に夫を奪われてしまった。夫の死を機会にクリスティーネは看護婦を辞め、教会の活動に関わることを望んだ。一九八〇年にヴァルネミュンデの教会で聖具室係を務め、その後、エファースハーゲン地区の私の教会の活動を手伝ってくれた。夫を失った悲しみから立ち直った彼女は、生きる喜びにあふれる現代的な女性になった。そのキリスト教信仰はきわめて自然で、世間離れした所はどこにもなかった。正しい道を歩む能力と勇気と寛容の精神を持つ一人の人間だった。私の教会では若い人たちの活動を手伝ってくれたばかりか、一緒に礼拝を行い、ニューズレターの編集に関わり、催し物の準備をしてくれた。他の教会の体制批判活動家を探してくれたのも彼女だった。当然、西ドイツとのつながりも多かった。ある日、一人のアメリカ人男性がやって来た。東ドイツの教会と連絡を取ろうとしていた彼は、当時国外からの訪問者がよくやっていたように、西ドイツで入手した連絡先を頼りに東ドイツを訪れたのである。それが彼女の住所だった。そして、二人は恋に落ちた。彼のために、クリスティーネは東ドイツを去る決意を固めた。彼女にとってこの決断は非常に苦しいものだった。教会の若い人たちに知らせたのも、最後の最後になってからだった。

私たちも本当に悲しかった。落胆した者もいた。東ドイツで伴侶を見つけられればよかったのにと私たちは思った。

出国のための偽装結婚ではないかとシュタージに疑われないために、クリスティーネは結婚式を東ドイツで挙げるつもりだった。アメリカ人の彼も式で彼女の両親と会うことを望んでいた。ところがいったん発行された婚姻許可は取り消されてしまった。この理由が明らかになったのは、壁崩壊後、シュタージに保管されていたクリスティーネに関するシュタージ文書が閲覧可能になってからである。それによると、当時、近隣の教会に若いシュタージ情報提供者がいた。彼は近々パーティーが盛大に開かれることを知り、これをシュタージの指導将校に伝えた。すると、パーティーは絶対にまずい、外国人と結婚すれば出国できることが皆にわかってしまう、とシュタージは判断し、急遽クリスティーネを二週間以内に出国させることにしてしまった。東ドイツに残る兄弟姉妹は、今後クリスティーネから西ドイツに呼び寄せる連絡が来ても出国申請をしないことの確約を求められた。文書で提出させられた者もいたが、提出を免れた者もいた。要するにシュタージの主眼は威嚇であり、提出の有無はどうでもよかった。

出国を翌日に控えた晩、私たちは聖アンドレアス教会で別れの集いを持った。ろうそくをたくさん灯して丸く座り、彼女との晩餐を祝ったのである。これほど集中して一緒に活動し、しかも若者たちから好かれたクリスティーネがいなくなる。その悲しみを埋めるために私は黙想を行い、偉大な詩人や神聖な聖書の言葉を引用した。ともに闘い、不安を分かち合い、信仰の篤さを祝った仲間が去る。自分の体の一部が奪われるような喪失感があった。翌朝六時半、私は彼女を税関まで送っていった。クリスティーネはリュックサックを一個背負っただけだった。それ以上のものは、東ドイツの彼女の生活から持ち出さなかった。私は婚約者の待つケルンに向かう彼女に、万一に備えて、西の二十ドイツマルクを手渡した。こうして彼女は行ってしまった。教会活動で彼女に代わる人材はなかなか見つからなかった。

当時私は、いったいどれほど多くの場所で、どれほど多くの教会で、このような別れが生じているのかと自問した。私たちの国は、別離の国になってしまった。あるいは以前からずっとそうだったのだろうか。

一九八三年以後、家族の再会や結婚を理由に出国申請ができるようになった。そしてこの規則は、ひそかに、対象外の人々にも拡大適用された。この件を担当した東ベルリンのフォーゲル弁護士は、西ドイツ政府から移住希望者のリストを受け取り、リストに記載された者をシュタージと協力して出国させ、東ドイツから「取り除いた」のである。こうして一九八九年までにほぼ二十五万人が東ドイツ国籍から除籍され、西ドイツへ出国した。その中に、私の四人の子どものうち、三人が入っていた。

一九八四年の春、長男クリスティアンと次男マルティンは、東ドイツを去って西ドイツで新しい生活をはじめる決意を固めた。二人はほぼ同じ時期に、それぞれ別々に決断した。妻と私は息子たちに、東ドイツ国家の考えと正反対の自由と民主主義を語ってきたのだから、将来息子たちが成人すれば、自由と民主主義を求めるようになるのは当然だと考えておくべきだった。実際二人は成長するにつれて、僕らは西ドイツで育ったようなものだね、といつも言っていた。我が家では西ドイツのラジオしか聞かず、西ドイツのテレビしか見なかったからだ。東ドイツのテレビ放送を見るのは、サッカーの生中継がある場合や昔の映画が放送される場合に限られていた。しかしそうは言っても、本当に息子たちが出国申請を行ったことは、大きなショックだった。彼らの希望を受け入れて支援することは、私には難しかった。

息子たちが出国申請書の中で出国の根拠として挙げたのは、一九七六年に東ドイツでも効力が発生した国連の「市民的及び政治的権利に関する国際規約」と一九七五年のヘルシンキ宣言、そして一九八三年にマドリードで合意された文書だった。国連の国際規約は、その第十二条第二項で、「すべての者は、自国を含むいずれの国からも自由に離れることができる」と謳っていた。出国申請を行った二人は、それぞれ別々に市行政評議会の内務局に呼び出され、口頭で申請却下を申し渡された。たしかに東ドイツはヘルシンキ宣言などの国際規約に署名したが、これは条文を実施する意図を表明しただけで、実施する義務はないというのが、その理由だった。東ドイツで法律上想定されている出国事由は、家族との再会と結婚だけであり、いずれも息子たちには該当しないというのだ。しかも二人は「西ドイツに行って何をするんだい。テニスボールでも集めるのか?」と揶揄されたり、「これ以上事態をわきまえずに申請を出し続けると、役所としては法的対抗措置を検討せざるをえない」と脅されたりして帰宅した。

出国申請を行ったにもかかわらず、マルティンは徴兵検査を受けさせられた。これに対して彼は、とどまるつもりのない国家の軍旗に忠誠は誓えない、自分はぜったい武器を使わないと抗議した。「私が武器を使わない理由は明快です。整形外科の技士として働いてきた私は、義肢をつけた傷病兵と毎日のように顔を合わせました。彼らはおもに第二次世界大戦に従軍して傷ついた人々でしたが、なかには第一次世界大戦で負傷した元兵士や、東ドイツが受け入れたニカラグアのサンディニスタ解放戦線のメンバーもいました。これらの元兵士の治療を担当した経験から、私はぜったいに人間を撃ちません」と書いたのである。この書面が提出されると、徴兵検査局からの呼び出しはなくなった。

ほぼ四年間、二人の息子は待ち続けた。東西ドイツ間の交渉の現状や出国の機会を知らせる情報を求めて、毎日を過ごした。弟のマルティンは、少なくとも外見上は兄よりも冷静に振る舞い、引き続き職場に通った。経営部門は出国申請をしたマルティンを非難するよう職場の同僚たちに要求したが、彼らはこれを拒み、マルティンを支持した。同僚たちの支援を心強く感じたマルティンは一人で闘い、けっして私に助力を頼まなかった。後は待つだけだと、彼は確信していた。東ドイツは出国希望者を西ドイツに引き取らせているという情報がさまざまな方面から聞こえてきた。出国の実現は時間の問題だった。

一方、兄のクリスティアンは弟よりも困難な状況に陥った。整形外科の技士になるための専門教育を受けていた彼は、すでに始まっていた課程を取り消されてしまった。彼は孤立し、自尊心を傷つけられた。壁崩壊後、閲覧可能になったシュタージ文書をクリスティアン自身が確認したところ、専門家として優秀であり、患者への対応も丁寧だが、政治的態度が良くないという会社の評価が書かれていたという。すでにある程度の専門知識を有していたクリスティアンは、まさにその専門知識のために東ドイツ体制に深く組み込まれることを恐れ、ミッテ地区の医療センターをやめると、アルバイトで生計を立て始めた。東ドイツ国内に少数だが存在した卸売関連の私企業の家財を運ぶために、トラックを運転して国中を回ったこともある。信徒大会の書記を務めたこともある。クリスティアンは体制順応を拒む社会態度を強調して、自分のような者は東ドイツの役に立たないことを示そうとしたのだが、気落ちし、前に進む意欲を失ってしまった。将来の展望が得られない東ドイツでの生活に倦み疲れたのだ。社会福祉団体「国民の連帯」の活動の枠内で高齢者に食事を提供しようともしたが、高齢者にネガティヴな影響を与えかねないという理由で許可されなかった。

クリスティアンは、二、三週間おきに請願書を出した。宛先は市行政評議会、内務局、市長、内務省、そして祖母アントニーの場合と同じように、東ドイツの最高権力者である党書記長――ただしその名前はヴィルヘルム・ピークではなく、エーリヒ・ホネカー――だった。クリスティアンは「東ドイツでは私たちには人生の可能性が与えられていない」と訴え続けた。当時彼は妻と二人の子どもとともに、一部屋半のアパートに住んでいた。長女はもうすぐ学齢期だった。「長女が学校に通うことになれば、いずれ学校の方針と対立し、問題を引き起こすことになります。クラスの級友たちにも迷惑がかかり、不愉快な結果となるでしょう」とホネカーに訴えた。別の請願書には「私には西ドイツ国境付近やハンガリーに滞在することは禁じられていますが、チェコスロバキアへの入国なら許可していただけるのではないでしょうか。東ドイツ市民はチェコスロバキアへはビザなしで入国できるのですから」と書いた。文面は徐々に辛辣さを増した。もはや請願ではなく、悪口になった。「私たちを丸め込もうとされてもうんざりするだけです。あなた方は私たちを組織的にバカにしようとしているという印象を持たざるをえません」。出国申請者の中には、西ドイツに親戚がいないにもかかわらず、しかもクリスティアンより後から出国申請をしたにもかかわらず、出国が許可された者もいた。面談で何度もおとなしく待つように勧告された彼だったが、落ち着いて待つ気力を失ってしまった。

　クリスティアンと私の間には軋轢が生まれた。メクレンブルク信徒大会の実行委員長であった私は、教会の青年部を通して西ドイツとつながりがあった。仕事で西ドイツに入国する許可が下りることもあり、リヒャルト・フォン・ヴァイツゼッカー*やヒルデガルト・ハム＝ブリュッヒャー*ら西ドイツの有力な政治家と面識があった。私の教会の青年会に属していた二人の若者が実刑判決を受けたとき、ヴァイツゼッカーに助力を依頼したこともあった。

　クリスティアンは激高した。「赤の他人には必死になるくせに、自分の息子には何もしないのか！」。

　その通りだった。私が自分の道を歩んだように、息子たちにもそれぞれの道を歩んで欲しかった。「万一おまえたちが刑務所に入れられたら、解放されるようにできる限りのことをする」。

　これは本心だった。しかし私の心深くには、割り切れない思いが残った。本当は息子たちには、体制と異なる考え方をする人々を助けるために、国内にとどまって欲しかったのだ。ここに、私たちのもとに、東ドイツに、残って欲しかった。私たちの仲間になって欲しかった。それが私の心からの願いだった。すべてを変えようとしている人々の仲間になって欲しかった。逃げ出さず、ここに残る人々。たとえ希望が消え去ろうとも、希望を捨てない人々。私たちの歌をともに歌う人々。私たちの愛する詩のニュアンスを知る人々。私たちが疲弊しても、

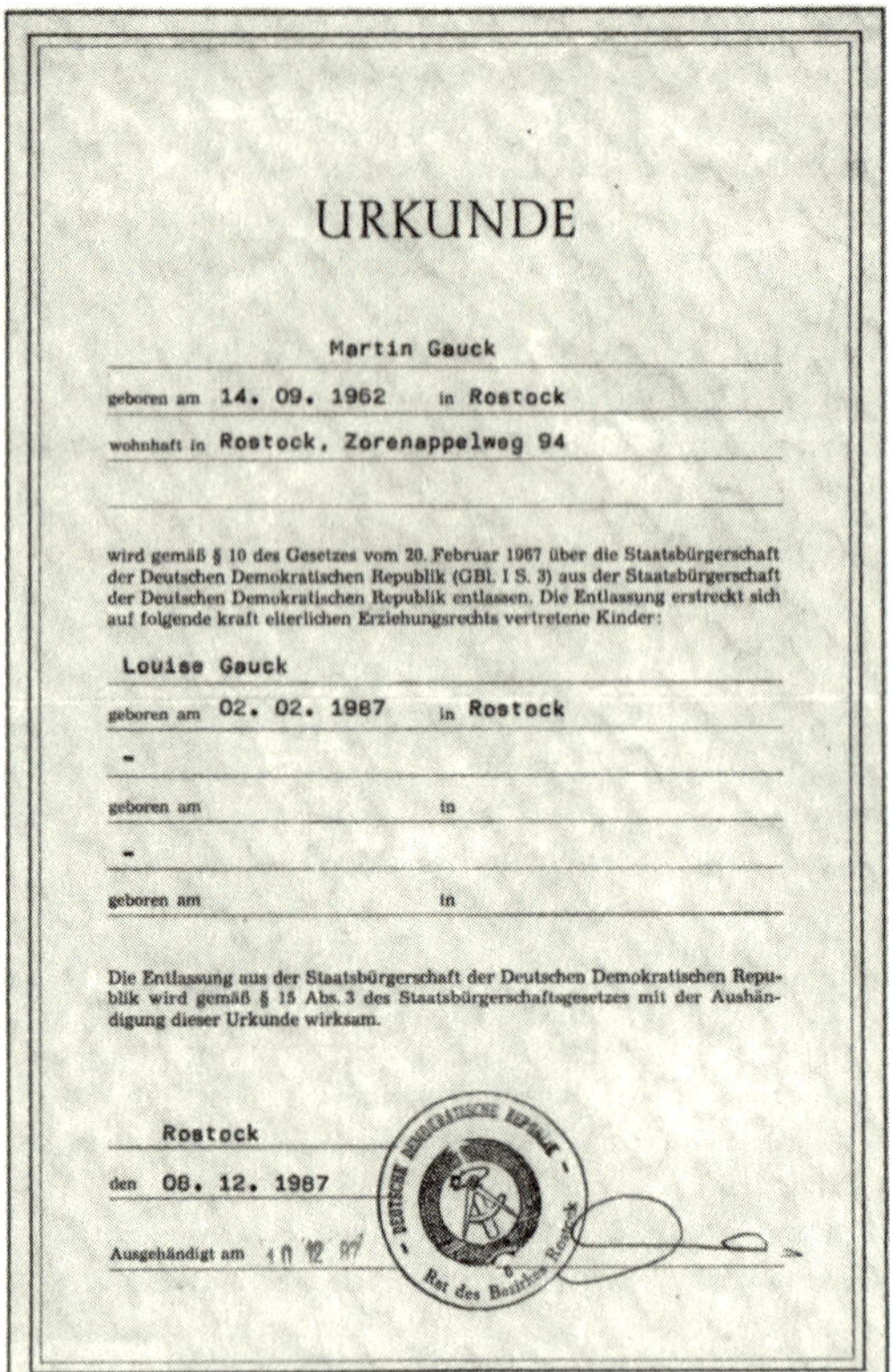

URKUNDE

Martin Gauck

geboren am 14. 09. 1962 in Rostock

wohnhaft in Rostock, Zorenappelweg 94

wird gemäß § 10 des Gesetzes vom 20. Februar 1967 über die Staatsbürgerschaft der Deutschen Demokratischen Republik (GBl. I S. 3) aus der Staatsbürgerschaft der Deutschen Demokratischen Republik entlassen. Die Entlassung erstreckt sich auf folgende kraft elterlichen Erziehungsrechts vertretene Kinder:

Louise Gauck

geboren am 02. 02. 1987 in Rostock

-

geboren am in

-

geboren am in

Die Entlassung aus der Staatsbürgerschaft der Deutschen Demokratischen Republik wird gemäß § 15 Abs. 3 des Staatsbürgerschaftsgesetzes mit der Aushändigung dieser Urkunde wirksam.

Rostock

den 08. 12. 1987

Ausgehändigt am 10.12.87

次男マルティンの国籍除籍証明書。これほど渇望された証明書はなかった。クリスティアンとマルティンは、ほぼ四年間、東ドイツからの出国と国籍離脱を求めて闘った。去る者は夢を満たしたが、残る私たちにとって、世界は一層貧弱になった。

闘い続ける人々。私たちが倒れたら、倒れた私たちを担う人々。最期のときが来れば、私たちを埋葬してくれる人々。そういう人々の一員であって欲しかった。私たちには子どもたちが必要だ。私たちの息子や娘は、見たことを忘れず、証言を行い、最後まで私たちを裏切らない。多くの人々が魂を売っても、子どもたちはけっして、ぜったいに裏切らない！

しかし、そうはならなかった。心はともかく、私は頭では息子たちを理解した。二人とも自分にふさわしい人生を生きる権利を持っていた。私に息子たちを妨害する権利などあるだろうか？

後はひたすら耐えなければならなかった。ロストック市の教会問題担当官との会談の際、息子たちの出国申請について見解を求められた私は、不機嫌に答えた。「党幹部の子弟でさえ出国申請を出す時代です。牧師だって例外ではない。そういう世の中です。私自身はけっして東ドイツを去りません」。

審査結果を待つ間、ここに残ることになる家族もつらい日々を過ごした。長女のゲジーネは日記にこう書いた。「何もかも不可解。毎週審査がどこまで進んだのか、考えるたびにひどい気分に襲われる。考えないように遠ざけていても、別れの日は近づく。家族がばらばらになる不安。でも兄たちが西ドイツに行けるなら、新しく始まる二人の人生は今よりましなはず。ただ、とても悲しい……」。

ついにすべてが猛スピードで動き出す日が来た。一九八七年十一月、二人の息子は改めて国籍の除籍申請を行うように求められた。その二週間後、出国を許可する通知が届いた。二人は数日の間に東ドイツの生活に終止符を打たねばならなかった。借金を返済し、あらゆる登録を削除し、持っていく物品リストを作るのだ。

一九八七年十二月二日のゲジーネの日記を見よう。「二時間前に母が電話をかけてきた。『お兄さんたちの出国が認められたの』。受話器を置くと、涙が勢いよくあふれた。人前で泣くなんて、これが初めてかもしれない。とても悲しい。もうすぐクリスマスなのに、みんないなくなってしまう。国境を壊せば、少なくとも定期的に訪ね合えるようになればと思っても、この無力感とやるせなさはどうしようもない。まるで死のよう。家族の今までの関係は二度と元に戻らない。ぜったい戻らない！　みんないなくなってしまう。すぐに再会できればと願うけれど、この願いはたぶん実現しない」。

当時の私たちの気持ちは、『去って行った友のために[8]』で歌手ベッティーナ・ヴェーグナー*が自身の友人たちに捧げた気持ちそのものだった。

こんなにも多くの人が去った
ああ、誰がこんなことをはじめたの
怒りと哀しみがあなたたちを駆り立てた

ああ、あなたたちが残っていれば素敵だったのに
あなたたちも、私たちも
そして、私も

私はこの歌を口ずさむだけ
いつか歌をやめる日がくる
失ったものを黙って小さく書き込む
だって私は残らざるを得なかったのだから

やるせなさよ、これ以上大きくならないで！
やるせなさよ、これ以上大きくならないで！

私たちがやるせなさと哀しみに苦しんでいる間、クリスティアンとマルティンは精力的に出国準備を進めた。二人は私の母から「エリカ」のタイプライター[9]を借りて、複写用カーボン紙を七枚挟み、卓上スタンドから本にいたるまで、持っていきたい品々のリスト作成に取り掛かった。例えば本の場合、一冊ごとに著者、題名、出版社、出版年をタイプしなければならなかった。孫たちもあわただしく準備に明け暮れた。

一九八七年十二月、私と妻は見送りのため、ロストック中央駅の九番線ホームに立った。しかも、一日おいて、二度立った。

「泣くんじゃない」と私は妻に言った。

国を去る者が未来の可能性に熱くなる姿を何度も見てきた私には、免疫ができていた。残された者同士で哀しみを分かち合うつもりはなかった。その代わり私は妻に、世の中の解説を始めていた。「昔から子どもたちは成長すると、故郷の親元を離れて世間に出ていく。悲しいことなどあるか。世の中、そういうものじゃないか」。

涙を流す妻にわざと抵抗した私は、すれっからしだった。私の感情は麻痺していた。息子たちが流した涙にも見向きもしなかった。列車が動き出したとき、クリスティアンが座席に倒れ込むのが見えた。何年にもわたって強いられた緊張や、不安、怒り、反抗心、憧れが一気に流れ出たのだ。ついに終わった。これからのクリスティアンは、キャリアと引き換えに彼を自分たちの言いなりにした連中から身を守る必要はなくなるだろう。夢のなかで繰り返し思い描いたように、自分の道を進むだろう。医学を専攻するだろう。この冬学期にもハンブルク大学で学業がスタートするだろう。現在、クリスティアンは、ハンブルクのある病院で整形外科の医長を務めている。

いつも冷静なマルティンも、列車がヘルンブルクの国境を超えて西ドイツに入りリューベックに向かい始めるころには、涙を抑えることができなかったという。子ども部屋に貼られたポスターやカードゲームでしか見たことのなかった自動車が、車窓の外の道路を走っているのが見えた。テレビでしか見たことのなかった色彩豊かな家々、カラフルな広告、センスの良い服を着た人々が歩く姿に目を奪われた。もうすぐ到着だ。まだ小さな娘のルイーゼを抱き、妻と一緒に列車を降り、西ドイツの大地を踏みしめるのだ。生まれて初めての西側世界なのだから。

結局二人ともそれぞれの家族と一緒に行ってしまった。一九八七年のクリスマスには、二組の息子夫婦と三人の孫がいなくなった。私たちの愛した七人が去った。クリスマスツリーの下に集まったのは、たった四人。私と妻と長女ゲジーネ、次女カタリーナだけだった。

兄二人が東ドイツを去ったあと、ゲジーネは子どもたちのための奉仕活動を望み、グライフスヴァルトの教会セミナーでの研修に参加した。研修の合間には教会のバンド仲間と一緒にメクレンブルク地方の村々をまわった。ゲジーネは兄たちと違う人生の決断をした。「私はここで暮らす。ここで人々のために行動する」と彼女は日記に書いた。「どこに行っても、ここには子どもたちと音楽がある。でも、ときどき、彼方への憧れが沸き起こる。打ち克つのは簡単ではない」。東に残った父と娘は、お互いをゆっくりと硬い芯のように感じ始めていた。教会員が一人去り、また一人去るという異常な事態を迎えていたが、ゲジーネの心は固かった。「私はここに残る」。

ところが二人の兄が国を去って半年後、ゲジーネは西ドイツの若者と知り合いになった。彼はハイコという名前で、ブレーメンの若い教会グループと一緒にロストックを訪れたのだった。ハイコは帰国すると、すぐにまたやって来た。大恋愛になった。二人は一緒に暮らすことを望んだ。ゲジーネへの愛ゆえに、ハイコはロストックに移住しようとしたが、周囲から猛反対を受けた。西ドイツで育った若者が東ドイツで幸せに暮らせるとは想像できなかったからだ。結局ゲジーネが重い気持ちで出国に同意することになったが、彼女の心は大きく引き裂かれてしまった。「かつて私は自分に高い理想を定めた。大勢の人々が出ていくなかで、ここにとどまり、何事かをなそうと思った。神が種をまかれた所には花が咲くのだ。いったんそう決めた自分の心に逆らうのは簡単ではないけれど、ここを去る前に、きちんと納得しておかないといけない。最初の一歩を踏み出して、後から非難してはいけない。明日、おじいちゃんとおばあちゃんに話そう。何てつらいの！　兄さんたちを見送ったとき、『少なくともお前がここに残ってくれて幸せだよ』と声をかけてくれたおじいちゃんの嬉しそうな顔が今でも目に浮かぶ。今度は私が苦しみの元になるなんて」。結局ゲジーネは、自分が出ていくのはこの国が嫌いだからでも、快適な生活がしたいからでもなく、夫のもとに行くためなのだと説明して、自分を納得させた。夫婦は一緒に暮らすものなのだから、ここを去っても、かつて抱いた理想を裏切ることにはならないと信じたのだ。

一九八九年六月、ハイコは車で迎えに来た。私たちが餞別に贈った古い書き物机をはじめ、たくさんの荷物を詰め込んだ車にゲジーネは乗り、ドアを閉めて手を振った。私は末娘のカタリーナと一緒に手を振った。妻は三人目の子どもが出ていく事態にとても耐えられず、この日は旅に出ていた。後日ゲジーネは「大変だった」と日記に書いた。「喜びは尽きないのに、別れのつらさは心を引き裂く。涙。言葉。私たちへのパパの祝福……、簡単じゃなかった、すべて理解を超えていた」。

ロストックで婚姻届を提出することが、出国の条件だった。二カ月後、西ドイツのブレーメンの教会で結婚式が行われた。このとき私は牧師として、二人の結婚式に立ち会うことができた。そればかりか妻と娘のカタリーナにも式に参列するための出国許可が下りた。二人は私が西ドイツにとどまるものと期待したようだが、私にそのつもりはなく、二人をがっかりさせた。

一九八九年八月末、私たちは帰国した。二カ月後、私はゲジーネに一通の手紙を書いた。この手紙のことはすっかり忘れていたが、ゲジーネが大事に保管していた。

西ドイツにいる子どもたちへ！

もうだいぶ前になるが、歌手のヴォルフ・ビーアマン[*]は『勇気』という素晴らしい曲を書いて、「木々の枝から緑があふれている／これを皆に見せたい……」と歌ったものだ。

今、私たちのところは、本当に歌の通りになった。木々の枝から緑があふれている。これから凍てつく寒さが来て枯れてしまうのか、花が咲いて実がなり、大きく成長できるのか、私たちにはまだわからない。不安と恐れに新しい希望と勇気が力強く入り混じった状態だ。この先どうなるのだろう。驚くべきことに、答えはますますわからなくなってきた。二カ月前には「あの連中」はけっして変わらないと誰もが思っていた。好ましい未来などどこにも見当たらなかった。今はどうか。「あの連中」は本当に変わったのだろうか。私たちにはわからない。言葉だけで変化が起こるのではないから。けれども、私たち人民《ダス・フォルク》が変わったということは、すごいことだ。新しいことだ。私たちは毎日変わり続けている。たとえ明日、すべてが終わるとしても、お前たちが出て行ったときと同じ状況にはけっして戻らないだろう。あのときは無力感が漂っていた。怒りは鈍かった。それが今では別のものに変化している。人々は大学や工場や街頭に出て、市民の勇気《ツィヴィールクラージュ》を示している。新聞は読むに値するものになった。テレビも見る価値が出た。政治家と産業界は旧態依然だが、人民《ダス・フォルク》は立ち上がった。苦労を重ねて正しい道を学んでいる。

この間の木曜日、若い労働者や学生たちと一緒に、聖マリア教会と聖ペテロ教会で同時進行の礼拝を行った。聖マリア教会には六千人もの人々が集まり、入り切れない二千人は教会堂の外に立った。聖ペテロ教会にも二千人集まった。ミサが終わると参加者は、ロストックではじめて街頭に出て、自発的にデモを行った。デモには六千人もの人々が参加した。翌朝、私は悲しみと怒りの混じった苦い涙を流した。その日は何度も泣いた。クリスティアン、お前のことを思わざるを得なかったからだ。お前がここに残っていたら、この事態すべてを、感覚と知力を尽くしてどんなに歓迎し、求め、支えてくれたことだろう。マルティンとゲジーネ、お前たちもここに残っていたら、兄さんと同じように力を尽くしてくれただろう。でももっとも早くから憤慨し、いつも私のまわりにいてくれたのは、クリスティアンだった。ここに残っていたら心から感動した違いない、そのすべてをクリスティアンが体験できないなんて、怒りと苦しみで胸が張り裂けんばかりだった。私の子どもたちを国から追い立てた連中に向けて、怒りがこみあげた。連中は、私たちの最愛の子どもたちを、嘲笑し、あざけり、ののしり、侮辱したのだ。私たちの堪忍袋の緒は切れてしまった！

さて、十一月に西ベルリンに出かけるかどうかだが、これはまだわからない。今はロストックの状況の方が興味深い。

一九八九年十月二十七日の夜に

一九四九年から一九八九年にかけて、三百万人もの人々が東ドイツを去った。全人口のほぼ五人に一人が出ていったことになる。

第四章　道を探して

私が牧師として最初に赴任した土地は、郡庁所在地ギュストローのすぐ近くの町リュッソー近辺に点在する十四の小さな村落が集まった、メクレンブルク地方ではかなり大きな村の一角にあった。私たちは牧師館に住んだが、その窓はとても古く、開かなかった。室内の木の床もきわめて古かったが、幸いなことにそれほど傷んでいなかった。裏口に建て増しされた小屋に汲み取り式のトイレがあった――前任者からの引き継ぎ文書には、二人掛けのバケツ便所と記されていた。昔はバケツの中身を外に捨ててくれる使用人がいたが、二十世紀の一九六〇年代には汲み取りは牧師自身の仕事だった。各部屋にはタイル張りの暖炉があった。いわゆる教会員の広間は縦五メートル、横十メートルの大きさがあり、堅信礼の準備教育や教会学校の授業に使った。この部屋にも暖炉はあったが、冬になると室温は氷点下に下がった。それでも礼拝を中止することはなかった。毎年、練炭を満載したトレーラーが牧師館の前に止まると、私たちは手押し車や背負い籠に炭を積み替え、館の隣の半ば崩れ落ちた小屋に運び入れた。

水道は引かれておらず、お湯の設備もなかった。貴重な水はポンプを使って地下水をくみ上げた。幸運なことにこのポンプは以前厨房として使われていた巨大な台所にあったので、雨や雪の日に外に出なくてもよかった。

台所ではプロパンガスを使っていたため、定期的にガスボンベを充填する必要があった。簡単な浴室を設置するまで、台所で体を洗った。

私たちは一階の一翼に住んだ——隣り合う三部屋を子ども部屋、居間、寝室として使った。台所は牧師館の反対側にあったため、寒い廊下を通り、広間を横切らなければ行けなかった。前任者は台所の食料貯蔵室を執務室に改造していた。赴任後しばらくすると、狭い屋根裏部屋を来客用に使ってもよいことになった。

上の階には、ダンツィヒ〔現グダニスク、ポーランド〕のラングフーア地区から避難してきた未亡人が息子と一緒に住んでいた。一階の別の一翼の三部屋には、牧師だった夫を戦争で亡くした未亡人と、私たちが「リースヒェンおばさん」と呼んでいた軽度の障害を持つ老婦人と、教会学校を担当する女性が住んでいた。私が赴任したときは、東プロイセン出身のエルナ・シュルスヌス、次にメクレンブルク出身のカーリン・マルクヴァルトが教会学校を担当した。二人とも毎日自転車で近郊の村々にでかけ、子どもたちにキリストの教えを献身的に伝えた。こうして教会は小学生に宗教教育を行った。

私たちを訪れた友人や親戚は、季節に応じて感嘆したり驚いたりした。冬場の訪問者にはあまりにも時代遅れで過酷すぎると思われた私たちの田舎暮らしも、夏場の訪問者には純粋な牧歌生活に映った。私たちは庭で花々のほかに、じゃがいも、トマト、イチゴ、えんどう豆、人参、そら豆、キュウリ、サラダ菜、ほうれん草を栽培し、自給自足の生活を送っていた。ときおり鹿が庭先までやってきた。向かいの古い納屋の屋根には、コウノトリが巣を作った。都会育ちの子どもたちは、コウノトリが嘴をカタカタと鳴らす音を生まれて初めて聞いた。子どもたちにとって田舎暮らしは最高だった。二人の息子は風が吹こうが雨が降ろうが戸外で遊び、夏にはあたりを裸足で駆け回った。草原や森を走り回るうちに、我が家の敷地を流れる小川に向かって急降下したカワセミが、小さな魚を捕える場面に遭遇することもあった。

若い牧師だった私は、このような住環境や教会が払うことのできた少額の手当に異議を唱えなかったばかりか、厳しい条件の下で三人の子どもたちを育てねばならなかった若い妻の気持ちを推し量ることもできなかった。恋愛の始まりの頃、私は内気なハンジを守らねばならないと感じていたが、彼女の控えめな表情の奥に潜む拡がりをしっかり理解できるまでには、相当の時間がかかった。家族と一緒に東プロイセンの中心都市ケーニヒスベルク〔現カリーニングラード、ロシア〕で暮らしていたハンジは、戦争中、父方の祖父母と母とともに、ボヘミア地方〔現チェコ〕の山地に疎開した。一九四五年二月、疎開先でハンジの妹ブルーニが生まれた。しかしその数週間後、チェコスロバキアからドイツ人は追放され、赤ん坊は餓死した。当時五歳だったハンジは、妹が道端に放置されたか、墓地に埋葬されたか、覚えていない。しかしハンジは、プラハで見た光景を覚えていた。追放された難民を乗せた列車に罵声が浴びせられ、殴られ、石が投げつけられ、ドイツ人の荷物はモルダウ川に投げ捨

「偉大な」子どもたち。クリスティアン（7歳）、マルティン（5歳）、ゲジーネ（1歳未満）。場所はリュッソーの牧師館。子どもたちの目が輝いているのは、何不自由ない我が家にいて、新しいことをたくさん発見できる明日があるからだ。大きな瞳が印象的である。

てられた。ハンジたちは身に着けていたものだけを持って、逃げられるだけ逃げた。こうしてバルト海沿岸のヴァルネミュンデにたどり着いたのだった。

それから一家はある未亡人の家に泊めてもらったが、この女性は冷酷だったという。ようやくもっと大きな家に引っ越せた頃に、一家の養い手である父が捕虜収容所から戻ってきた。しかし父は生きる意欲を失っていた。かつて輸入食料雑貨店のオーナーだった父は、造船所に雇われた。母親の方は異郷の地になじめず、戻ってきた夫にもなじめず、生活がまともにできなかった。ある日、十歳になったハンジが学校から帰宅して玄関のドアを開けると、その日の朝にはまだ彼女の母親だった人が死んでいるのを見つけた。母は人生を終わりにしたいと日々言い続けていたのだ。このとき、子どもだったハンジの心に、けっして消えない忌まわしい経験が刻み込まれた——私の生きるところに、幸せはない——。彼女は普通の子どもたちと違っていた。屈託なく遊ぶことがなかった。反抗的で、引きこもりがちだった。私は彼女の心に深い淵を感じて、来るべき不幸から彼女を守る使命があると思った。故郷を失った少女に愛が育んだ家を持たせようとしたのだ。

大学に入学すると、私たちはすぐに結婚した。この話を切り出したとき、私の父は驚きのあまり結婚式には出席しないと言い出して、若い二人を脅した。お前はまだ十九歳だぞ、結婚できるのか？　相手の女も若い、自覚が足りない、あまりしゃべらない、お前と同じで厚かましくはないか？　結局、母の圧力に屈して、父は脅しを撤回し、ロストックのクロスター教会で行われた結婚式に参列した。一年後、私たちの最初の息子のクリスティアンが生まれた。一九六二年には次男マルティンが生まれた。

さらにゲジーネも生まれて五人になった家族の生活を支えたのは、妻のハンジだった。学生だった私には稼ぎがなく、ハンジの収入がたよりだった。内気で気が弱い反面、心を込めて私を理解し、支えてくれたハンジだったが、「牧師さまの奥様」と呼び掛けられる人生は想像していなかった。そうなってしまったのは、ひとえに私の職業選択の結果だった。牧師になるという私の決断を支持してくれた彼女にしても、二十四時間倦むことなく無償かつ自発的に夫を支え続ける伝統的な牧師の妻の役を務めることはできなかった。そうするつもりもなかった。後に彼女は社会活動に生きがいを見出していった。

赴任した村は三つの教会を持っていたが、私はリュッツソーの教会で毎日曜日十時から説教を行うほかには、残りの二つの教会で毎月一回、午後の説教を行えばよかった。後に近くのパルム村の小さな教会も担当することになり、さらに二週間に一回午後の礼拝を行った。

そもそも私はドイツ文学専攻をめざしていた。しかしロストック大学には、ドイツ文学は教職課程として提供されていただけだった。高校からの推薦枠を得られなかった私がドイツ文学と歴史の学籍を申請したのは、あきらかに無謀だった。高校時代の成績評点が平均で二・〇だった私は、ずば抜けた秀才ではなかった〔日本と逆に、一が最高評点、五が最低評点〕。私のように自分の意見に固執したり、積み重ね学習を嫌ったりしてたびたび目立った生徒は、態度をあらためてFDJに加入でもしなければ、大学入学を許可される見込みはほぼなかったのだ。実際予想通り、申請は却下された。ゲーテ高校の校長は成績証明書に「ガウク君は概して活発で幅広い興味を示している。成績良好、判断力良好、正義感は際立っている」と書いてくれたが、「父親が逮捕されたため、周囲と批判的に対決する段階にある。正しい教育的進展を得る機会があれば、彼の能力は徹底的に発達を遂げる可能性がある」と続けていた。この予想には私に同情的なニュアンスも込められているとはいえ、実際には次の致命的な評価が書かれていた。「予備審査委員会の決定にもとづき、彼をドイツ文学専攻に推薦しない」。

私はジャーナリストにもなりたかったが、東ドイツの状況では問題外だった。体制に適応するつもりのなかった私には、三つの可能性しか残されていなかった。一つ目は、見習修業を始めて、手に職をつけること。二つ目は、西ドイツに逃亡すること。そして三つ目の可能性が、神学部に入学することだった。

神学を学びはじめた当初、牧師になることは考えていなかった。世俗的すぎる自分には無理だと思っていた。神学を哲学の一分野と見なしていた私は、神学を学びながら、神に関してこれまで想像したり、暗示的に聞き知ったりしてきたことを確かめたかった。私とは何か、世界における私の位置はどこか、知りたかったのである。とくに、支配的なマルクス主義イデオロギーに対抗する論拠を獲得したいとも思っていた。つまり、説教壇に立って神の王国についての教えを広めることが自分の使命であると感じて神学を選んだのではなかった。むしろ個人的、かつ政治的な理由からの選択だった。当時の大学の神学部は、国家と党の直接的な介入にさらされていない唯一の場所だったのだ。自立した思索が可能であり、その存在が国家に従属していていない場所、それが神学部だった。

私のような理由で神学を選んだ高校生は、当時の東ドイツでは稀ではなかった。私が入学した前後にも、似たような動機でこの職業を選択した学生は多かった。この結果、一九八九年の政治決起の際、大勢の牧師が政治運動に積極的に参加することになったのである。高校時代、私のクラスでは二十八名が大学入学資格《アビトゥーア》を取ったが、この中から私のほかに六名が神学部に入学した。評点平均一・〇でクラス一番の成績を収めたザビーネ・パウリは、ＦＤＪに入っていなかったため、医学部入学が許可されなかった。何度も抗議をした後、ようやく医学部の学籍を得ることが認められた彼女だったが、このような状況を踏まえ国家に奉仕するキャリアを断念して神学部に入学し、卒業後は私講師としてロストック大学神学部に残り、研究と教育に専念した。マルティン・クスケ、ハンス＝ペーター・シュヴァルト、そして私の三人は福音主義教会の牧師になった。残りの同級生三人のうち、一人の女子生徒はカトリックの教理教師に、もう一人の男子生徒はカトリックの助祭になった。最後の一人は神学部を卒業後、進路を変え、林務官になった。

両親や国家の権威とは異なり、信仰は真理を信頼する可能性を提供してくれた。真理は人から命令されたり、奪ったりできるものではなかった。大勢の人々が体制に適応しているときに、少数派にとどまり、勇気を持ち続け、豊かさやキャリアや成功よりも礼節や誠実さや信仰を重視するには、ひそかな力が必要だった。この力を与えてくれたのが信仰だった。

神学部に入学した私の職業選択を、父はすぐには認めてくれなかった。その理由を父は、独特の辛辣なやり方で何度も繰り返すのだった。「もし俺の子どもが将校や俳優や牧師になるというなら、反対を宣言するぞ。この手の職業にはとくに凡人が目立つからな」。父は政府に批判的な考え方をしていた。しかもシベリア勾留中に信仰の気持ちが芽生え、帰還後は新しい一歩を踏み出していた。だから私の選択を理解してくれるものと期待していたのだが、予想ははずれてしまった。

私が育った家庭は、とくに信仰が篤いわけではなかった。しかし、時代の雰囲気やさまざまな人々との出会いが、私たち子どもを信仰と教会に近づけてくれた。例えば子どもの頃、近所の空きガレージに集まり、ヤルマッツおじさんの話に耳を傾ける習慣があった。毎週、二十人から三十人の子どもが集まり、つつましい木のベンチに腰を掛けて、おじさんの話を聞いた。無精ひげを生やし哀しい目をした、たぶん四十歳ぐらいのおじさんは、腹をゴロゴロ言わせながら、不思議な出来事と謎めいた遠い国について語った。エサウやモーゼといった異国の名前が聞こえた。楽園の蛇の話、エルサレムの話、山の上にある町の話に耳を傾けた。大人から神について聞く最初の体験だったが、普通の人に会うかのように神に出会うことができた。

話し始めると、腹ペコで寒さに震えていた哀しげな様子は消え、物語のぜいたくな時間が続き、おじさんは使者になった。おじさんの語る神は優しく慈悲深い父だったが、これは私たちには啓示だった。というのも、私たちの父親には戦争中に亡くなったり、捕虜収容所に留め置かれたりしていた者が大勢いたからだ。たとえ帰還しても、父親たちは権威主義的で、よく殴ったばかりか、大酒のみで、何でも知っているぞといばっていた。ヤルマッツおじさんがイエスは人間であり、同時に神でもあると話し出すと、ガレージは「神の幕屋」〔ヨハネの黙示録、二十一章三節〕になり、証人であるおじさんのまなざしと言葉に神が現れるのだった。このような瞬間、難民の子どもたちは我が家を見つけた心地になり、飢えは満たされたのである。

そんなある日、ヤルマッツおじさんはどこかへ行ってしまった。しかし私たちはその後もずっと、おじさんが心に灯してくれた光に慰められた。それは生き残る話、復活する話、柳の籠に入れられて川に流された子どもが溺れ死ぬ寸前に王女に発見され、民の偉大な指導者に成長する話だった。故郷を追い出され、飢え、困窮していた子どもの頃、ガレージで聞いたこれらの話を忘れられる人などいるだろうか。

一九五〇年代半ば、高校生になった私は、自宅近くの比較的小規模な聖ヤコブ教会青年会《ユンゲ・ゲマインデ》に入会した。当時多くの青年会では、会員が畏縮して活動をやめたり、西ドイツに出国したりしていた。一九五二年から五三年にかけて、教会の影響力を阻止しようとした社会主義統一党（SED）は、とくに青年会を「戦争の扇動やサボタージュ、スパイ活動を行う」非合法の「偽装組織」であると決めつけ、西ドイツから資金を提供され操られていると主張して弾圧したからである。地球を表す丸い円に十字架をあしらい、「球と十字架《クーゲルクロイツ》」として有名だった青年会のエンブレムは使用禁止になった。三千人もの高校生と大学生が学籍を奪われる事態になっていた。

後年私は、叔父のゲァハルトが聖堂の説教師をしていたギュストローで、当時の出来事の詳細を知った。ギュストローのヨーン・ブリンクマン高校には、作家ウーヴェ・ヨーンゾン*が小説『イングリト・バーベンダーエルデ』で描いた薄暗い板張りの講堂があった。「首謀者」として名指しされた青年会の生徒たちはこの講堂に集められると、FDJ幹部の教師と生徒たちの面前で、「宗教の仮面を利用してアメリカ帝国主義のために」スパイ活動を行った罪で告発された。第十二学年〔十八歳〕のヘルムート・ツェディース、第十一学年のイングリト・ラインケ、第十学年のギーゼラ・クーゲルベルクは即刻放校となった。この恣意的でばかげた告発から彼らを守ろうとした教師はいなかった。生徒たちの圧倒的多数は放校処分に賛成した。
しかしツェディースには大学入学資格試験の受験許可が下りた。ギュストローの勇気ある両親とモスクワに滞在していた兄のおかげだった。ＳＥＤの機関紙『新しいドイツ《ノイエス・ドイチュラント》』は一九五三年六月十日付の紙面で、青年会の会員に不正が行われたことを認めざるをえなかった。これは党が「新路線」に転換したことと関係していた。「教会と闘う」という攻撃的な戦略を、モスクワは認めなかったのである。このためツェディースを含め、放校処分を受けた全員が学校に戻ることができた。さらに、怒りの収まらない親たちは学校と掛け合い、歴史や現代社会の成績が不出来だったという理由で大学入学資格試験に落ちた二十人もの生徒たちにも再受験の機会を認めさせた。結局ツェディースはこの年、彼らと一緒に試験に合格することができた。

ところで当時ロストック大学の学生だったウーヴェ・ヨーンゾンはＦＤＪに属し、教会の活動に批判的だった。しかし、文学部で開かれた抗議集会に参加した彼は、ギュストローの青年会の活動を国家反逆的と断定することを拒否した。そして、青年会に対するネガティヴ・キャンペーンは東ドイツ憲法が保障する自由に意見を表明する権利と自由に宗教を選ぶ権利に反すると発言し、青年会会員を起訴に導きかねない告発に反対した。彼はこのためロストック大学の学籍を剝奪されたが、党の「新路線」が導入されると、大学は学籍剝奪の措置を撤回した。けれどもヨーンゾンはこれ見よがしにＦＤＪをやめ、ライプツィヒ大学に転籍した。

残念ながら党の「新路線」は短い休憩期間に過ぎなかった。教会の堅信礼《コンフィルマツィオーン》を骨抜きにするため成年式《ユーゲントヴァイエ》が導入され、生徒たちは成年式に出席するように厳しく求められたのである。当初教会関係者の間では、キリスト者としての教育と社会主義教育は併存できない、だから青年会と社会主義諸組織との併存はありえないという意見が大多数を占めていた。しかし国家が、これまで堅信礼が行われていた時期を意図的にねらって成年式を開催したため、教会は堅信礼を二、三カ月遅れで行わざるをえなくなった。教会にとってこれは、まったく受け入れることのできない事態だった。叔父のゲァハルトは成年式に抗議し、勇敢に闘ったが、勝ち目はなかった。叔父は教会の夕べに子どもたちの親を招き、「このような不当な要求は不合理で、不誠実です」と述べ、全人生へのより意識的な決定として堅信礼に子どもたちを参加させるよう促した。「成年式に行く者は、神を否定する者です。堅信礼に来る者は、神を信ずる者、神に祈る者、神のものであろうと望む者です。けれども堅信礼に参加した場合、どのような事態になるのか、不安をお持ちの方もいらっしゃるでしょう。そのような方に、私はこうお答えしたいと思います。主イエス・キリストは信仰を告白されたとき、その結果を御身に引き受ける覚悟をお持ちでした。信仰のために苦しむ覚悟をお持ちでした、と」。

聖ヤコブ教会の私たちのリーダーを務めていた神学生も、叔父と同様、信仰告白を行う者に特別の勇気を要求した。あるときこの神学生は、グループのメンバーだった十七歳の職業見習い生が官製デモに参加して、スポーツ技術協会の会員と一緒に小口径銃を携えて行進しているのを見た。憤慨したリーダーは少年に決断を迫った。「君がこんな協会に居続けるなら、もう僕らの青年会の仲間とは見なさない」。ところが少年はどちらも望んだ。青年会にとどまりながら、軍隊予備軍的なスポーツ技術協会にも参加したいというのだ。というのも協会では射撃や軍事訓練以外に、ヨットやカッター、バイクの練習もできたから、少年には魅力的だったのだ。私はリーダーに少年をグループにつなぎとめて欲しかったが、少年は去らざるをえなかった。その晩、集まりに現れた少年は、最後まで残っただろうか。私たちの集まりでは、いつも最後に全員が立ち上がって輪をつくり、手をつないで、次の言葉を皆で唱和した。そのときまで少年が残っていたかどうか、私は思い出せない。

私たちとともに歩もう
誠実は私たちの要！

たとえ嘲笑されても、
神に忠実であれ。

「神に忠実であれ」。この言葉を唱えると、いつも静寂が訪れた。私たちは一瞬「別の存在」になった。それから再び、いつものように普通の若者に戻って、質問を始めたり、不安になったり、はしゃいだり、大声で話し出したりした。

いつもこの輪の中に、小学校から高校卒業まで十二年間私の同級生だったハンス＝ペーターがいた。当時ペーターは、牧師になりたいと自覚していた。そんな彼が私にはうらやましいことがよくあった。私のような世俗的な若者と違って、ペーターは誓約に従い神に忠実であることが私よりも容易であるように思えた。ただ私は、すでに信仰を確信している者だけが神に呼ばれるわけではないとも感じていた。

この頃、私の心の中の長く閉ざされていた場所に、ある特別な言葉が沈積した。それは、年間聖句だったため、リーダーの神学生が繰り返し語った言葉だった――「収穫は多いが、働き手が少ない。だから、収穫のために働き手を送ってくださるように、収穫の主に願いなさい」〔マタイによる福音書、九章三十七節から三十八節〕。働き手とは、例えば、私のことではないのか？

福音書の言葉も沈積した。「このために、弟子たちの多くが離れ去り、もはやイエスと共に歩まなくなった。そこで、イエスは十二人に、『あなたがたも離れていきたいか』と言われた。シモン・ペトロが答えた。『主よ、わたしたちはだれのところへ行きましょうか。あなたは永遠の命の言葉を持っておられます』」〔ヨハネによる福音書、六章六十六節から六十八節〕。

このようなとき、私たちはいつファーストキスをしたか、いつ数学の成績が良かったかといったことは忘れる。生を与え、生きさせてくれる言葉が聞こえることが私たちにもあると感じる瞬間なのだ。

　この状況で受けた私の感動は、旧約聖書の預言者エリヤの項に見事に記されていた。「しかし、風の中に主はおられなかった。風の後に地震が起こった。しかし、地震の中にも主はおられなかった。地震の後に火が起こった。しかし火の中にも主はおられなかった。火の後に、静かにささやく声が聞こえた」〔列王記上、十九章十一節から十二節にかけて〕。さらに聖書は、エリヤは出て来て、洞穴の入り口に立ち、頭を覆ったと続く。なぜなら神が彼に話しかけたからだった。エリヤが神の近さを感じたとき、神は圧倒的な存在ではなかった。永遠の神は、むしろ通り過ぎる息のなかで、柔らかく、間接的に、エリヤに出会った。教会の簡素な部屋で私たちが感じたのは、この息ではなかったか。ヤルマッツおじさんのガレージで私の身に起こったことは、以後私がさまざまなテーマや人々や永遠なる方の証人と出会う中で、繰り返されたのではなかったか。永遠なる方は、ひそかに、しかしはっきりと、私に語りかけたのではなかったか。

　青年会の活動が私に大切だったのは、活動を通してナチ時代と批判的に対峙する文学に初めて出会えたからでもあった。私はヴォルフガング・ボルヒェルト*の反戦戯曲『戸口の外で』を読んだ。戦場で傷ついた兵士が復員するが、祖国に裏切られ、妻に去られ、戦後の社会から締め出されてしまうという話である。アルブレヒト・ゴース*の『燔祭』も読んだ。ユダヤ人大量虐殺を目撃した肉屋の女房が、何もしなかった自分に罪を感じる話である。ロストック市の民衆劇場では、『アンネの日記』が舞台化されていた。人生への意欲と期待にあふれる素晴らしい文章を書き綴ったユダヤ人少女アンネ・フランクが、密告され、殺されてしまった――ドイツ人の手で。

　当時の私には、ユダヤ人の犠牲者と出会う機会はほとんどなかった。東ドイツ政府の公式見解では、ミュンヘンの白バラ抵抗運動で有名なショル兄妹をのぞけば、ファシズムと闘ったのはもっぱら共産主義者ということになっていて、ナチの犠牲になった社会民主党員はほとんど知られていなかったからである。私の思考と信仰に深刻な危機が始まった。自分の民族《フォルク》が信じられなくなり、人間の品性を高めるはずの啓蒙や文化の力が疑わしくなった。若かった私にとって大切なすべてが揺らぎ始めた。

私の両親は、この時代のほぼすべての親たちと同じように、「まったく何も気づかなかった」と断言していた。父も母も戦前は国家社会主義ドイツ労働党〔ナチ党〕の党員だった。もちろん、けっして熱狂的な支持者ではなかったが、ナチの同伴者だったことは否めない。ヒトラー政権が打ち出した社会政策の成果に好感を抱いた二人は、ドイツの最終的な勝利を期待してもいた。父は前線には行かなかったが、ドイツ占領下のポーランドではいくらかは聞き知ったに違いない。しかし両親は、他の大勢の人々と同様に、個々の例から全体を推量しようとせず、日常生活を営む上で必要不可欠なことだけに知識を限定して、それより多くをけっして知ろうとはしなかった。そうやって自分を守ろうとしたのだ。後に私はこのように考えるようになったが、一九六〇年代後半にはそうは考えなかった。両親の眼前に『黄色い星』[1]という、短く明快な解説と二百枚もの写真が掲載されたユダヤ人迫害に関する強烈なドキュメンタリー写真集を突き付けたりした。そんな私に両親は「私たちは何も知らなかった」と言うばかりだった。

それから十年ほどの月日が経った。一九七八年から七九年にかけて、西ドイツのテレビ局がアメリカで制作された連続TVドラマ『ホロコースト』を放送した。戦前のベルリンで医師をしていたユダヤ人ヴァイス一家がナチの迫害を受ける様子を描いたフィクション・ドラマだったが、テレビを見ていた両親の目から涙が流れた。「いったいどうしてこんなことが起こったのだろう」。ようやく両親は重い口を開き、ロストックに住んでいたユダヤ人のことを語り出した。それはデパート経営者、工場経営者、法律家、医師、弁護士、市会議員のことで、その中には両親の同級生も交じっていた。一九三八年の「水晶の夜」〔Kristallnacht。一九三八年十一月九日から十日にかけての夜、ドイツの各地で反ユダヤ暴動が発生した〕にユダヤ人迫害《ポグロム》が起こり、繁華街のクレーペリン通りにあったヴェルトハイム百貨店は破壊され、店内の商品は強奪された。シュミーデ通り靴屋フィッシェリンも、ローガーベア通りのカペーダ百貨店も、ドベラーナー通りのパウラ・ブロック時計店も襲撃された。アウグステン通りにあったシナゴーグ〔ユダヤ教会〕は放火で焼失した。一九三二年に三百二十名を数えたユダヤ人協会の会員のうち、百二十名がホロコーストで命を奪われ、残りの会員は亡命した。一緒に町で暮らしていたロストックのドイツ市民が、ユダヤ人がいなくなったことに気づかないことはありえなかった。しかし人々は事実を心で受け止めなかった。きちんと認めれば心が動揺したに違いなかったのに、おそらく認識に到らないまま、その事実は人々の記憶から脱落した。

信仰や、生き延びた人々との個人的な関係や、文学を通して、戦前の反ファシズム運動との接点を見出した人々と出会うことができたのも、青年会の活動を通してだった。私はアウシュヴィッツ強制収容所で殉教死したマクシミリアン・コルベ神父*のことを知った。告白教会[2]の会員と出会うことができた。ヒトラー崇拝を批判し、教会に抵抗を呼びかけたディートリヒ・ボンヘッファー*の著作に触れた――「教会は、国家が秩序と権利を過剰に行使したり、過少に行使したりしている場合、車の犠牲になった人々を介抱するだけでなく、その車そのものを阻止することができる[3]」。ボンヘッファーは、キリスト教の洗礼を受けたユダヤ人をナチから守ろうとした告白教会の人々よりもさらに踏み込み、すべてのユダヤ人を擁護すべしと主張した。「キリスト者に行為と同情を呼びかける声は、わが身の経験からばかりでなく、キリストがそのために苦しまれた兄弟たちが身をもって得た経験からも発せられる[4]」。

ボンヘッファーによれば、神は「たとえ悪からであろうと、あらゆることから善を生むことがおできになり、そのように意志なさる[5]」方である。この考え方を知った私は、自分が強められるのを感じた。人は神のもとに住み、父としての神のなかにつねに最後の避難所を持つという希望から、力を与えられる心地がした。私は自分を放蕩息子のように思った。世間に出て手持ちの金を浪費し、無情な人々のもとにたどりついたあげく、落伍者となって家に戻ってきた息子は、家から追い出されるどころか、両腕を広げて歓待されるのだ。父は息子を許すばかりか、祝宴を設けてくれる。父の力から逃れたために堕落した息子は、ふたたび安全な家のなかに迎えられる。この世のどこにいても、物事を正す運命と愛がはたらいているからなのである。

しかし庇護されているからといっても、日々の困難がすべてなくなるわけではない。まして個人の欠点が自動的に取り除かれるわけでもない。真面目な学生ではなかった私は、とても苦労して卒業した。勉学の才がなかったというより、規則正しい学習ができなかったからだ。学問より大切なものはいくらでもあった。ハンドボールに熱中するあまり、同級生たちとハンドボール部を結成し、大部分の時間を練習にあてていた。残りの時間は新しい家庭のために使った。このため講義を欠席したり、きちんと準備しないままゼミに出席したりする理由に事欠かず、部分的な学習放棄が何学期分も積み重なったため、卒業試験は突破不能のバリヤーのように私の前にそびえてしまった。私は必死で勉強し、在学期間を二度延長して、ようやく卒業することができた。

当時のロストック大学神学部は、国家の方針とは一線を画す独自の世界だった。戦後、わずか二人の教師陣しかいなかった同神学部だが、ベルリン大学、グライフスヴァルト大学、ハレ大学、イェーナ大学、ライプツィヒ大学の各神学部とともに存続することができた。その後、ラント教会の政治的影響力が徐々に剝奪されため、私たち神学部の学生は教職課程の学生と一緒に、マルクス＝レーニン主義講座の講義やゼミを規則的に取らなければならなくなったが、幸いなことに、党に近い「進歩的な」教授たちが神学部の実権を握ることはなかった。一九六一年、神学部の学部長だった組織神学のハインリヒ・ベンケルト教授は、ベルリンの壁建設とソ連による核実験再開(6)を是認する大学評議会声明への署名を拒んだ。その数年後、新約聖書研究者のコンラート・ヴァイス教授は西ドイツのキリスト者と「ＮＡＴＯの教会」(7)との連帯を取り消さなかった。一九六八年、学部長のエルンスト＝リューディガー・キーゾー教授と新約聖書研究所上級助手のペーター・ハイドリヒ博士は、ワルシャワ条約

ラーゲの牧師補時代。1966 年撮影。牧師見習いの私は多くを学んでいたが、経験は浅かった。この写真はちょうど、フラーム牧師の古い牧師館の裏口から出てきたところ。牧師夫人に頼まれて、庭仕事に取り掛かろうというのだろうか。

機構軍が行ったチェコスロバキア侵攻への支持を拒んだ。

ロストック大学を〔東ドイツ初代大統領の名にちなんで〕ヴィルヘルム・ピーク大学に改称する計画が発表されたとき、神学部が抗議したことを今でも鮮明に覚えている。すでに新しい名称を印刷した大学の絵葉書が刷り上がっていた――この絵葉書は今も私の手元に一枚残っている――。一九六一年一月の初め、ベンケルト教授は講義の冒頭で、あらゆる種類の抗議活動を見合わせるよう私たちに強く呼びかけた。ところが続けて教授が、名称変更の計画は撤回された、これはとくに神学部が異議を申し立てたからであると語ると、講堂は大歓声に包まれた。ＳＥＤが大学名の変更に成功したのは、この後十五年も経ってからのことである。

さて、私は大学を卒業したが、牧師になるかどうか決めかねていた。牧師補《ヴィカール》の職に就き、実際に教会員と接するまで、決断の時機が熟さなかったのだ。私はロストック近郊の小さな町ラーゲに赴任した。最初はとても不安だった。私の信仰は十分に深いだろうか、

日曜日、これから教会に入るところ。牧師見習いとはいえ、私はミサを行わねばならなかった。次男のマルティンが母親に連れられて現れた。聖職者のガウンを着た父親を見るのは初めてだ。「ほんとにパパなの？」

人々の模範たりえるだろうか、疑いが萌して信仰が揺らいだりしないだろうか……。しかしラーゲの人々はそれぞれのやり方で私を牧師という職業に導き、一層深い信仰へと至らしめてくれた。

始めたばかりの私の説教は、あまりにも学問的すぎた。ところがあるとき、あまり準備する余裕のないまま説教をすることになり、用意してきた前半部の後は即興で話さざるをえなかった。心に抱いていた揺るぎない信仰上の知識などを付け足しながら話し終えたが、神聖な説教を面倒な学校の宿題のように扱ったことが心から恥ずかしかった。ところが思いがけず、教会の長老の一人から褒められた。素晴らしかった、牧師補さん、今日の説教は本当によかった！」。

こんな風に私は、少しずつ学んでいった。大切なのは磨き抜かれた文章を朗読することではなく、人々に理解されることだった。文学的な引用と含蓄に満ちた原稿を徹夜で準備する人は、雑誌に掲載して誇らしく思えば良い。用意した原稿が本当にその場にふさわしいかどうかは、集まった人々を見ればすぐにわかる。たった八人しか教会堂に集まらないことだってある。それも老齢の女性二人、文字が読めない女性、飲酒癖のある男性、鍛冶職人、牧師の妻、教会学校の教師、長老という場合も稀ではない。

　牧師補時代の私は、世界の謎をいかに解き明かすかよりも、具体的な世俗の課題を切り盛りする方がずっと大切であることがわかり始めていた。例えばラーゲで堅信礼を受ける子どもたちの面倒を見ていた牧師は、とても礼儀正しく誠実な人だったが、多少古風なところがあったため、少年や少女たちとの接し方がわからず困っていた。きちんとした関係が築けるように手伝ったところ、彼は喜んでくれたが、この経験から私は、若い世代に話しかけるには別のやり方が良いと思うようになった。つまり自分の教会を持ちたいという夢が生まれ、そこで自分を試してみたいと望むようになったのである。

　それからは思っていたよりも順調に進むことが多かった。牧師として最初に赴任したのは、ロストックの南にあるリュッソーという町だった。赴任して一年が経った頃、ある女性教師がシュタージのギュストロー郡管轄局に提出した報告書には、次のような記述がある。「成年式《ユーゲントヴァイエ》の導入後、リュッソー地区の学校では成年式への参加率は百パーセントに達していた。ところが一九六七年にガウクがリュッソーに赴任し、牧師としての活動を始めて以後、成年式への生徒の参加率は目に見えて減少している。ガウクは生徒たちとの接し方がうまく、週末にはさまざまな行事を組織し、近郊への遠足も行っている。とくに七年生〔十三歳〕と八年生の女子生徒たちが彼の影響を受けている」。

　信仰と知識に関して私が学んでいたものはごくわずかだったが、将来が描けない子どもたちや故郷を失った家庭の子どもたちにはそれでも十分だったのかもしれない。私は子どもたちに生きる手助けと支えを提供した。ここでは私は与える者だった。しかし別の場合には、私は与えられる者になった。私がリュッソーで知り合った人々の中には、ベッサラビア〔今日のモルドバ共和国を含む地域〕や東部ポンメルン地方〔Hinterpommern オーダー川以東の旧西プロイセン地方。現在はポーランド領〕からのドイツ人難民がいた。彼らは素朴な言葉使いで簡素な生活を営み、神と共に生き、毎日祈りを捧げ、規則正しく聖書を読み、力強く行動する人々だった。私は彼らの行動の源にある力を手に入れたいと思った。彼らの信仰の篤さを前にすると、たとえ修辞上の話し方や神学上の知識ではまさっていても、学問を修めた若い神学者にすぎない私は黙らざるをえなかった。この人々の前では、私は貧しい物乞いのようだった。彼らを輝かす善や誠実や力を、私は知らなかった。私が接した生活世界は、信仰は可能かとか、懐疑に打ち克ち得るかといった問いをつねに批判的に議論する場ではなかったのだ。むしろ人々の生き方は、私には手本だった。「神とともにある生活は歩むことのできる道だ。この道を信頼しよう」と私は思った。信仰への疑いやこの世界の災いは、私たちを試練にさらす。しかし試練は耐え忍ぶことができる。ベッサラビアからの難民は、私にその模範を示してくれた。こうして試練はその罪深く恐ろしい力を失った。

　信仰篤き人々と出会った私は、関係の真理を学んだ。関係の真理は事実の真理を凌駕している。批判的思考は私の人生でもっとも大切なものではないし、究極の真理でもないことを私は学んだ。批判的思考自体はこの考え方に満足しないかもしれないが、多くの場合、信仰と愛から育つ力には勝てない。なぜなら批判的思考は計算するだけだが、信仰は存在への信頼を生み出すからである。一見矛盾しているように思える「不合理ゆえにわれ信ず《クレド・クイア・アブスルドゥム》」という告白は、信仰を批判しているのではなく、論理が規定する世界像よりはるかに複雑な私たちの現実について語っているのだ。信仰は合理と争うのではなく、合理と共存する。

　大学出の私は、たえず自分自身を疑う人間だった。懐疑の結果生じた不安をがむしゃらに行動することで埋め合わせてきた。ところが実際に教会員と接したことで、疑いに飲み込まれる不安は消えてしまった。おそらく牧師として成長したため、自分でもいくらか輝くようになったのかもしれない。信仰とはそもそも「にもかかわらず」信ずることだと学んだ。信仰とは、目に見えるものに逆らって信ずることである。疑いを抱く者が信ずる人々の仲間に加わることは許されている。疑いながら生き、疑いながら説教することも許されている。もしこの体験がなかったら、神学的にも人間的にも幾度も可能性の限界に達していた私は、牧師としての人生に耐えられなかったかもしれない。

ある夏の日のことだった。リュッソー近郊の村で結婚式を行うことになっていた私は、仕事用のバイクに乗ってちょうど出発しようとしていた。そこへ警察署から教会に電話が入った。花婿のS氏が結婚式へ行く途中で事故に遭い死亡した。ついては花嫁の自宅を訪れ、花婿の死を伝えていただけないだろうかというのだった。私が花嫁の家に到着すると、母親がドアを開けた。若い花嫁は白いドレスを着て、母の後ろに立っていた。希望に満ち、上気して、輝いていた。私が来たのは式直前の打ち合わせをするためだと思ったのだ。しかしそうではなかった。私は言った、「あなたの婚約者が来ることはありません」。

神は存在しないという考えに圧倒されるのは、このような瞬間である。有名なバッハ作曲の賛歌に歌われている「すべてを栄光に満ちて支配する」神などいない〔カンタータ第百三十七番『力強き栄光の王なる主をたたえよ』より〕。これは、私たち誰もが身に覚えがあり、同時に私たち誰をも混乱させる考えだ。全能の神がこんな出来事を起こすなんてありえない、と私たちは考える。神は世俗の悪と結託なさらないはずだ。悪を打ち負かそうとしたのにおできにならなかったのなら、神は弱かったことになる。あるいは、おできになるのに打ち負かそうと思われないのなら、神には悪意があることになる。弱いにせよ、悪意をお持ちにせよ、このような神の姿は、善き全能の神のイメージにそぐわないではないか。古くから議論されてきたこの問題は、二十世紀後半、アウシュヴィッツの後も神を信じられるかという問いとともに、改めて厳しく提起された。懐疑的な知識と共存しえる信仰を見出すことができなくて絶望していたのは、出来の悪い神学生たちだけではなかった。

しかし、「にもかかわらず」の道が開けるときがある。それはまったくの奇蹟かもしれない。例えば、私の教会の青少年グループに属する十七歳の少女が自殺を図ったのを知ったときがそうだった。あるいは、私の教会に所属していた青年が、国家人民軍での兵役の最中、不可解な状況下で死亡したと知らされたときがそうだった。棺を開けることが許されなかった母は、我が子と最期の対面ができなかった。棺の中に横たわっているのが本当に自分の息子なのか、確かめることさえもできなかった。

このような状況に耐えることができたのは、素直に自分に認めたからだ――「神よ、私はあなたの前に立っています。悲しむ者たちよ、私はあなたたちの前に立っています。この私には荷が重すぎます。私にも、私たちにも、出来事の意味は隠されたままです。けれども、そもそも信仰とは不合理なものですし、より正しく言えば合理と共存するものですから、神なしでこの世界を説明するよりも、神とともに説明する方が私には納得しやすいのです」。信ずることも信じないことも、どちらもむずかしい。しかし、たとえ信仰から一点の疑いもなき確かさが得られないにしても、私は多くの信ずる者とともに一つの経験を共有している。それは、私たちは皆人生の途上において、人生の多種多様な真実や論理の輝きを凌駕する、宗教的な、関係の真理に出会ったことがあるという経験である。

疑いに飲み込まれるかもしれないという不安が消えたとき、神から権限を与えられたという気持ちが強くなった。目の前の状況から逃げることはなくなった。疑いのあまり逃げ腰になっている自分の心が誰かに感づかれるのではないかと、心配する必要もなくなった。私は疑いを越えて自分自身を信じるようになっていた。理想主義的に高められた信仰から、「にもかかわらず」の信仰に到達していた。

第五章　布教活動スタート

ロストックの国営出版社で研修生として働いていた妻のハンジは、労働者住宅建設協同組合に加入する機会を逃さなかった。新しいアパートを手に入れるまで私たちは何年も組合費を払い続けるとともに、私は建設現場で働いて「手作業のノルマ」を果たした――これも組合員の義務だった。ようやく割り当てられた賃貸アパートは三部屋半の間取りがあり、ロストック市北部のエファースハーゲン地区に建設されたニュータウンの一角に位置していた。アパートを得た私は異動を願い出た。もちろんまだ駆け出しの牧師にすぎなかった私の活動がメクレンブルクの教会指導部[1]の目に留まったはずはないが、私が実際に住んで活動しない限り教会がニュータウンで布教活動を行うチャンスはなかったため、私の異動は許可された。社会主義統一党（ＳＥＤ）上層部は集合住宅に教会堂、牧師館、教会会館の設立を認めなかったし、アパートは自由に売買できなかったからである。

引っ越しは、とくに家族にとって、大変なショックだった。これまで子どもたちは戸外で自由にはしゃぎまわることができたが、今度の転居先は八十五平方メートルのアパート。ここで家族五人が暮らすことになったのである。東ドイツではこの大きさのアパートが五人家族の標準だった。私の「執務室」はリビングの一角の、書き物台付きの狭い棚板になった。祖母から譲り受けた重厚な机と書棚は置けず、市販の標準的な家具を使わなければばならなかった——たとえ運び込もうとしても、祖母の遺産は大きすぎて、アパートの玄関から入らなかっただろう。

ニュータウンには八千を超える住戸があり、二万二千人が住んでいた。大型小売店、保育園、学校はあったが、映画館はなく、レストランもわずか一、二軒しかなかった。たいていの棟は六階建ての単調なスタイルで、エレベーターはなかった。これまでは一歩玄関を出るだけで広々とした野外に出ることができたのに、ここでは六階までの階段を一日に何度も上り下りすることになった。私たちの住居は最上階だった。

居住者は規則の順守を求められた。私たちは他の住民と同じく、月に一度玄関ホールと入口階段を掃除しなければならなかった。いずれにせよそれぞれの階の階段は、賃借人が掃除することになっていた。また、人民警察の住民登録係に定期的に提出される居住者登録簿というものがあり、訪問客の名前の記入が義務付けられていた。私たちは転入の際、これに名前を登録しなければならなかった。けれどもほとんどの住民は、訪問客が東ドイツに住んでいる場合には名前を記入しなかったので、結局私たちも無視することにした。西ドイツから訪問客があった場合は、規則に従うこともあった。

周囲と協調しようとする私たちの気持ちはここまでで、あとは尽きてしまった。例えば旗の掲揚をめぐるトラブルがあった。労働者階級の闘争記念日である五月一日、東ドイツ建国記念日の十月七日、ナチからの解放を祝う五月八日〔一九四五年にドイツが降伏した日〕。これらの記念日には赤旗か、黒赤金の三色地にハンマー・コンパス・麦の穂の冠の紋章の入った東ドイツ国旗のどちらかを玄関に掲揚することになっていたが、私たちは掲げるつもりはなかった。すると居住者組合はこれらの旗の代わりに、特別に人目を引く代案を決定した。二十メートルを超える巨大な旗を六階の階段から外に吊るして、地上階まで垂らせというのである。私たち牧師一家は、これを断った。すると、我が家と同じ階段に住んでいる国家に忠実な住民や人民警察の警官は明らかにいぶかしく思って、「お宅

社会主義のニュータウンは、どこでも月面のようだった。アパートの周りには、歩道も茂みも木々もなく、雨が降ると、水たまりに敷いた板切れや角材の上をバランスを取りながら歩いた。

は旗を持ってないのですか」と尋ねてきた。「持ってません。これまで旗を持ったことはありませんし、これからも持とうとは思いません」と答えたところ、これが人間関係にとって決定的となり、以後住民は我が家を遠巻きにして見るようになった。ところが、一つ下の階に住んでいた船員一家は喜んだ。彼が打ち明けるには、妻が教師として働いているので、否と言えなかったのだという。しかし、あえて異を唱える人がいたことは、彼にはごく当然だったのだ。こういう事情もあって、彼の子どもたちは我が家の子どもたちと親しい関係になった。

居住者組合の付き合いを見る限り、近所同士の一体感は生まれそうになかった。私たちのところに限らず、ニュータウンの他の地区でも、状況はたいてい似たり寄ったりだった。私たちと同じ階段を利用する十一戸ほどの家庭が一緒に何かすれば素敵なのに、と言う住民もいたが、隣人を自宅に招こうという人はいなかった。部屋が狭かったせいだけではなかった。住民たちは付き合う相手に非常に細かい注意を払っていたからだった。近所同士の交流を促すために、地下の共同ランドリーに壁紙が張られたり、住まいの雰囲気を出そうと腰掛けが置かれたこともあったが、そこでパーティーが開かれたり、組合のメンバーが楽しく集まったりしたとはとても思えない。私たち住民同士が集まったのは、掃除当番を割り振ったり、組合の会長を決めたり、居住者登録簿の管理者を決めたりするときだけだった。

画一化された団地《プラッテンバウ》の殺風景な棟の間を吹く雨風は、他の土地にも増して激しかった。ここを我が家と感ずる者はほとんどいなかった。多くの住民は、できるだけ早くよそへ引っ越すことを夢見るか、週末に田舎に住む祖父母のもとへ逃げ出せるように、せめて自家用車の購入を夢見た。後にニュータウンの周辺に家庭菜園《シュレーバーガルテン》が作られると、経済的に余裕のある住民はこれを借りるようになった。家庭菜園はロストック市の都市計画担当者が住民のために考え出した最良のアイディアだったろう。春から夏にかけて、狭いアパートから逃げ出した住民は、家庭菜園に東屋を建てたり、花壇を作ったりして、創造的な活動をすることができるようになったのだ。いずれにせよその活動は、家庭菜園協会が花と野菜の栽培に関して定めた管理規則の枠内での活動だったが。

家庭菜園を持たなかった私たちは、週末になると緑豊かな郊外のブリンクマンスドルフに住む私の両親のもとに逃げ出すか、リュッソー赴任中に知り合った友人ベアーテの家を訪れた。夏休みにはヴストローの知り合いの浜辺の家に出かけ、子どもたちは楽しい時を過ごした。もっとも子どもたちは、パパは自分の家族よりも教会の仕事に関心があったからほとんど一緒に過ごしてくれなかった、と今でも私を非難している。

当時は家族より仕事優先だったが、私はあまりやましさを感じなかった。エファースハーゲンには仕事がいくらでもあったからだ。以前の村ではほとんどの住民が教会に属していたのに、ここではまずキリスト教徒を見つけるところから始めなければならなかった。未知の国に伝道師として派遣されたようなものだった。

一九五五年以降、教会の堅信礼《コンフィルマツィオーン》は、国家が導入した成年式《ユーゲントヴァイエ》にほぼ完全に取って代わられてしまった。その少し前、国家は学校での宗教の授業を廃止していた。しかも国家は教会から、税務署を通して教会税を徴収する可能性を奪った。そのため私たち教会が教会税を得るためには、教会員が自ら教会税徴収所に出かけ、税額計算の基礎となる給料を正確に申告することが必要になった。しかし、多くの教会員は正確に申告しなかったし、教会も正確に申告するように強く求めなかった。教会の活動から遠ざかっていた人々のなかには、わざわざ役所に出かけて教会からの離脱を申告するのをわずらわしいと感じて、教会税を払わないで済ます者も多かった。とくに匿名での暮らしが可能なニュータウンの住民にはこのような人々が多かった。五九年に百二十万人を数えたロストック県の教会員は、八九年にほぼ三分の一の四十五万人にまで落ち込んだ。同じ八九年でみると、東ドイツ全体では五百十万人にまで減少した。これは全人口の三十パーセントに過ぎなかった。東ドイツの国民的な教会だった福音主義教会は、信仰告白した者だけから成る少数派の宗教団体になってしまったのだ。この変化をもっとも痛切に感じたのは結婚だった。牧師として活動した二十年間を通して私が婚姻の礼拝を行ったカップルは、たぶん十組あまりにすぎない。教会で婚礼を行うためには二人とも教会員でなければならないが、そういうカップルがほとんどいなくなったのである。こうした事態にも配慮するため、私たちは婚姻の礼拝を役所で行う結婚式のように行った。

私がエファースハーゲンに越してきたとき、住民には若干のキリスト教徒がいたが、地区には教会堂も集会所もなく、常議員も職員もいなかったので、集まりを持つためには地区の外に出かけなければならなかった。このような未知の土地《テラ・インコグニタ》で布教活動を行うには、決断力と率直さと忍耐力が必要だった。私は大いに奮い立ち、喜びと好奇心と、さらにはこの難題の克服を目ざす固い意志とを胸に抱いて、未知の土地へ踏み入った。

当時、この地方に赴任した私たち若い牧師は、後にメクレンブルクのラント教会監督《ビショフ》に就任したハインリヒ・ラートゥケの布教活動をお手本にした。六〇年代のはじめ、ラートゥケはロストック市南部に建設された最初のニュータウンに牧師として赴任した。二万人を超える住民のために、団地スタイルの集合住宅には病院、映画館、郵便局、劇場など、あらゆる施設が建設された。しかし唯一、教会だけは存在しなかった。まず、福音主義のキリスト教徒を見つけ出さなければならなかったラートゥケは、毎晩のように階段を上り下りして、手当たり次第に一軒ずつ戸口の呼び鈴を押して回った。ようやく見つけても、礼拝は遠く離れた市街地の教会まで信者を招いて行わざるを得なかった。何度もロストック市に教会堂の建設を申請して却下されたラートゥケは、思い立つとすぐにサーカスの移動式車両を借り、ニュータウンの外れの私有地に停めた。簡素な机を祭壇に見立て、飾り気のない木製の十字架を壁にかけると、車両は礼拝堂に早変わりした。六三年五月十二日、五十三名の信者とともに最初の礼拝が行われた。

私にはサーカスの移動式車両の調達などとても無理だった。私が信者を招いて礼拝を行ったのは、五キロ離れたロイタースハーゲン地区にあった聖アンドレアス教会の簡素で小さな事務所だった。最初の頃は、改造した漁業用帆船のなかで、夕べの祈りを行ったこともあった。当時は私も、ラートゥケのように、一軒ずつ玄関の呼び鈴を押して回った。福音主義の牧師ですと名乗り、教会を設立したいと伝え、彼のアドバイスに従ってこう述べた――「もしあなたが福音主義の方でしたら、お話ししたいのですが」。このように断りを入れることは必須だった。さもないと、SEDの党員や教会員以外の住民から迷惑行為で訴えられる危険があった。実際に訴えられたケースも少なくなかった。その一方で、キリスト教徒ではない人々や教会員以外の住民ととても有意義な会話を交わしたこともあった。

ほぼ二年後に、最初の常議員会を立ち上げることができた。このような大成功を収められたのは、市内の別の地区で活発に活動していた教会員が転居してきたおかげでもあった。常議員の責務を担ってもらうために、他のメンバーを励ます必要もあった。すでに年金生活に入っていた元教師にはほとんど危険がなかったが、エンジニアや物理学の国家資格取得者や医師は、教会の活動を通して目立つことを何度も躊躇したに違いない。しかし最終的には、大切な組織を立ち上げることに成功したのだ。ローマ人というコード名を持っていた教会内のシュタージ非公式協力者（ＩＭ）は、一九七五年十二月、シュタージに次のような報告をした。「教会指導部によるガウク牧師の教会活動の視察は大成功だったという。教会監督はガウク牧師を称賛してやまなかった。教会指導部は、比較的短期間にこれほどの教会活動を新しい教区で行えたことに驚いていた」。

民主主義国家では、教会が公的生活の一部分をなすのは自明のことである。教会はさまざまな社会階級をまとめている。これに対して東ドイツの教会は、政治的に抑圧された人々を代弁していた。出世やキャリアへの望みを放棄して嘘偽りのない生活を求めたために、発言権を失った人々が集まったのだ。東ドイツでは特別な才能に恵まれていたり、野心家だったりして、上をめざそうとする者は、教会との関わりを避けるのが一般的だった。例えば一人の青年が教会で洗礼を受けたいと申し出たことがあったが、女医だった母親は、教会と関わるのは息子の将来に良くないと私に言うと、息子に教会と関わることを禁じてしまった。

私の教会には医師や薬剤師はほんの少数しかいなかった。大学教授は一人か二人程度。軍関係者にいたっては、私の牧師生活でたった一度、高級将校の子弟が教会学校に来たことがあっただけだ。ＳＥＤの党員には教会からの離脱が事実上義務付けられていた。法律家も、弁護士も、裁判官も、国家に忠実でなければならなかった。国の行政機関や軍隊や人民警察に所属する高級官僚も、「人民所有企業」〔国営企業〕の経営に関わる者も、教師も同様だった。教師の場合、せいぜいキリスト教民主同盟（ＣＤＵ）の党員になるのが限界で、それ以上に、あえてキリスト者として生きることのできた者はほとんどいなかった。しかし、このような社会状況にもかかわらず、礼拝のため教会を訪れる人々や、子どもたちにキリストの教えを学ばせる親もいたのだ。これらの人々には、信仰告白を行い、苦難を引き受ける心構えがあることが予想できた。彼らは一線を踏み越えた人々であり、その信仰に忠実な態度は称賛に価した。もちろん習慣から教会に通う人も多かった。とくに田舎から来た人々にその傾向があった。祖母をがっかりさせたくないので子どもに洗礼を受けさせるという親もいた。けれども大多数の教会員は、自らの信念を否定してまで体制内で良い地位を得るつもりはないという点で一致していた。自分たちはけっして出世できないことを自覚しており、絶えず何かしら危険に身をさらすことをいとわなかった。

そのため教会では、特別に勇敢な人に出会うことがあった。例えばシングル・マザーのバイアーさんがそうだった。教会の障害者支援活動を手伝っていた彼女は、常議員にもなった。おしゃべり好きで果敢な性格の彼女は保険検査官として十分な収入を得ており、誰からも禁止の指示を受けることを好まなかった。たとえ相手がシュタージであっても、決然とはねつけた。一九八一年十二月十三日、西ドイツ首相ヘルムート・シュミット*が東ドイツSED書記長エーリヒ・ホネカーとともにギュストローを訪れた日、シュタージは町を閉鎖して外部の人間を締め出した。ところが西ドイツ首相を絶対に間近で見ようと思ったバイアーさんは、ロストック中央駅でギュストロー行きの切符を購入しようした。

窓口の駅員は首を横に振った。「今日はギュストロー行きの列車はありません」。

「列車があるかどうか聞いたんじゃないの。切符を下さいってお願いしたんだけど」。

「列車がないのに、どうして切符が必要なんですか?」。

「そんなの私の勝手でしょ。ギュストロー行きの切符を買いたいのよ」。

交通警察の警官も彼女が列車に乗るのを止められなかった。驚いたことに、ギュストロー行きの列車はホームに入っており、定刻通りに発車したのである。

ギュストローに着いたバイアーさんは、まっすぐマルクト広場に向かって堂々と歩き出した。彼女は心ならずも、雪解けの水たまりの残る車道の真ん中を行進することになった。というのも、両側の狭い歩道には人民警察の警官がびっしり立ち並んでいたからだ。

「どこへ行く。車道は通行禁止だ」と叫ぶ私服の男が警官の隊列から離れ、彼女を止めようと駆けてきた。

彼女は逆襲した。「お尋ねしますが、あなたはここで何をなさってるの?」。

すると私服は彼女に通行証の提示を求めなかった。閉鎖された一帯を自由に歩けたのは、地域住民を除けば、国家保安省《シュタージ》の許可証を持つ者やジャーナリストだけだった。彼女のように大胆に振る舞う女性は、「関係筋の者」にしか見えなかったのだろう。

ギュストローはゴーストタウンと化していた。町には三万五千人を超えるシュタージ職員と人民警察官が配置され、「撹乱分子」の疑いをかけられた者は、一時的に市外に追放されるか、拘留ないし自宅軟禁の処分を受けていた。住民は通りに面した窓から外を見るのを禁止された。「挑発行為」の発生を恐れて、玄関を封鎖された家もあった。このような厳戒態勢は、一九七〇年にエアフルトで発生した騒動の再発を恐れてのことだった。当時、西ドイツ首相ヴィリー・ブラントが訪問したエアフルトでは、興奮した何千人もの東ドイツ市民がブラント首相に歓声を上げて集まったため、警備当局は人々を柵の内側に抑え込むのにひどく手こずった。

広場にはクリスマス・マーケットの屋台が出ていた。よく見ると、この日のために特別に編成された「社会の諸力」部隊の隊員たちが、歩哨部隊の下士官たちとともに「住民」を演じており、その指示はシュタージが出していた。このような厳戒態勢にもかかわらず、バイアーさんは目標を達成した。もちろん西ドイツ首相と直接握手することはかなわなかったが、警備の人垣の隙間から生身の首相を見ることはできたのだ。彼女の大勝利だった。

これほどの想像力と大胆さを持ち、シュヴェイク〔ハシェク作の反戦長編の有名な主人公〕のごとき策略を用いて規格化を突破した人は少なかった。私たちの元を去ったのは、このような勇気ある人々が多かった。その後バイアーさんも、親戚訪問が許可された機会をとらえて西ドイツへ行き、そのまま帰って来なかった。

集会所がなかった私たちは、ニュータウンの住民の自宅を頼って集まることが多かった。そのような集まりでは、牧師の私の存在よりも、一人ひとりのキリスト者の行動力が重要だった。聖書を読む会、女性たちの集い、教会学校、堅信礼の準備教育の授業は、私のアパートはもとより、教会員のアパートでも開かれた。狭い台所に十人から十五人もの子どもたちがうずくまる。膝に抱えられなければ輪に入れない子どもたちもいる。そうやってキリスト教を教えるブッバーさんが熱心にイエスについて語るのに耳を傾けたこともあった。このような集まりは居住者組合の知る所となった。ニュータウンは道が悪かったので、泥で汚れた靴を脱いでアパートに入るのが習慣になっていたから、教会学校が行われているアパートの玄関の外には、二十足から三十足もの靴が並ぶこともあったためだ。けれどもこのために、皆が集まるプライベートな場所が見つからないといった問題が生じたことは一度もなかった。

メンバーの自宅を利用したことで、密な人間関係を作ることができた。「私たち」という特別な感情が生まれたのである。今日のポスト－コミュニズム社会では、この感情が失われてしまったことを切実に嘆く人々が大変多い。

一方、自宅での集まりでは参加者同士の行動範囲が固定されてしまうため、活動が閉鎖的になり、外部の人々への働きかけも限定的になるという欠点があった。そこで私たちは次のステップとして、〔レクリエーションと研修を兼ねた〕フライツァイト（静修）を実施した。ところがこの名称を使うことは許されなかった。東ドイツでは、フライツァイト（余暇）の実施は国の諸機関だけに許されており、宗教共同体としての教会の活動は宗教的な領域、つまり礼拝にできる限り限定されなければならなかったからだった。例えば屋外にテントを張って青少年キャンプを実施しようとしても、教会に許可は下りなかった。どうしてもキャンプ活動を行いたかった私たちは、やむを得ず東欧諸国に出かけた。まずポーランドで実施したが、連帯《ソリダルノスチ》〔ポーランド自主管理労働組合〕の運動が本格化してからは入国できなくなったため、チェコスロバキアに行った。フライツァイト（静修）という名称は使えなかったので、私たちはこれをリュストツァイト（修養期間）、あるいはビーベルリュストツァイト（聖書修養期間）と名付けた。こうして、事前申請制の徹底を通して教会活動の許諾権を握ろうとした七〇年代の初めのSEDのもくろみを拒むことに成功したのだった。

　リュストツァイト（修養期間）という名称には宗教的な性格が強調されていたため、党の介入を受けることはほとんどなかった。私たちはテーマをあらかじめ決めたり、内容を宗教に限定したりせずに、文学、不安、勇気、臆病さ、順応、自由、服従、不服従、愛、性の形、結婚前の異性交際について話し合った。もちろん政治の話も出た。例えば異なる政治体制について、戦争と平和について、寛容について、私たちは話し合った。

　教会は、国家が排除したり、タブー化したりしたテーマを引き受けた。私たちは、学校の軍隊化、とくにチェルノブイリ原発事故以後は原子力エネルギー、山積する環境問題、人権問題、市民権問題、平和問題などと批判的に取り組んだ。また、ユダヤ人の墓を捜し出して、十一月九日、つまり「水晶の夜」で知られるユダヤ人襲撃事件の起こった日に、ロストックの墓地で追悼式を行ったこともある。このときはシュタージの監視を受けた。私たちの活動を監視する国の部局はシュタージ以外にはなかったのだ。エコロジーの意識を高めるために植栽運動を行ったり、「自動車を使わない生活」を宣伝したりしたこともある。このときは百人ほどの若者たちが両親の支持を得て自転車に乗って参加し、集団で通りを走ってくれた。

　東ドイツの教会活動を評価するにあたって、教会が自らを体制批判運動の担い手としてどの程度理解していたかという点にとくに注目する人は、教会には本来の使命があることを見落すことが多い。教会は政治的な対抗プログラムを持つ政党ではなかったし、政府に対して破壊工作活動を行う地下組織でもなかった。東ドイツでも教会の思想と行いの中心には神があり、イエス・キリストがあった。つまり神の言葉を人々にもたらし、キリスト教の信仰者として人々を獲得することが重要だったのである。そのような教会が体制批判運動の担い手になったのは、国家と党の介入を受けない唯一の、自主独立した社会組織である限りにおいてだった。教会は自由な議論が可能な唯一の場所だった。タブー化されたり検閲されたりせずにさまざまなテーマが話し合われ、自立した思想と行動のための教育が行われたのだ。

　教会は人々を一層自由にした。教会に来た人々は、体制にそそのかされなくなった。たとえそそのかされたとしても、その度合いはわずかだった。国家が定めた価値とは異なる価値を主張した限りにおいても、教会は体制批判的だった。教会が焦点を当てたテーマを、国家は別のやり方で占有した。この限りにおいて、教会の外部にいた非キリスト者と教会内のキリスト者との間に共通点が生まれた。例えばロストックでは、シュテファン・ハイム[*]、ベッティーナ・ヴェーグナー[*]、フライア・クリール[*]、シュテファン・クラフチック[*]、バルバラ・タールハイム[*]らの作家やシンガー・ソングライターを教会に招いて朗読会やコンサートを行ったが、このような催し物ではキリスト者と非キリスト者の共通点がとくに明らかになった。教会の催し物に集まったのは、党とは異なる政治信条を抱く人々や、アーティスト、ホモセクシャルの人々、さらには、教会以外に声を上げる場所を持たず、生活環境や精神的な狭隘さに苦しむ人々だった。皆、どれほどお互いに異なっていても、他の場所では公にすることを禁じられている事柄を発言したり聞いたりしたいという願いは一つだった。心から渇望する事柄へ支持が公言されるとき、その場に特別な魅力が生まれる。人々が教会に求めていたのは、そのような特別な魅力だった。

　私はエファースハーゲン地区に教会堂が建設されることを期待していたが、そもそも住居や牧師館やガレージを建てる許可すら下りない状況では、希望をかなえることなど望むべくもなかった。ところが、莫大な外貨不足に苦しむ東ドイツの財政事情が、思わぬ可能性を開いてくれた。東ドイツの姉妹教会を支援していた西ドイツの教会が、教会堂、教会会館、福祉施設の建設を金銭的に負担しようと申し出たのである。西のドイツマルクをちらつかされた東ドイツ政府上層部は、まずベルリン大聖堂に代表される古い教会の改修を認めた。首都ベルリンの中心部にあったベルリン大聖堂は、第二次世界大戦で破壊された後、必要最小限の補修しか行われないまま、SED本部の入る豪華でモダンな「共和国宮殿」の向かいに立っていた。厳しい交渉が行われた結果、人口十万人に膨れ上がったニュータウンの団地地区にも、ほんの数カ所とはいえ、教会堂の建設が認可された。

東ドイツの福音主義教会は、西ドイツの資産乏しく貧しい弟分には甘んじたくなかったので、国家との交渉の際、建設資金の半分を東のマルクで調達すると主張した。一方、カトリック教会は全額を西のドイツマルクで払うことにしたため、エファースハーゲン地区にはカトリック教会が教会堂の建設許可を得た。

福音主義教会の教会センターは市の別の地区に設立されたので、私たちには不便な状況が続いた。一九八五年、私たちは五キロ離れた聖アンドレアス教会から、エファースハーゲン地区に戻って来ることができた。地区内に新設されたカトリックのトーマス＝モールス教会から教会堂を借用する権利を得たのである。カトリック教会への配慮から、日曜日のミサは朝八時半には始めなければならなかったが、早朝にもかかわらず、ミサには多くの人々が集まった。

私の赴任時に一人もいなかった教会員は、この頃になると、四千五百人もの規模になった。私が戸別訪問して見つけたり、ニュータウンに入居した際に名乗り出てくれたり、教会税の納付窓口で私たちのことを教わって来てくれた人々だった。私は、赤ん坊はもちろん、大勢の少年少女や若者たちに洗礼を施した。洗礼と言えば、私と教会員全員にとても強い印象を与えた一人の青年が思い出される。彼は東ドイツ海軍の制服を着たまま洗礼を受けた後、シュトラールズントの兵営に戻ると、教会のニューズレターを予約購読し、毎週外出許可を申請して

誕生日おめでとう、牧師さん！　青年会の若者たちは、私のトラバント車に「ハッピー・バースデイ」と描いて、老人ホームでのミサから戻ってきた私を驚かせた。たぶん水で溶いた小麦粉で描いて、祝ってくれたのだろう。車の前に置かれた二つのカバンには、聖職者のガウンと十字架とろうそくが入っていた。

日曜ミサに出席したのだった。

何年か経つうちに、若者たちのグループの中から、大学で神学を専攻しようとする者が数名現れた。私たちは収穫感謝祭を催して、豊かな自然と収穫の仕事を私たちに与えて下さった神の施しに感謝してきたが、今、教会員も「大きな収穫」を得たのだった。教会指導部は私たちの教会にもう一人牧師を増やすことを認めてくれた。

新任のローマン牧師は、家族と一緒にエファースハーゲン地区の私たちのアパートに入居し、私たちは旧市街のニコライ教会近くの古い家に引っ越した。今度の家には、市の城壁跡沿いに庭が付いており、ニュータウンの生活にまったくなじめなかった妻は本当に喜んだ。新しい同僚の支えのおかげで、私は福音主義信徒大会議長団の職務に専念できるようになった。

信徒大会の開催は、私たち東ドイツ各地のラント教会にとって最大の行事だった。国家の上層部は、特定の場所の使用を許可しないとか、大会のテーマや招聘者、主催者の人選などに異議をはさむなど、あの手この手で開催を妨害しようとした。東ドイツでは、全国規模の信徒大会の開催は禁止されていた。

一九八三年はマルティン・ルター生誕五百周年に当たっていたため、これまでほとんど考えられなかった可能性が実現することになった。国家公認の歴史がルターの評価を逆転させたので、教会はその恩恵にあずかったのである。一九五〇年代から六〇年代にかけて、ルターは「農民を裏切った男」とか「領主の手先」と呼ばれて罵倒された。ところがその後、東ドイツが外交上の声望を高めるためにプロイセン復興やルター崇拝を解禁すると、この宗教改革者は一転して「ドイツ民族《フォルク》の偉大な息子たち」の一人に数えられるようになった。そのためロストックの港や会議場前に信徒大会の巨大な旗がたなびくという、あり得ない光景が現れた。私たちはこの光景を喜びと満足をもって眺めたものだ。

一九八三年のロストック信徒大会は、「敢えて信頼を！」というスローガンを掲げて開催された。ワーキング・グループと全体集会には三千五百名の長期滞在の申し込みがあり、最終的な参加者は三万人を超えた。とくに歓待されたのは、国外からの参加者だった。世界教会協議会のジュネーヴ本部から来た南アフリカ出身の聖職者をはじめ、パリの教会監督《ビショフ》や、スウェーデン、スイス、オーストリア、ソ連、チェコスロバキア、ポーランド、そして西ドイツなど世界各地からキリスト者がロストックに集まったのである。なかでも私たちを感動させたのは、会議場で開催された「出会いの夕べ」に参加して『ウィ・シャル・オーヴァーカム』（勝利を我らに）を歌ったアメリカからの参加者だった。最終日に港の公園で開催された屋外ミサは、まさに巨大な祭典だった。東ドイツという無神論国家の公の場で、二万五千人ものキリスト教徒が一堂に会し、主への信仰を告白して讃美歌を歌い、祈りを捧げたのだ。私たちのラント教会監督ラートゥケの表現を借りれば、「私たちを制限し、囲い込む壁のない、自由な天のもと」での祈りだった。

東ドイツ社会で何かが動き出した。五年後の一九八八年、再びロストックで信徒大会が開催されたとき、この動きは激しい発酵状態に変わった。八八年の大会のスローガンは「橋を架ける」だった。ペレストロイカの時代に入ったのだ。ソ連共産党書記長ミハイル・ゴルバチョフは、経済の中央統制を緩めるペレストロイカ〔改革〕ばかりでなく、社会の公開性を高めるグラスノスチ〔情報公開〕も提唱していた。そこで私たちはキリスト者とマルクス主義者との対話の機会を見出そうと、「橋を架ける」というスローガンを採用したのである。すでに東ドイツのSEDと西ドイツの社会民主党（SPD）の対話は実現しており、その内容はいわゆる『対話の記録』として一九八七年夏に発表されていた。(2) 後年西ドイツ元首相のヘルムート・シュミット〔SPD〕は一九九六年に公刊した回顧録のなかで、この記録を「道義的にも政治的にも不適切」だったと記したが、(3) 実際、八七年当時の西ドイツでは、この記録を中身のない空言と断じ、その政治的幻想と気恥ずかしい平和的団結主義を批判する声が、反共産主義を信条とする古参のSPD党員とキリスト教民主党員（CDU）から上がったものだ。一方、私たちの東ドイツでは、このような対話の記録が発表されたおかげで、SEDの見解を対話の記録と比べることを通して、党に圧力をかけることが可能になったのである。

私たちは党にテーマを限定しない対話を要請した。こうすることで、私たちの掲げた和平政策、環境問題、平和、人権といったテーマに態度を表明するよう、党に強いようと考えたのだった。もちろん党が承服するとは思わなかったが、少なくとも仮面の下の本音は引き出すつもりだった。しかし対話は実現しなかった。党の幹部たちは相変わらず自分たちは真理の側に立っていると思い込んでいた。彼らが欲しかったのは服従であり、対等なパートナー関係ではなかった。彼らが送ってきたのは党を代表する人間ではなく、マルクス＝レーニン主義講座で宗教問題を担当する三人の大学教授だった。党指導部が対話に前向きになるのは、没落に直面してからのことだったが、その時はもう遅すぎた。

私たちはキリスト教徒とユダヤ教徒との対話も行った。この対話を通して第二次大戦を生き延びたロストック出身のユダヤ人と初めて出会ったことは、私には忘れられない体験となった。その人アルブレヒト＝ジャック・ツッカーマンは商人の息子で、第二次世界大戦が勃発する直前の十四歳のとき、ユダヤ人組織ユーゲントアリヤー[4]の支援でパレスチナへの亡命に成功した。その後彼はヤアコヴ・ツールという名前になり、一九八四年、亡命後初めてロストックに戻った。ベルリンの壁崩壊後、ロストック市初の名誉市民になり、ユダヤ歴史文化センターの立ち上げに尽力した。後年私はイスラエルで、彼と再会する機会があった。

一九八七年六月に東ベルリンで開催された信徒大会では、体制批判グループが独自に「下からの信徒大会」を開く騒ぎがあった。彼らは閉会式で横断幕を掲げて行動し、注目を集めた。翌年の私たちメクレンブルクでの信徒大会では、このような教会内部の分裂はなんとしても避けたかった。少数者である私たちが内部分裂していることが明らかになれば、戦略的敗北になると思ったからである。そこで私たちは、いかなるテーマもどんな参加者も排除しないことに決めた。その結果、すでに東ドイツを去った者やラディカルな体制批判派たちも大会に参加した。メクレンブルク・ラント教会の教会監督や教会関係者を信頼して、私たちは「下からの教会、それは私たちすべてである」と呼びかけたのである。ベルリン－ブランデンブルクやグライフスヴァルトのラント教会とは異なり、メクレンブルクの教会は許容範囲ぎりぎりの活動をしていた草の根グループ《バーズィスグルッペ》を擁護した。教会内反対派が分派を結成する必要はなかったのだ。

一九八八年に私たちが開催した信徒大会の最大の呼び物は、西ドイツ元首相ヘルムート・シュミットの招聘だった。すでに述べたように、シュミットは一九八一年にギュストローを訪問していたが、当時は大量に動員されたシュタージが人民《フォルク》を演じていたにすぎない。もう一度招いて、メクレンブルクの本当の姿を見せたかった。すでにシュミットは西ドイツのＳＰＤ内で往年の政治力を失っていたが、それでも東ドイツでは特別に人気が高かったのである。しかし私たちの招聘計画に対して、東ドイツ政府からはもちろんのこと、教会内からも反対の声が上がった。例えばメクレンブルクとグライフスヴァルトからそれぞれ二名の教会代表者が出席して開かれた県行政評議会との話し合いの席上、政府側から改めてシュミット招聘計画への懸念が表明されたとき、グライフスヴァルト教会監督ギーンケが突然次のように発言した。「政府の方々が元連邦首相の入国でこれほど困っているのであれば、私たちはその悩みを理解して、引き下がるべきでしょう」。

その場にいたメクレンブルク教会監督シュティーアと私は耳を疑い、次のように言った。「ギーンケ兄、その件はここで話す事柄ではありません。改めて私たちだけで話し合いましょう」。そのあとで激しいやりとりになったが、シュティーアと私は譲歩しなかった。というのも信徒大会は私たちのラント教会で開催されることになっていたからである。シュミットの招聘を取り消す汚れ仕事は国家に任せれば良く、こちらから取り消すのはおかしいと私たちは主張した。後年、シュタージ文書が公開されると、教会監督ギーンケと彼の下の一人の地区長《ズーパーインテンデント》にＩＭとしての書類が存在していたことが明らかになった。国がシュミットの入国を実際に拒否した時点で、シュティーアはシュミット本人に直接手紙を書き、招聘する意志を堅持することを伝えた。

そしてヘルムート・シュミットは来た。

一九八八年六月十八日、シュミット元首相はロストック市内の聖マリア教会に集まった二千五百人もの人々を前に講演を行った。続いて聖霊教会に移動し、数千人の聴衆を前に討論会に出席した。一人のシュタージ将校は、元首相が挨拶を始める際に、「歓呼の声と嵐のような拍手が長く続いた」と報告している。シュミットは語った。「冷戦時代、東西は敵同士でした。東西の大国の指導者同士が個人的に知り合うこともありませんでした。今、この状況は克服されようとしています。しかし私たちは、冷戦の経験から、他者を理解できるのは、その言葉に耳を傾けるときだけであることを学ばなければなりません。他者に問いを投げかけ、答えに耳を傾けるときにのみ、他者を理解できるのです。逆もまたしかりです。他者の問いかけに答えるとき、私は理解されるのです」。シュミットは東西ドイツ分断という微妙な問題に言及することも厭わなかった。「ご承知のように、私たちは分断を無理やり撤廃するわけにはいきません。(……)けれども私たち一人ひとりは、ドイツ国民《ナツィオーン》を一つに覆う共通の屋根を作る希望をしっかり心に抱いても良いのです」。

信徒大会は規模の大きい催し物だったため、西ドイツのテレビ局も当然取材に来ていた。彼らの取材は重要だった。一九八三年のルター生誕五百年のときのように、市の中心で祝賀行事を開催することは認められなかったからだ。大会の最後を締めくくる行進は市のはずれの公園で行わざるをえなかった。せっかく四万人もの参加者が屋外に集まっても、もしテレビ局が取り上げなかったら、一般の注目度はきわめて低くなってしまっただろう。

大会の準備段階から実行委員会は、閉会式の説教を教会監督に任せないことに決めていた。教会監督には

1988年にロストックで開催された教会大会に招聘されて、聖マリア教会の説教壇に立つ西独元首相ヘルムート・シュミット。私たちはSEDの意向に逆らって、シュミットの招聘を実現させた。何千もの人々が、熱狂的に彼を歓迎した。

慎重に事を進めるように圧力がかかることが予想されたため、公の場でデリケートな問題を率直に語れないかもしれないと思われたのだ。牧師に語らせよう、教会活動の現場にいる牧師が良いだろうということになり、私に白羽の矢が立った。

私は信じられないほど興奮した。これほど多くの人々の前で話した経験はなかった。至る所から聞こえてくる体制批判の声を、どのように語るべきだろう。私は批判を口外せずにいるのは嫌だったが、告発調になるあまり今後の信徒大会が禁止されたり、厳しく制限されたりする事態は避けねばならなかった。私はすべてを注意深く宗教的な衣で包みながらも、明確なシグナルを発信して、高位の教会関係者ではほとんど触れることができないテーマに踏み込んだ。当時の私は青少年活動の外でも知られつつあったとはいえ、北ドイツ以外では無名だった。そんな私の説教のもっとも先鋭的な部分が、西ドイツの第一テレビ放送（ＡＲＤ）と第二テレビ放送（ＺＤＦ）のメインニュースで取り上げられ、放映された。私は東ドイツの指導者層にこう呼びかけていた――「出ていくことが許されても、とどまりましょう！」。

東ドイツが突然の終わりを迎える一年前だった。若者たちの間には、たしかに動揺が広がっていた。一九八八年に入ると、東ドイツのキリスト者は世界教会協議会の「平和、正義、被造物の保護」のための全体集会を東ドイツ国内で開催し、体制への明白な批判を表明するようになっていた。しかし、それにもかかわらず、大規模な行動は起こらなかった。何十年もかけて形成された不安‐順応症候群が人々の行動を妨げたのだ。そのためこの時期の信徒大会やロック・コンサートには、解放への期待や「なにか新しいこと」を求める希望やあこがれが、過剰に詰め込まれていた。

敢えて行動に出ようとしない人々が多数だったが、それでも人々は別の人生を夢見ていることを隠さなくなったのである。自由へのあこがれは、その奥底でいつの間にか、自由を求める欲求に変化したのだ。このような状況において、私は神の言葉を人々の期待に出会わせようと思った。閉会式の説教は、人々の感情や不安や願望を言葉でつかもうとする試みだった。私は語った。

すべての諸国民《フォルク》と住民諸集団の頭上を白夜が数十年も覆うことがあります。数えきれないほど多くの人々の魂と心は氷河期にあるのです！　この地上の日照と気候帯の分布は均一ではありません。人類の生活の満足と欠乏も同様です。朝の光が差す前、夜の深き淵にいるときにこそ、目覚めなければならない者は光へのもっとも激しいあこがれを抱くのです。ところが夜が明けると、あこがれはあっという間に忘れ去られてしまう。それで良いのでしょうか？

光があれば物が見えます。私たちの心の中も見えます。こう言ってみましょう。私は暗闇を真剣に考えます。そして生へのあこがれを持ちます。それを飲み込んだりしません。というのも私は、苦しみに耐えなければならないからです。持ちこたえなければ、あこがれは見つからないのです。私はあこがれようと思います。そうでなければ希望は見つかりません。

希望は所有からは生まれません。希望は存在へのあこがれから生長するのです。

本物の希望は、少々の危険などかえりみません。希望を取り囲むのは牧歌的生活ではなく、変化です。希望には不安という名の妹がいます。怯えるのはやめましょう。あらゆる不正を目の前にしても落ち着いている人がいれば、その落ち着きの向かう先を憂慮しましょう！　成熟したキリスト教市民社会は、不安を掻き立てる人々に感謝するすべを学ばなければなりません。不安を掻き立てる人々は、目の前にあるものに満足するなと私たちに教えるからです（……）。

一人ひとりに当てはまることは、社会にも当てはまります。何が不正であるか、見分け、名指すのです。そうすれば新しい生き方が始まります。私たちが強く願うのは、私たちの社会に新しい共同の生き方を作ることです。軍縮と緊張緩和は、社会の中で始まる新しい対話の支柱となるでしょう！　外交上ますます重要になった軍縮を、この国の中にもっと取り入れていきたいと思いますし、取り入れていかなければなりません！

今、これほどたくさんある深淵は、橋が架けられるのを待っています。橋の建設に積極的に取り組む人々を待っています。

―自然は搾取されるのではなく、保護されねばなりません、

―私たちの国土の森からミサイルという悪魔の道具をなくしましょう。

―私たちの学校から白か黒かの画一的な教育をなくしましょう。

―私たちの共和国〔東ドイツ〕をもっと住みやすくしなければなりません――出ていくことが許されても、とどまりましょう。

―搾取、人種隔離、抑圧は、愛する人間の心に憎しみが生まれるのを待っています。すべての社会の犠牲者は、同志と兄弟姉妹の名にふさわしい人々が身近に来るのを待っています。

友よ、カムフラージュの衣装を身にまとって順応してきた私たちは、今、影の存在に別れを告げましょう。

さあ、橋を渡って、イエス・キリストのもとで学べる生活を始めましょう。[5]

第六章　社会主義の中に存在する教会とは？

一九六〇年代の東ドイツで教会活動に携わった者は、つねに高い志を持つ優秀な牧師や奉仕員の活動を身近に目にすることができた。私たちのラント教会で若い世代の模範になった一人は、ハインリヒ・ラートゥケだった。神学的、かつ神学－政治的な観点から見て、非の打ち所のない人物だった。一九二八年にメクレンブルク地方の牧師の家庭に生まれた彼は、一九四四年にヒトラー・ユーゲントの海軍兵補になり、終戦とともにイギリス軍の捕虜収容所に収容された。戦後はリューベックで大学入学資格《アビトゥーア》を取り、西ドイツ各地の大学で神学を学んだ後、バイエルンに行き、そこで結婚した。西ドイツで新生活を始めたのである。ところが一九五三年六月十七日に東ドイツ各地で起こった労働者蜂起の後、百人ほどの神学生グループとともに東ドイツ教会の呼びかけに応じて故郷に戻った。一九五六年にロストック大学で博士号を取得すると、牧師としてギュストロー近郊のヴァルンケンハーゲン村に赴任し、一九六二年からはロストックのニュータウン地区で布教活動を行った後、メクレンブルクのラント教会監督《ビショフ》に選ばれた。一九八四年には再び牧師に戻り、教会の活動を続けた。一介の牧師職に戻って活動を続けた教会監督は、ラートゥケが初めてだった。

一九五三年に彼が下した西ドイツから東ドイツへの移住の決断は、けっして容易ではなかったと思う。生まれ故郷のマルヒョー村では、第二次世界大戦末期にソ連の侵攻で青少年の三分の一が射殺されていた。このことはラートゥケの心に重くのしかかった。つまり彼は、ソ連の支援を受けた社会主義統一党（SED）が実践する社会主義を受け入れることができなかったのだ。一九五〇年代の福音主義教会には、オットー・ディベリウス*のように反共産主義に徹する立場と、カール・バルト*のように社会主義に理解を示す立場とがあった。ラートゥケは両極間のどこかに自分の立場を見出そうとした。

　ドイツ福音主義教会評議会議長を務めた保守派のディベリウスは、一九五九年に発表された公開書簡の中で、東ドイツを不正な全体主義国家であるとして十把ひとからげに断罪した。ハノーファー・ラント教会監督ハンス・リルイェに宛てて書かれたこの書簡の中で、彼は、キリスト者は東ドイツの交通標識を守る必要はないと主張した[1]。他方、偉大なる「二十世紀の教父」と謳われたカール・バルトは、一九五八年に公刊された「ドイツ民主共和国〔東ドイツ〕の牧師に宛てた書簡[2]」の中で、東ドイツの社会主義の現状が改善するという希望に理解を示していた。そのバルトにしても、この希望は神への希望とは異なり、誤りであることが明らかになるだろうと付け加えていた。

　ラートゥケは両極のいずれの道も歩まなかった。彼は体制を拒否することも、体制に近づくことも避けた。テューリンゲンのラント教会監督モーリッツ・ミッツェンハイム*は国家への忠誠を特徴とする「テューリンゲンの道」を提唱していたが、ラートゥケはこの路線とは一線を画す一方、国家を認めることも拒まなかった。東ドイツ国家という世俗の権威を市民が行動する出発点と見なし、市民の行動には批判と抗議が当然含まれると考えたのである。ラートゥケが原理主義者でないことは明らかだったが、日和見主義者でないこともはっきりしていた。彼の特徴は誠実さにあった——これは、買収されずに相手と妥協できる現実主義の形式である。彼は国家に完全に同調することなく、東ドイツで生きることができた。そうは言っても、拒否と順応の間に進むべき道を探しながら独立独歩の教会活動を続ける困難は、東ドイツが存続していた年月を通して変わらなかった。

一九六九年、ドイツ福音主義教会（ＥＫＤ）は東西ドイツの統一を放棄した。東ドイツには、各ラント教会の連合組織である福音主義教会連盟という別組織が設立された。連盟が出来たのは、新憲法を制定して東西にまたがるすべての組織を違法と宣告し、ドイツ福音主義教会を「ＮＡＴＯの教会」と誹謗したＳＥＤとの争いを避けるためにすぎなかった。東ドイツのラント教会は、連盟の規定の有名な第四条第四項[3]で、東西ドイツのキリスト者全体の宗教共同体を目ざすことを明確に示した。つまり教会組織は東西に分かれたが、東の私たちは、社会主義国における少数集団という特殊な条件を以前よりふさわしく考慮する可能性を手に入れたのだ。西側と組織的に切れた私たちを、東ドイツ国家は西ドイツのスパイと見なさなくなるだろうと期待して、すでに西ドイツでは教会が行うことが当たり前になっていたラジオ礼拝の実現や、刑執行時の牧会（魂の配慮）を行えるよう闘い始めたのである。一方で当時の西ドイツでは、教会は連邦軍兵士への牧会を行う責任があったのに対して、私たちにはその必要はなかった。

ハインリヒ・ラートゥケが教会監督に就任すると、ラント教会には新鮮な風が吹き、希望に満ちた雰囲気が生まれた。彼は確信を見せた。社会の少数派になったからといって、教会は内を強くしようとするあまり、外に向けて自らを閉ざしてはならない。昔からの教会員を守るとともに、新しい教会員の獲得も心がけなければならないという確信だった。だからこそラートゥケには青少年活動がつねに大切だった。教会は非キリスト者と向き合い、萌芽の力を育てるべきであると彼は考えていた。

ラートゥケの考え方は、一九四三年に逮捕され、終戦の直前に強制収容所で処刑されたディートリヒ・ボンヘッファー*〔第四章一二二頁参照〕の伝統を受け継いでいた。告白教会のメンバーだったボンヘッファーは、きわめて自立した考え方を展開した福音主義神学者である。彼によれば、キリストが「他者のための人」であったように、自分の維持に奮闘するだけでは教会は教会たりえない。社会から排除された者、軽蔑された者、迫害された者にも扉を開き、非キリスト者のためにも活動し、牧会を超えて社会的かつ政治的な問題にも介入するとき、教会は教会になるのだった。

一九七一年にアイゼナハで開催された総会《ジュノーデ》で、ラートゥケはこの理想像を明確に示した――教会は自らを「他者に敵対する教会」と考えてはならない。それではキリスト教の規範に抵触する。「他者のいない教会」と考えてもならない。自らの利害を守るだけの、自己目的を追求する機関にすぎなくなる。さらに教会は自らを「他者と同じ教会」と理解してはならない。それでは支配的な状況に日和見的に順応する機関にすぎなくなる――。ラートゥケはこのように主張したが、総会ではこの三番目の表現をめぐり、意見の一致に至らなかったため、翌々年の七三年にシュヴェリーンで開催された連盟総会はラートゥケの考え方を採用せず、「私たちは社会主義と立ち並んだり、対立したりしたいわけではない。私たちは社会主義の中に存在する教会でありたい」という当たり障りのない表現になった。

しかし、「社会主義の中に存在する教会」とは何を意味するというのか。もし社会主義的な教会のことを意味するとしたら、そもそも社会主義と教会は相容れないではないか。あるいは、必要に迫られたため、社会主義的な諸関係を受け入れた教会のことを意味するのだろうか。または、社会主義国家に忠実な教会、つまりSEDのプログラムに忠実な教会のことを意味するのだろうか。それとも、不利な扱いを受けた人々へ特別な配慮を欠かさず、人間同士の自由で対等な共存を目ざす、倫理的なヴィジョンを掲げる教会のことを意味するのだろうか。こうした議論は、このスローガンが持ち出されたときも、スローガンが各ラント教会でさまざまに解釈された期間も、行われなかった。

ラートゥケは、メクレンブルクのラント教会監督を務めていた一九七一年から八四年までの間、「社会主義の中に存在する教会」という表現を使わなかった。メクレンブルク・ラント教会に属した私たち牧師の大多数も、やはり使わなかったと思う。この表現は私たちには曖昧すぎたからだった。あまりに多くのニュアンスが隠れる恐れがあった。私の周囲には私と同様に考える者が多かった。そこで私たちはこの表現を場所の規定語としてのみ理解しようとした。つまり、私たちは東ドイツという改革不可能な社会主義国家の中に存在している教会である、と理解したのである。ところで、一九七二年に〔ドレスデンで〕開催された総会では、エアフルトの監督教区長《プロープスト》ハイコ・ファルケが社会主義を東ドイツの現実と見なさず、未来のヴィジョン、つまり「改革可能な社会主義」と解釈したことがあった。ファルケは疑いもなく体制側の党員だったが、この解釈のため党の怒りを買ってしまった。つまり現実に存在する社会主義国家は、たとえそうであったとしても、政治的に敵対する教会から改革に値すると宣言されたくなかったのだ。八〇年代に入ると、ファルケ自身は体制の改革は可能だという信念を失ってしまったが、教会内には、現実の社会主義に対抗して理念的な社会主義を救い出そうと努める人々が存在し続けた。

教会の開放を許容したばかりか、開放を願い、積極的に推奨したラートゥケの試みは、私にはとても重要だった。社会に暮らしているのは、私たちのようなキリスト者ばかりではない。私たちには、私たち以外の人々に理解してもらうよう、人々に語りかける権利がある。礼拝という儀式の牢獄に閉じこもったり、教義の伝統に固執したりしてはならないのだ。隣人愛のメッセージを言葉にして、あらゆる人々の心に届けなければならない。ますます世俗化が進む世界に生きる私たちは、信仰にまつわる大きなテーマを言葉に出して発言し、信仰なき世界に生きる人々に納得してもらわねばならない。ボンヘッファーに倣って言えば、そのためには宗教的な説教の体裁を取らずに神について語ることも大切なのだ。このように考えたラートゥケの試みは、国家や党とは関係がなかった。むしろ教会員の感情、とくに、体制批判派が多かった若い人々の感情に近かった。

メクレンブルクの教会員、牧師、教会の指導者の大部分は、自分たちの活動を「下からの教会」、つまりロビーを持たない人々のためのロビー活動であると理解していた。おかげで私たちは、一九八〇年代後半にベルリンなど各地の教会が直面した草の根グループ《バーズィスグルッペ》と教会指導部との深刻な対立を避けることができた。当時、教会とほとんど関係のない外部の人々や、教会よりも過激な行動に走るグループが教会施設を利用していたが、国家との良好な関係の維持を重視する教会指導部は――シュタージの非公式協力者（ＩＭ）が指導部をこの方向に誘導する場合が多かった――これを施設の濫用と見なした。教会指導部は市民権運動家や平和運動家や体制批判活動家たちの意見にかならずしも同調せず、「教会はすべての人々のためにある。この場の人々のためにだけあるのではない」との方針を掲げて一線を画し、運動を支援しなかった。見捨てられたと感じた草の根グループは、教会指導部と国家との癒着を非難した。

このような指導部と草の根グループの対立を一九七〇年代から八〇年代にかけてのメクレンブルク・ラント教会が経験せずに済んだのは、誠実で率直な人柄のハインリヒ・ラートゥケのおかげだった。彼は同僚たちの中の第一人者《プリームス・インター・パーレス》として触れ合いを大切にし、いつも対話を心がけた。もちろんメクレンブルクでも、中位の役職者や教会員が勇敢な牧師たちの行動を抑え込もうとしたり、活動に行き過ぎがあるとの理由で連帯を拒んだりして、事態が緊迫することがあった。このときラートゥケは、出国問題や環境問題といった挑発的なテーマを排除せず、教会内のやっかいな人々やグループとつながりを保ったばかりか、彼らが国から攻撃されたときは自ら身を挺して守った。こうした彼の態度のおかげで、「草の根」が教会指導部と対立する事態は避けられたのである。

ハインリヒ・ラートゥケと後任のクリストフ・シュティーアは、教会の活動には国家との接触が避けられないことを心得ていた。しかし二人はけっして裏取引を行わなかった。シュタージとのいかなる「秘密の」会話も、どのようなプライベートな会合も、持たなかった。

このようなラートゥケがＳＥＤ書記長エーリヒ・ホネカーとどうして密かに会談したのか、今でも私は想像できない。会談は一九七八年三月に福音主義教会連盟議長アルブレヒト・シェーンヘル主導の下で極秘に行われた。会談の事実が明らかになると、教会関係者は驚愕した。もちろん私たちは、このトップ会談の結果、いくつかの成果が得られたのを実感した。例えばラジオ礼拝が許可された。刑務所や老人ホームでの牧会も認められるようになった。私はさっそく規模の大きな国営老人ホームで礼拝を始めた。

しかし、ラートゥケとホネカーのトップ会談は、党と国家の教会政策を根本的に変えるほどの成果をもたらさなかった。会談を終えても、キリスト者に許された公的生活は相変わらず制限されたままだった。私の母方の祖母ルイーゼ・ヴァレマンが亡くなったときのことを例に挙げてみよう。祖母は長年、ロストック県の『オストゼー新聞』を愛読していたが、当時、この新聞はＳＥＤが発行していた。この地方紙に私たちは祖母の死亡広告の掲載を依頼したが、「わたしの時はあなたのみ手にあります。詩篇三十一より」と聖書からの引用を書き添えることは許されなかった。私は新聞社に抗議したが、社主は、たとえ掲載料を購読者が支払う死亡広告といえども、キリスト教の章句とシンボルの掲載は認められませんと回答をよこした。

一方、忘れてはならないことがある。東ドイツの教会はポーランド教会とは異なり、社会の少数派にとどまってはいたが、他の社会主義諸国の教会のどこよりも多くの権利を持っていた。

さらに、東ドイツ国内の議論と並んで私の神学者としての自己理解に重要な役割を果たしたのは、西ドイツの牧師や教会関係者との出会いだった。私たちが出会った西ドイツの教会関係者たちは、ユルゲン・モルトマン*やヘルムート・ゴルヴィッツァー*に近い考えを抱いており、東ドイツの教会がこれまでほとんど取り組んでこなかった超大国の軍拡競争、地球資源の過剰搾取、南アフリカのアパルトヘイト問題、南米諸国の解放の神学といったテーマを私たちに突きつけたのである。エルネスト・カルデナル*やレオナルド・ボフ*らの解放の神学に関する書物が私たちのところでも広まり、世界教会協議会を介して、カトリック教会が多数を占める「貧者の神学」〔解放の神学の別称〕に私たちも数えられることになった。

西ドイツの青年部出身の牧師や大学教会牧師たちと議論するうちに、一九六八年以降、西ドイツの教会に左派的な思想が根をおろし、ときに左翼的傾向すら強まっていることに気づいた。この西ドイツの左派的な時代精神は、市民的な装いをしているかぎり、私たちにはたいへん有益だった。東ドイツでも徐々にフェミニズム思想、支配構造を批判する思想、反権威主義思想、平和教育が拡がりはじめ、伝統的な性道徳や権威主義的な指導体制に対する批判も表明されるようになったからだった。

もっとも、西ドイツの左派的な同僚たちとの出会いは、滑稽な様相を帯びることもあった。今でも思い出すのは、ベルリンのヴァイセンゼー地区の教会施設で開かれた牧師会議での議論である。西ドイツからはバイエルンの、東ドイツからはメクレンブルクの牧師たちが一堂に会する大きな会議だった。席上、私たちが東ドイツの抑圧体制を繰り返し取り上げて、部分的とはいえ率直に体制批判を行ったところ、西ドイツの何人かが怒り出した。「アフリカのすべての人々が社会主義に希望を見ているときに、君たちが社会主義を丸ごと否定するなんてありえない！」というのである。さらに私たちがホネカーとその長老支配政治体制を非難すると、バイエルンから参加した一人の牧師が声を荒げた。「ホネカーごときに興奮するなんてどうかしている。バイエルンにはフランツ・ヨーゼフ・シュトラウス*という腐敗しきった保守政治家がいるぞ！」。尊大さが鼻につく大物保守政治家シュトラウスに比べると、朴訥でひょろ長いホネカーなど人畜無害だと彼は思っているようだった。

私たちが東西間の埋めようもない懸隔を思い知るのは、このような時だった。選挙の洗礼をけっして受けない独裁者ホネカーよりも、民主的な手続きに則って選出されたバイエルン州首相シュトラウスの方をどうして強く否定できるのだろう。私たち東の人間は互いに顔を見合わせ、軽蔑的に口をへの字に曲げることができただけだった。ところが私たちは、西ドイツ側の多くの参加者が共産主義独裁体制の本質を理解していないことは明らかだったにもかかわらず、彼らが伝えた左翼思想に感染してしまった。私たちと同様、彼らもより一層の社会正義の実現を目ざしていた。彼らはとくに、資本主義システムの非人間性に怒っていた。その社会批判には、私たちの社会批判と同様、根拠があることが見て取れたのである。そのため私たちも多少とも反資本主義的な考えに染まった。奇妙なことに、東ドイツ福音主義教会の広い範囲の人々に左翼的な考え方が広まったのは、現実に存在する東ドイツの社会主義を通してではなく、西ドイツの左翼思想の影響を通してだった。私たちは自分たちの社会主義と和解する代わりに、むしろ社会主義の理念と和解したのだ。

私は自分が体験した社会主義の支配をつねに否定してきた。ところが資本主義社会に実際に暮らし、発言にも自覚的な西ドイツの人々が資本主義を批判するのを見て、資本主義には本当に未来がないかもしれないと思うようになった。もし将来、未来の新しい、より良い社会主義が人権と市民権を保証するようになれば、社会主義に反対する理由はないのではという疑念が生まれたのだ。私以外にも多くの人々が、資本主義社会を徹底して非人間的に描く西ドイツのラディカルな批判思想の知的誘惑に影響され、肯定的未来像への信念に圧倒された。実際、東ドイツに現実に存在する社会主義は最終的な約束の地ではなく、そこから完全な社会へ向けて踏み出すための最初の一歩にすぎなかった。キリスト者の中には、党内部や党に近い知識人と交流する者も出て来た。これらの知識人は、クリスタ・ヴォルフ*やシュテファン・ハイム*のように、東ドイツの体制に不満を覚えながらも、それを資本主義のより良い対案《オルターナティヴ》と見なした。もっとも私自身は後に彼らの姿勢を批判して、これを「上部構造への逃避」と名付け、その歴史的先行者を理想主義思想やロマン主義思想に見出すことになった。

しかしそれはまだ先のことで、当時の多くの東ドイツ知識人と同様、私には西ドイツ社会の魅力は薄れていった。「いつになったらこの国は西ドイツになれるのか」とか「いつになったら西側の状況が達成されるのか」といった問いにずっと苦しめられてきたのに、このときからもう悩まなくなったのである。一九七〇年代から八〇年代にかけて、東ドイツで活動していた人々は、「自分たちのところに最低でも西ドイツのような社会的状況を実現したい」と考えていた。私たちの国で、少なくとも西ドイツの人々が享受しているような自由と権利を実現したいと思っていたのだ。反資本主義というよりも反共産主義だった私自身も、この限りでは自分を左派と理解していた。

多くのキリスト者がマルクス主義－社会主義的なヴィジョンからいくばくかの糧を得ることができたのは、その信仰にも似た美しい未来への理念のためだったと思う。すでに第二次世界大戦以前から、父なる神への信仰は失われていたため、マネス・シュペルバー*やアーサー・ケストラー*のような優れた知識人でさえも、社会主義という新しい神を「東からの啓示」と受け取った。彼らは高貴な社会主義を「腐敗する資本主義」を凌駕する社会秩序と見なした。聖書は連帯と協働を求めるのに対し、資本主義はエゴイズムと欲望を要求する。そのため聖書の福音は、倫理的に理解された社会主義にきわめて近い。社会主義と信仰の近さについては、東ドイツ教会の総会で定式化されたことさえあった。

このような事情を考えれば、体制に批判的な神学者と体制に忠実な「進歩的」神学者との区別をつけるのが難しい場合があったことも、驚くには値しない。もちろん、多くの体制批判派は体制順応派とは明確に異なる立場を取っていた。例えばエアフルトのハイノ・ファルケ*は体制批判派であり、ベルリンのハンフリート・ミュラーは体制順応派の神学者だった（ミュラーはシュタージのIMで、コード名は「ハンス・マイアー」[4]だった）。「進歩的」な牧師や大学の神学者らは少数派だったが、ワーキング・グループや東ドイツのキリスト教民主同盟（CDU）の活動に参加して、政府首脳部と協調する方向で動いていた。体制に批判的な神学者は、彼らとは明確に一線を画した。

私たちは体制に順応するつもりはなかった。私たちの望みは「現代的《モデルン》」であること、つまり現代の諸問題に的確な答えを見出すことだった。しかし私たちの想像力には明らかに限界があった。原理的には体制を変革できると信じていたが、具体的にどうすれば良いかわからなかったのだ。全世界の六分の一を超える人々が社会主義体制のもとに暮らしており、「共産主義へ至る道」の途上にいたのである。これがすべてひっくりかえるなどとは、とても想像できなかった。私たちがかろうじて考察したのは、世界のこの六分の一が引き続き資本主義ではないとしたら、未来はどんな姿をしているのかという点にすぎなかった。一九六八年にチェコスロバキアで試みられたように、社会主義が人間化されるべきとしたらどうなるだろう。SEDの党員の中にも、抑圧的な民主集中制(5)に代わる政治体制の実現を信じ、人々を真に解放する社会主義に賭ける同志が存在するとしたらどうなるか。ゴルバチョフのような改革派が多数であり、シュタージ長官ミールケのような保守派は少数だとしたらどうなるか。私たちは、こうした仮定的な問いを考えていた。

ただ、たとえ方向はばらばらでも、教会内の左派、保守派、伝統派は、SEDと共同歩調を取らないという一点で結ばれていた。普段の活動で私たちは、市町村から政府レベルまでの国家の諸機関と未解決の問題を話し合っていた。国家社会主義《シュターツゾツィアリスムス》(6)体制では、郡や県の行政評議会に教会問題を扱う担当官がいて、教会を専門に担当する部局が作られていたが、実際に権力を持っていたのは国の諸機関ではなく党だった。そのため重要な案件について交渉する際には、教会側は役職者を出して、党幹部や郡ないし県の党第一書記と話し合う必要があった。

このように党と接触することに関して教会内では異論もあったため、私の属するラント教会はできるだけ接触を避けるようにしていた。しかし実際には、党側の責任者との話し合いがなければ、多くの事柄は決定が下りない。私自身も信徒大会の準備の際に、この現実を体験したものだ。

一方、シュタージは交渉相手ではない。この点に関して異論の余地はまったくなかった。もっとも、具体的な問題で抗議するために、教会の役職者がシュタージと正式に接触することはありえた。同僚のクリストフ・クレーマン牧師がシュタージに捕えられた学生たちのために尽力しようとして、私と一緒にアウグスト・ベーベル通りのシュタージ県本部に出かけたのはその一例だった。しかし、長期間にわたってシュタージと共謀的協議を行うことを教会は公に認めなかった。今日振り返ってみると、この規則を守らなかった教会関係者は多数にのぼる。その理由は個々のケースごとに異なっていた。

ハインリヒ・ラートゥケは、シュタージに協力してはならないという立場を貫いた。彼は初めからシュタージとの接触を一切拒絶していた。そんなラートゥケがラント教会監督就任を数カ月後に控えたある日、彼はクラウス・ロースベルクと名乗るシュタージ将校の訪問を受けた。ロースベルクはベルリンの国家保安省第二十主局[7]第四課で教会を担当していた職員の一人で、マンフレート・シュトルペ*の指導将校でもあった。ロースベルクはわざわざベルリンからラートゥケをロストックの自宅に訪ねたのである。玄関で慇懃に身分証を示し、面談の許しを願い出た彼は、もしラートゥケに歩み寄る気持ちがあれば、国家の側も見返りに便宜を図るつもりだと申し出た。

「教会監督さま、あなた様の教会で牧師がお一人、不明瞭な事情のもとに西ドイツに逃亡されたことを、私どもは承知しております。この件をメディアに公表して広く周知することもできますし、沈黙のマントをかぶせてしまうこともできます。もちろんその場合は……」。

ラートゥケは鉄のように表情を変えずに、次のように答えた。「結構です。シュタージの助けは必要ありません。私たち自身の手で解決できます」。

ロースベルクはただちに戦略を変更し、誘惑を転じて脅迫に出た。「私どもの得た情報が正しければ、あなたは戦前、ファシストの国防軍に従軍していました。戦後は西ドイツの学生組合のメンバーだった。違いますか？」。

十六歳で戦場に召集された経験をもつラートゥケには、こんな脅しは効果がなかった。「ロースベルク博士、お話はこれまでと存じます。玄関までお送りします」。

教会員がシュタージの接触を受けた場合、私たち牧師はかならず助力を申し出た。例えばラートゥケはロストック市南部で牧師として活動していたころ、シュタージに徴募された教会関係者に代わって謀議接触の現場に乗り込み、一本釣りしようとしたシュタージのもくろみを水泡に帰させたことがあった。後に教会監督になると、徴募されたすべての牧師を助けるために手紙の文案を作成し、シュタージ職員との来るべき接触に備えて手元に準備していた。手紙には以下の点が簡潔かつ明瞭に書かれていた。

一、（〇〇が徴募された）という連絡を受けました。
二、あなた方の行為は、私たちの社会における信頼を悪用する恥知らずなものです。
三、もしあなた方が〇〇への働きかけを止めないのなら、私はそれを公にすべく、西ドイツ・メディアを含むあらゆる手段に訴えます……

ラートゥケはこの手紙を何十回もシュタージに送りつけた。西ドイツ・メディアに訴えるという予告は、一度本当に実行されたこともある。一九八九年の後、部分的に破棄をまぬがれたシュタージ文書の調査から明らかになったところでは、ラートゥケは少なくとも七十人のＩＭに監視されていた。

私自身何度も、教会員とシュタージとの接触の場に介入した。ここではあの勇敢なバイアーさんの例を挙げてみたい。一九八一年、ただ一人切符を買ってギュストローに行き、当時の西ドイツ首相ヘルムート・シュミット*

を間近で見たあの女性である。彼女は一九八五年、〔西ドイツの〕デュッセルドルフで開催された信徒大会に、数少ない東ドイツ信徒として参加することになった。シュタージはこのことを知ると、彼女に「内密の相談」を持ちかけた。圧力をかけられたバイアーさんは、信徒大会で見聞きしたことを報告するとシュタージに約束してしまったものの、良心の呵責を覚えた。そのため、帰国直後にシュタージ職員から「非公式の話し合い」を求められた彼女は、二日後の朝食を一緒に食べる約束を取り交わすと、ただちに私に連絡してきた。「お願い、朝食に同席していただけないかしら。シュタージの訪問を受けるの」。

約束の時刻の十五分前に私が到着すると、食卓にはすでに朝食が並んでいた。やがて玄関のブザーが鳴り、戸口へ急いだバイアーさんの「ようこそいらっしゃいました」と挨拶する声が聞こえると、一人のシュタージ将校が部屋へ案内されてきた。彼女は「もうお一方お呼びしました。ご紹介します。私の牧師様、ガウクさんです」と私を紹介した。

シュタージ将校はハルトヴィヒと名乗った。彼はその翌日、ポルトヴィヒ大尉というコード名で報告書を作成して、私の登場を「厚かましく、かつ挑発的」と断じ、食事中の私の発言を「勝手な憶測」と決めつけ、その内容を書き込んでいた。いずれにせよ私との「想定外の接触」のため、シュタージはバイアーさんとのコンタクトをただちに断った。彼女は「共同謀議から逸脱した」のだった。この出来事があってから四カ月後、私はポルトヴィヒ大尉というコード名を持つこのハルトヴィヒともう一度会った。今度は私から望んでの会見だった。

この頃、拡張型上級学校[8]の生徒を対象としたシュタージの徴募活動が校内で繰り返し行われていることを知った私は、この事実を地区長《ズーパーインテンデント》に報告するとともに、市行政評議会の教会問題担当国家代表マンフレート・マントイフェルと会った際に、この件を取り上げて抗議した（後で判明したところでは、地区長もマントイフェルもＩＭだった）。「シュタージが未成年者に圧力をかけて徴募を行っています。党は事態を把握していますか？」。続けて、私の抗議をシュタージに通報してもかまわない、シュタージに会ってこの行為の恐ろしさを直接非難したい、とも付け加えた。マントイフェルは喜んで応じた。「わかった、伝えよう。シュタージの連中なら面識がある。理性的な連中で、話のわかる奴らだ」。すると、このすぐ後に、例のハルトヴィヒ（コード名ポルトヴィヒ大尉）が私に電話をかけてきた。「牧師様は国家保安省の『しかるべき代表者』との会見をお望みとうかがいましたが」。

私の要求に応じて、ハルトヴィヒはヘルツォーク（コード名は同志シュテーゲマン）という男を連れてきた。私は牧師補のウーヴェ・ボプシーンに同席してもらった。二時間もの間、私たち四人は私の執務室で罵り合った。爽快だった。私は連中を非難してこう言った。この国家はスターリン主義の特徴を示している、まったく批判を受け付けず、個人の自由を抑圧している、シュタージの治安への欲求はノイローゼの域に達した、福音主義教会に潜入して攪乱工作を行い、学校で未成年者を徴募し、スパイ活動を強制して精神的に追い詰めている。「東ドイツで本当に教会政策を担当しているのはいったい誰だ、あなたたち国家保安省ではないのか？」。

こんなことを言っても、自己満足以外の何ものでもなかった。まったく無意味だった。けれども私の心には憤懣と深い怒りがあり、これを一度吐き出す必要があった。私は連中が未成年者を次々にスパイに徴募しているのを許せなかった。その怒りがこのような会見を呼び寄せたのである。背後に隠れて行動し、けっして姿を現さない連中の中から一人の男を探しだし、その男を通して連中に積年の思いをはっきり伝えたのだ。

ハルトヴィヒの最後の言葉は、彼自身が四日後に手書きで作成した報告書の中に記されている。引用しよう。「我々はガウクに向かって、今後彼の教会の青少年に国家保安省が接触する必要が生ずるかどうかは、彼自身の行動にかかっていることをきわめて明確に指摘した上で、以下のことを伝えた。国家保安省は東ドイツ憲法を尊重しており、教会の活動と政治的地下活動とを明確に区別している。政治的地下活動は憲法違反であるから、地下活動から国家を守る治安活動が必要となる。これが国家保安省の目標であり課題である。ガウクが教会の牧師としての活動を守り、青少年に敵対的－否定的な考え方を吹き込むことをやめれば、ガウクと国家保安省、ならびに国家諸機関との間にいかなるトラブルも憂慮も生じないだろう。ガウクは教会で共産党宣言を講ずるよりも福音の普及を重視すべきであり、平和を愛し、人道主義的で、我々の国家に忠実な東ドイツ市民を育てなければならない」。

当時私はまだ知らなかったが、シュタージはこのポルトヴィヒ大尉（ハルトヴィヒ）を通して私を詳しく調べ上げていた。すでに二年以上もの間、私は彼らの監視対象になっていた。

次にシュタージ将校と対面したのは、一九八八年の信徒大会が終了した直後の七月末だった。今回はテルペ大尉と名乗る男が私に電話をよこし、面談を申し入れてきた。会合は私の執務室で行われた。一人で現れた彼は、振る舞い方を心得ていた。ちょっと見ただけではシュタージの男とはわからない。テルペはまず、信徒大会が無事、成功裏に終了したことを感謝したいと切り出した。その前年に開催されたベルリンでの信徒大会では「下からの教会」派が独自の大会を開く騒ぎがあり、シュタージはそのような事態が生ずるのを明らかに恐れていた。テルペは会話が上手で、適度にユーモアがあった。私の批判にも耳を傾け、報告書の会談記録に書き留めた。その会談記録によると、私はテルペに西ドイツ緑の党の連邦議会議員クナーベ博士が入国を許可されなかったこと、教会新聞が信徒大会直前に発禁処分を受けたことを抗議した。また、まだ十分ではないにせよ、マルクス主義者とキリスト者との間で対話が始まったことを評価し、東ドイツでもソ連と同様の政治的解放が行われるだろうという希望を表明した。テルペ大尉は自己批判的にシュタージも間違いを犯したことを認めるとともに、自分は事態が見えていないわけでも愚かでもない、父はグライフスヴァルトの大学教授であると述べた。私は「父親が大学教授で、あなたはシュタージなのですか」と応じ、権力機構を構成する人々があなたのように自己批判を行うなら、状況はまったく新しくなる、このことをぜひ教会監督に伝えたい、と続けた。別れ際に大尉は電話番号を残し、対話を継続したいと申し出た。「大変興味あるお申し出です。機会があればそうなるかもしれません」と私は答えた。

テルペ大尉が人より聡明な頭脳の持ち主なのか、それともペレストロイカ政策に適応したいと望んでいただけなのか、結局私にはわからなかった。いずれにせよ、彼は家族のなかでは異端者だった。兄のハーラルトは一九八九年秋にロストックで、市民団体「新フォーラム」(9)の広報担当の一人になった。父のフランクは壁崩壊後の一九九〇年に行われた人民議会選挙にグライフスヴァルトの社会民主党(SPD)から立候補して当選し、研究技術相としてロータル・デメジエール内閣*に入閣を果たした。

テルペとの会見を終えると、私はラント教会監督シュティーアに電話をかけ、私のところに現れたシュタージの男が自己批判的な意見を述べたことを伝えた。さらに次の牧師会議(牧師とラント地区長が出席する会議)で私は同僚たちに次のように呼びかけた。「シュタージが私のところに話をしに来ました。きっとあなた方のところにも来ているでしょう。私のところだけに来たはずはありません」。

しばらく沈黙が続いた後、二、三人の同僚が手を挙げた。その後、しばらく経ってから明らかになったところによると、ロストックで最大の福祉施設の所長が国家保安省とコンタクトを持っていた。さらにロストックの規模の大きい教会の牧師が一人、それに私たちのラント地区長さえもそうだった。この人は熱心な人柄で、教会設立の際には誠実、かつ信頼に値する仕事をしたこともあり、SEDを支持するそぶりもなかった。これらの人々は皆シュタージのIMだったが、当時の私たちは知る由もなかった。それ以前にも、ある牧師が私に打ち明けてくれた話によると、なんの警戒心も持たずに定期的に会っていた昔の同級生が、実はシュタージの将校だったという。かつての同級生のよしみを利用して、彼の信頼を手に入れていたのだ。

シュタージとの接触が許されるのは、具体的な問題を解明する場合に限られるという原則を私は立てていた。例えば、逮捕された人の釈放を要求する場合などがそれにあたる。テルペと私の会見も、もし私が内密にしていたら、原則に反するグレーゾーンになっただろう。継続的に彼と接触を重ねるうちに、私の発言がシュタージの報告書にＩＭの発言として記録されることになったかもしれない。実際テルペは、少しの間、希望を抱いていたようだ。彼は次の報告書で、理性的な話し合いをすれば、私をＩＭに取り込むのは可能だろうと書いている。けれども、すでにシュタージは私の弟エッカルトと妹のマリアンネを取り込もうとして失敗していた。今度は、同じ反共産主義者の両親から生まれ、長年党をあからさまに攻撃してきたこの私を取り込もうというのか。テルペの上官たちがこのアイディアを実行することは、絶対にありえなかった。

メクレンブルクの隣のグライフスヴァルト・ラント教会では、教会監督以外にも四人の常議員のうち三人までがシュタージと密に接触していたが、私たちのメクレンブルク・ラント教会では、常議員にＩＭを得ようとした国家保安省のもくろみは、七〇年代半ば以降成功しなかった。一九八九年以後になると、牧師たちがかつてＩＭであったかどうかという問題にも世間の注目が集まるようになった。そこでシュティーア教会監督は数カ月の猶予期間を設け、心当たりのある者は皆、自ら申し出るよう要請した。発覚が避けられなくなってから告白しては遅い。そのような事態を防ごうと、前もって申し出るようにしたのだ。この機会を利用した牧師は相当数にのぼった。

第七章　赤い統制教育[1]

息子のマルティンは西ドイツの知人からパーカをプレゼントされたことがあった。十五歳ぐらいの頃だったと思う。当時の若者たちは誰でも西側諸国のパーカとジーンズを欲しがった。朝、意気揚々と学校へ出かけたマルティンは、昼過ぎ、意気消沈して帰宅した。帰宅途中、ロストック中央駅の一番線ホームで交通警察官につかまり、駅舎別棟の薄暗い通路に連れて行かれ、パーカの左袖に付いていたエンブレムをはがすよう命令されたのだ。それは工業用ミシンで縫い付けられた、四センチ四方の大きさのドイツ国旗〔西独の国旗〕だった。その二時間前にもマルティンは数学の教師から同じ要求を受けていた――「そんなもの、はがしなさい！」。反抗的だったマルティンは数学教師の要求を拒絶した。交通警察でも拒絶したが、学校とは違って容赦なかった。警官は自分のズボンのポケットから西ドイツ製「ゾーリンゲン」ブランドの小型ナイフを取り出すと、縫い糸を切ったのだ。マルティンはどうすることもできず、怒って帰宅した。

　この出来事に私も怒った。ただちに駅へ出向き、話し合いを要求した。長く待たされ、問答無用の対応を受けたが、粘った末にようやく受けた説明によると、交通警察は不潔で低俗な表現に対して対抗措置をとる義務があるというのだ。「不潔で低俗な表現に対して？」。私は私とほぼ同年齢の警部に、「このドイツ国旗の下に整列した学校時代や、この国旗を掲げてデモを行った五月一日のメーデーを思い出しませんか」と話しかけた。「この国旗は、一九五九年にヴァルター・ウルブリヒト*がハンマーとコンパスと麦の穂の冠を付け加えるまで、私たちの国旗でした。お忘れですか?」。「興味ない」と答えた警部は、「あなたには権利があっても、権力を持ってるのは、我々ですから」と付け加えた。

この出来事の後、マルティンのパーカの左袖には、そこだけ色の濃い箇所が残った。それでもマルティンは、この西ドイツ製パーカを愛用した。

東ドイツの若者たちは、他の住民集団とは比較にならないほど強い同調圧力にさらされていた。白シャツや青シャツを身に着けた生徒や青少年を教育目標の基準にすえて、「社会主義的人格」の育成がはかられたからだ。彼らはソ連を愛し、戦争をあおる帝国主義諸国を憎悪しなければならないばかりか、松明と旗と横断幕を掲げ、きちんと整列して、画一的に、貴賓席の前を行進する準備が「いつもできていなければ」ならなかった。小さな子どもからティーンエージャーまで、ほぼすべての青少年はユングピオニーアと自由ドイツ青年同盟（ＦＤＪ）に組織化された。ピオニーア組織の加入率はほぼ百パーセントに達しており、ＦＤＪの加入率は、一九八〇年代半ばになっても、依然として八十パーセント台を維持していた。しかしこの高い組織率は、体制への順応度の高さをいくらか示していたにすぎなかった。若者たちが社会主義イデオロギーをどれほど信じていたかは、組織率からはわからなかった。

私の教会の若者たちは拡張型上級学校〔第六章注(8)参照〕への進学者が大部分だったが、職業見習修業の道に進んだ者も何人かいた。両者ともほぼ全員が二重生活を送った――ピオニーア組織、あるいはＦＤＪに加盟し、同時に教会の青年会《ユンゲ・ゲマインデ》に入った。学校で成年式《ユーゲントヴァイエ》を行い、その数カ月後に教会で堅信礼《コンフィルマツィオーン》を祝った〔第四章一一七頁参照〕。学校やＦＤＪでは多少とも体制に順応した生活を送り、家庭や仲間たちの間や教会では自由で検閲のない時間を過ごしたのだ。本心を否定して自分を偽装する学校生活は彼らの心を緊張させたが、自分の立場を率直に明らかにすれば絶え間ない攻撃にさらされかねない。それに比べれば緊張に耐える方が楽だと彼らの多くは思っていた。

　偏狭な連中や国家のイデオローグらは共同戦線を張り、価値観の異なる若者たちを攻撃した。このような共同戦線に対して釣り合いをとる場になったのが、青年会だった。私たちのところでは、髪を伸ばしたり、ジーンズを履いたり、西ドイツのレジ袋を提げていても、ウルブリヒトが非難したようにビートルズの『ヤァ！ ヤァ！ ヤァ！』だか何だか西側から来るあらゆる汚物をコピー[2]しても、いかなる信条を抱いても、ヒッピーとののしられたり差別されたりすることはなかった。常日頃彼らにアドバイスをしていた私は、無理強いしないように心がけた。結局、自分の行いの結果は、自分で引き受けねばならないからだ。身をかがめて危険を避けたり、まっすぐに立ち上がったり、彼らの態度はさまざまだった。進路を台無しにする危険を避け、絶え間のない攻撃の対象にならないよう、学校に譲歩しようとする者もいれば、青春特有の勇気をもって、他人と異なる自分の存在を公言したいと望む者もいた。

　私たちのところで教会学校に通っていたマルティンとアンドレアスという双子のフィルツラフ兄弟の話をしよう。第二学年（八歳）の学年末に通信簿をもらうとき、担任からピオニーア組織の青いスカーフを巻かれても抗議しなかったので、二人はヘルダー学校のロシア語拡張クラスへスムーズに進級できた。ところが、しばらく後、西ドイツの第二テレビ放送（ＺＤＦ）が教会施設を持たない私たちの活動を取材するためにエファースハーゲン地区を訪れたとき、アパートで行われていた教会学校の授業に他の子どもたちと一緒に参加してしまった。映像は西ドイツのテレビで放映された。翌日、クラスメートは沸き立った。「フィルツラフが西ドイツのテレビに映った。すごい！ 西ドイツのテレビに映った友だちは初めてだ」。双子の兄弟は反論も否定もしたくなかった。自分たちの大胆な行為を誇らしく思っていたのだ。しかし二人はその結果に苦しむことになった。「敵国のテレビ放送」に登場した兄弟は、優秀な成績を収めても、成績優良者リストに名前が載らなくなった。第十学年〔十六歳〕を修了する数カ月前、二人は平均で一・三と一・六という優れた成績〔一が最高評点、五が最低評点〕を収めていたにもかかわらず、大学入学資格《アビトゥーア》を取得できる拡張型上級学校への進学が認められなかった。幸いなことに、二人には大学入学資格取得可能な専門学校への進学が許可され、三年後の卒業の際に、大学で工学を専攻する資格を得ることができた。

一方、そもそも牧師の子どもたちは、学校での体制順応生活と青年会での第二の生活という二重生活を送ることが最初から不可能だった。この子どもたちは、毎週月曜日の朝の団旗掲揚の際に、FDJの青シャツや白シャツを着て来なかった。青色や赤色のスカーフも巻かなかった。いつも普段着を着ていたため、目立った。五月一日のメーデーでは、他の子どものように「小旗《ヴィンクエレメント》」を振らない。パレードでは貴賓席に向かって「すべては人類の幸せのために！　党に幸いあれ！」と叫ばない。たいてい遠くから見学し、成績簿に「欠席。斟酌すべき事情なし」と書かれるリスクを冒した。教室では、詩人ハインリヒ・ハイネがシュレージエンの織工を描いた詩の朗読を拒否し、最低の評点五をもらった。

ひとつの呪いは　神にやる
寒さと飢えにおののいて縋《すが》ったのに
たのめど待てど　無慈悲にも
さんざからかい　なぶりものにしやがった

（ハインリヒ・ハイネ『シュレージエンの織工』〔井上正蔵訳『ハイネ全詩集第五巻』角川書店、三六四頁〕）

このような生活を強いられた牧師の子どもたちだったが、本心を隠さなくても良いという利点もあった。頭の中でハサミを使うような自己検閲をしなくてもよかったのだ。彼らの育った家庭では、特定の問題を考えることを禁止したり、話題にすることを避けたりしなかった。けれども学校ではアウトサイダーになりやすく、小学校の頃から攻撃され、教師から低く評価され、冷笑的なコメントにさらされ、まだ知的議論を行えるほど成熟していないのに自分の正当さを証明するよう挑発を受けた。

私たちの長男クリスティアンが学校で受けた最初の挑発を話してくれたのは、リュッソーの小学校に入学した直後のことだった。無邪気な一年生に向かって教師が「君の神様は、どこにいるのかな」と聞いたというのだ。息子は正直に答えた。「神様はあらゆるところにいます」。するとと教師は息子をさえぎって嘲笑的に問い返した。「例えば先生のバイクのガソリンタンクの中にもいるのかな？」。

私はその日のうちに教師に話し合いを申し込んだ。「あなたがそれほど強い神学的、哲学的関心をお持ちなら、私が喜んであなたの話し相手になりましょう。けれども一つだけ、お断りいたします。こんないいかげんなやり方で、幼い子どもの信仰心をからかわないでいただきたい」。

学校の保護者会でも私は黙っていなかった。後年私はシュタージ文書の中に、一人の女性教師が保護者会の様子をギュストローのシュタージ支部に報告した文書を見つけた。「一九六八年九月、ガウクは息子が通う二年生クラスの保護者会に出席した。ガウクは次のように主張した。『まだ小学校二年生の子どもたちをどうして政治問題で苦しめるのか理解できない。私たちも子どもたちもうんざりしている』。会に参加した両親の多くはガウクの主張に賛同したため、担任の女性教師は政治的見解を浸透させることができなかった。結局、保護者会の目標は完全には達成できなかった」。

クリスティアンはすぐに自分が他の生徒と違っていることを意識し、わざと人前で主張することを覚えた。おそらく七歳ごろのことだったと思うが、学校でソ連軍への募金が集められたとき、彼はカンパを出さず、次のように宣言した。「僕の家は牧師一家です。父は赤軍が大嫌いです」。私が家で「いちいち『連帯行動』を支持しなくてもいいじゃないか」と大げさに話していたので、幼いクリスティアンは私の意見との共通項を「自分なりに」に的確に見つけたのだ。妹のゲジーネは兄のクリスティアンほど機転がきく子どもではなかった。ゲジーネが一年生のとき、担任の女性教師が授業でユーリイ・ガガーリンの宇宙飛行を取り上げたことがあった。教師は説明を終えると、娘に向かってこれ見よがしにこう言った。「私たちの宇宙飛行士は宇宙に行きました。ところがあなたの愛する神様は見つかりませんでした!」娘は黙ったまま、下を向くばかりだった。この教師は六歳の子どもに何と答えさせるつもりだったのか。

子どもたちにとって学校は問題だらけだった。とくにエファースハーゲン地区に転居してからは、ピオニーア組織やFDJに入っていないのは我が家の子どもたちだけだったので、特別に目をつけられることになった。クラス全員の目の前でドイツ語教師のメラー博士から辛辣に非難されるのが、クリスティアンのほぼ毎日の日課になった。メラーは校長で、クリスティアンが八年生と九年生のときは担任も兼ねた。この男はしつこかった。お宅のクリスティアンは西ドイツのテレビを見て帝国主義のイデオロギーを吸収している、西側消費社会の考え方をひけらかすためにジーンズを履いている(西ドイツの知り合いが我が家にプレゼントしてくれたジーンズだった)、これは奪い取る側の考え方で、与える側の考え方ではない、などと非難を繰り返した。ドイツ語の授業で生徒一人ひとりに履歴書式の作文を書かせたときなど、おまえは国に「否定的」な考え方を抱きFDJへの入会を拒んでいるくせにそれを書かなかったと言って、クリスティアンにひどい成績をつけた。たまりかねた私は面会を申し込み、四時間にわたって抗議した。話し合いには学校の党書記も同席したが、調停は成立しなかった。そこで私は市の学校評議会に請願書を提出し、少なくとも校長のこのような攻撃だけはやめさせることに成功した。

二人の息子には拡張型上級学校への進学許可が下りなかったため、大学入学資格を直接取得する道が閉ざされてしまった。職業教育を行う専門学校に入学して大学入学資格を目ざす道もあったが、二人ともこの道すら拒まれた。弟のマルティンはとても才能があり、卒業時の第十学年〔十六歳〕には平均評点一・四の優秀な成績を収めていたが、どういうわけか進学不許可の決定を喜んだ。規律重視の社会主義教育に嫌気が差していた彼は、これ以上厚かましい道化役を演じて反抗し続ける気はなかったのだ。学校で将来就きたい職業を聞かれたマルティンは、最初は「探偵」と答えた。二度目には「自営農家」と答えた。彼の体制への醒めた感情は見逃せないほどになっていた。しかし、自動車関連の電気工研修生として国営企業で働くには十分可能な成績を取っていたのに、それすら拒まれたときはさすがに落ち込んでしまった。結局マルティンは、兄と同じ会社の整形外科の技士の職を得た。

兄のクリスティアンは、弟のように大学進学をあきらめることができなかった。大学で医学を専攻したかった彼は、勤め先で仕事を覚えながら夜間学校に通って大学入学資格を取得した――それすらも許可が必要だったのだが――。こうして取得した資格をもとに、もはや牧師の息子としてではなく、職業を持つひとりの社会人として大学入学を申請したが、それでも許可は出ず、あなたが大学に入学できる可能性はせいぜい神学部だけです、東ドイツではそれ以外の可能性は忘れなさい、と口頭で告げられた。

さらに、妹のゲジーネが乗り越えねばならなかった試練は、特別なものだった。一九七八年に必修科目として導入された軍事学の授業を受けなければならなかったのである。この科目の導入により、男女を問わず、第九学年と第十学年に在籍している生徒には、国土防衛についての講義と、軍あるいは民間による防衛休制についての講義を受け、最後に、校外の兵舎で行われる「国防に備える日々」に参加する義務が生じた。兵舎では生徒たちは手りゅう弾の模型を三つ投げ、空気銃と小口径の自動小銃を撃ち、ガスマスクを装着する訓練を受けなければならなかった。とくに女子生徒には応急処置と救助活動が教え込まれた。

ゲジーネは銃を撃ちたくなかった。そこで私は、教師との争いは私が引き受けるから、軍事学の授業の免除を求める手紙を学校に出したらどうだと提案した。ところが十五歳になっていたゲジーネは、父親の背後に隠れようとしなかった。彼女は高熱を理由に、最初の二時間連続の講義を欠席した。すると、二人の同級生が我が家を訪れた。二人はＦＤＪの書記と会計係で、ゲジーネを授業に誘うと同時に、圧力をかけようというのである。「クラスに教会の青年会に通ってる男の子がいるけど、入隊前の授業は問題ないわ。あなたはどうしてそんなに嫌なの？」。

グループに一人でも撃たない生徒がいると連帯責任が発生し、全員不合格になる。同級生も説得に必死なのだ。「撃つだけでいいのよ、当たんなくてもいいんだから。私たち、落第したらどうするの！」。

ゲジーネは説得に折れた。二人と一緒に出掛けて、空に向けて撃った。ゲジーネに評点はつかなかったが、グループ全員の不合格は免れた。

東ドイツの国民教育は、軍事化の傾向を強めた。これに私よりはるかに激しく反対したのは、妻のハンジだった。妻の心には、一九五八年秋の体験が重くのしかかっていた。当時彼女はギュストローの教育大学に入学し、教職課程の勉強を始めたばかりだった。副専攻でロシア語を履修して、大好きな教科だったドイツ語の教師になることを思い描いていた。ところが新入生として初めて校舎に入った途端に、まったく独特の「挨拶」に遭遇してしまった。校舎玄関の掲示板に、数人の学生の名前が写真とともに掲示されていたのだ。これは福音主義教会の学生会に属していることを認めたために、先学期途中で除籍処分を受けた学生たちのリストだった。その中に、ヴァルネミュンデ在住の頃からハンジの知り合いで、私たちの母校で大学入学資格を取得したヴィルトラウトの名前があった。このときからハンジは怖くなった。さらに恐ろしさは続いた。新入生は授業が始まる前に、軍事訓練を済ませておく必要があった。それは射撃を含む諸訓練と夜営訓練から成り立っていた。敵は夜襲をかけてくるかもしれないというのだった。

ハンジはショックを受けたが、なんとかこの軍事的な導入を無事終えることができた。けれども数週間も経たないうちに「どんなことがあってもこんなところにいられない！　ここにいると、ダメになってしまう」と感じた彼女は、ギュストローで教会のラント地区長《ズーパーインテンデント》を務めていた私の叔父ヴァハルトに相談して、大学が直ちに自分を除籍するように仕向けるにはどうすればよいか尋ねた。叔父はイデオロギー上の論争を行うのは絶対に避けた方が良いと忠告し、神学部の学生と婚約したと申し出るよう助言した。そこでハンジは大学に、未来の牧師の伴侶になる生活は社会主義イデオロギーと合わないので、教師という職業に自分は未来を見出せないと申し出た。短いやり取りを経て、学長は彼女の退学を認めた。

こうして重圧から解放されたハンジだったが、この体験以来、ドリル学習のような反復練習とイデオロギー路線が混在する教育にはきわめて神経質に反応するようになった。戦車や兵士を例題に使う算数の問題、全校集会、パレード。子どもを通わせる学校を自由に選択できない大勢の母親の一人として、ハンジはこれらに猛烈に怒った。国民教育相は国家の最高権力者エーリヒ・ホネカーの妻マルゴットだったが、ハンジは最高権力者のエーリヒ以上にマルゴットを憎んだ。一九七九年に生まれた末娘のカタリーナが学齢に達したときなど、二人の息子クリスティアンとマルティンがしたように、ハンジも出国申請をしかねないほどだった。

末娘のカタリーナが育った八〇年代の東ドイツでは、「雪片」作戦という軍事演習が毎年行われており、その一環としての軍事訓練には幼い子どもたちも参加しなければならなかった。幼稚園にはおもちゃの戦車があり、国家人民軍の兵士を前に整列することまで当然のように行われた。そのとき歌われる有名なピオニーア組織の歌の第三番は、次のような歌詞だった。

兵隊さんが行軍してきた
部隊がそっくり行軍してきた
私たちが大人になったなら
兵隊さんのような軍人になろう
良い友、良い友
人民軍の良い友が
私たちのふるさとを守ってくれる
陸でも空でも海でも
それ！(3)

ある日、郊外を訪れたとき、私たちの娘と友人の牧師夫妻の二人の子どもたちが墓地の塀際で遊びながら、交互歌唱《ヴェクセルゲザング》を唄う様子を目の当たりにした。それは、子どもたちが両親の家ではまったく聞くことのなかった歌だった。

パートA
「ハンス＝ユルゲンは歩哨小屋に立つ
兵隊さんに尋ねてみた

『毎日毎日何してるの
ちょっと教えてくれないかな?』」

パートB(Aへの答え)
「俺は人民軍の兵士だぞ
さあ、遊べ、さあ、笑え!
風でも雪でもここに立って
おまえのために見張るのさ」

子どもたちはこの歌をどこで覚えたのだろう。就学前教育で習ったのだろうか。幼い子どもたちに社会主義世界の手ほどきをしたブミの絵本雑誌〔東ドイツで発行されていた子ども向けの雑誌〕で見たのだろうか。一年生の授業で歌ったのだろうか。いずれにせよ、ピオニーア組織に入団していなかった子どもたちも、組織の歌を全部そらんじたばかりか、このような歌まで知っていた。他のすべての子どもたちと同じように、小さい頃から兵士に慣れ親しんで育ったのだ。しかし兵士たちの存在とその好戦的性格は、歌のなかの兵隊とは違って、つねに安心感を伝えてくれるものではなかった。

カタリーナが育った東ドイツは、水曜日にサイレンが鳴り渡る国になっていた。毎週、どこにいても鳴った。このサイレンは戦争が始まるときに鳴る警告なのだと子どもたちは教え込まれた。戦争のおぞましさを誇張する小学校の女性教師は、爆撃機と爆弾について話すと、学校のすぐ向かいの教会を指し示した。終戦後数十年を経た当時でも、教会の塔は空襲で破壊されたままだった。「私たちは皆、絶えず目覚めていなければなりません、

教会の集まりが終わった後、大人たちが部屋を片付けている間に、末娘カタリーナが（おそらく7歳か8歳だったと思うが）黒板に書いた文章—「きょうはたのしかった。みんなでお菓子を食べました。…。みんなまだよろこんでいます。…。わたしはウルリケと遊びました。たくさん子どもたちがいました。たくさんお父さんとお母さんとおじいちゃんとおばあちゃんがいました。西ドイツからきた人もいました。神さま、すてきでした！」。親である私たちにとって、どんな祈りよりも素敵な詩だった。

西側の忌まわしい帝国主義国家は私たちの社会主義を認めず、私たちをいつも脅しているのです」と彼女は強調した。

妻はカタリーナに語りかけて、不安を解きほぐそうと努めた。けれども夕べのお祈りを終え、おやすみのキスをしてもらって子ども用のベッドに一人になると、娘は最悪の事態を想像してしまうのだった。「眠っている間に爆撃機が飛来するかもしれないし、爆弾が屋根を突き破って子ども部屋に落ちてくるかもしれない。空襲を生き延びるには、壁際にぴったり身を押し付けて眠らないとだめなの。そうすればベッドは壁際で止まり、深みに引きずり込まれないで済むわ」と娘は訴えるのだった。

カタリーナは成人してから、この頃の苦しかった気持ちを私に話してくれたことがある——おそらく小さい頃、何度も話してくれたのに、私は記憶から追い出してしまったのだろう——。私の心に怒りと憤慨の気持ちが湧き起こった。すでに新しい民主主義が始まって数年が経ち、軍国主義も恫喝教育も過去のものになっていたのに、いまだに娘が社会主義時代の赤い統制教育にさらされているように思われたのだ。

私は軍事色を強める党の方針を嫌悪した。シュタージ文書によれば、私は一九七八年七月、聖アンドレアス教会での説教で、「学校に軍国主義が導入されるのを、教会は許してはならない」と語っている。このとき私は、堅信礼を受ける子どもたちの親に宛てて手紙を出すことを公表した。学校で行われる社会主義的軍事教育に反対し、子どもたちを兵舎に送らないために声を挙げるよう促す手紙だった。

学校教育に軍事学の授業が導入されたことは、それまで比較的穏やかだった平和運動に強い衝撃を与えた。そのため一九八一年から八二年にかけて「剣《つるぎ》を鋤《すき》に打ち直す」〔ミカ書第四章やイザヤ書第二章など〕を標語とする平和運動が盛んになり、一九五三年以来の東ドイツにおける最大規模の体制批判運動となった。この運動のシンボルマークには、ニューヨークの国連本部敷地内にソ連が寄贈した社会主義リアリズム様式の彫刻が使われたが、これに注目したのはザクセンの青少年担当牧師ハーラルト・ブレートシュナイダーで、平和の十日間運動〔十一月に十日間かけて行われた〕が始めて開催された一九八〇年秋、その準備を進める中でのことだった。力強い身振りで剣を鋤に打ち直す筋骨たくましい男を表現した彫刻の写真が、成年式で配布された本の中に載っていたのである。このシンボルの背景には、旧約聖書ミカ書第四章が描く予言的なヴィジョンがあった。「国は国に向かって剣を上

平和運動「剣を鋤に打ち直す」のシンボルマーク
(http://www.bibelwissenschaft.de/ より)

げず／もはや戦うことを学ばない。／人はそれぞれ自分のぶどうの木の下／いちじくの木の下に座り／脅かすものは何もないと／万軍の主の口が語られた」〔ミカ書第四章四節〕。

当初このシンボルは、ほんの一、二の催し物のみに使われる予定だった。ところが、十一月の贖罪の日と死者慰霊日を挟むほぼ十日間に、東ドイツ全土の教会で平和の倫理に関する諸テーマについて議論を交わす平和の十日間運動が始まり、しかもこの運動が瞬く間にキリスト教の平和活動の確固たる行事になると、最初は本のしおりとして印刷されただけのこのシンボルマークは、一九八一年秋にワッペンも作られて広まった。私もしばらく縫い付けていたことがある。フリース地のワッペンはヘルンフート兄弟団の関連会社が作ったが、プリントするだけだったため国の許可を取る必要がなかった。配付された数は十万個以上にもなった。こうして平和問題に関する意識は向上したが、実際に軍事学の授業を拒否した生徒は、配布された数に比べるとごく少数だった。その数少ない一人に、私の教会の青年会に属したトーマス・アブラハムがいた。

トーマスはポンメルン〔バルト海に面する旧ドイツ領。現ポーランド〕からの難民家庭に育った。母は理学療法士で、東ドイツ・キリスト教民主同盟（ＣＤＵ）の党員だった。家族代々の宗教的伝統を重んじた彼女は、息子を教会学校に通わせた。一九六五年に生まれたトーマスはピオニーア組織に入り、後にはＦＤＪにも入会した。保育園では、無料配布されていた給食のミルクを子どもたちから取り上げたという邪悪なチリの将軍ピノチェトのことを聞かされた。西ドイツには失業者があふれ、麻薬で死者が出ているというニュースを聞いて育った。世界中で子どもたちが飢え、紛争が起きているという報道の中で成長した。もちろん東ドイツも同じ問題を抱えていたのに、政府は国内すべての問題は解決済みであると宣伝していた。一九七六年に歌手ヴォルフ・ビーアマン*が市民権を剝奪されるまで、(4)東ドイツは正義の側にいるとトーマスは信じて疑わなかった。しかしこの事件をきっかけに、彼の信念は解体していった。

〈トーマス・アブラハムの証言〉

僕の信念が壊れたのは、十五歳のときだった。僕は成績が良かったので、一九八〇年に第八学年〔十四歳〕を終えると、拡張型上級学校への進学が許可された。しかし上級学校にはなじめなかった。十二月のある朝、泣きながら登校した僕を同級生たちは怪訝な顔で見た。「ジョン・レノンが死んだ、射殺された！『平和を我らに《ギヴ・ピース・ア・チャンス》』って、知ってるだろ？」。誰からも理解されなかった。クラスにいるのは、退屈な奴、体制に順応する奴、党の路線に忠実な奴、将来のシュタージ候補と目される奴だけだった。このとき以来、僕は同級生と関わろうと思わなくなった。代わりに友情を深めたのは、別のクラスの一人の友達だった。名前はアルブレヒト・シュティーア。近所の教会の牧師の息子だった。

軍事兵舎での必修科目の授業日が近づいてくると、アルブレヒトは一緒に授業を拒否しないかと提案した。一年半前、ソ連はアフガニスタンに侵攻していた。続いて連帯《ソリダルノスチ》〔ポーランドの自主管理労働組合〕をつぶすために、ポーランドに軍事介入するだろうと噂されていた。しかも平和のためだという。ありえない。僕は家に帰って、担任の女性教師宛てに母の名で手紙を書いた。「敬愛するシュテングル先生。ここに私は息子トーマスが、信仰と良心のためらいにもとづき、一九八一年七月十七日から始まる兵役準備教育に参加しないことをお伝えいたします。トーマスには兵役代替役務をお与えくださるようお願いいたします」。僕はこの手紙を母に見せ、署名を求めた。母はしばらく青ざめたが、しっかり署名してくれた。このとき署名してくれた母のことを今でも誇らしく思う。同じ学年の生徒のなかで授業を拒否したのは三人しかいなかった。アルブレヒト・シュティーアと僕と、近所の青年会に通っていた同じクラスの女子生徒だけだった。

手紙を出せば僕の一生が台無しになることはわかっていた。校長は母を呼び出して、次のように告げた。

「トーマス君は民主集中制〔第六章注(5)参照〕は民主主義ではないと宣言し、ブルジョワ社会の民主主義形態に賛意を表明しました。つまり彼は、東ドイツの敵です。そんな息子さんに大学入学資格試験《アビトゥーア》の受験を許可するわけにはいきません」。

これ以後、学校生活で失うものはもうそれほど残っていなかった。刑務所に放り込まれないように注意しながら、どこまで自分の考えを主張できるかが大切だった。一九八一年十一月に開催された第二回平和の十日間運動では、「剣を鋤に打ち直す」の図柄をフリースに印刷したワッペンをたくさん用意して、青年会のメンバーに配った。ある日、すくなくとも二十名から三十名の生徒が勇気を出して、明らかにそれとわかるシンボルをパーカに縫い付けて登校した。ところが授業が終わって見ると、廊下に掛けておいたパーカから全部剝がされていた。

剝がした犯人はすぐにシュトゥ某とシュ某の二人だろうと見当がついた。二人とも僕らの上級生で、シュタージのために活動していることは皆周知のことだったからだ。職業軍人を志望していた二人は、大学入学資格を取得した生徒に最低でも三年間の人民軍の兵役を選ぶように圧力をかけていた〔兵役は十八か月が原則だった〕。授業中、二人が廊下を歩き回っているのも見えた。後日、二人は犯行を認めた。

この事件の後、ワッペンを縫い直して登校したのは僕ら三人だけになった。心身とも消耗する日々が始まった。

一九八二年三月十六日、僕は校長に呼び出された。日記のメモによると、校長は僕に国防は国の政策であると説教し、君は憲法の規定にしたがって国の政策を順守しなければならないと言って、二つの選択肢を示した。ワッペンを剝がすか、転校するか、どちらかだった。

三月二十四日、再び校長との面談があった。面談には、市行政評議会国民教育局の女性担当官が同席した。

担当官は、あらゆるエンブレムは国の許可が要るが、「剣を鋤に打ち直す」には許可が下りていないと言った。

「それはいったいどういう規定なのですか」と僕は尋ねた。

「あなたには言えません」と国民教育局のP女史は答えた。

「校則は守らなければならない。明日もワッペンを付けたまま登校するなら、さらなる措置を下さざるをえない」と校長は発言した。

三月二十五日。校長は僕のクラスに現れて、こう言った。「このところ帝国主義勢力は、西側の反戦運動を東ドイツ全土に浸透させようと画策している。本校の関心は、生徒諸君を人文主義と平和の素養を備えた人間に育てるところにある。したがって平和主義的偏向を甘受するわけにはいかない。しかもエンブレムは許可が義務付けられており、校則違反である。私たちはこれ以上反対運動を見逃すわけにはいかない。運動に加担する者は、処罰されねばならない」。あらためて校長は僕に転校処分を下すと言って脅した。

もう僕には精神的に限界だった。学校が下す処分はもちろん、刑務所に送りこまれることも恐れた。僕は降参した。

それでもアルブレヒト・シュティーアはワッペンを外さなかった。後にメクレンブルクのラント教会監督《ビショフ》になった父親が援護してくれたこともあったのだろう。結局一九八二年三月三十一日、シュティーアは転校を命じられ、翌日から別の学校に通うことになった。僕はそのまま学校に残り、第十学年を最後まで終えることが許されたが、卒業後は職業見習修業の道に進まざるを得なかった。多くの教師はこのような処分を気まずく思っていたようだが、そんな事は僕たちには何の役にも立たなかった。なぜなら教会の外にいる人たちは誰一人僕たちと連帯してくれなかったからだ。これが東ドイツという国のひどかったところだ。反対意見を言い、大勢に逆らって泳ぎだすと、ほとんど、というか誰も助けてくれなかった。

一九八二年の春、国内のすべての教育機関で「剣を鋤に打ち直す」運動のエンブレムを身につけることは禁止になった。違反した者は、放校処分をはじめ、公序違反やその他の強制措置に処せられた。当初教会指導部は、ワッペンを付けた人々を弾圧から守ろうと試みたが、結局、いざこざのために国家との関係を壊したくないと考えるグループが指導部内で勝利を収め、平和運動の担い手と指導部は疎遠になった。幻滅した運動の現場からは、辛辣な批判が耳に入った。弾圧された人々と連帯した指導部内の少数派には、ベルリンのフォルク教会監督、私たちメクレンブルク・ラント教会のラートゥケ教会監督、そしてその後任のシュティーアがいた。

私たちの平和ミサでは、弾圧された人々をとりなしの祈り《フューアビッテ》に含めるのが定例になった。九月末に聖霊教会で行われた私のミサには、八百人を超える若者たちが参列した。そのなかに、当時まだ女子生徒だったコード名スージー・ベルガーというシュタージの非公式協力者（ＩＭ）がいて、ミサで行われた十から十五のとりなしの祈りの様子を次のように報告した。「一人の若者が、兵役を拒否して逮捕されたＡ・Ｋのために、ろうそくに火をつけた（Ａ・Ｋは禁固八カ月の判決を受けていた）。二十五歳ぐらいの男が、武器使用を伴う兵役を拒否する勇気を持つ人々のために、ろうそくを灯しますと語った」。

誰がスージー・ベルガーだったのか、私には知る由もない。私を監視対象としたシュタージ文書を閲覧した際、報告書の中にこの名前があるのを見つけたのだ。報告書によれば、スージーは十六歳でシュタージに徴募されたが、十九歳のとき、以後のいかなる協力活動も拒絶した。彼女の報告を読んだ私は、私を監視するように命じられていたスージーが、その私への理解と共感をシュタージ内部に広めようとしていたように思えてならなかった。例えば彼女は、二百人ほどの若者たちが参列して行われた一九八三年一月二十二日の聖ヨハネ教会での私のミサについて、次のように報告していた。「ガウクは悲しんでいた。『剣を鋤に打ち直す』運動のワッペンを外された若者たちの多くが抵抗をあきらめて屈してしまい、心に抱いた運動の理念を放棄したからである。ガウクは、運動で大事なのはエンブレムではなく、その理念を人々の心から心へ受け渡すことであると激励した。私たちは平和を構築する政治を他人に委ねるべきではない。私たち自身が共に関わるべきなのだ」。おそらくこれはスージー自身の声ではないか。彼女のように矛盾する行動を取るIMもいたのだ。

社会主義統一党（SED）は、「社会主義はそれ自体で平和陣営である。平和陣営を強化するあらゆるものは、平和を保障する」という原則に従い、「北大西洋条約機構（NATO）軍の軍備に対抗して平和を打ち立てよう！」というスローガンを掲げた。ワルシャワ条約機構軍は東ドイツ国内に配備したミサイルの近代化を推し進めたが、これは「武装された平和」、つまり「侵略者」を敵国の領土でたたく前方防衛戦略による平和を獲得しようとするものだった。戦闘で活躍することになる英雄を顕彰する勲章はすでに用意されており、西ドイツを占領したあかつきに住民に使用させる戦時通貨も準備され、さらに、収容所に隔離すべき西ベルリンの政治家と市民のリストも作成されていた。その一方で、NATO軍がパーシング弾道ミサイルを配備して西ヨーロッパ諸国を防衛しようとすると、「帝国主義的」かつ「軍国主義的」な侵略政策とみなして断罪した。西ドイツ国内の平和運動は歓迎され、東ドイツ指導部から支持され、惜しみない援助が与えられた。ところが自国の平和運動は認められず、邪悪なものとして攻撃された。ダブル・スタンダードは明らかだった。

東ドイツに徴兵制が導入されたのは、一九六二年初めのことである（徴兵制導入以前は志願制だった）。一九六一年八月にベルリンの壁を築く以前、政府は徴兵制の導入などとてもできなかった。もし壁がない状態で徴兵制が導入されていたら、兵役義務者の大部分は西ドイツに亡命してしまっただろう。徴兵制が敷かれて二年後には、福音主義教会が圧力をかけたこともあり、東ドイツ政府は社会主義圏のなかで唯一、武器使用をともなう兵役を拒否する者に対して代替役務を認めた。しかし彼らはいわゆる建設兵《バウゾルダート》として召集され、軍服を着用し、兵舎で生活しなければならなかった。建設兵は殉死を義務づける宣誓を行う必要はなかったが、軍の上官に無条件に従う誓約は行わねばならず、国家人民軍の軍令下に置かれ、軍事施設の建設作業に動員された。これには抗議の声が上がったため、「より文民的な」分野へ投入されるようになり、道路工事の現場で働いたり、造園士や軍病院での看護師や調理補助者として働いたりした。一九八〇年代の東ドイツ末期には大企業で補助員として働くことも可能になった。先ほど紹介したトーマス・アブラハムは、他の四人の建設兵とともに、国営企業ブーナの清掃部隊の一員となった。ブーナは東ドイツ最大の化学コンビナートの一つで、所在地シュコパウにちなんだ有名な「シュコパウ製硬軟プラスティック素材《プラステ・ウント・エラステ》」を生産していた。トーマスたちを監督する者は誰もいなかった。見張りもいなかった。建設兵の仕事はたいてい地獄だったが、ブーナでの兵役代替役務期間はトーマスにとって単なる不条理だった。彼は幸運だった。

一方、一切の兵役を拒否する者は、特別扱いや幸運などをまったく期待できなかった。例えばエホバの証人の信者たちがそうだった。彼らのように兵役を完全に拒否する者は、十八カ月から二十二カ月の懲役刑を受け、社会の周縁に追いやられた。一九八五年までこういう状態が続いた。

そこで私は、若者たちと兵役について話すとき、常に慎重に振る舞い、懸念を伝えることにしていた――「建設兵として兵役代替役務に就けば、政治信条の表明にはなるけれど、たぶん大学には行かれなくなるだろう」。彼らには普通の兵役、つまり十八カ月で終了する基礎兵役に就くことを勧めた。大学の学籍を手に入れるための前提条件と一般に見なされ、上級学校で大々的に募集されていたのは、任期付下士官としての三年間の兵役だったが、こちらは勧めなかった。

私自身の立場は、いかなる戦争にも反対する平和主義者ではなかった。今でもそうではない。当時の私は、この時代のこの状況では武器を手に取るつもりは絶対にない、独裁政権の軍隊である国家人民軍に参加するつもりはない、と発言していた。核兵器の脅威にさらされているヨーロッパで武器を取ることは無意味で、時代錯誤もはなはだしく、問題の解決にはならないと主張していた西ドイツの友人たちと考え方が近かった。もし当時、軍事衝突が起こっていたら、ヨーロッパは地獄と化しただろう。「想像しよう、戦争が起きれば、誰も来ない」と書いたステッカーをしばらく車に貼っていたこともあった――シュタージも報告書に記載している――。しかし、その一方で私は、西ドイツの平和主義者の友人たちとは異なり、平和と自由を守り、自分や他人の人生を守るために、武器を手に取らねばならない時代もありうると考えていた。したがって一九九〇年代の私の立場は、バルカン半島で勃発した内戦で人々が殺害されるのを黙って見ていたくないと考え、軍事的に介入した人々に近かった。

シュタージが私に目をつけるようになったのは、私がロストック市の青少年担当牧師として若い人たちと一緒に活動したためだった。シュタージの報告書によると、連中は一九八三年の春以来、「幼虫」という工作ファイルを作って私を監視していた。私の「東ドイツ国内の社会主義的諸関係に対する反社会主義的 - 敵対的態度」が監視の理由だった。その一年後の報告書によれば、私は「教会の平和活動を隠れ蓑に、体制批判的な考え方を持つ青少年を政治的反対派に仕立てようと」試みているとされ、二年後の報告書では、「『幼虫』は矯正不可能な反共産主義者である」と決めつけられていた。

市の青少年担当牧師として私が行った「青少年の夕べ」や、規模の大きな「平和のためのミサ」には、一九八一年から八五年にかけて七百人もの若者たちが参加した。参加者は増え続けたが、その中にはＩＭの若者もいた。そのため私は、当時の自分が教会で語った内容を後日シュタージ文書のなかに発見することになった。「東ドイツ社会の状況は、ファシズム時代のドイツとそっくりだ」「東ドイツの国家機関は、ナチ時代と同じく、市民にはほとんど何も説明しない」「東ドイツのすべての生活は軍国主義化のもとにある」「東ドイツ政府は自国市民に対する不安から全面的な監視体制を組織している」「国家は人々に二枚舌を使うよう仕向けている。私たちは自宅と公の場で話の中身を変える」などと私は語っていた。

これに対するシュタージのコメントは次のようなものだった——「青少年担当牧師である『幼虫』の活動の特に危険な点は、ロストック市教会周辺のキリスト者の若者たちをターゲットに広範囲な影響力を行使し、不遜かつ厚かましい態度で公の場に登場するところにある。彼のたびたびの登場、およびヴァルター・ケンポウスキー*やアレクサンドル・ソルジェニーツィン*の小説などの発禁書を人々に貸し出す彼の行為は、刑法上の観点からもゆゆしき事態である。しかし目下の階級闘争において一人の牧師を逮捕したとしても、諸般の政治状況を考慮すれば、社会主義のさらなる発展に役立つことはない」。この頃、長い間待たされた私にもようやく「非社会主義的西側諸国」への公務出張が許可されるようになっていたのだが、これも再び許可が下りなくなった。西ドイツの姉妹教会の友人や教会員の入国も許可されなくなった。

この種の制裁措置には、理由の説明が一切なかった。私の心には、無力感を伴った怒りと冷静な従順さが代わる代わる浮かんだ。実はこのとき、私の動向をシュタージに報告するIMが一ダースもいて、電話を盗聴し、郵便物を開封し、時折小型盗聴器を我が家の壁に埋め込み、密かに家宅捜索を行っていたのだ。もしこの事実を当時の私が知っていたら、おとなしくはしていなかっただろう。

一九八五年の末、私は市の青少年担当牧師の職務を返上した。教会の活動に加えて信徒大会の準備が重なり、余裕がなくなったためだったが、シュタージはこれを、市行政評議会の教会問題担当官（「シェラー」というコード名を持つIM）が私と教会指導部にかけた圧力の成果であると自画自賛した。後に私は、シュタージは自分たちと何の関わりもないのに、自分たちの影響力を誇る傾向があることを学んだ。もっとも、青少年担当の牧師活動から信徒大会準備への私の転身を積極的に評価してよいのか、彼らの側に疑念もあったようだ。というのもシユタージも次の点は認めざるを得なかったからである――「ガウクが担当したラント教会の信徒大会委員会委員長という職務は（一九八三年から私はこの職務を担当していた）、少なくとも青少年担当牧師と同じランクの重要度を持っている」。

第八章　例えば――落書きと国外追放

一九八五年九月のある深夜、パトロール中の保安警察はロストック旧市街で落書きを発見した――「俺たち大人になっても言うことがない」。これは、旧市街西側の繁華街の突き当たりにそびえるクレーペリン門の壁、高さ一・六メートルのところに、派手な赤い文字で書かれていた。数分後、ペットショップの向かいに次のスローガンを見つけた――「砲火のえじきになる人生は無意味だ」。さらにフラックス&クリュメル子ども用品店のショーウインドウには「武器のない平和を！　ビーアマン万歳*」、シャッターが下りたショーウインドウの厚紙には「東ドイツは牢獄だ」とあった。文字のすぐ下には二本の水平線が数本の垂直線と交わる図柄が描かれ、鉄格子が暗示されていた。

誰が描いたのか、私はすぐに知ることになった。グナー・クリストファーとウーテ・クリストファー夫妻、それにデルテ・ノイバウアーの三人が、なかなか誇らしげな様子で、自分たちの仕業だと話してくれたからだ。三人とも私の教会の青年会に属していた。デルテのことは、教会学校と堅信礼の準備教育のころからよく知っていた。グナーとウーテはキリスト教徒の家庭の出身ではなかったが、若い頃から自分で関心を持ち、青年会に加わった。

グナー・クリストファーのシュタージ文書の中に入っていた写真ー「俺たち大人になっても言うことがない」。東ドイツの若い世代の感情を代弁する落書きだった。こんなことは言ってはならなかった。まして壁に描くなど、論外だった。描いた者は、刑務所に送られた。

犯行発見から数時間後、ロストックのシュタージ郡管轄局は「一九八五年九月三日深夜、推定時刻零時三十分から一時三十分にかけて、刑法二百二十条に定める公共の場での誹謗中傷が発生した」と報告書に記した。一時四十五分ごろ、社会主義統一党（SED）地区委員会のメンバーがライプニッツ広場で三人の青少年を目撃したが、犯行との関連を疑うには至らなかった。市街地の真ん中でこのような反社会主義的主張を描く者がいたことは、彼らの想像の範囲を超えていた。

国家機関はフル回転を始めた。刑事警察は描かれたスローガンをすべて写真に取り、塗料片を収集して組成を調べ、ヴァレンシュタイン通りのゴミ箱に捨てられていた刷毛と塗料の残部を発見して押収し、刷毛の臭いをもとに警察犬を動員して、クレーペリン門からの犯人の足取りを追跡した。それは十一カ所に及んでいた。

まっさきに疑われたのは、兵役を拒否した若者たちや、出国を申請した青少年や、ちょうど二日前の九月一日にローゼンガルテン公園に集まり、ファシズム犠牲者の追悼碑に黙とうを捧げた政治活動家たちだった。刑事警察は合計九十名を尋問し、全員の筆跡鑑定を行った。さらに容疑者の交友範囲から十六名の若者を出頭させ、柔らかい黄色の布を数分間下着の中に入れ、その布を「瓶詰にする」という屈辱的な処置を強いた。しかし、こうして採取した体臭を発見された刷毛の臭いと比較しても、筆跡鑑定の結果同様、犯人の特定には至らなかった。

自分たちが描いたと三人が告げに来たとき、私は自分が十六歳だった頃を思い出さずにはいられなかった。一九五六年、ハンガリー蜂起が鎮圧されたことに憤った私は、ギュストローでいとこと一緒に怒りを表現する可能性を探していた。蜂起した人々のＳＯＳを西ドイツのラジオ放送で聞いた私たちは、どうして西側の自由な国々が革命の敗北を許したのか、理解できなかった。私といとこはビラを作り、ゲァハルト叔父の牧師館の壁を乗り越えてヨーン・ブリンクマン上級学校の校庭に侵入し、ビラを掲示板に貼ろうとした。今、私は、三人の行動に深く共感した。彼らを動かした理由もよくわかった。けれども三人に対する責任を意識した私は、次のように言った。「もし実行する前に打ち明けてくれていたら、止めていたのに」。三人の仕業だと発覚するのは目に見えていた。全員刑務所に送られるだろう。

もちろん後から振り返れば、グナーとウーテが逮捕の危険を冒したのは、たとえ本人たちが明確に意識していなくても、西ドイツ政府の金銭提供による自由買い《フライカオフ》〔第三章八五頁参照〕を当てにしていたからと思われなくもない。ウーテは十四歳のときから東ドイツを去ろうと考えていた。彼女は、西ドイツに住む両親や兄弟姉妹を訪問しようと出国申請を出すたびに断られ、涙を流して耐え続ける母の姿を見て育った。自身の父親が亡くなったときでさえ、母は出国を許されず、葬儀に参列できなかった。ウーテは十一歳のとき、小児精神病院に入院させられた。

時々ベッドに縛られることもあった。その後一年間は児童施設に入所し、殴られたり、一週間真っ暗な部屋に閉じ込められたりするなど、屈辱的な扱いを受けた。そんな彼女は何としても、とにかく早く、西ドイツに行きたいと望んでいた。トランクに入れて密かに西へ運んでほしいと叔父に頼んだこともあった。

グナーは機械－設備組立工の専門教育を終えた後、国営企業ミノール社のガソリンスタンドに働き口を得たが、彼自身の言い方に従えば、国のために「生産的に」働く意欲を失った。国家人民軍でのあらゆる兵役を拒否した彼は、「兵役完全拒否者」だった。もし出国が認められなければ、十八カ月から二十四カ月の禁錮刑が科されるケースだ。

「移住希望者」である二人にとって、東ドイツの生活は終わりなき仮の宿に他ならなかった。早期出国を可能にするすべてが、二人には正しい選択になりえた。

落書きは思いつきだった。ある日の午後、どういう反社会主義的行動を取れば一番派手で目立つだろうとあてもなく想像を膨らませたデルテとウーテは、人々を揺すぶって目覚めさせようと思った。旧市街の家々の屋根からビラを撒けば大騒ぎになるのは確実だが、ビラに文章を刷るには、リノリウムを切って版を作り、黒インクで紙に一枚一枚「印刷する」必要がある。これは明らかに手間がかかりすぎる。二人はリノリウム版のプロジェクトをあきらめ、もっと簡単に同様の効果が見込める落書きプロジェクトを実施することに決めた。夜が更けると、グナーとともにペンキと刷毛を持ち、バケツを袋に入れ、バスと市電を乗り継ぎ、旧市街へ向かったのだった。

東ドイツの街灯は暗かったが、三人はその薄暗がりに守られていると感じた。グナーが先頭を、デルテが最後尾を歩いて、周りに注意を払った。三人はその場で場所を決め、ウーテが真っ赤なペンキでスローガンを描いた。ほぼ一時間半の間、人通りの途絶えた旧市街を歩いた三人は、作品を完成させた。邪魔は入らなかった。バケツと刷毛を捨てると、ふたたび市電に乗り、自宅に戻った。大規模な捜査が開始されたころ、二人は自宅のベッドで眠りに就いていた。

万事うまく行ったように思えた。三人はお互いに秘密を守り、私以外の誰にも打ち明けなかった。数カ月が経過した。デルテに彼氏ができた。彼女は特別な信頼のあかしとして、英雄的行為を打ち明けてしまった。新しい彼氏は、国家への無条件の信頼のあかしとして、この情報をシュタージに提供した。

一九八六年二月十一日午前七時、グナーがミノール社のガソリンスタンドに出勤すると、見知らぬ男が二人、彼の到着を待っていた。男たちは彼を車に押し込み、ロストック市内アウグストーベーベル通りのシュタージ拘置所に連行した。グナー、ウーテ、デルテの三人は別々に尋問された。尋問は朝から夜まで続いた。最初否認したグナーは、「自白した」と書かれた妻の手書きメモを見せられて、自白した。ウーテも否認したが、「自白した」と書かれた夫の手書きメモを見せられて、自白した。二人は未決勾留となった。デルテは未成年だったため、裁判が始まるまで一定の条件の下に保釈が認められた。

三人とも私の教会の青年会に属していたため、シュタージは私を「直接ないし間接に敵対的否定活動とその実行を吹き込んだ張本人」と見なせると踏んだが、これを証明することはできなかった。まず彼らは、いわば公のルートを利用して、市行政評議会の教会問題担当官（「シェラー」というコード名のＩＭ）経由で私から情報を引き出そうとした。それればかりか、逮捕された三人との面会を利用して私に不利な証拠を集め、裁判で使おうとした。このとき、こともあろうか私が信頼し、ウーテの弁護を依頼した当の男が、知らないところで私を落とし入れる活動をすることになろうとは、想像だにしなかった。

その男、ヴォルフガング・シュヌーア*は、当時から政治的迫害を受けた人々の支援活動で有名な弁護士だった。シュヌーアは教会の行事に参加して全国を回り、とくに建設兵や兵役完全拒否者のための法律相談を行っていた。兵役を拒否した若者たちは、訴訟で弁護士が必要になると、彼に弁護を依頼した。

一九七八年、弁護士シュヌーアはリューゲン島の保養地ビンツからロストック近郊ブリンクマンスドルフの一軒家に引っ越した。そこは私が育った町であり、私の両親は相変わらずそこに住んでいた。シュヌーアは弁護士事務所を開業する個人許可証を持っていたが、これは当時大変珍しかったので、いったいどうやってこんな特権を手に入れたのだろうと疑念を抱く者も少なくなかった。教会の女性たちの中には、シュヌーアはちゃんと相手の目を見て話さないなどと言う人もいた。どうしてあんな男がラント教会総会議員に選ばれることになったのか、いぶかしく思うと言うのだ。彼を信頼できると信じていた私たちは、「証拠がありますか？　なければ言葉を慎んでください」と反論したこともあった。実際シュヌーアは、私たちの一員として振る舞った。私たちとは名前の前に「シュヴェスター」〔シスター〕や「ブルーダー」〔ブラザー〕を付けて呼び合い、教会の催し物にもこまめに顔を出した。彼がラント教会総会議員に選ばれたとき、私はこれを支持した。彼のように広く知られた男は、私たちの役に立ってくれるだろうと考えたからだった。

　ところがウーテの弁護を依頼されたシュヌーアは、最初の面会の際の質問の中で、私がこの件をどれくらい知っていたかと尋ねていた。ウーテは事実に即して、私がこの件を知ったのは「事件が起こった後だった」と答えた。その先は、シュヌーアが作成したシュタージ報告書から引用しよう。「ウーテはガウクからこのような行為は認められないとはっきり言われたということである。しかし、その一方でウーテは、自分はガウク牧師から人格形成上の根本的な影響を受けており、なによりその影響もあって、東ドイツの社会問題に対するきわめて批判的な態度を身につけるに至ったとも語った。何事も率直に話せるガウク牧師を、父親に代わる存在と見なしてきたというのだった」。実際には、ウーテは私たちの教会に来たとき、すでに東ドイツの体制にきわめて批判的な考え方を抱いていたのだが、この点を除けば、たしかに青年会は彼女の避難所になっていた。

「トルステン」というコード名のシュタージ非公式協力者（ＩＭ）だったシュヌーアが、出国申請を撤回するようウーテを誘導したかどうか、報告書からはわからない。一方、夫グナーへのシュタージの工作は成功した。夜でも明かりの消えない独房に数日間放り込まれた後、雑居房に移された彼に、同室者としてシュタージのスパイが送り込まれた。このスパイから、何年も刑務所で過ごさなくても国外へ出る道はあると聞いたグナーは、申請を撤回した。しかしウーテには、シュヌーアの報告によれば、「落書き行為に対する罰がこれほど厳しいものになり」、「刑務所に送られることになる」とは思っていなかったというが、夫と共に回れ右するのは苦痛だった。グナーが拘置所内で一緒の機会を利用して試みた出国申請を撤回させようとする説得は、彼女を憤慨させてしまった。一九八六年三月十三日、ウーテと面会したシュヌーアは、「依頼人は精神的にかなり不安定な状態にある。離婚届けを提出するのが本人自身の意志である」と、トルステンの名前で報告している。

　ウーテが拘置所でひどく苦しんでいることは、私には明らかだった。一九八六年四月、まったく思いがけず、私に西ドイツのフルダで開催される福音主義信徒大会議長団会議への出国許可が下りた。この機会を利用して、私は当時の西ドイツ大統領リヒャルト・ヴァイツゼッカー*に、ウーテのために尽力してほしいと頼んだ。ヴァイツゼッカーはただちに行動してくれたようだ。数日後ウーテの件は、東ベルリンの弁護士ヴォルフガング・フォーゲルに委託された。フォーゲルは、西ドイツ政府の金銭提供による自由買い《フライカオフ》の東ドイツ政府代理人を務めていた

　一方グナーは、訴訟が始まる直前、尋問室に呼び出された。そこには見知らぬシュタージ将校が待っていた。将校は愛想よく出国申請を撤回した彼の決断を称賛すると、東ドイツへの積極的な態度を証明するために、ＩＭになる誓約をしないかと持ちかけてきた。もちろん交換条件として、今後の特別扱いが提案された。この提案を予期していたグナーは、相手と同様に愛想よく、このような協力は大変良くわかりますと答え、誓約書に署名し

た。

実はグナーは、出国申請の撤回は失敗だったと痛感していたのだ。戦略的に見ても、状況は一段と悪くなっていた。出国申請を撤回した彼の自由を、西ドイツ政府が金銭交換で買ってくれるはずがないではないか。しかしグナーはもう後戻りできず、前に進むしかなかった。彼は新しい戦略を立てた――もう一度出国申請を行うために、できるかぎり早く拘置所の外に出るのだ。IMになる誓約を行ったのも、釈放の時期が早まることを期待してのことだった。釈放が実現したあかつきには、情報提供者として悪用されるつもりはまったくないとシュタージに伝えてやるつもりだった。

グナーのもくろみは当たった。一九八六年六月初旬、ウーテの方は「落書き実行犯」と認定され、執行猶予のつかない十八カ月の実刑判決を受けて、ザクセンのホーエネック女子刑務所に移送されたのに対して、グナーの刑は十三カ月で済み、しかも保護観察となった。一九八六年七月一日、彼は釈放された。三人の中で、まだ未成年だったデルテは引き続き拘置を免れ、十カ月の保護観察となった。

釈放されたその日、グナーは友人ヤンや青年会の会員二人のもとを訪ね、「お前らは怖がることはないさ」と話しかけた。たまたまそこへ、私たちの教会に西ドイツから贈られたフォルクスワーゲン社のバスが走ってきた。グナーと友人たちはバスに乗り、教会で私を待った。結局彼は、釈放されたその日のうちに、シュタージと交わした秘密を私に「暴露」してしまったのである。彼が正直に打ち明けてくれたので、私たちは失望せずに済んだ。彼を非難する者は誰もいなかった。しかしシュタージが報復に出ることは明らかだった。グナーが連中の攻撃を無傷で逃れることはむずかしかった。シュタージが愚弄されたまま引っ込むはずがなかった。

釈放される前、グナーはシュタージとの初回の共同謀議が行われる日時と場所を教わっていた。約束の日、彼はロストック市の北部、リヒテンハーゲン地区に行き、ある高層アパートの手前のベンチに座った。しばらくすると、アパートの正面玄関から一人の男が現れ、用心深く周囲を見回すと、グナーに向かってこっちに来いと合図した。二人は階段を上った。男はシュタージの指導将校で、グナーの先に立って階段を上り、数段間隔をおいてグナーが続いた。二人とも黙っていた。四階まで上ったとき、男は突然後ろを振り返り、握手をするためにグナーに手を差し出した。しかし、この間に自信を持ち直したグナーは断った。「悪く取らないでもらいたいんですが、あなた方のような人たちとは握手しない。それから僕は、シュタージのために働くつもりはない。必要ならば、宣言してもいい」。男はその場で向きを変えた。謀議用の秘密のアパートを裏切り者に知られてはならなかった。男はグナーの説明に関心を示さなかった。「いつまでも自由の身でいられると思うなよ。すぐにおまえの面倒をみてやるからな」。

　グナーは、収監前にウーテと暮らしていたエファースハーゲン地区の高層アパートに戻った。ただちに二度目の出国申請を行い、かろうじて生計を立てられるだけ働いた。ミノール社のガソリンスタンド共同経営体《コレクティーフ》は彼をガソリンタンク部へ配置換えしようとしたが、「タンクでは働かない」と断わり、クリーニング業務を行う国営企業フォルトシュリット社に移った。仕上げた洗濯物をホテルに届け、洗い物を回収して帰社する仕事に就いたが、トラックのギアが故障した責任を押し付けられ、「この職場には共同作業への信頼がない」と抗議して辞めた。その後、郵便局の速達配達係やアートギャラリーの販売員に応募して断られたグナーは、東ドイツでは働かない、とくに生産部門では働かないと決心した。後にシュタージの尋問を受けたとき、彼はその理由を次のように説明した。「僕は自分の税金が、シュタージや刑事警察や国家人民軍のような機関を維持するのに使われるのは嫌だ。これらの機関は東ドイツの人々を抑圧しているからだ。さらに、自分の労働が武器の購入のための手段となるのも避けたい。とくに武器はこの国の人々にも向けられるからだ」。グナーは、ウーテの母と数人の友人たちの支援で生計を立てた。東ドイツに何も期待しなくなった彼は、大人しくなった。

エファースハーゲン地区で新たにスローガンの落書きが見つかった。シュタージはこれを機会に再びグナーを逮捕させた。しかし今回は彼にとっても都合がよかった。逮捕を覚悟せねばならなかったどころか、捕まりたいとさえ願っていたからだった。

一九八六年十二月十一日午前六時、連中はグナーのアパートに押し入った。刑事警察の記録によると、「クリストファーは警察署まで同行するよう求められたが、これを無視し、大声で助けを求め、警察を呼べと叫んだ。彼は落ち着いて刑事警察の指示に従うように、再度促された。しかし要求に従わなかったため、無線パトロールカーが出動した……。クリストファーは、刑事警察の同志の質問にくってかかるなど、挑発的に振る舞った。長い時間をかけて着替えると、ゆっくり煙草を吸い、コーヒーも飲んだ」。

エファースハーゲン地区で見つかった「落書き」はグナーの犯行だと証明できなかったが、シュタージは何をすべきか知っていた。「居住空間を家宅捜索した際、以下のような誹謗的内容のスローガンがこれ見よがしに壁に貼り付けられているのを発見し押収した。

―東ドイツ? そんなもんいらない。もう飽きた。

―気をつけろ! 扉の背後からも東ドイツは始まる。

―グナーのドイツ共和国(GDR)[1]にようこそ」。

グナーは、公的誹謗幇助罪で起訴された。

彼もヴォルフガング・シュヌーア*を弁護士に選んだ。後でグナーが語ったところによると、シュヌーアは彼に対していつも大変折り目正しかったという。そればかりか、一九八六年のクリスマスイブの朝、拘置所を訪れてチョコレートを差し入れてくれたこともあったそうだ。後にグナーは自分のシュタージ文書を閲覧する機会があったが、そこにはシュヌーアがIMとして作成したグナーに関する報告は一件も見つからなかった。

要するに、シュヌーアは玉虫色の人物だった。二つの顔を持っていたのだ。一九六五年にＩＭとして徴募されたシュヌーアは、「きわめて価値のある情報源」としてシュタージ内部で賞賛されていたが、一九八〇年代の始め、逆に、シュタージの監視を受ける立場に置かれた。東ベルリンに置かれていた西ドイツ政府常駐代表部〔事実上の西ドイツ大使館だった〕の職員と、シュタージに隠れて独自に接触していたからである。これ以後シュタージは、しばらくの間、彼を二重スパイとして扱った。「トルステン」というコード名を持つ彼の行動は、「偽善者」という工作ファイルに記録された。

「トルステン」は自己批判を行い、プライベートな問題を挙げて、改善を誓った。「私は職務に忠節を尽くします」。彼は保護を求めた。「どうか私を内面の苦しみから助け出してください」。一九八六年、再び二重スパイ疑惑が持ち上がったため、シュタージは彼と話し合いの場を持った。そのときの報告書を読むと、「トルステン」は西ドイツ市民との接触や彼自身が弁護を担当している出国申請者に関して、ほとんど報告していないと非難されている。おそらくグナーは幸運にも、シュヌーアがシュタージに報告しなかったケースに属していたのだろう。

グナーの二度目の訴訟は、犯罪の重大さを考慮するという理由で、ロストック県裁判所第一刑事部で行われた。私たちは、第一刑事部では政治犯の裁判が非公開になることを知っていたが、守衛に追い出されなかったため、目立つように傍聴席の最前列に座った。一九八七年四月六日の朝、グナーの母、ウーテの母、そして私の三名だった。

裁判官一行が入場すると、さっそく女性裁判官が法廷を非公開にしたが、グナーに私たちの姿を見せるという目標は達成された。君のことを忘れていないぞというメッセージを彼に伝えたのだ。「退廷する際、ガウク牧師は法廷の扉を音を立てて閉めた」という記述が、「トルステン」、すなわちシュヌーア弁護士がこのすぐ後に作成したシュタージ報告書に見える。

グナーは四年半の実刑を言い渡され、コットブスの刑務所に移送された。

ロストックのシュタージ拘置所の方が、グナーには耐えやすかったようだ。ロストックで最後に過ごした六人部屋では、国外逃亡に失敗して逮捕されたグループと偶然同室になったという。このグループの中に、西ドイツとの国境地帯で兵役を務めた者がいた。国境警備の実態を細部にわたって熟知した彼の指示に従い、六人は梯子を作った。ところがようやく準備を完了したとき、国境の壁が増築されて、以前より高くなってしまった。そのため国境の無人パトロール帯までたどりついた彼らは、壁を越えられず、拘置所に収監された。しかし彼らは絶望も意気消沈もせず、むしろ西ドイツ政府の金銭提供による自由買いで出国できる日が遠くないことを固く信じていた。この楽観主義はグナーにも役だった。一緒にチェスをし、たくさん本を読み、大いに笑った。グループには陽気なボイラーマンがいて、面白い話を語ってくれたのだ。

コットブスの刑務所は、まったく違っていた。この監獄は悪名高かった。一九三三年から四五年までのナチ時代はもちろんのこと、一九四五年から八九年までの東ドイツ時代も、ここに収容された者の圧倒的多数は政治犯だった。建物の三階には「虎の檻」と呼ばれる独房群があった。独房内の他の空間から格子で隔てられたトイレが、扉のすぐ脇に設えられていた。奥には木製のベッドがあり、日中は折りたたまれて腰かけ兼テーブルとして使われた。内部から扉に触れることはできなかった。

グナーはこの「虎の檻」に収監されてしまった。囚人たちから「赤いテロリスト」と呼ばれた悪名高い看守フーベルト・シュルツェとトラブルを起こしたためだった。後に一九九七年になって、シュルツェは二年八カ月の実刑判決を受けた。囚人をゴム棒で殴打したり、前歯をたたき折ったり、階段から突き落としたり、何時間も氷のように冷たい水の中に立たせたりといった暴力行為を行ったからだ。狂信的な東ドイツ信奉者だった彼は、西ドイツの首都ボンに社会主義の刑務所を作り、初代所長を務めるのが自分の夢だと語ったという。このときグナーは、あんたは周りが見えてないんじゃないかと嘲笑的にコメントしたため、シュルツェに殴り倒され、ほぼ一週間、独房に放り込まれてしまったのだった。

この頃、グナーのもとに年配の囚人が現れた。彼は忠実な東ドイツ市民だったが、国外逃亡を企てた息子を助けようと勇気を奮ったため、国家権力と対決することになったという。囚人たちの、いわば広報係の役割を果たしていた老人は、たまたま重要な情報が手に入ったんだがとグナーに声をかけてきたのだ。グナーは一回目に収監されたとき、監獄では物々交換で情報を手に入れなければならないことを学んでいた。そのため今回は収監される前に、西ドイツ製のシェーブ・ローションやボディー・シャンプーといった品々をたくさん準備しておいた。今、ニベアクリームと引き換えに得た情報によれば、近々西ドイツへの移送が行われることになっており、移送者のリストに自分の名前が載っているというのだった。

一九八七年七月初め、通常の刑執行に戻されたグナーは、自由の日はもはや遠くないと考えた。この希望のおかげで、最後の数週間は耐えやすくなった。

告知された移送予定日の前夜、グナーは興奮のあまり、ほとんど眠れなかった。そして翌朝、彼はだまされたと思った。いつもは六時に房から外に出されるのに、この日は八時を過ぎても何も起こらなかったからだ。だが、しばらくすると、扉は開いた。彼は他の囚人と一緒に、カール・マルクス・シュタット（現ケムニッツ）の国外追放者用刑務所に移された。出国予定者はここで十日から一週間、過ごすことになっていた。

そしてついに、長く待ち望んだ出国の日が来た。グナーは東ドイツ国籍の除籍証明書と釈放証明書をポケットに入れ、収監されたときに着ていた服を再び身に着けると、西ドイツから来た二台の観光バスのうちの一台に乗った。まったく普通の西ドイツの観光バスが、東ドイツのナンバープレートを付けて刑務所の敷地に乗りつけていた。耳には警告の言葉が残っていた。「刑務所で経験したことは喋るな」。これは脅しとセットだった。「西ドイツ国内にも東ドイツの目は光っているぞ」。

アイゼナハ近郊のヘルレスハウゼン国境検問所までの道中、バスの車内は人が死に絶えたように、全員呼吸すら止めているかのように、静かだった。ほんのちょっとした口実をきっかけに連れ戻されるリスクを皆恐れていた。最後にもう一度、バスは東ドイツ国内で停車した。ヴォルフガング・フォーゲル弁護士〔一九五頁参照〕が乗り込んで来て挨拶をするとともに、早朝に生じた若干の遅延について理解を求めた。東西ドイツ間の一対一のスパイ交換に時間を取られたというのだった。それからバスは再び動き出し、国境検問所をパスポートチェックなしに通過した。スイッチが押されると、東ドイツのナンバープレートは西ドイツのものに置き換わった。バスはヘルレスハウゼン・パーキングエリア休憩所で高速道路《アウトバーン》を降りた。西ドイツに来たのだ。自由になったのだ。

歓声が沸き起こった。抱き合って喜ぶ者、泣き出す者、笑い出す者、皆、大喜びだった。バスのドアが開いて担当者が入ってくると、「西ドイツの果物」をはじめ、コーヒー、紅茶、ジュースが配られた。グナーたちの到着は待ち受けられ、歓迎の挨拶があった。一九八七年八月十二日、グナーの新しい人生が始まった。

ウーテに話を戻そう。彼女はすでにこの五カ月前、西ドイツ政府の金銭提供を受けて出国していた。今日に至るまで、彼女は拘留の後遺症に苦しんでいる。

デルテ・ノイバウアーは保護観察の判決を受けたが、一九八六年九月に医療専門学校を無期限放校処分となった。

一方、ヴォルフガング・シュヌーアだが、彼は三年後の一九八九年、大胆なキャリア・アップを企てた。まず体制批判グループ「民主主義の出発（ＤＡ）」[2]の党首になり、円卓会議[3]に参加した。さらに一九九〇年の人民議会選挙ではドイツ連盟[4]の最有力候補として、当時の西ドイツ首相ヘルムート・コール*とともに東ドイツ国内を遊説して回り、東ドイツの次期首相になるべく自分を売り込んだ。ところが投票日を数日後に控えたある日、十六年間にわたるＩＭ活動の証拠が明るみに出た。ロストックでは彼に関する文書記録ファイルが三十八本も見つかった。シュヌーアはこれを「汚らしい扇動キャンペーンの最たるもの」と宣言して、すでに街頭に貼られていた選挙ポスターの上に「中傷に断固反対！」というシールを貼ってしのごうとした。しかし一九九〇年三月十五日、投票日のわずか三日前、彼は西ドイツのキリスト教民主同盟（ＣＤＵ）の要請に従い、あらゆる公職を辞任すると表明せざるを得なくなり、その直後、党から除名された。一九九四年、弁護士資格を失った。一九九六年、ベルリン州裁判所はシュヌーアに、東ドイツ時代に彼が弁護を担当したフライア・クリール*とシュテファン・クラフチック*に対する背任行為の罪で、執行猶予付き一年の刑を下した[5]。

シュヌーアの態度は、多くの人々にとって、今日でもまだ謎にとどまっている。彼がもっぱら弁護を担当したのは、兵役拒否、「共和国逃亡」、「国家反逆」といった罪を着せられ、引き受け手のない被告たちだった。難しい訴訟を切り盛りした上に、刑務所に聖書を差し入れる気遣いも示した。一九八八年一月には、ベルリンで行われたローザ・ルクセンブルク・デモの直後に逮捕された人々の弁護を引き受けた[5]。同年、メクレンブルク福音主義教会総会議員に任命され、続いて福音主義教会連盟総会議員になった。彼に弁護を依頼した多くの人々は、今日に至るまで、彼の背信行為に納得できないでいる。

第九章　秋に訪れた春

どんなに長い間、変化が起こるのを待ち望んできたことだろう。ところがついにその変化が始まったとき、私の心はまったく別のところにあった。一九八八年の年末に福音主義教会の牧会《ゼールゾルゲ》活動〔魂の配慮〕の研修に参加したためだった。これは牧師として身に付けておくべき心理学を大学卒業後も学ぶコースで、参加者は数日間にわたって何度もミーティングを重ねながら、牧会の能力を深めていった。集中的な研修のおかげで心が揺さぶられることもあり、私自身の対人関係の取り方に関してこれまで意識していなかった事柄を知ることができた。参加者は自分の振る舞い方を見据え、牧会活動の役割における動機づけの意義を考え、他人と向き合う際に無意識に抱く対人関係上の関心を見つめた。そのため私の心は外界の出来事よりも、内面に強く向かっていた。

　しかしまさにこの時期、「外界」では途方もないうねりが高まり出していた。一九八九年五月七日に行われた地方選挙では、建国後初めて、大勢の東ドイツ市民が選挙リストに反対の意志を示したり、無効票を投じたりする方法を学んだ。それまでの選挙では、有権者は投票所に入って身分証明書のチェックを受けると、選挙委員会の委員が見守るなか、手渡された投票用紙には目を通さず、そのまま投票箱に入れていた。もちろん手元が見えないよう仕切られた投票用紙記載台が備えられてはいたが、たいてい奥にあったため、そこまで歩いていくと居合わせた人々の注目を浴びてしまう。秘密投票の権利を行使する勇気のある有権者は、いつも少数に限られていた。ところが一九八九年の地方選では、突然、大勢の人々が、秘密投票の仕組みを使って「反対」の意志を示そうと決意したのだ。後はやり方さえわかればよかった。投票用紙にはあらかじめ選出されるべき候補者の名前だけが上から下に印刷されていた。そこでロストックのある教会のワーキンググループは、次のような説明を特別に載せたチラシを配布した。「この候補者案へ反対投票を投じるには、すべての候補者の名前の上に一人ひとりきちんと水平線を引いて消さなければなりません。線で名前を消すやり方が間違っていたり、スローガンが書かれていたりすると、投票用紙は無効になります」。

反対派は、いくつかの投票所をあらかじめ選んで公開開票作業にも初めて参加し、結果の捏造を証明することに成功した。ロストックの無効票や反対票は全国平均よりも少なかったが、開票結果が疑わしいケースが多数あった。ハレやベルリンからは、反対派が捏造を正式に検察に告発したという情報が入ってきた。

ソ連共産党書記長ミハイル・ゴルバチョフが進めたグラスノスチ〔情報公開〕とペレストロイカ〔改革〕が東ドイツ市民を勇気づけたことは明らかだった。「どうせ何も変わらないさ！」というあきらめや言い訳は依然根強いとしても、モスクワが路線を変更したからには、東ドイツ指導層に圧力をかけることは可能であり、いや、かけねばならないと私たちは考えた。何十年間も言われ続けてきた「ソ連から学ぶことは勝利を学ぶことである」というスローガンを、我々自身の政府に向ける時が来たのだ。けれども、ポーランドの動向を見習うのは危険だった。国家の武装介入を招きかねない英雄的な反抗は、私たちドイツ人にはなじまなかった。そのうえ、一九五三年の労働者蜂起が弾圧された経験を持つ私たちには、英雄的反抗は無意味に思えた。しかもポーランドの反対派は反共産主義者だったが、東ドイツの市民運動の大多数の人々は、戦略的にも思想的にも、現存する権力の改革を目ざしており、社会主義統一党（ＳＥＤ）との対話を望んでいた。社会主義を撤廃するよりも、より良い社会主義を切望していた。東ドイツではこのような考え方が、非政治的な住民層にむしろ存在していたのである。

しかし、モスクワの指導者たちとは違って、東ベルリンの指導者たちは古い考え方に凝り固まっていた。ゴルバチョフとホネカーでは政治的な姿勢に大きな隔たりがあった。一九八九年六月初め、北京の天安門に集まった学生たちの抗議が鎮圧されたとき、東ドイツは中国共産党と中国国家指導部を支持した。東ドイツ人民議会では「武装兵力の投入のもとで回復された秩序と安全」に理解を表明する動議が提出されたが、提案者はなんとロストックから選出されたエルンスト・ティム議員だった。ロストックとシュヴェリーンで活動していた草の根グループ《バーズィスグルッペ》とロストックの福音主義教会学生会は、ベルリンの中国大使館へ抗議文を送付したというのに。

ダイナミックなうねりの最たるものは、西ドイツへの出国を求める人々から生じた。もっとも我が家では、この問題はもはや生じようがなかった。上の三人の子どもたちはすでに西ドイツに出国しており、家に残っていたのは末娘のカタリーナだけだったからだ。しかし、私たちの周囲の家庭は崩壊していった。今でも夏のミサでの出来事を思い出す。教会行事を告知していたとき、突然一人の女性が立ち上がって声を上げた。「今朝、台所の机の上にメモが置いてありました。『今から僕も出ていく』と書いてありました」。出ていったのは、彼女の息子クリストフだという。すると、教会堂の中央通路を挟んで反対側に座っていた男性も立ち上がり、「うちもだ。娘が出て行った」と発言した。ミサの最中に参列者が発言することなど、これまで経験したことがなかった。親たちは不安だったのだ。大勢の若者たちをいとも簡単に惹きこむ、西ドイツの吸引力への不安だった。若者たちが一晩のうちに消えてしまうのではないかという不安だった。あそこの息子がいなくなった、あの娘もいなくなったという話は尽きなかった。姿を消した知り合いが、突然、西側のテレビに映っているのを目にすることも少なくなかった。

そもそも始まりは、西ドイツのテレビ放送だった。一九八九年五月、オーストリアとハンガリー国境の鉄条網が切断され、何千人もの東ドイツ市民がハンガリーに向けて駆け出していく様子を私たちは西のテレビで見た。彼らは国境沿いの設備が撤去されても、当面は何も変わらないことを知らなかったのだ。運を試そうと、闇と霧に紛れて国境に向かい、捕まってパスポートにスタンプを押され、これ以上のハンガリー滞在は非合法であると言い渡された東ドイツ市民の姿も放映された。このハンガリーの出来事は、東欧諸国の西ドイツ大使館に東ドイツ市民がなだれ込む発端となった。人々はまずブタペスト、続いてワルシャワとプラハに向かった。東ドイツからビザなしで訪れることのできた唯一の国チェコスロバキア、その首都プラハへ行くのがもっとも簡単だった。プラハのマラー・ストラナ地区にあった西ドイツ大使館周辺の道路は、東ドイツ市民が乗り捨てた国産車トラバントで溢れた。車の持ち主はロブコヴィッツ宮殿の高い柵をよじ登って西ドイツ大使館の敷地に入っていった。何百人、何千人もの人々が、劣悪な衛生状態のもとで、西への出国が許可される日を待ち続けた。一九八九年九月三十日、ついに西ドイツ外相ハンス＝ディートリヒ・ゲンシャーが大使館のバルコニーに姿を見せ、待ちわびた人々に向かってあの有名な言葉を語りかけた。「私がここに来たのは、皆さんにお伝えするためです、あなた方の出国は……」。残りは沸き起こった叫び声と歓声にかき消された。人々は故郷を去ることができる喜びで有頂天だった。故郷は彼らの重荷になっていた。

ＳＥＤ機関紙『新しいドイツ《ノイエス・ドイチュラント》』は、ホネカー書記長と党指導部は去る者に「惜別の涙を流す」つもりはまったくないという記事を掲載した。ホネカー一味が東ドイツ市民を嘲笑したこの記事を、私はけっして忘れない。人々が大挙して国を去るのは、東の生活に耐え切れなくなったためなのに、党の長老らはそれを西ドイツのはやらせた精神疾患《ハイム・インス・ライヒ》(1)の犠牲であると宣言し、故郷の裏切り者だと断定したのだ。私たち市民の存在など彼らにほとんど意味がなかったことを、これ以上証明する必要などあるだろうか。「逃げ出した」若者たちや、子どもを連れて出て行った若い家族たちは、新天地で新しい生活を始めた。しかし、彼らを失った私たちはつらかった。何といっても失ったのは、私たちの子どもたち、私たちの若者たち、私たちの友人たちだったのだから。

　東欧諸国全体が発酵状態するように、不満と希望が沸き起こっていた。ポーランドでは円卓会議での議論の結果、自由選挙枠を部分的に導入して総選挙が実施され、一九八九年八月に非共産党員のタデウシュ・マゾヴィエツキが首相に選ばれた。ところが私たちの東ドイツでは、十月六日になっても、建国四十周年前夜祭を祝うパレードが開催されていた。貴賓席の壇上に勢ぞろいした東欧ブロック各国の党首や首脳らの一団が、パレードに動員された十万人もの自由ドイツ青年同盟（ＦＤＪ）の団員たちに慈悲深く応える姿が国営放送で中継された。夜のテレビ番組では、ホネカーとその一味が老いたこぶしを振り上げ、「我らプロレタリアートの若き部隊！」〔二〇世紀初頭に作詞され、第一次世界大戦以後の労働運動で歌われてきた「朝焼けに向かって（Dem Morgenrot entgegen）」のサビの部分〕を歌う様子が放映された。

　十月初め、牧会活動の最後の研修を終えて戻ると、ちょうどロストックではライプツィヒで逮捕された人々のための最初のとりなしの祈り《フューアビッテ》が行われていた。九月から十月初旬にかけてライプツィヒでは警官隊がデモ隊に暴行を加え、多数の人々を逮捕したため、ロストックの福音主義教会学生会はヘンリー・ローゼ牧師とともに聖ペテロ教会に集まり、逮捕された人々のために祈ったのである。

　九月初旬以来、ライプツィヒの人々はニコライ教会に集まり、平和の祈りを捧げた後、街頭へ出てデモを行っていた。十月四日、ドレスデンでは数千人が中央駅前に集まった。プラハの西ドイツ大使館に籠城していた東ドイツ市民を乗せて西ドイツへ向かう列車が東ドイツ領内を通ることになり、途中のドレスデンに立ち寄るのではないかという期待もあったためだ。十月七日、ザクセン南西部フォークトラント地方の町プラウエンでは、一万人を超える人々がデモのために集まった。九月中旬にはベルリンをはじめ各地の都市で、さまざまな体制批判運動や市民運動のグループが結成された。

　ところがロストックからこれらのグループの結成集会に参加した者は誰もいなかったし、まだデモさえも行われていなかった。そこで、古くからの南北の地域対立が息を吹き返した。バルト海沿岸に住む「魚の頭をした連中《フィッシュケッペ》」は大事な時に寝過ごすとからかわれ、北ドイツは共産党支持一色の「赤い」地域だから、社会に必要な変化を誰も支持しないと言われた。北ドイツのナンバープレートをつけた車が南部で落書きされたり、北のメクレンブルク地方の車が南のザクセン地方のガソリンスタンドで給油を拒否されたりしたこともあった。

しかし、北ドイツの人々もついに目覚めた。ロストックではディートリント・グリューア*の周囲に活動家たちが集まっていた。以前、ロストック南部で教会活動に携わった彼女は、シュヴェリーンに移ってから福音主義教会の女性活動に関わっていた。機知に富んだ母親で、人の心を解することができた彼女は、教会の活動を通してグループ・ワークにも慣れており、人々に前向きな刺激を与え、興味を起こさせる素晴らしい能力があった。そのため彼女が核となり、周囲にロストックの活動家たちが集まったのだ。十月五日、彼女の求めに応じて志を同じくする六人の仲間が集まり、十月十一日にメソジスト派の聖ミカエル教会で最初の正式なミーティングを開くことを決めたのである。三百五十名を超える参加者があった十一日の会合は、ロストックの新フォーラム〔第六章注(9)参照〕設立集会と見なすことができる。

この頃、ディートリント・グリューアは私のところにも来て、ロストックでさらに求心力を強めダイナミックな活動を行うために、とりなしの祈りを続けなさいと私を説得した。「あなたは皆が感じていることや、したいと思っていることを言葉にできるじゃない。ヨヘン〔ヨアヒムの愛称〕、話すのよ！」。彼女の言い方は、依頼というよりも要求だった。

実際、私は語りかけたかった。新フォーラムに参加して積極的に活動したかった。これまで反抗に加わったことがなく、原理主義的体制批判者としても行動しておらず、草の根グループ《バーズィスグルッペ》を創設した経験もなかった私だったが、牧師という職業柄、ここでの生活を異なるやり方で営んできたのは明らかだった。教会の活動においても、市の青少年担当牧師としても、信徒大会準備の責任者としても、共産主義体制をつねに批判してきたし、周囲にもそれを促し、追われた批判者を弁護してきた。ただ私は、教会の職務を守ることを重視した。友人ハイコ・リーツ*のように、牧師の職を投げ打って草の根グループの活動に身を投じたりしなかったことは確かだ。けれども、多くの牧師や教会関係者がしてきたように、テーマを選び、組織活動に携わり、市民権、人権、エコロジー問題、平和問題に関心を持つ大勢の人々をつなぐネットワークを何年もかかって作ってきた。もしこのような福音主義教会の普通の活動がなかったら、とりわけ青年部の活動がなかったら、ロストックをはじめ東ドイツ各地で活動家集団が形成されることはなかっただろう。決起には骨格と輪郭が欠けたままだったに違いない。

しかし次第に、教会の活動や、教会の枠内での草の根民主主義的《バージスデモクラーティッシュ》活動だけでは、目の前に迫った政治変化に十分対応できないことが明らかになった。私たちは新しい方向性を探した。一九八九年八月以降、マルクス・メッケル牧師とマルティン・グートツァイト牧師らは、社会民主主義政党の設立を呼び掛けていた。彼らは議会制民主主義、厳格な三権分立、法治国家、そして社会福祉国家を求めたが、このような要求について行けないと感じた人々は多かった。さらに彼らが政党の設立を望んだ点も行き過ぎに思われた。その一方で、他のグループのプログラムは漠然としていた。例えば八月にドレスデンで生まれた民主主義の出発（DA）〔第八章注(2)参照〕がそうだった。設立者にはライナー・エッペルマン*、フリードリヒ・ショルレンマー*、エーハルト・ノイベルト*とともに福音主義の神学者たちも名を連ねたが、彼らの要求は、国家と社会の民主化と自由な秘密選挙の実施にとどまっていた。八九年九月初めになると、民主主義を今（DJ）[2]と新フォーラム（ベルベル・ボーライ*、カーチャ・ハーヴェマン*）が公の場に姿を現した。この二つの団体は、民主主義的な、本来の社会主義を目ざす、下からの改革運動と見なされていた。

当初、まとまって行動すべきと考えていたロストックの私たちは、ハイコ・リーツを介してコンタクトがあり、しかも小規模なグループが多い中でもっとも規模が大きかった新フォーラムに合流した。これはどちらかというと、たまたまそう決めたにすぎず、特定の政治的プログラムに賛同した結果ではなかった。そのため、後に新フォーラム内部にさまざまな派が形成されると、ロストックのメンバーの中には別の団体や政党に移る者も出た。

最初私たちには事務所もなく、電話もなく、タイプライターもなかった。教会の外でミーティングを開くときは、個人の自宅を使わざるをえなかった。活動には連絡用の住所が必要だったが、当時はまだ、連絡係を公にすると拘束されるのではないかと心配しなければならなかった。そこで、ナータン・フランクという名前を創作して――レッシングの名作『賢者ナータン』のナータンに『アンネの日記』で有名なアンネ・フランクのファミリー・ネームをつなげた――、ロストック旧市街の我が家のポストの隣にこの人物名の郵便ポストを吊り下げ、ニコライ教会七番地気付とした。この頃私の家族はニュータウンから旧市街に引っ越していた。

まったく予想もしない出来事が起こる特別な日々が続いた。ここまで敗北続きだった私たちは、誰もが負けることを自我の一部に内面化していた。一九五三年六月十七日の東ドイツ労働者蜂起、一九五六年のハンガリー蜂起、一九五六年ポズナニでのポーランド労働者ストライキ、一九六一年のベルリンの壁建設、一九六八年のプラハの春、一九七〇年バルト海沿岸地方のポーランド労働者ストライキ、一九八一年のポーランド自主管理労働組合「連帯」の活動禁止。これらすべては、抗議運動は最後に敗北の宣告を受けるぞという警告だった。自由は常に負け続けてきた。勇気ある者は刑罰を受け、銃殺され、逮捕された。全体主義的権力は自己を貫徹した。何十年にもわたって無力感にとらわれ続けた人々は、もはや本心を明かさなくなり、あらゆるものは社会主義の行程に従って進んでいくかのごとく振る舞うようになっていた。本音を吐露するのは家族や友人の間や、たまに酔っぱらったときぐらいだった。

ところが今、北ドイツの私たちのところでも、人々はゆっくり、ためらいがちながらも、思い切って隠れ家から出た。先陣を切ったのは、ミューリッツ湖畔の町ヴァーレンに住むハンス＝ヘニング・ハーダー牧師だった。十月十六日、聖ゲオルク教会でとりなしの祈りを行った牧師は、集まった四百五十名の参列者に向かって、ろうそくを手に聖マリア教会へ行進し、あちらで祈りを捧げてミサを終えましょうと呼びかけた。行列には、やや距離を置いてとはいえ、百名ほどの人々が従った。公の場でデモをするのは、まだ明らかに危険すぎた。しかし二日後、ノイブランデンブルクでは雰囲気が一変していた。ヨハネ教会を出発してカトリック教会まで行進した千五百人の行列は、到着したとき、三千人に膨れていた。この日発表されたホネカーの退陣が人々を街頭に出るよう促すとともに、デモに参加する不安を小さくしたのだ。同じ日、グライフスヴァルトでもデモ行進が行われた。私たちも一日遅れの十月十九日木曜日に、ロストックでデモを行った。ライプツィヒのデモが月曜日ごとなら、ロストックでは木曜日ごとにということになり、毎週木曜日にとりなしの祈りを行うと、私たちは街頭デモを行うようになった。

ミサの準備は、編集会議のようだった。どのテーマを中心に置くべきか、聖書のどの章句がもっともふさわしいか、どの讃美歌がもっとも適切か、私たちは話し合った。新しい運動の声明文を読み上げ、他地域での運動の成功を報告した。ザクセン地方のプラウエンから送られてきた文書が読み上げられた時はとくに嬉しく、勇気が出た。プラウエンでは大規模なデモが行われた翌日、有志消防団の団長が市行政評議会に抗議を行ったのだ。ほとんど兵士シュヴェイクの物語〔ハシェク作の反戦長編〕を地で行くような行動だった。引用しよう。

有志消防団は、十月七日にオットー・グローテヴォール広場とその周辺で発生したデモの際、集まった市民に向かって消防ポンプ車を用いて放水した件は、自分たちの責任において行われた行為ではないことを宣言するとともに、市民への放水という今回の措置に対して断固抗議する！

武器を持たない平和な市民と子どもたちに向けて消防ポンプ車を放水車として投入したことは、消防ポンプ車の本来の目的に反しているばかりでなく、一九七四年十二月十九日付けで公布された火災予防法に規定されている消防団の任務とはまったく相容れない！

人民警察の出動部隊隊長が下したこのような無意味な出動命令のために、これまで圧倒的に平和裏に過ごしてきた市民の生命と健康が害されたのみならず、消防ポンプ車、ならびに消防団員の生命と健康も無責任に危険にさらされ……

今回の措置に対し、我々は国家機関の説明を求める！

教会を訪れる人々が増え続けるのに気づいた私たちは、まず三つの教会を開放し、どこでも同じ章句を読み、同じ歌を歌い、同じ情報をアナウンスするようにした。その後、開放した教会は四つになった。その中でもっとも多くの人々が訪れたのは、建物の大きな聖マリア教会だった。十月十九日の木曜日、教会は詰めかけた五千人もの人々で立錐の余地もなくなった。外の厳しい寒さにもかかわらず、集まった人々は皆汗だくだった。私たちはこの日の説教に「自己弁明は滅び、正義は救われる」というタイトルを付けた。私は集まった人々の期待と、以前と変わらない不安と、新たな希望とを感じた。

私は人々の前に出て、語った。「かつて自由と正義のために闘った全幅の人生も、堕落してまったく正反対のものになるかもしれません。神への信仰が堕落して空疎な儀式になりかねないように、社会の発展も堕落するかもしれません。かつて街頭の戦士たちが歌ったあの『インターナショナル』も、今日の指導者たちが祭典で歌うのを聞けば、あまりの違いに驚きを禁じ得ません！　貴賓席に立ち並ぶ彼らの前を、今も人々は行進しています

1989 年秋、ロストックの聖マリア教会にて。私は夢を語った—「職場に行き、本当のことを言えるようになります。居酒屋に座り、語り、陰口をたたき、笑っても、あたりに『関係筋の者』がいるかどうか、見回さなくてもよくなります。人民警察の管理局や部局の階に出向いても、成熟した市民として扱われます。」

が、歌もスローガンも形だけの儀式になり、権力者は老いました。しかし彼らは安全な席に座ったまま、人民《フォルク》を眺めているだけです。遠いところから、はるかに遠くからです。その同じ町、その同じ国で、もはや何の希望も持てないために、大勢の人々が国を去っています。しかし、自らの不安に即刻『さようなら』を告げ、毅然とした態度で歩く練習を始めた人もいるのです」。

しばらく私はこの先を話し続けることができなかった。言葉に詰まったまま、心のなかで自問した。「強く言い過ぎたのではないか?」。その一方で私は、伝えるべきメッセージに圧倒されていた。今、当時のテープ録音を聞き直すと、この箇所の沈黙は長い。それから拍手が起こる。参列者から沸き起こる拍手。そこには笑いと涙が入り混じっていた。

満場の人々から発するエネルギーを直に感じた。私たちを力づける勇気から、政治的な力が生まれると思われた。私たちはもはや沈黙しないだろう。「私たちは精神の分裂を抱えて毎日を過ごしたくありません。この国で真理と正義の人生を送りたい。私たちの心を病ませたご機嫌取りと謝罪の毎日はもうご免です。正しいものを正しいと言い、間違っているものを間違っていると言いたい。……私たち自身の不安を認めることを学びたい。ヴァーツラフ・ハヴェル*は言っています、『力を持つ者の権力は、力なき人々の無力を糧にしている』。私たちの周囲にはシュタージがたっぷりいますから、私たちの中にシュタージを探すことはやめましょう」。

集まった人々は高揚した。ミサ曲『私たちに平和を与えよ《ドーナー・ノービース・パーケム》』を合唱した後、私たちは街頭に出た。通りにはすでに若者たちが待っていた。ついにロストックでもデモが始まったのだ。一人の男が「民主主義のために非暴力を」と書かれたカラフルな蝶の形のプラカードを掲げた。自然に、このプラカードを先頭にして、ロストックのデモは動き出した。高揚した気分が教会から街頭に波及するには、一歩踏み出すだけでよかった。私たちは非日常的な何ものかを体験していた。これまで知らなかった大いなる体験だった。後に私たちはこの体験を、成熟した市民の復活と名付けるだろう。

二つの教会を別々に出発したデモ隊は合流し、そこへ地域住民や通行人が続々と加わった。ついに一万人に膨れ上がったデモ隊は、旧市街の繁華街クレーペリン通りを行進すると、クレーペリン門からアウグスト・ベーベル通りに入り、シュタージ県本部の前に来た。ここで私たちはろうそくを灯し、シュタージ本部の窓枠や階段の踊り場などに置いた。軍靴を履いて正面玄関に立つ軍服姿の歩哨のすぐ脇にも置いた。街頭に出た私たちは、最初は大声を出す勇気がなかった。他の都市と違って注目を浴びていなかったロストックには、西ドイツのジャーナリストの姿もなく、私たち自身、どこまでできるのかわからなかった。始めに手拍子を始めた。西ドイツの仲間から教わったリズムだ。「ホー、ホー、ホー・チ・ミン」〔一九六八年の西ドイツ学生革命でデモ隊が唱和したシュプレヒコール〕。もちろん、まだ声を出す者はいない。そのとき、数名の人々がインターナショナルのリフレインを歌いだした。

諸国民よ、合図を聞け！
最後の戦いに向かうのだ
インターナショナルは
人間の権利を闘い取る！(3)

彼らが知っていた歌詞はここまでだった。社会主義の現実に反対してデモに参加した彼らは、昔の労働運動賛歌が掲げた社会主義の理想を歌ったのだ。しかしインターナショナルに声を合わせた人は多くなかった。私たちの抵抗運動には、参加者全員が共有できる体験が欠けていた。皆で一緒に歌える歌もなく、文化的、政治的貧困が感じられた。しかし、私たちは街頭に出た！ ついにデモを行ったのだ。私自身この目で見なかったら、デモを敢行したことを信じなかったかもしれない。私たちは何ができるか、忘れていたのだ。

翌日の二十日付『オストゼー新聞』は、デモ隊は早朝から働かなければならない労働者の安眠を妨害した、子どもたちも良く眠れなかったと書いた。一方、ザクセン地方の人々は私たちの積極的な行動に感謝の気持ちを示してくれた。十月二十三日のライプツィヒ月曜デモに参加した人々は、「メクレンブルクは目覚めた！」という横断幕を掲げてくれた。

そうだ、北ドイツは目覚めたのだ。信じられない変化が起こった。まったく見ず知らずの人々が私たちのもとに来た。洗礼も堅信礼も受けていない人々も教会を訪れた。教会堂に入るときは帽子を取りなさいと諭された人も何人かいた。彼らは祈りの言葉を習った。私たちは一緒に歌を練習したが、いつも感動の渦が湧き起こるわけではなかった。例えば若い世代はヴォルフ・ビーアマン*の歌や『ウィ・シャル・オーヴァーカム』(勝利を我らに）に当惑した。これらは親たちの世代の歌だった。とりなしの祈りは規模が大きくなり、来訪者は増えたが、讃美歌を一曲も知らない者も多かった。そこで私たちは、オルガンの伴奏に助けてもらいながら、偉大な讃美歌を繰り返し歌った。

昇れよ、義の太陽
輝け今の世に。
主の教会に光を照らし続けよ。[4]
この世に知られるために。
主よ、我らをあわれみたまえ！

私たちは力を授かった。ともに力を合わせて、私たちは成し遂げるだろう。皆一緒に結びつく時代だった。
デモを恐れた国家と党は、当初、デモを非合法であると宣言した。しかし彼らの側でも方針が揺らいでおり、対話の呼びかけを受け入れるか、対決するか、決めかねたまま、次の木曜デモが行われる十月二十六日を迎えた。この日の朝、さまざまな企業で働く労働者が私たちに警告の電話を掛けてきた。党書記局は各職場の党員や企業民兵隊〔職場ごとに組織された準軍事組織〕の隊員を招集して、とりなしの祈りへ参加するよう呼びかけるだろうというのだ。私たちは不安になった。というのもシュヴェリーンでは新フォーラムのデモ参加者を逮捕するために、三日前に党幹部に武器が配布されていたからだ。幸運にも武力衝突は起きなかったが、ロストックでも同様の挑発が計画されているのだろうか。
十月二十六日の正午、ロストック市庁舎で、国側と体制批判派との最初の会合が持たれた。私は教会側の四人の交渉担当者の一人として参加した。デモ隊の出発時間が迫る中、両者は非暴力の方針を確認した。非暴力は共通の関心事だった。私たちはデモの間、安全に配慮することを約束し、国側は人民警察の動員を交通整理に限定することを約束した。数時間後、私は聖マリア教会に集まった数千人の市民に呼びかけ、この戦術への理解を求めた。集まった人々の中には党員とシュタージが何百人も混ざっていた。彼らはできるだけ控え目に振る舞おうとしていたが、かえってそのために目立つので、隣り合わせた人にすぐ感づかれた。「私たちは今、皆さんにお願いしたい。人に対しても、物に対しても、あらゆる暴力を放棄していただきたい！　この場にいるSEDの企業内党組織の皆さん、企業民兵隊の皆さん、どうかこの要請に従ってください。ここでは間違ったことは起こらない、この場の人々が求めているのは、真実と正義と未来なのです。とくに皆さんに向けて、このことを言わせていただきたい」。

当時の私たちは知る由もなかったが、十月中旬以降、ロストックのSEDとシュタージは、デモ隊を暴力的に鎮圧することをもはや真剣に考えなくなっていたようだ。十月二十六日、出動部隊隊長アムトーァ大佐は部隊に次の指示を出していた。「撃ってはならない。もし撃てば、我々の状況も台無しになる。……たとえののしられ、侮辱されて、我々の心から血が流れ、引き金にかけた指を動かしたくなったとしても、撃ってはならない」。十月末、ロストック市長へニング・シュライフも従来の方針を百八十度転換し、デモ行進は市民の正当な権利であると発言した。もっとも彼は市民を完全には信頼できず、「デモ隊が暴力を用いないことを誰が保障するのか？」と疑念を付け加えていた。人民警察との間にデモ警備を交通整理に限定する取り決めが成立したことを受けて、私たちは市民委員会を結成し、市行政評議会と人民警察との今後の協議の母体とすることにした。十一月九日、市民委員会と人民警察との間で「セキュリティー・パートナーシップ」が正式に成立した。この結果私たちは、暴力的な若者たちがシュタージ施設の監視カメラを叩き壊そうとするのを制止し、人民警察は、五週間後に私たちがシュタージ県本部を占拠したとき、私たちの行動を支援した。占拠行動は当然ながら平和裏に行われた。私たちにとって重要な敵は、人民警察よりも、党とシュタージだった。不条理なこととはいえ、革命的な状況の中で平穏を維持するために、人民警察に賭けたのだ。

非暴力の戦術は、現実の政治状況のなかで私たちの取りうる唯一の理性的な解決策に思えた。もし暴力が発生すれば、それを止めることは不可能だと考えていた。同時に、大多数がキリスト教の影響を受けた活動の経験者だった私たちは、マーティン・ルーサー・キング牧師が実践した非暴力の公民権運動を支持しており、暴力を用いずに政治改革を達成するつもりだった。十月二十六日のミサで私は次のように述べた。「非暴力は、愛と真理から生まれる力です。新しいものを手に入れるために非暴力で闘うことは、孤立とも無力とも関係ありません。昨日まで嘘に奉仕していた人々は、今日私たちのもとに帰ってきます。彼らは私たちと同じように知ったのです──この国は新しい男性を、新しい女性を必要としていることを！　さらに、ここでも、あそこでも、至るところで、新しい人々が立ち上がっています。私たちの国は新しい人間を得たのです！」。

その通りだった。不安から口をつぐみ、押し黙ってきた人々が語り出し、進んで行動を起こそうとしていた。これまで不安を感じてきた人々や順応してきた人々が、抗議の隊列に加わった。活動的な住民層は、権力に服従する態度を捨て、権限を行使し始めた。驚くほどスムーズに変化は進む。予期しない能力が解き放たれた。若々しい自由を解放と呼んで良いなら、それはまるで春の訪れのようである。日ごとに戸外の明るさは増し、嵐のように吹く風は、古い氷を溶かす暖かさをもたらす。

幸せだった。

今でも当時の手紙を読むと、このときの幸せを感じることができる。十月二十六日に行ったとりなしの祈りの翌日、西ドイツに移住した子どもたち、クリスティアン、マルティン、ゲジーネに宛てて書いた手紙が手元にある。読んでみよう。

ここ数日、ほぼ一週間の間ずっと、涙は喜びの爆発に代わった。なんと素晴らしい時！　聖マリア教会は、先週よりさらにたくさんの人々で満員になった。ほぼ七千人もの人々が、側廊の壁に体を押し付けて立っていた。教会の外にはスピーカーを取り付けた。何千人もの人々が教会を取り巻いていたのだ。聖ペテロ教会、聖ミカエル教会、そして聖霊教会でも同時にミサを行った。そして最後に、予想通り、デモ行進になった……

だいたい夜十時ごろ、三万人（！）もの人々が出発した。私がクレーペリン通りに来たとき、先頭はもうシュタージ県本部の前に到着していた。横断幕がたくさん掲げられた。「民主主義」「自由選挙」『新フォーラム』「政治刑罰法を廃止しろ」「旅行の自由をよこせ」「エーゴン・クレンツ*、俺たちをなめるな」などなど。住宅地区ではデモ参加者は静かに歩くことを求められたので、本当に静かに行進した。最高潮に達したのはシュタージ県本部前だった。「シュタージは出ていけ！」「シュタージは生産現場で働け！」。叫び声とホイッスルの音が響いた。市庁舎前では「自由選挙を導入しろ！」「君が力を出せば、車輪すべてを止められる！」などの声が上がった。最後は、あらかじめ参加者に頼んでいた通り、クレーペリン門で解散した。誰かが指示を出さなくても、皆きちんと決まりを守った！　トラブルは一つも起きなかった。唯一予想外の行動は、シュタージの建物の、外から手の届く窓枠全部に、デモ隊がびっしりろうそくを立てたことぐらいだった。大きな玄関や出入口の前にも立てた。壮観だった。感動してしまった。ずっと恐れられてきた連中の牙城の前に人々《フォルク》は立ち、大声で怒りながら、自分の意見を叫んだのだ！

参加者の表情も印象的だった。皆、互いの顔を見つめ、これは本当のことなのかと問いかけていた。不審者として質問を受けずに故郷の町で街頭デモをするなんて、ありえるのだろうか。「こんなこと、体験できるなんて！」と何千もの人々が話していた。私も繰り返し話した。ああ、クリスティアン、マルティン、ゲジーネ、お前たちはこの場にいることがかなわなかった！　でも、お前たちの歩みがなかったら、東ドイツ市民はまだ眠っていただろう。話したいことは山ほどある。書けば何時間もかかる。だからぜひ戻ってきて、見てご覧。歴史的な日々だから。

ありがたいことに、ジャーナリズムは私たちに注目している。新フォーラムは一躍ジャーナリズムの脚光を浴びた。私はインタビューを受け、辛口のコメントをする。それが記者たちの望みだ。至るところ沸騰している。この先、どうなるのだろう。ＳＥＤは権力を分けることを学ぶだろうか。一九八八年の信徒大会で対話のために力を尽くしたことが思い出される。あのとき政治家は誰も来ようとしなかった。数人の大学教授が言い訳のように対話に来ただけだった。ところが今や政治家たちは、まるで自分たちが発明したかのように、対話について語らない日はない。しかし、そもそも人々《フォルク》が求めているのは、別のことだ。政治家は退場して、もっとましな者たちに席を譲って欲しいのだ。

教会で行ったいくつかの説教のコピーを送ろう。私は同僚たちから政治的な説教をするように、いわば委託されている。自分の持つすべてを尽くして、できるかぎりのすべてを尽くして、私がこの国で一生をかけて働いてきたもののために、闘ってきたもののために、そして、耐えてきたもののために、私は語らなければならない。うまく行っているよ、本当に！

一九八九年秋まで私は牧師だった。教会の仕事に没頭していた私は、ミサで接した若者たちや言葉を交わした人々や教会員に、ためらうことなく真理を伝えた。このことはロストックでは誰もが知っていた。八九年秋になると、教会外の体制批判グループに属していなかった私の活動も、徐々に政治的な役割を帯び始めた。嵐が私を連れて行ったのだ。当時の数週間ほど私たちが活動的であったことはない。ロストックの新聞は私のことをたちまち「革命牧師」と名付けてしまった。シュヌーア弁護士*も私の役割の変化に気づいた。最後までシュタージに忠節を尽くした彼は、Dr.Ｒ・シルマーというコード名を使って、十月二十六日のとりなしの祈りの後に次の報告をしている。「ガウクが政治的演説を行ったことはまったく明らかである。彼の説教は宗教的なミサではなかった。……とくにガウク牧師に関しては、政治的な発言ができるという自分の役割を利用して、国家の案件に直接介入する道を歩もうと確信している点を指摘しなければならない」。

ザクセン地方で掲げられた「我々こそが人民《ダス・フォルク》である（Wir sind das Volk）」というスローガンは、瞬く間に全国に拡大した〔東ドイツでは、人民議会や人民警察のように、国の主要機関の名称に人民〔フォルク〕の名が冠せられていた〕。私はこのスローガンに、おそらく八九年当時の発案者自身も意識しなかった呼びかけを聞き取った。大勢の人々が権限を持ち始めた当時、実は一人ひとりの個人も同様だったのだ。これまで国家の一員として国家が定めた規則を守り、いわばビオトープのような環境で暮らしてきた者が、今や自己の権利を認識し、自分には権利を行使する資格があると宣言したのだ。したがって「我々こそが人民である」というスローガンは、これを発言する人々自身に向かって、「人民《ダス・フォルク》であるとは、主権者であるということであり、その責任も負うことだ」と真剣に訴えていた。この国のすべての学校の教室に掲げたい文章だった。人権と市民権を勝ち取るためのこの国の長い闘いの歴史のなかで、これより美しい宣言があったろうか。「我々こそが人民である」というスローガンは、全国民《ナチオーン》の集団的記憶にふさわしくはないか。

当時、ザクセンに登場したこのスローガンは二重のメッセージを発し、国中を席巻した。一つには、不当に国を支配してきた者たちに対して、支配する権利を否定した。二つ目には、それ以外の人々に対して、今ようやく開かれた空間に踏み込み、街頭の権力をつかみ、権利と結び付け、自由選挙で選出される議会で権力を行使せよと求めた。

SEDに所属する何千人もの党員たちも、このスローガンから発する力を感じた。成熟した意識が新たに生まれ、伝染していった。一般の党員のなかには、抗議の意思を示すために、党をやめる者が大勢出た。人民《フォルク》の敵として行動する支配階級にこれ以上とどまりたくなかったし、イデオロギーの砦である反動的な城塞が襲撃され、古参の幹部が失脚して除名される日も遠くないだろうと勇気を得たのだ。

仮にこの強力なスローガンがなくても、すべての変化は起こったに違いない。しかしこれがあったからこそ変化は加速し、より良い方向に進んだことは間違いない。結局、私たちの抗議運動は革命になった。権力の頂点にいつまでも居座ろうとした連中は失墜した。しかも暴力を一切伴わなかった。ところが、一七八九年のフランス革命や一九一七年のロシア革命の経験にもとづき、暴力を伴わない革命などそれ自体矛盾していると思った者も少なくなかった。これまで革命は常に暴力と結びついてきたからだ。そこで、私たちの革命を革命とは呼ばずに、瓦解、崩壊、内破、転換《ヴェンデ》などという言い方をしたり、一九八九年東欧革命の前に、少なくとも「平和的な」「ビロードの」「話し合いによる」といった形容詞をつけたりする者が多い。イギリスの現代史研究者ティモシー・ガートン・アッシュ*などは、「リフォーム（改革）」と「レヴォリューション（革命）」の混在を表現しようとして「リフォリューション（Refolution）」という造語を作ったほどだ。しかし、いくらこのように意味を限定しても、人民《フォルク》の手で国家の秩序が倒され新しい体制に代わったという、革命に特徴的な根本的事実は何一つ変わらない。たとえ一滴の血も流れず、闘う者が武器の代わりに横断幕とろうそくを手に取っていたとしてもである。

一九八九年秋になっても、党と国家は集結する住民を迂回させ、街頭デモから制度化された路線に引き戻そうと画策していた。人々の不満を受け止めるために対話集会を開催して、党による世論の指導を復活させようとしたのだ。しかも十月十九日、ロストック市の副市長は私たちのとりなしの祈りに姿を見せ、翌日オストゼー・ホールで開催予定の対話集会の宣伝さえした。これがもしその一年前、たとえばSEDが私たちの信徒大会に参加し、ハンガリーの改革派社会主義者ミクローシュ・ネーメト*やイムレ・ポジュガイ*が実践したように党の特権を放棄して複数政党制を受け入れていたとすれば、私たち市民運動の側も対話集会の提案に乗ったかもしれない。しかしもうこの時点では、党指導部を対話パートナーと見なせなかった。私たちは室内競技場兼会議場で開催された公開討論会を利用して、党指導部の正当性を否定した。

十一月五日、「複数政党制、ならびに政策決定への市民の参加」をテーマに、大規模かつ最後の対話集会が開かれた。壇上には党の県執行部第一書記エルンスト・ティム自身が座った。この男は、天安門に集まった学生を弾圧した中国共産党の決定を支持する動議を人民議会に提出した張本人だった。会場には新フォーラムのメンバーの一人、ラインハルト・ハーゼがいた。ここ何年も率直に発言してきたハーゼは、ロストックの教会関係者の間では因習にとらわれない言動で目立つ存在だった。ティムとハーゼのやり取りはラジオで繰り返し放送されたため、すぐにバルト海沿岸の誰もが知るところとなった。

まずハーゼはティムに、プロレタリアート独裁に関する見解を質問した。

ティム「ええと、プロレタリアート独裁にどういう見解を持つべきかですが……今までずっと……というか……私のそもそもの見解は、すでにレーニンによって定式化されたものと同じです（会場の声「何だって？」）。ええ、もう一度レーニンを読まなければいけないでしょうけれど（口笛と野次）。今はそんな時間はない。というか、そんなこと、とても簡単には説明できませんよ。でもこうは言いたい。プロレタリアート独裁は、労働者階級が人民《フォルク》の全勢力ともっとも幅広く団結して果たす指導的な役割と同義であると」。

ハーゼ「ありがとう。二つ目の質問です。今あなたはどのような政治変革の計画をお持ちですか。その中には、国民戦線(5)の解消も含まれていますか」。

ティム「今のところは含まれていません」。

ハーゼ「今のところは含まれていないのですね。ありがとう。人民の社会主義的民主主義は人民の独裁、すなわちプロレタリアート独裁と比べると、進歩でしょうか」。

ティム「その二つを対立したものと考えることはできないと言いたい」。

ハーゼ「私たちの国の外へ血が流れ出るように人々が流出している。私にとってもあなたにとっても悲しい状況です。これを止めるために、私たちには何ができるのでしょうか。私は、現在の政府が、大臣全員を含めて、総退陣することを要求します。あなたは何をすべきだと思いますか」。

ティム「私は事態の深刻さを理解しています。あなたと同様に悲しく思っています。私は臨時人民議会の開催を要求します。当該の代表者が人民議会に集まり、この問題について意見を述べ、立場を表明するのです（会場の声「いつまでそんなこと続けるんだ」）……」。

ハーゼ「最後に、私は新フォーラムのスポークスマンに選ばれてはいませんが、新フォーラムを代表して議長団に加わり、ドイツ自由民主党[原注1]（ＬＤＰＤ）の代表の隣りに座って、対話に貢献したいと思います」。

そしてハーゼは壇上に上がると、満場の拍手を受けて新フォーラムと書いた紙を掲げた。壇上にはＳＥＤとブロック政党の代表者しかいなかったので、ハーゼは対話集会のテーマだった「複数政党制」を実践した形になった。

十一月八日、新フォーラムはようやく公認されたが、すでに「複数政党制」を実現するには遅すぎた。ＳＥＤの権力失墜は押しとどめようもなかった。私たちは、党の幹部らと組んで社会主義を改良するための共同行動をとるよりも、彼らの権力を剥奪する方を望んだ。ポーランド統一労働党の末路を見てもわかるように、自由選挙が実施されれば、党が権力を失うことは明らかだった。

　エーゴン・クレンツ*、ギュンター・シャボフスキー*、ハンス・モドロウ*らの圧力をうけて、シュトフ政権[6]は十一月七日に退陣した。悪名高き国家保安省《シュタージ》長官エーリヒ・ミールケも解任された。ところが解任される直前、ミールケは全国の郡管轄局や対象管轄局〔Objektdienststelle 郡管轄局と並ぶ権限を持ち、安全保障上重要な企業などを対象に活動したシュタージの部局〕のトップ全員に対して、「現今の状況の先鋭化をうけて、工作活動の記録文書の保管を必要最少限にまで削る」よう命令を出した。つまり、シュタージが保管してきた大量の記録文書を部分的に破棄しろと命じたのだ。新フォーラムの広報部には、シュタージ文書が焼却されているという情報が繰り返し寄せられた。何かが起こっているに違いなかった！　いくつかの地方都市では、十二月四日にシュタージの各地方本部を占拠する計画が立てられた。

　私たちが秘密警察の施設を襲撃するなど、数週間前なら狂気の沙汰だった。あの勇敢なポーランドの同胞たちでさえ、情報機関の占拠は行わなかった。ボリシェヴィキ[7]が蜂起した一九一七年以降、共産主義者が支配を確立したすべての国々では、自国民を監視する砦が築かれた。この砦こそ、秘密警察の父と言われるフェリックス・ジェルジンスキー*が「党の剣と盾」と称した、国内諜報活動ならびにテロ活動を行う秘密警察だった。一九五六年のソ連共産党第二十回党大会〔フルシチョフによるスターリン批判の演説が行われた〕以後、秘密警察の活動はスターリン時代のような血なまぐさいものではなくなったとはいえ、一九八九年十月初めにホネカーはデモ隊を弾圧する命令を下していたのだ。県や郡の投入部隊指導部に加えて、いわゆる反乱予防体制《フォーアボイゲコンプレクス》に関わる部局も、いつでも出動できる状態になっていた。

　一九六七年に国家保安省の手で完成された反乱予防体制では、事態が「深刻化」した場合、どの市民を逮捕してシュタージ拘置所や「隔離収容所」に収容するかが定められており、誰が誰をどこで逮捕すべきかも正確に決められ、該当者の写真と住居の地図を備えた書類一式が準備されていた。一九八八年十二月の時点で八万四千五百七十二名が対象者としてリストアップされており、そのうち九千名が北ドイツ在住者だった。隔離収容所として一時的に使用されることになっていた施設は、休暇用保養施設、小規模なホテル、寄宿舎、該当者居住地近くのガレージなどで、収容された者は数日以内に全国に点在する拠点収容所に移送されることになっていた。例えばカール・マルクス・シュタット県のアウグストゥス要塞はその一つで、六千名収容可能とされていた。

十月初め、各地のシュタージ管轄局は、拘束対象者と収容施設のリストを最新版に更新した。ロストック県の責任者だったルドルフ・ミッターク中将は人民警察県本部長と協力して「移送拠点」の設置手順を定め、「現況下、国家の安全と秩序に特別な危険を及ぼす可能性のある」すべての人間を登録するよう命令を下した。私も「国家と社会に反対して示威的な行動を企て、県内の体制批判派集会運動を組織する者」の一人として、十月二十三日に拘束する予定者のリストに名前が載った。該当するシュタージ文書によると、「一九八九年十月十九日、ガウクはロストック旧市街地区のデモ行進に積極的に参加し、党と国家指導部の政策、ならびに国家保安省に反対した」からだった。

非常事態のシナリオや反乱予防体制の存在を実際に私たちが知ったのは、各地のシュタージ本部を占拠した後になってからだったが、すでに十一月に入ったころには、暴力的な措置はありうると考えていた。私たちの念頭には、一九八一年にポーランドで布告された戒厳令の記憶があった。しかしその一方で、十月九日にライプツィヒで行われた大規模デモでは、懸念されていた治安部隊とデモ隊との武力衝突は回避されたし、人民警察と結んだ「セキュリティー・パートナーシップ」にもとづく「非暴力」デモも経験していた。党と政府内部でも、ホネカーとミールケの退陣を受けて、暴力よりも対話を重視する党員たちが権力を握った。

十二月初め、党は難しい状況に陥った。ロストック郊外のカーフェルシュトルフで、三百人ほどの住民が、大量の武器が保管されている秘密倉庫を発見したのだ。場所は外国貿易省通商交渉部（ＫｏＫｏ）[8]の管轄下にあったイメス社の輸出用倉庫で、憤慨した住民たちは発見に啞然としながら、車両八十台分にものぼる武器、弾薬、軍用備品のリストを作成した。彼らは「平和国家」と称する東ドイツの代表者やSEDを偽善者としか思えなくなってしまった。港湾都市ロストックの近郊という有利な立地を生かして、一九八二年以降この倉庫から中近東、アフリカ、南米へ武器が輸出されていた。通商交渉部の責任者だったシュタージ少将アレクサンダー・シャルク＝ゴロトゥコフスキはホネカーとミールケ直属の部下だったが、武器が発見された直後の十二月三日夜、身辺に迫った逮捕を恐れて西ドイツへ逃亡した。

カーフェルシュトルフでの武器発見とゴロトゥコフスキの逃亡は、人々の怒りをかき立てた。十二月四日の早朝のラジオ放送は、文書を破棄するためにシュタージが大掛かりな行動を始めたと報じた。この事態を私たちは黙って見ているつもりはなかった。エアフルト、ライプツィヒ、ドレスデンなど各都市の大勢の人々と同様に、ロストックの私たちも火中に飛び込む決意を固めた。シュタージの活動を中止させ、文書の破棄を阻止したかった。

午後四時ごろ、ロストック市内アウグスト・ベーベル通りのシュタージ県本部正面玄関前に少人数のグループが現れ、ろうそくを灯した。午後四時三十分ごろになると、続々と集まる人々の数があまりに多くなったため、建物近辺の道路は通行禁止になった。

当初、シュタージ県本部責任者のルドルフ・ミッターク中将は、新フォーラムの代表者とのあらゆる接触を拒み、教会の地区長《ズーパーインテンデント》ヨアヒム・ヴィーベリング博士と弁護士ハンス＝ヨアヒム・フォアメルカー以外の交渉に応じなかった。しかし午後十時ごろ、十人ほどのデモ参加者が交渉グループに加わると、他の人々も彼らの後に続き、緊張が高まった。人々はロストック郊外のヴァルデックにあったシュタージの対象管轄局に踏み込み、文書破棄が行われた跡を見つけていた。

シュタージの活動実態を明らかにする展覧会のために、私たちが作成したポスター。ロストックのシュタージ県本部前に集まった抗議デモが写っている。シュタージに怒りと軽蔑の目を向けた私たちは、最後には彼らの建物を占拠し、書類を確保した。

ミッタークは初めのうち事態の経過をベルリンの上司に逐一報告できていたが、真夜中ごろ、市民たちによってベルリンへの連絡を阻止された。ようやくこの時刻になって、建物を占拠した市民の強い要請に応じた県検察局の検察官数名が気乗りしない様子で姿を見せると、「あなたを連れて行きます」という紛らわしい一言を告げて、ミッターク中将とともに県本部を去った。デモ隊は検察が彼を「連れて行く」と言ったので、逮捕したと思ったのだが、すぐに勘違いだとわかった。検察官とミッタークは本部の出口で「自分の車を使いますか、それとも私の車に乗りますか」と話しているところを目撃された。ともかくシュタージ要塞の責任者は外に出て、内部にデモ隊が入ったのである。

デモ隊には白衣を無造作に羽織った医師インゴ・リヒターがいて、建物内に拘留されていた既決囚の健康状態をチェックした。彼らは大部分が政治犯だろうと推測されていたのに反して、実際には刑事犯が主だった。後にリヒターは、占拠の主導者アクセル・ペータースに助力を求められたときのエピソードを私に話してくれた。「インゴ、ちょっと救急用の赤いトランクを持ってこっちに来てくれないか」とリヒターに声をかけたペータースは、「気を付けろよ、連中は全員まだ武装しているからな」と衛兵を指すと、目の前に立っていたシュタージ幹部将校の方に向き直って、「僕と話しているときは、ズボンのポケットから手を出してくれませんか」と話しかけた。将校は手を出したが、そのときポケットの中で重そうな音がしたという。将校はずっと拳銃を握りしめていたのだ。

真夜中過ぎ、三十名ほどの人民警察官が現れた。デモ隊を建物の中に入れ、続いて数時間かけて、三百名ほどのシュタージ職員を複数の出口から外に出した。市民の立ち会いのもと、警察官は誰もいなくなったフロアを封鎖した。朝六時、建物の管理は人民警察が引き継いだ。

十月にはまだ革命運動の最後尾を走っていたロストックも、今やシュタージ県本部占拠を敢行し、エアフルトやライプツィヒに追いついた。デモ隊の代表者とシュタージ将校が署名して、シュタージの職務停止を確認する文書を作成した。邪悪なシュタージの権力は、それよりややましな人民警察と検察の助けを借りて、引き渡された。革命的な引き渡しだった。このモデルは他の地方でも実践された。

一九八九年の最も重要な出来事といえば、ドイツでも世界中でも、十一月九日深夜のベルリンの壁崩壊が強烈な印象として刻みこまれている。しかし当時、当事者だった私たちにとって、壁の崩壊は中心的な出来事ではなかった。十月七日のプラウエンでの抗議デモやライプツィヒの月曜デモ、とくに十月九日のライプツィヒのデモ、さらに私の故郷ロストックをはじめ、他の諸都市で行われた一連の抗議行動がなかったら、十一月九日はありえなかったからだ。壁は、それを築いた権力者が倒れたときに崩壊した。東西の統一が成就する前に、自由は生まれていたのである。

十一月九日は木曜日だった。それまでの木曜日と同様、私たちはデモを行っていた。この日も四万人のロストック市民が街頭に繰り出した。その最後に、市庁舎前で即席の演台から降りた私の前に二人の人民警察官が現れ、ラジオで聞いたばかりですがと断って、ニュースを伝えてくれた。「ベルリンで壁が壊れました」。私の心を占めていたのはロストックで、ベルリンではなかった。私の考えていたのは自由であり、壁ではなかった。「皆さん、普段通り、職務を続けてください」というのが私の返答だった。自宅に帰ってテレビをつけると、警察官の言ったことが正しいことがわかった。実はちょうどその前日、ゲァハルト叔父を誕生日に訪問する目的で申請した出国許可を受け取るため、検問所に行ってきたばかりだった。いつものように国境警備兵を見て、退屈な気分を感じてきたのだ。今、その検問所が開放され、川の流れのように、大勢の人々が警備兵の脇を通り抜けている……。信じられなかった！

十日早朝にかけて、〔ロストックからハンブルクへ向かう途中にある〕ボイツェンブルクとツァレンティンの国境でも、あらゆる検問所で見られたのと同じ感動的な場面が演じられた。翌日、各地の人民警察の郡警察署には長い行列ができた。ノイブランデンブルク県だけでも三万件を超える出国申請が出され、一万八千件の私用旅行ビザが交付された。現代史研究者のシュテファン・ヴォレは、後にこの時の出国の波を、「転換期の秋に生じた最大の国民運動――西ドイツへの巡礼の旅」と表現した。鉄道の駅は溢れる人々でごったがえした。特別列車が運行されたが、西ドイツに行こうとしたすべての乗客を乗せることはできなかった。

国境が開放された今、新たに旅行の自由を得た人々はもはや活動に参加しないのではないか、と危惧した市民権運動家は多かった。自分たちには政治的な闘いをさらに続ける潜在力はもうないかもしれないと思ったのだ。しかし、これはすぐに杞憂だと分かった。街頭デモは参加者数こそ減ったが、私たちのロストックでは年を越しても続いていた。規模の大きな体制批判対話集会も、いくつも開催された。運動の核になる活動的な人々は、以前と変わらず存在していた。私の友人たちはちょっと西ドイツに出かけ、また戻ってくると、故郷の社会の変革のために燃える炎となった。運動を担った多くの人々も同じだった。

　私自身どれほど統一を待ち焦がれてきたことだろう。西ドイツへ行くことをどれほど長く夢見てきたことだろう。ところがいざ国境が開いてみると、西ドイツへ出かける時間はほとんどなかった。東ドイツですべき仕事が山積していた。一九八九年十二月六日、私たちはヴィリー・ブラント*の訪問を受けた。壁が崩壊して以後、東ドイツを公式に訪問した最初の西ドイツの政治家として、なんとブラントは私たちのロストックにやって来た！彼は聖マリア教会で講演を行い、晩にはヴァルネミュンデの名物建築「テーポット」を訪れ、西ドイツの第二テレビ放送（ＺＤＦ）の報道番組「ケンツァイヒェン・デー――東と西のドイツから」に生出演した。司会のディルク・ザーガーの他に、ベルリンの社会学アカデミーからロルフ・ライスィヒ教授、民主主義の出発（ＤＡ）からヴォルフガング・シュヌーア*、東ドイツで新しく結成された社会民主党〔ＳＤＰ。九〇年一月に略称をＳＰＤに変更。同年九月にＳＰＤに合流〕からインゴ・リヒター、そして新フォーラムを代表して私が出演した。この番組は、東西ドイツの放送局の共同製作による最初のテレビ番組となった。

　ロストックを訪れた戦後の西ドイツの政治家の中で、このときのヴィリー・ブラントほど市民の心からの熱烈な歓迎を受けた者はいなかった。旧市街の通りと広場に四万人もの人々が集まり、聖マリア教会を八千人の聴衆が一センチ四方の隙間もないほど埋め尽くした。教会の中では、壇上に進むブラント目がけて、あらゆる方向から花々が投げかけられた。番組の最中、私はブラントの生涯を振り返った。戦前のナチ時代、若くして亡命を余儀なくされたが、戦後は西ベルリン市長になり、一九六一年にＳＰＤの首相候補となった。このときは対立候補から腹立たしい中傷を受けて敗北したが、六九年に晴れて西ドイツ首相に選ばれた。七〇年にワルシャワのゲットー記念碑の前でひざまずいた際は、羞恥と謙遜を表現すると同時に、真に新しい時代を始めようとする意志を

1989年12月6日、ヴィリー・ブラントはロストックを訪れた。聖マリア教会を埋めた何千人もの人々と感動的な出会いを果したその日の晩、ブラントと私は、ヴァルネミュンデで行われた東西ドイツの対話に出席した。ロストックの知人は、西ドイツの第二テレビ放送（ZDF）の中継を写真に撮って送ってくれた。「ヨヘン、西のテレビに出た君の写真だ！」

世界中に印象づけた。「私たちの東ドイツでも、大勢の人々があなたと一緒にひざまずきました」と私は語りかけた。ブラントの〔秘書ギヨームのスパイ事件のための〕首相辞任の思い出にも言及した。「あなたのすぐ身近にいた灰色の人間の正体が露呈したときの（原注2）、あなたのまなざし。当時、あなたが味わった幻滅を、私たちは怒りで共有しました。私にとってこれらすべての思い出は、現在と結びついています。そこには信頼と人間性が共通しています。私たちがあなたを敬愛するのは、これまで私たちの国の指導者に決定的に欠けていた特質をあなたという政治家が持っているからです」。

これに対してブラントは、母親がメクレンブルク出身であることに始まり、生まれた町クリュッツで過ごした幼年時代や、ヴィスマール、シュヴェリーン、ギュストロー、ロストックを訪れた思い出を語った。その後五十三

年が経過した今、ようやく彼はロストックに戻ってきたのだ。西ドイツ首相として東西に分断されていたヨーロッパを完全に崩壊させないために尽力した時代を回想したブラントは、ソ連、ポーランド、チェコスロバキアとの条約締結と東西ドイツ基本条約について語り、とくに一九七五年の夏にヘルシンキで開催された全ヨーロッパ最初の会議〔ヘルシンキ宣言を採択した全欧安全保障協力会議〕が果たした意義について語った。「今まさに動き出した変化の前提条件のいくつかは、こうした努力を通して私たちが一緒に作ってきたのです」。

数日前の十一月十日、ブラントは当時シェーネベルク地区にあった西ベルリン市庁舎の前に立ち、集まった群衆に向かって「ともにあるものが、今、ともに成長している」と呼びかけた。後にこの発言は、東西ドイツの統一を先取りした発言として解釈されることになったが、もちろん当時は、ブラント自身でさえ、事態が統一に向かって進むとは想像できなかった。ロストックで彼は、「私たちは新しい種類のドイツ連合のもとにまとまることになると思います。……ドイツの再統一を想像することは、私には難しい」と語った。

当時の西ベルリン市長ヴァルター・モンパーも「東西ドイツは『再会』した。『再統一』するのではない」と語り、事態を静める発言をしていた。緑の党も同様の見解だった。しかし、十一月十三日、ライプツィヒの月曜デモに「再統一を目ざそう！　スタートは切られた！」という横断幕が掲げられた。他に「なぜドイツが一つになってはいけないのか?」という横断幕もあった。そしてその二週間後、紛れもなく「ドイツ、一つの祖国！」〔東ドイツ国歌の歌詞の一部〕が掲げられた。この過程で私たちのスローガンだった「我々こそが人民《ダス・フォルク》である（Wir sind das Volk）」は変化し、「我々は一つの民族《アイン・フォルク》である（Wir sind *ein* Volk）」が掲げられるようになった。

草の根グループ《バーズィスグルッペ》は二極に分かれ始めた。民主主義を今（DJ）のヴォルフガング・ウルマン*は、再統一に断固として反対した。新フォーラムのベルベル・ボーライは事態を憂慮し、バーゲンセールのように東ドイツが売り尽くされてはならないと警告した。私の同僚の牧師で、ごく近しい仲間でもあり、交代で木曜ミサを行っていたヘンリー・ローゼは、資本主義社会の過度に進んだ疎外が生み出す恐ろしい帰結の数々――高価格の生活必需品、高い家賃、失業――を説いた。

これまで体制側に同調してこなかったロストックの牧師たちは、教会内の少数の体制批判活動家や改革派の党支持者らとともに、自立した東ドイツに新しい社会主義を築くための統一市民グループを立ち上げた。十一月三十日の木曜デモで「ドイツ、一つの祖国」という横断幕を掲げた参加者が先頭に現れたとき、彼らに向かって罵声が飛んだ。「反ファシズム-ロストック」と名乗る団体は、後日撒いたフライヤーに次のように書いた――「一九八九年十一月三十日の木曜デモでは、我々は驚愕をもって、過去の遺物が暴力的に復活する有様を確認した。この時代にナショナリストとナチスを体験するとは……。街頭に出て、再統一とネオファシズムと外国人憎悪に反対しよう！　我々は右傾化を促すことはできない！」。

西ドイツの姿は極端に歪曲されていた。西ドイツは消費テロ、失業、麻薬、売春に支配され、第二次世界大戦で犯した戦争犯罪を否定しているというのだ。
コンラート・ヴァイス*、ウルリケ・ポッペ*、フリードリヒ・ショルレンマー*ら体制批判グループの著名な代表者たちは、シュテファン・ハイム*、クリスタ・ヴォルフ*ら有名な文学者とともに「私たちの国のために」というアピール文に署名したが、ここにも無意味な異議申し立てが主張されていた。「今私たちには二つの道しか残されていない。東ドイツの自立を主張して、（……）平和、社会的正義、個人の自由、すべての人々の移動の自由、環境保護が保障される連帯社会を築くことができるか。あるいは、強力な経済的強制力と、多大の影響力を持つ西ドイツが私たちに支援を提供する際の不当な条件とによって引き起こされる、私たちの物質的かつ道徳的諸価値のバーゲンセールが始まるのをじっと耐えねばならないか。どちらかなのだ」。西ドイツのブレーメン市長クラウス・ヴェーデマイアーはロストックの『北ドイツ最新情報』紙に寄稿し、「再統一をめぐって大騒ぎが起こるのは、自分たちの国を民主主義国家に変える幸運に恵まれていると、東ドイツ国民《フォルク》が時代遅れにも考えるところに原因がある」と書いた。

私はこれらすべての考え方に同意できなかった。私はまったく正反対で、統一に賛成であり、統一の重要性を訴える活動を開始したのである。十二月四日のシュタージ県本部占拠の際には、友人たちや親しい仲間たちとドイツ統一について徹夜で議論していたため、現場に駆けつけることができなかった。それまでの数週間の闘いを通して、私たちはお互いにとても親しくなっていたのに、今やつかみあいの喧嘩をしかねない有様だった。アンネ、コニー、ヨハン＝ゲオルク、キルステンたちは再統一にかなり懐疑的だった。三日後に迫った木曜ミサでは、再統一に触れないわけにはいかなかった。彼らは私に言った――「ヨヘン〔ヨアヒムの愛称〕、統一に賛成だなんて、どういうつもりだ?　ここは自分たちの国なんだぞ。自分たちの手できちんとやっていくべきだ」。

私も仲間たちと同様、まず民主主義と自由の実現が最も重要だと考えていた。しかしこの年の秋、造船所の労働者たちと話し合う機会があり、そこで私の考えは変わったのだ。彼らは新フォーラムの広報担当を通じて、「君たちが勝利を収めると」造船所はどうなるのか、すべての国有企業をどうするつもりなのか、教えて欲しいと言ってきた。私は彼らに会って、社会主義と資本主義の中間の「第三の道」を示したが、具体性のまったくないものと受け取られてしまった。実際、私も同感だった。「第三の道」の経済政策について問われても、ロストックでは誰も答えを知らなかった。ベルリンで活動する新フォーラムのベルベル・ボーライやラインハルト・シュルトにもほとんど期待できなかった。新フォーラムの経済政策を検討する作業グループの専門家たちですら、具体的な処方箋を持っていなかったからだ。しかし、造船所の労働者の取りうる選択肢には、〔西ドイツの〕社会的市場経済(9)があった。次に会ったとき、私がこの点を伝えると、彼らはきわめて冷静に反応した。「なんだ、西ドイツのようになるのか！」。

「そうです」と私は答えた。「西ドイツのように、あるいは北欧諸国のようになります」。

「そういうことなら、統一に賛成できる」と労働者たちは言った。

私も同じ考えだった。私たちが西ドイツと同じように自由と民主主義を目ざし、西ドイツと同じような経済形態を実現していくのであれば、東ドイツという固有の国家は何のために存在するというのだろう。

十二月十三日に開催された新フォーラムのロストック地区総会の直前、私はドイツ統一に賛成する論点を三つにまとめた。「統一を望む大勢の意志を信頼せず、逆に検閲するようなことは、果たしてふさわしいことでしょうか。新フォーラムではそのようなことを慎むべきです。何と言っても私たちは人々《フォルク》の教師ではなく、私たちもまたその人々の一部なのですから。……仮に私たちが統一に賛成するにしても、今すぐ完全な形で統一が手に入るわけではないことを見逃してはなりません。そこで私たちは、経済成長を肯定します。経済を停滞させてはなりません。私たちは経済を明確に振興させ、ともに歩み、ともに決定しなければなりません。……東西に分かれた国民《ナチオーン》は、それぞれ自分自身を学び、かつ忘れなければなりません。……もちろん社会を新しくするための闘いは、『統一』という目標を掲げて実現したものではありません。今後も、解放を目ざすプロセスを進めなければならないことは明らかです」。私は党内左派に配慮して、次のように言った。「社会主義は実現可能です。しかし、現存の『社会主義』から出発することは不可能です」。

地区総会では、私が提案した路線は過半数をはるかに上回る賛成を得た。一方、新フォーラム内外で活動する左派の牧師たちは反対した。その一人は、この決定を機関紙に掲載することを一カ月以上も怠った。その間私は、国内各地の代表を集めて開かれた新フォーラム第一回全国大会に出席するため、ベルリンへ向かった。一九九〇年一月二十七日から二十八日にかけて開催された全国大会では、ハーラルト・テルペやハイコ・リーツといった盟友と協力して、私の考えを全国レベルで貫徹することに成功した。それまで実権を握っていた「左派」の抵抗を抑えて、基本宣言が採択され、新フォーラムはドイツ国民の統一に賛成することを表明したのだった。

採択の後、私は中央円卓会議〔第八章注(3)参照〕のメンバーに選出された。しかし私は、ロストックでもベルリンでも、円卓会議に出席しなかった。時間がなかったのだ。エリート委員会の法的裏付けを欠いた委員らが行う合意形成の政治は、過渡期における解決策としては意義深いと思ったが、そもそもこれをいかなる政治形態というべきか、わからなかった。私の目標は議会制民主主義だった。

西ドイツのテレビは、東ドイツの市民運動がまるで一致団結して統一に反対しているように報道していた。それは、西ドイツのメディアがこれまでとくに東ベルリンを中心に活動してきたことと、新フォーラムのメンバーになった活動家たちとのコンタクトが長年にわたり密接に続いてきたことで、新フォーラムが体制批判派の同義語のようになっていたからだった。私の記憶では、ギュンター・シャボフスキー*が旅行の自由を発表した十一月九日(10)、トラバント車に乗った東ドイツ市民が西ドイツで大歓迎を受け始めたちょうどその頃、ベルベル・ボー

1989年から90年にかけての冬。不安は過去のものとなった。ロストックの私たちも何週間も胸を張って歩く練習をした。小さなグループが幕に掲げた東ドイツ国歌の一節「ドイツ、一つの祖国」は、この後すぐ大多数の市民のスローガンになった。

ライは蒸留酒をあおってベッドに入り「八時間、自分自身を埋葬していた」と報道され、ロストックの人々を激怒させた。もしその翌日彼女が私たちに連絡してきたなら、猛烈な批判を受けただろう。

東ドイツ市民運動の活動家の一部は、街頭デモを行う大衆《マッセ》との接点を明らかに失っていた。彼らの西側のパートナーだった左派活動家《リンクスアルタナティーヴ》の一部も西ドイツでは大衆から孤立しており、両者とも似た状況にあった。これは悲劇的な崩壊を生んだ。革命の第一世代が若い世代から全否定される代わりに、東ドイツ最初の自由選挙で見捨てられてしまったのである。新しく反対派に加わった若い世代は、古くからの反体制活動家とは別の道を選んだのだ。民主化運動の拡大にともなって参加した新しい世代の活動家は、世界の変革を目ざす市民権運動指導者の理想主義的な態度になじめず、全生涯を通して東ドイツ国家の父権主義に抵抗してきた父母の世代にほとんど共感を抱かなかった。ところが今、古い世代の方は父権主義的な野心から自由になれず、何が民衆《フォルク》のためになるのかは自分たちだけが知っている、しかし未熟な民衆は残

1990 年 2 月、シュヴェリーンで開催された新フォーラムの大会。東ドイツ全土から代表が参加したこの大会は、新フォーラムの中央委員会と言えた。実際、議題に挙がったのは、90 年 3 月 18 日に行われる人民会議の自由選挙を前に私たちが行う大規模な催し物についてだった。

念なことに、西ドイツ、とくにその首相ヘルムート・コール*に誘惑されている、と主張していた。新フォーラムのメンバーが風力発電機の立ち並ぶエコロジー共和国を夢見始め、トラバント車を捨てて自転車に乗り替えようとしたとき、私は冷静に言った。「今までトラバントに乗ってきた人は、まともな自動車が欲しいんだ。いつの日かエコロジーに目覚めて自動車を放棄する時が来るのかもしれないけれども、今は自動車を手に入れる方が先だろう」。

一九九〇年一月に開催された新フォーラム第一回全国大会では、第一世代にあたるベルベル・ボーライをはじめ設立メンバーらは、フォーラムに何が起こったのかとひどく落ちこんだ様子をしていた。彼らの目には、新しく参加したメンバーは保守的で現実的過ぎると映っていた。ほとんど闘ってこなかった新参者たちが、今影響力を持とうとしていることに不満だったのだ。

一九九〇年一月末、ＳＥＤと円卓会議の代表者から成る「国民責任内閣」(11)は、東ドイツ人民議会の自由選挙を三月十八日に行うことを決定した。二月上旬、議席獲得のチャンスを高めるために、新フォーラム、民主主義を今、平和と人権イニシアティヴらの体制批判グループは、西ドイツの緑の党と協力して選挙連合「同盟九〇」を結成した。一方保守派の方も、西ドイツのキリスト教民主同盟（ＣＤＵ）に支えられた選挙連合「ドイツ連盟」を結成した。こうして選挙戦がスタートした。

実際的な政治家としての信念を抱いていた私は、本来は社会民主党（ＳＰＤ）に入党するのが筋だった。ところが激動の秋以来の活動的かつ意識的なロストックの仲間たちは、新フォーラムと共に同盟九〇に参加してしまった。合理的な政治の実現を志した私たちは、それをロストック地域で貫徹することができたため、ベルリンの新フォーラムが何を考えていようが、ほとんど関心を持たなかったのである。ロストックとベルリンの状況の食い違いは、機関誌『他者（Die Andere）』がようやく発行されたときにも露呈した。ベルリンで編集した内容の多くが、ロストックでは左翼的過ぎると受け取られたのだ。このためロストックでは機関誌の配付をできるだけ控えることになった。

「左にも偏らず、右にも偏らず、まっすぐ進む」のが、私たちのモットーだった。シュヴェリーンやロストックで開催した大がかりな選挙集会には、小説家モニカ・マローン*や歴史家ヴォルフガング・レオンハルト*といった影響力のある応援者が駆けつけてくれた。けれども私たちの運動には、八九年秋に大規模なミサや街頭デモを敢行したときのような魅力が失なわれていた。それに対して、東ドイツ地域でも活動を開始した西ドイツの既成政党は、選挙経験が豊富で、資金力も大きかった。私たちの選挙活動の宣伝効果はかなり限られたものになってしまった。

こうして一九九〇年三月十八日の選挙当日になった。自分の一票を投じて投票所を後にした私は、涙を抑えら

同盟90の最有力候補の写真が入ったこのポスターは、指名手配犯の人相書に似ていた。私を市民運動の有力候補に選んだロストックの支持者は、驚いてこのポスターを回収し、別のポスターを独自に印刷したほどだ。このポスターには私の一生のテーマである「自由（Freiheit）！」という自筆の赤い文字が見える。

れなかった。一票の重みが平等で、投票の秘密が守られた自由選挙を体験するために、私は五十歳にならざるをえなかった。今や私は、投票を通して、未来の政治形成にいくばくか寄与する可能性を手に入れた。一九三三年にヒトラーが権力を掌握して以来、この土地の人々は自分たちの代表に期限を限った支配を認める権利を行使できなかったのである。これまでの五十年間、私は自分が市民になり、有権者になりえることを想定してこなかった。喜びと誇りの入り混じった気持ちだった。「ドイツ民主共和国」という国名を持つ東ドイツを、本当に「ドイツ」の「民主」的な「共和国」にするために力を尽くした人々に、感謝の気持ちを捧げた。この瞬間、私にはわかった。今後、自分が投票所に行かないことは、決して、絶対に、ないと。

選挙結果には落胆した。私たちの同盟九〇が得た票は、全体のわずか二・九パーセントにすぎなかった。しかし東ドイツ人民議会は、西ドイツ連邦議会のように五パーセントという最小限の得票率を設けて小政党を制限[12]していなかったため、私たちが議席を獲得するには十分な得票数だった。落ち込んでいる暇はなかった。同盟九〇から十二人の議員が人民議会に入ることになり、メクレンブルク－フォアポンメルン地方の市民運動を代表する唯一の議員として、私はその一人となった。

選挙は全体として大成功だった。九三・四パーセントもの有権者が投票所に足を運んだ。しかも自由意志で投票したのだ。これだけの高い投票率は、西ヨーロッパ諸国の選挙では前例がなかった。西の北ドイツ放送（NDR）クルーは、選挙結果を分析するために、私をロストックのヴァルノー・ホテルに招いた。インタビューを受ける私の隣には最近急に顔が知られるようになった男がいて、開口一番こう言った。「今回の選挙の勝利者は私だ」。

私は驚いて応じた。「選挙の勝利者は、ヘルムート・コールだと思うが!?」。

この、メクレンブルク北部のヘルムート・コールとでも呼べる男はギュンター・クラウゼという名前で、ブロック政党の一つだった東ドイツ・キリスト教民主同盟（CDU）の古参党員であり、今回の選挙では西ドイツのキリスト教民主同盟から立候補して当選したのだった。その後彼とは何度も顔を合わすことになった。というのもクラウゼは東ドイツ側の責任あるポジションに就いて統一交渉を担当し、西ドイツ側の責任者ヴォルフガング・ショイブレ内相と渡り合ったからだ。これは膨大なエネルギーを費やす仕事で、クラウゼの人生の中でもっとも重要な時期だったと思う。その後彼は、何度もスキャンダルを起こして内閣を去らざるを得なかったばかりか、偽装倒産の罪で有罪判決まで受けてしまった。

一九八九年時点でほとんど無名の男にすぎなかったギュンター・クラウゼは、九〇年の人民議会選挙で勝者に躍り出た。一方、八九年によく知られていた私は、九〇年の選挙で事実上の敗者となった。多くの市民運動出身者は、私と同様、敗北を経験した。大勢の人が私たちに「すごいじゃないか」と声を掛け、肩をたたいて激励してくれたのに、結局「でも俺たちはヘルムート・コールを選ぶよ」と言い残して去って行ったのだ。

それでも私は人々の心変わりを不審にも思わなかったし、それに傷つくこともなかった。人々がそのように振る舞った理由を理解できたからだ。

第十章　人民議会、ついに自由に選ばれて

すべてが変わった。古きものは日々新しいものに替わった――これほどたくさんの新しいものを前にすると、気後れが先に立つ。東ドイツの県は再編され、再び連邦州になった。ザクセン地方だけでなく、メクレンブルク地方でも他の地方でも、人々は州に戻ることを望んだ〔第一章注(10)参照〕。きらびやかな商品世界が国中を覆い、慣れ親しんだ社会主義的商慣習の命を奪い去った。実際、国営小売店「ハーオー（HO）」〔Handelsorganisationの略〕や消費共同組合「コンズーム（Konsum）」〔HOとともに東ドイツ国内に多数の店舗があった〕の終焉を嘆く声が上がるより先に、何千もの村々で日常品を買う唯一の可能性だったこれらの店舗が消えてしまった。社会主義統一党（SED）や国家が影響力を行使するために利用したネットワークや古い「コネ」は罵倒された。助っ人に駆けつけた西ドイツからの新規参入者をすぐ脅威と受け取った者は少なかった。

人々の投票結果は、デモ隊の要求を認めるものだった。人民議会は根本的な改革が必要だった。私たち「新人議員」は晴れやかな気持ちで、ベルリンの共和国宮殿内の議場で開催された華やかな開会式に出席した。長年にわたってSEDが形だけの議会を運営し続けてきたこの場所で、自由選挙で選ばれた代議員たちが今はじめて民主主義を打ち立てようというのだ。四十年間続いた嘘から、「ドイツ」の「民主」的な「共和国」という東ドイ

ツの正式な国名にふさわしい真実が生まれるだろう。

社会主義統一党（ＳＥＤ）は民主的社会主義党（ＰＤＳ）[1]と名前を変え、六十六議席を維持したが、「私たち」の方が多数派だった。四百九議席中、キリスト教民主同盟（ＣＤＵ）が百六十三議席、社会民主党（ＳＰＤ）が八十八議席、同盟九〇が十二議席、さらに緑の党が八議席を獲得した。ところが議員の出身母体を詳しく見るうちに、私の喜びと誇らしげな気持ちは沈んでしまった。ほぼ百八十五名の新人議員は、崩壊したはずのＳＥＤ体制や、かつてのブロック政党〔第九章注(5)参照〕に所属していた者たちだった。例えば私が所属した委員会にはテューリンゲンの旧知の牧師がいたが、彼は以前、ブロック政党の一つだった東ドイツ・キリスト教民主同盟の党員だった。

「マルティン、奇妙だね」と私は彼に話しかけた。「以前はホネカーのために働き、今度はコールのために働くのかい⁉」。彼は笑い返しただけだった。結局、私はこの事実を受け入れた。マルティンは選挙で選ばれたのだし、仕事に対する態度は真剣だったからだ。

ロータル・デメジエール*新政権の閣僚の顔ぶれも、私は心から喜べなかった。二十三名の閣僚のうち、ＣＤＵに所属していた十三名と自由民主連盟（Bund Freier Demokraten）に所属していた二名の閣僚は、ブロック政党の党員だった。かつて無党派だったのは、ＳＰＤの十一名の閣僚と、ドイツ社会同盟（ＤＳＵ）[2]と民主主義の出発（ＤＡ）〔第八章注(2)参照〕という二つの新しい小政党の閣僚だけだった。東ドイツ体制批判運動の出身者で閣僚になったのは、マルクス・メッケル（ＳＰＤ）とライナー・エッペルマン（ＤＡ）の二人しかいなかった。

当時は仕事への集中度がとても高く、きわめて刺激的な時期だったが、奇妙なことも多かった。本会議が開かれた共和国宮殿の議場正面には、東ドイツのハンマー、コンパス、穂の冠から成る銀色の巨大な紋章がひと際目立って掲げられていた。二つ折りの紙の身分証明書も昔のままで、東ドイツの印章が押印されており、不人気だった前任者たちが享受したのと同様に、バスと鉄道の一等車を無料で利用できる権利を保証していた。東ドイツ時代の慣例に従って、人民議会諸規則一覧は真っ赤な革製の大きな書類入れに収めて配付された。議員宿舎はベルリンのリヒテンベルク地区ルーシェ通りにあったが、これは元国家保安省の建物が立ち並ぶ寂しい一角に位置し、真向いにはかつてのシュタージ中央本部があった。システムキッチンを備えた部屋は、社会主義国の独身寮の魅力に輝いていた。議会と宿舎間の送迎を担当したのは、シュタージや各省庁の公用車管理部に勤めていた職員たちだった。送迎用の公用車の車中では、以前この車に乗ったのは誰だろうと考え、宿舎のベッドの中では、以前ここで寝たのは誰だろうと思わざるを得なかった。そのようなとき、私は勝利の感情に襲われたが、反対に、吐き気を覚えたこともしばしばあった。

　私たちの会派には古くからの体制批判活動家が多くいて、その中に弁舌のすぐれた者が何人もいた。例えばヴォルフガング・ウルマン*、イェンス・ライヒ*、ゲルト・ポッペ*、マティアス・プラチェク*、マリアンネ・ビルトラー*、ヴェラ・ヴォレンベルガー*、ギュンター・ノーケ*、コンラート・ヴァイス*、ヴェルナー・ンユッツ*らである。私たちは数の上では少数派でも、彼らのおかげで議会での存在感は抜群だった。会派の中でそれほど有名ではなかった私は、ぜひやろうと意気込んでいたドイツ統一委員会や外交委員会には入れず、まったく望んでいなかった内務委員会に入ることになった。このとき私は、この先十年以上もの間、この委員会の活動に全力を投入することになるとは想像もしなかった。シュタージが私のテーマになるとは、夢にも思わなかった。

　国家保安省《シュタージ》の終焉は、ハンス・モドロウ政権のときに始まっていた〔ハンス・モドロウ政権は一九八九年十一月に組閣され、一九九〇年三月の人民議会選挙後のデメジエール政権成立まで続いた〕。一九八九年十二月初旬、各地のシュタージ県本部や郡管轄局が怒れる市民の手で占拠されたが、その一カ月前の十一月中旬、国家保安省は国家安全庁（Amt für Nationale Sicherheit、略称ＡｆＮＳ）に改称された。これがＳＥＤの仕組んだ回避策であることは誰の目にも明らかだった。私たちはシュタージの改組や改称を望んでいたのではない。シュタージなど全く要らなかった。当時、西の憲法擁護庁(3)に類する公安関係の官庁の設立が検討されたが、たとえそれを認めるにしても、シュタージの元職員やシュタージ文書を引き継ぐことには絶対反対だった。そこで、東ドイツ全土にネットワークを持つ市民運動の委員会とベルリンの中央円卓会議は、AfNSの即時解体を要求した。

一九九〇年一月十五日の円卓会議で、モドロウ首相はAfNS解体の進捗状況を報告させた。最終的に八万五千人を擁した正規職員のうち、すでに三万人が解雇され、郵便物の検閲と電話の盗聴も中止され、一二万五千六百丁の拳銃、七万六千五百個の銃器、三千三百丁の警察銃、三千五百丁の対戦車ライフルの引き渡しが始まったという内容だった。ちょうどこの報告が行われていたとき、ベルリンのノルマンネン通りにあったシュタージ中央本部が市民権運動家の手で占拠された。当時の中央本部は、市民委員会がまだコントロール下に置いていない唯一のシュタージ施設だった。新フォーラムはフライヤーを撒き、「漆喰とベルリンの壁の破片を持って集まろう」と呼びかけていた。「もしシュタージの連中が出ていかないときは、壁に塗り込めよう！」実際にエアフルトでは、このやり方でシュタージの施設を閉鎖したのだ。

ノルマンネン通りのシュタージ中央本部には大勢のデモ隊が集まったが、彼らは驚くほどあっけなく、建物群の一角に入ることができた。しかも奇妙なことに、デモ隊がなだれ込んだのは、長官ミールケの執務室や長官直属の諜報活動部のある「ハウス1」ではなく、映画館や食堂のある管理棟だった。デモ隊の中にシュタージのスパイがいて示し合わせたのだろうと推測されたが、真相は今でもわからない。いずれにせよ、一九九〇年一月十五日、六十ものビル群から成り、五千八百の事務室を持ち、ベルリンの複数の市街区にまたがるシュタージの最後の砦が占拠され、市民委員会のコントロール下に置かれた。

市民委員会側の調整役のトップを引き受けたのは、言語習得舎《シュプラーヘンコンヴィクト》という神学生のための教会の教育施設に通う二十三歳の学生ダーヴィト・ギルだった。後に彼はシュタージ文書に関する連邦政府特別受託官事務局の最初の広報担当官になった。親切で、仕事熱心で、有能で、頼りになる彼は、どこででも信頼された。私にとって彼は、革命的な変革が続いた時期にともに闘った若い仲間の徳をすべて体現する存在だった。

シュタージ中央本部を清算しようとした市民委員会の活動は、まずモドロウ政権に妨害された。政権はシュタージ解体に関する国家解散委員会を設立して、市民委員会を政府の管轄下に置こうとした。三月の人民議会選挙を経ても、状況は良くならないどころか、かえって悪化した。新たに内務相に任命されたペーター・ミヒャエル・ディーステルは、市民委員会はもはや不要であると宣言し、シュタージ文書保管庫へのアクセスを即刻禁止するとともに、市民委員会のメンバー宛に一九九〇年六月末付での解任通告を発送した。

これに対して人民議会は六月中旬に、シュタージ解体のための特別委員会を設立した。私たちはダーヴィト・ギルの経験を見込んで、委員会に加わるように彼に頼んだ。第一回会合の最後に、私が委員長、ギルが書記に選ばれた。

すでに市民委員会が着手していた活動は、シュタージ解体のための人民議会特別委員会に引き継がれることが議会で承認された。ところが四月にデメジエール政権が成立すると、モドロウ前政権が設立していた国家解散委員会は新政権にそのまま引き継がれてしまった。国家解散委員会は、私たちの特別委員会のコントロールを逃れようと画策し、内務相はそれを擁護した。

内務相ペーター・ミヒャエル・ディーステルは、西ドイツのキリスト教社会同盟（CSU）(4)の姉妹政党ドイツ社会同盟（DSU）の代表を務めていたが、DSUを辞めて、キリスト教民主同盟（CDU）に所属を替えた。この男は内務相の重責に必要な信頼を議会から得られず、とくに民主化運動の活動家からはまったく信用されなかった。しかしおかしなことに、デメジエール政権が解散する一九九〇年十月まで彼はあらゆる危機を乗り切り、内務相の職にとどまり続けた。ディーステルは、国家解散委員会の多数を占めていたシュタージ関係者をかばった。そればかりではない。国外のスパイ活動を統括していたシュタージ諜報総局〔Hauptverwaltung Aufklärung、略称HVA〕の機密情報破棄作業はモドロウ政権時代に始まり、人民議会選挙後まで続いていたが、この破棄作業を擁護したのも彼だった。このようなディーステルと私たち人民議会特別委員会は、とくに元特殊任務将校〔Offiziere im besonderen Einsatz、略称OibE〕の氏名の公表とシュタージ文書公開法の制定に関して、管轄権をめぐるつば競り合いを演じた。

まず特殊任務将校のケースについて述べよう。元シュタージ幹部の潜伏を許すまいとの一念から、私たち特別委員会のメンバーは管轄外だったこの課題を引き受けた。私も参加した。悪名高き特殊任務担当将校の問題が私たちの視野に入ったのは、一九八六年六月にシュタージ長官ミールケが命じた「特殊任務将校の活動に関する規定」を市民権運動家ハンス・シュヴェンケが偶然発見したのがきっかけだった。問題となった特殊任務将校とは、本来の任務を秘匿したまま機密上重要なポストに投入されたシュタージ職員のことで、緊急事態が発生した場合、彼らはシュタージの延命のために活動を続けるよう指示を受けていた。つまり企業、官公庁、研究機関、警察、軍隊など社会の中枢部門で働く特殊任務将校は、相変わらず活動を継続していると推測しなければならなかった。シュタージ職員の個人情報が入った電子記録媒体は一九九〇年三月の円卓会議の決定を受けてすでに破棄されていたが、それでもかろうじて二千人の特殊任務将校をリストアップすることに成功した。私たちがリストを作成したのは、彼らをさらし者にするためではなく――シュタージ文書の取り扱いはまだ決まっていなかった――、絶対に退職させたかったためだった。

おそらくもっとも有名な特殊任務将校は、外国貿易省次官で通商交渉部（ＫｏＫｏ）〔第九章注(8)参照〕の責任者でもあったアレクサンダー・シャルク＝ゴロトゥコフスキーだろう。西ドイツの有力政治家との折衝を担当した彼は、特にフランツ・ヨーゼフ・シュトラウス*との交渉を通して、一九八三年に数十億の西ドイツマルクの借款を実現させたことで知られていた。もっとも彼はすでに西ドイツに逃亡していた。

内務相ディーステルの部下に不信の念を抱いていた私たちは、県や市の市民委員会の信頼できるメンバーに特殊任務将校のリストを渡した。彼らがリスト上の人物に関する書類を探し出すと、私たち特別委員会のメンバーがそれぞれの地方に出向き、当該人物を職務から即刻退かせた。例えば私はロストックを訪れ、人民警察の県本部長を出頭させて、「私たちが今日来たのは、警察幹部のこの人とこの人がシュタージであることを伝えるためです」と切り出した。これらの人物をただちに解雇するか、退職を促していただきたい。もしそうしない場合、我々はこの件を公表します、と明言した。

ディーステルは、私たち人民議会議員がその職権を逸脱した不当行為を行っていると訴えた。ところが彼自身の内務省に十名の特殊任務将校が働いていることが明らかになり、ディーステルの政治的な立場は難しいものになった。私たちは人民議会で彼を解任しようとして失敗したものの、彼からシュタージ解体の管轄権を取り上げることには成功した。シュタージ問題への取り組みに関するディーステルの無能ぶりには社会全体から怒りの声が沸き起こり、これを報道するメディアの圧力も大きかったため、彼が私たちを妨害することはなくなった。

私たち特別委員会が強いられたもう一つのつば競り合いは、シュタージが集めた膨大な文書を今後どうするかという、政治的にきわめて重要な問題をめぐる闘いだった。人民議会はデメジエール政権が示した提案を完全に不十分と判断して却下していた。そこで特別委員会は、文書を確実に保存するとともに、政治的、法的、歴史的な再検討のために閲覧を可能にするという考え方を柱に、独自の提案を行う作業に着手した。私たちは西ドイツの専門家のアドバイスを受けた。彼らの助言は有益だった。作業が早く進んだばかりか、民主主義の慣習や議会の慣例について学ぶところが大きかった。もちろん欠点もあった。西ドイツの専門家はプロであり、私たちはアマチュアだった。当時、かろうじて歴史に勝利したばかりの東ドイツの人々は、どこでも見習い扱いを受けており、自国にいても居心地が悪いと感じる者は少なくなかった。

しかし、内務相ディーステルと闘っていた私たちは、居心地の悪さなど感じなかった。西ドイツの法律専門家からのアドバイスは必要だった。ディーステルは、自由を謳う国では個人情報保護の観点から、個人を特定できる書類の自由な閲覧は認められないと主張していた。これに対して私たちは、個人情報保護に関する西ベルリン特別州受託官ハンス＝ユルゲン・ガルシュトカから、個人情報の保護は犯罪者の保護であってはならない、政治的な意図を譲歩しなくても個人情報保護の趣旨に適う公開は可能であると教わった。

私たちは「旧国家保安省／国家安全庁の個人情報の保護と利用に関する法律」(5)を短期間で起草した。一九九〇年八月二十四日、同法案は人民議会でほぼ全会一致で可決された。政治史上初めて、秘密警察が収集した全データの利用目的が変更され、個人に対しても、世論に対しても、規則に則りデータを閲覧する権利が認められることになった。私たちはこの法案の可決を、若い議会の歴史的な瞬間として受け止めた。第二次世界大戦後の西ドイツとは異なり、私たちは被害者の利益になるよう、犯罪者と犯罪幇助者に負担させようと考慮してきたのだった。

だがこのとき、まさに駆け引きが始まっていたことには気づかなかった。当時の西ドイツ首相ヘルムート・コールは別の意向を抱いており、もしそれに従っていたら、シュタージ文書はいわば大きな穴の中に消えてしまうところだったのだ。西ドイツ内務省は、東ドイツの当事者たちよりも自分たちの方が過去の重荷をうまく処理できると考えていた。西ドイツ内務相ヴォルフガング・ショイブレが東ドイツ内務省顧問に任命したエリート意識の強いエッカルト・ヴェルテバッハ参事官は、東ドイツ内務省法務局長に「詳細な廃棄規則が絶対に必要であると判断します」と書いたファクスを送りつけてきた。国家の安全保障（要するに若干の政治家とその他の首脳部の市民的な評判）を懸念した西ドイツ各州の内務相と西ドイツ連邦政府内務相は(6)、元シュタージ職員が西ドイツに提供したと想定されるシュタージ文書を破棄する決議を行った。それに加えて西ドイツ政府は、コブレンツにある連邦公文書館にシュタージ文書を移すよう強く求めた。これが実現していれば、ライン川沿いの館長がシュタージ文書の利用に関する連邦政府特別受託官に任命されていたかもしれない。実際、一九九〇年十月に東ドイツのドイツ連邦領への加入《バイトリット》を定めることになる統一条約は、そのような事態を想定していた。これを知った東ドイツの人々は怒った。たった今、私たちは、政治史上、かつ法制史上、画期的な法律を可決したばかりなのだ。人民議会議員《フォルクスカンマー》を通して表明された人民《フォルク》の意志を、このような形で無視しろというのか。

八月三十日、私は「我々は東ドイツの法律の存続を望む。再統一後のドイツにおいても我々の法律が効力を維持して引き継がれることを望む」という人民議会の決議文を提案した。西ドイツ政府との交渉責任者だったギュンター・クラウゼには、彼の人民議会所属会派であるCDUもボンの方針を支持していないことをはっきり指摘した。この頃、統一条約交渉はかなり進展しており、所有権問題をめぐる紛争に決着をつける規定も見出されていた。ところが、私たちがシュタージ文書の利用に関する法律の存続に固執するので、西ドイツ政府は統一が失敗するのではないかとの危惧を抱き始めた。そこで九月十八日、私は東ドイツの政府専用機に乗せられ、東ドイツ交渉団とともに西ドイツの首都ボンへ向かった。

ボンでは妥協案がまとまった。人民議会で成立したシュタージ文書の利用に関する法律は再統一後のドイツには引き継がれないことになったが、その代わりに、統一条約に付加条項をつけることが決まった。これにより、東ドイツの解消をもって人民議会が認めた東ドイツの法律は無効となるが、統一後のドイツ連邦議会はただちに、人民議会の法律を基に新しい法律を制定する義務を負うことになった。仮にこの交渉の席で私たちの立場が貫徹できたとしたら、それはそれで素晴らしいことだったとは思うが、この妥協案でも私たちの法律の核心は残った。つまり、政治的、歴史的、法律的な再検討に向けて、シュタージ文書は公開される。統一後、シュタージ文書は東ドイツ各地域に分散して保管されるが、管理は中央の連邦政府の手で行われる。さらに人民議会は旧東ドイツ市民を一名選び、旧東ドイツ国家保安省の個人関連文書に関する独立した特別受託官に任命する。以上のことが確認された。

この二週間ほど前の九月四日、市民権運動家たちは西ドイツ政府の方針に反対して抗議行動を起こし、ベルリン・リヒテンベルク地区のシュタージ中央本部のいくつかの部屋を占拠していた。彼らはシュタージ問題への取り組みが弱まることを恐れていた。ボンで西ドイツ政府との話し合いを終えた私が、晩にベルリンの占拠現場を訪れると、今頃になって市民権運動家と会う必要を感じたのはなぜかとベルベル・ボーライ*に非難された。

私が彼らの抗議運動と距離を取っていたことは、誰の目にも明らかだった。私は、人民議会がほぼ全会一致で統一後のシュタージ文書法案の無効化を認めないと宣言した以上、占拠は必要ないと考えていたのだ。たとえシヨイブレとディーステルとコールが一致して無効を主張したとしても、東ドイツ人民議会のほぼ全員を敵に回すだけだ。私たちの強さを信じていた私は、民主主義を信奉する原理主義者のように振る舞っていた――私たちは民主主義を得た。だから民主主義の規則を守ろう。占拠は法律違反なのだし、非常事態宣言が発令されているわけではないのだから、街頭や建物を占拠するのはやめよう……と。

しかしボーライは占拠の必要性を強調し、「我々はラジカルであり続けなければならない！」と言い出した。ついにヴォルフ・ビーアマン*が彼らしいやり方で割って入った。「ガウクは卑怯な奴じゃないと思うな。真面目にがんばってるさ」。シュタージ問題と取り組むため、議会に理性的な会派を作り、問題の糾明に力を尽くす私への、ビーアマン流の表現だった。

市民運動家たちの占拠は、結果的に有効だった。占拠のおかげで、世論は議会での私たちの闘いに注目するようになったからである。このため、人民議会の私たちの会派やＳＰＤの議員の中に、彼らの活動を支持する者が出た。

シュタージ文書の取り扱いをめぐる人民議会の議論は、きわめて感情的だった。一九九〇年九月二十九日、人民議会の最終日、過去に国家保安省と協力関係にあった人民議会議員の名前をどのように公開すべきかをめぐって議会は紛糾し、何時間ももめ続けた。この後何年間も私たちを悩ますことになる問題点のすべてが、このときの議論で浮上した。主としてCDUの議員たちは、公開を最小限に限定するよう望んだ。彼らはシュタージの非公式協力者（IM）よりも、IMに指令を与えた「命令者」に焦点を当てようとしており、無制限な公開が「リンチ裁判」を助長するかもしれないと恐れていた。他方、SPDと同盟九〇の議員たちは、道徳的な自己浄化の義務を果たすよう人民議会に要求した。検証委員会（私はその委員ではなかった）が委員会に課せられた守秘義務を盾に該当する議員名の公表を拒むなか、人民議会議長ザビーネ・ベルクマン＝ポールは、もし議員の名前が明らかになり、その家族が路頭に迷うことになっても自分は責任をとるつもりはないと発言した。これを聞いた議員が何人も議長席を囲んで座り込みを行ったため、議会は中断を余儀なくされた。私自身はできたての遵法意識に従い、座り込みには参加しなかった。

結局、議会は議場を非公開にして、IMの疑いがとくに濃厚な十五名の議員の名前を読み上げることで合意した。実はこのとき、議場外のジャーナリストたちの間では、対象となった五十六名の議員全員の名前が載ったリストがすでに出回っていたのだが、議場では十五名の名前のみが読み上げられ、そのうち十二名はその場で個人的見解を表明する権利を行使した。シュタージへの協力を認めた議員は、その中に一人もいなかった。遺憾の言葉を口にした議員もいなかった。彼らは自分の名前が読み上げられたことに抗議するか、自分を被害者とみなすかのどちらかだった。シュタージに協力することは必要不可欠だったと主張する者さえ何人もいて、例えば生活物資や病院での医薬品を確保するためだったなどというのだった。シュタージは慈善組織であったかもしれないと嘲笑的に語った議員もいた。

自分の名前が読み上げられたのは不当であると強く抗議した議員の中には、私が信頼を寄せていたヴィッテンベルクの福音主義教会病院長ベルンハルト・オーピッツ博士がいた。後になって、博士への嫌疑は濡れ衣だったことが判明した。人民議会でこの件を担当した委員会は、国家保安省の索引カードだけで作業を進めてしまい、個々の案件の書類を探す時間をかけなかったのだ。もしオーピッツの書類をきちんと調べていたら、若い頃窮地に陥った彼が逡巡した末に、いったんは協力する用意があることを宣言する文書に署名したものの、翌日思い直し、医師として、かつキリスト者として、協力義務を果たすことはできない旨を詳細に記した文書を提出して、署名を撤回していたことが明らかになっただろう。彼のケースは、市民の勇気《ツィヴィールクラージュ》を後世の人々に示す優れた例だったのだ。一度もシュタージのために働かなかったオーピッツは、署名の撤回以降シュタージの監視下に置かれ、一生を通じて苦しめられた。

国家保安省に存在する索引カードには協力活動の限られた情報しか記載されていないので、注意が必要だ。いわゆる関係書類には、例えばＩＭの活動段階が含まれている。初歩的な任務から難度の高い任務へ昇進した際の更新記録や、情報が得られた期間、いつ記録を終了してアーカイヴに回したかといった情報だ。しかし個々の情報の量と性格については、まったく記述がない。このため私は人民議会の議員だった頃から、ＩＭの記録を判定する際には複数の資料をつき合わせて評価するよう強く主張してきた。文書が破棄されていて補足資料も存在しないようなケースでは、「疑わしきは罰せず」という昔からの原則に従って、きわめて慎重な判断を心掛けてきた。

九月十九日、私は「旧国家保安省の文書とデータの管理に関する連邦政府特別受託官(7)」の候補者に推薦された。対抗馬はいなかった。九月二十八日、最後の人民議会で行われた投票では、会派を超えて賛成票が多数を占め、反対票はごく少数だった。挨拶に立った私は、革命的な変革を成し遂げ、シュタージ問題と取り組むこの枠組みをこの議会とともに作り上げた人々の活動に触れ、謝辞を述べた。

ロストックの自宅では、妻と娘のカタリーナが心配してニュースを聞いていた。二人は最後の最後まで、私がこの職を引き受けないことを望んでいた。妻の目にはこの職は危険すぎると映っていた。怒り狂った元シュタージ将校らが私を暗殺するかもしれないとまで心配していた。東ドイツ体制下で子ども時代を過ごした多くの人々と同様、抑圧を焼き付けられた彼女の心には、かつての不安がまだ息づいていたのだ。しかし十月二日、統一式典の会場となったベルリンのシャウシュピールハウスに招待された妻は、何の前触れもなく、内務省の役人が私に駆け寄り、なにがなんでも私の手に書類カバンを押し付けようとするのを目撃した。私は後にして欲しかった。というのもこれからクルト・マズーア指揮のベートーベン交響曲第九番の演奏が始まるところだったので、書類カバンなど持ちたくなかったのだ。しかし役人は私を離さない。彼は私と違って、そうせねばならない理由を知っていた。任命書は深夜零時を回る前に、任命される私の手に渡っていなければならない。これは法的行為として重要で、もし手渡されていないと、全国のシュタージ文書が管理者不在の事態を迎えてしまうというのだ。そこで私はややいらだちながらも、十月二日の深夜、ベルリン・ミッテ地区のシャウシュピールハウスの廊下で、任命書を拝受した。きわめて異例のことだが、任命書には連邦大統領の署名と並んで、連邦首相と連邦内務相の署名があった。まさに特別受託官のための特別な任命書だった。

真夜中、新しいドイツが誕生した。と同時に、まだ書類上でしか存在しない新しい役所の長としての、私の職務が始まった。妻と私は、ベルリンの旧帝国議会議事堂《ライヒスターク》の正面玄関階段に移動し、ヘルムート・コール首相とリヒャルト・フォン・ヴァイツゼッカー大統領のすぐ後ろに並んだ。冷戦期に西ベルリンに属していたこの議事堂は、長い間、私たちが立ち入ることのできない建物だった。妻と私は手を取り合った。思えば私たちは、それぞ

1990年10月3日深夜、ベルリンの旧帝国議会議事堂〔ライヒスターク〕前にて。この瞬間、ドイツ人の新しい統一が始まった。過去への終止符であり、新しいスタートでもある。「我々は一つの民族〔フォルク〕である」—東西のドイツ人が一つの国民〔ナツィオーン〕になるという意識を維持していたとは、多くの人々にとって、本当に驚きだった。

れのやり方で東ドイツでの四十年間を過ごし、八九年の解放の喜びをともに味わってきた。そして今再び、ともに喜ぶ時を迎えたのだ。歓喜する大群衆を、すべての人々に満ちる統一の夜の大きく、朗らかで、温かい雰囲気を、私たちは間近に体験している。久しくなかった瞬間だった。自由の鐘の音に合わせて、黒赤金三色の巨大なドイツ国旗が議事堂前のポールに高く掲げられた。そして「ドイツ、唯一の祖国」〔東ドイツ国歌〕で育った者が、「統一と正義と自由」〔西ドイツ国歌〕を歌った。

議員を辞めよう、と私は考えていた。このときの私は、次の連邦議会選挙まで連邦議会に議席を保持することになった百四十四名の旧人民議会議員の一人だったが、すでに辞職の決意を固めていた。私の理解する三権分立の原則に従えば、連邦政府から職務を委託された者は連邦議会の議員を兼ねることはできないのだ。

たぶん私は、最も任期の短いドイツ連邦議会議員だったと思う。翌日には連邦議会議長ジュースムート女史を訪ね、選挙権者から私に託された議席を返上した。連邦議会議員の職にあったのはわずか一日に過ぎなかったが、この一日は私には重要だった。

第十一章　プランなき立ち上げ

統一式典の祝日は終わった。今や私は、昔の東ドイツ流に言えば「国家機関の長」だった。さっそく、連邦内務省管轄の上級官庁〔連邦政府特別受託官事務局。一般には「ガウク局」とも呼ばれた〕の長官として、仕事を学ぼうと取り掛かった。今後の生活の中心がロストックからベルリンに移ることは明らかだった。前向きの活気が溢れる世界で、未来の希望に満ちた人々とともに働く日々が始まった。ただ心の中では永久に牧師の職に別れを告げたわけではなく、数年後には再び牧師に戻れるだろうとも思っていた。とにかく、これまでと違う世界で重要な仕事に就いた私は、新しいことに取り掛かり、それに形を与えることができることを思って、奮い立ったのだ。おそらく、人生における最大の節目だった。

私はすでに五十歳を迎えていた。住む町を変え、職業を変え、そして、妻と別居した。何年も前から私たちの結婚生活は危機的な状況にあった。うまく行くときもあったし、うまく行かないこともあった。たぶんお互い相手に抱く期待が、大きすぎたのだろう。若い頃、きわめて理想主義的な考え方を持つ若者同士として一緒になった私たちは、二十歳で子どもを授かり、四十歳で孫に恵まれた。子どもたちが大きくなって家を出てしまうと、夫婦をつなぐ共通の蓄えも、話し合いに必要なものさしも、いずれも乏しいことが次第に明らかになった。共生的に始まった生活は、二人がともに成熟する過程へと移行することはなかった。

東ドイツの日常生活が続いていた間は、危機的な状況にあったにもかかわらず、別れるなどとは考えもしなかった。一生の結びつきを契った誓いを当然の義務と思っていた。しかし、政治分野への旅立ちは、私生活における別離をもたらした。猛烈に活動を始めた新しい日々の喜びには、失敗した結婚生活が終わる悲しみが混ざった。末娘のカタリーナとの面会が制限されたことも悲しかった。まだ十二歳だった娘は、当初、家族を捨てた父親を最低の人間とみなした。私は罪の感情を抱いたが、戻るつもりはなかった。今、すべてを新しく、力強く、迅速に、作り上げねばならなかった。過去を振り返ったり、癒されようと立ち止まったり、我慢したりすることは、すべて束縛と感じられた。私は先へ、前へと進みたかった。結局、いつまでも東ドイツにとどまることを望んだ私が自分なりに踏み出したのは、西ドイツではなく、政治というもう一つの世界だった。この世界はとても挑戦的で、正確さとエネルギーを要求した。そのため、かつてロストックの新興ニュータウン、エファースハーゲン地区で布教活動を始めたときと同様、私は家庭をおろそかにしてしまった。

特別受託官としての日々は、仮住まいからスタートした。最初に私に提供された宿舎は、ベルリン・アレクサンダー広場に面するホテルだったが、しばらくすると連邦資産局の管理する家具付きのアパートが割り当てられた。東ドイツ時代は大量の国有アパートがあったというのに、よりにもよって私に割り当てられた物件は、ベルリン中心部のライプツィヒ通りに面した団地スタイル《プラッテンバウ》の二部屋のアパートだった。しかもこれはシュタージが諜報活動に利用していた「テラス」というコード名の物件で、後に明らかになったところによると、東ドイツ流の小市民的、プチブル的な内装の室内では、シュタージ将校が非公式協力者（ＩＭ）と密談を重ねていたという。光沢のある茶系の作り付けキャビネット、栗色のプラッシュ張り肘掛け椅子が二脚、ベージュ地に濃茶の模様の入った絨毯、狭いキッチンとリビングをつなぐ東ドイツ独特の配膳口、そして金属棒の先に球形の笠が付いたペ

特別受託官のための特別な宿舎。ベルリン市のライプツィヒ通りに面する建物の翼部にあった二部屋のアパート。連邦政府から割り当てられたこのアパートは、東ドイツ時代に「テラス」というコード名でよばれ、シュタージの諜報活動に使われていた。壁の棚にはブランデーグラスが並んでいた。写真の私は、シュタージの指導将校が情報提供者をブランデーでねぎらった様子を想像しているところである。

ンダントライト（この形状の照明は、共和国宮殿の天井にその最も完成された姿があったのを思い出す）が備わっていた。これら調度品のグロテスクさのあまり、ここで「暮らす」には何をすればよいのか、見当がつかないほどだった。いや、そもそもこの頃の私は、暮らしの名に値する生活をしていなかった。出先での仮住まいだった。

毎日スケジュールがびっしり詰まっていた。私の「勤め先」は、社会主義統一党（SED）中央委員会の複合棟内の不便な一角にあった浴室付き二部屋を使っていた。これが東ドイツ人民議会の特別委員会として出発した私たちに割り当てられた事務所だった。私たちはたった四人でそこに陣取り、新設の役所のいわば中枢部を立ち上げた。その四人を紹介しよう。まず、クリスティアン・ラートヴィヒ。彼は東ドイツ時代にベルリンで舞台美術家として活躍し、人民議会では私の私設秘書を務めてくれた。信徒大会の準備を通して知り合ったクリスティアンは、実に信頼の置ける友人であり、キリスト教の信仰をとても率直に表明していて、豊かな想像力で道を切り開いてきた人物だった。続いて、前にも述べたダーヴィト・ギル。それからクリスティアンの妻エリーザベト・ラートヴィヒ。彼女は事務を切り盛りしてくれた。最初の頃、私たちは四人全員で相談して、基本的な問題を一つひとつ片づけていった。

まず、どこに本部を構えるべきか、早急に決めなければならなかった。シュタージ文書はベルリン東部のリヒテンベルク地区にある旧シュタージ中央本部に保管されていた。ではそこに引っ越すべきだろうか。私の意見は違った。ベルリンの中心にいないと、誰も私たちの声を聞いてくれないだろうと考えたのだ。二カ月後、私たちはコーミッシェ・オーパー〔ベルリン三大オペラ座の一つ〕向かいのベーレン通りの角の建物を獲得した。ブランデンブルク門からも徒歩で二、三分の距離だった。たぶん今でもこの建物は、多くの人々の記憶に残っているだろう。一九九二年の始め、シュタージ文書を閲覧するための申請用紙を最初に配布したのはここだった。それから私たちは、グリンカ通りの角を曲がってすぐのところにあった巨大な建物に引っ越した。一九八九年までその建物は東ドイツ内務省が使っており、さらに第二次世界大戦以前は帝国銀行が使っていた。ノルマンネン通りの旧シュタージ中央本部は文書保管にのみ使われ、保管管理業務を維持するための技術者を置くにとどめた。彼らはシュタージ解体のための国家解散委員会から私たちが引き継いだ、かつてのシュタージ職員だった。

次に私たちが議論した基本的な問題は、この点に関連していた。シュタージの元職員を引き続き受け入れるべきだろうか。私は、まさに国家解散委員会の元シュタージ高級将校《ゲネラール》から一通の書面を受け取っていたが、そこにはそもそもこれからの作業がきちんと機能するためには、何人のシュタージ関係者を引き継がなければならないかが記されていた。しかし私たちは、シュタージ元職員の力を借りるにしても、その数を限定したいという点で意見が一致していた。まず、専門知識を持つ者をはずすことはできなかった。また、八〇年代後半の過渡期に、市民権運動家を見下したり敵視したりせず、協力的で好意的だった者も候補に挙がった。そこで私はベルリンや他の地域の信頼できる人々に、シュタージ関係者の中で引き継いでも良いと思われる文書管理の専門家と技術者の名前を知らせてくれるように頼んだ。この依頼のため、私は後に激しい非難を何度も浴びた。

私が特別受託官としてできたのは、事務局を立ち上げるための政治上のガイドラインを引くところまでで、立ち上げの具体的な作業は他の人々に任さざるを得なかった。例えばどれくらい部屋が必要になるか、どのような資格を持つ人々がどれくらい必要になるかといったことは、私には想像もできなかった。まして、これらの人々を公務員俸給の何級に位置づけるべきかなどという問題は、まったくお手上げだった。そのようなわけで、内務省からライナー・フランク率いる支援スタッフ派遣の申し出があったときは、有り難く受け入れることにした。フランクは、組織構成、人員の配置から不動産や事務所の物品にいたるまで、全体の骨格を策定してくれた。

法律の専門家ではなかった私の右腕には、行政機関の勤務経験があり、法律の知識を持つ専門家、要するに連邦各省の事務次官クラスに匹敵するトップ官僚が必要だった。しかも私の政治的意図を妨害せず、私との共同作業に誠実に取り組める人物が欲しかった。そのように信頼に足る人物の推薦を内務省支援スタッフにゆだねるつもりのなかった私は、社会民主党（SPD）のハンス＝ユルゲン・ガルシュトカに助言を求めた。彼はきわめて有能、かつ経験豊富な法律家で、人民議会時代に私たちの顧問として来てくれたことがあった──「誰か私と一緒に全体を動かせる方をご存じありませんか」。ガルシュトカはハンスイェルク・ガイガーを推薦した。ガイガーは一九四二年生まれの法学博士で、国家試験合格の後、今ではドイツ連邦で働くすべての法律家に必須の電子検索データとなった「ユリス」をジーメンス社で開発した。さらに検察官と裁判官の職歴を経て、バイエルン州法務省に勤めた後、個人情報保護に関するバイエルン州受託官のもとで専門部局長を務めていた。彼の名前を

事務局長ハンスイェルク・ガイガーと私。私の政治的見解に法律上の基礎を与えてくれた彼と1990年から95年まで一緒に働けたことは幸運だった。私の代理も務めた有能かつ仕事熱心なバイエルン出身のガイガー。彼のおかげで私は法律上の敗北を恐れる必要がなかった。

聞くのは初めてだったが、統一式典が終わった二、三日後、パリ滞在中の彼を電話でつかまえた。ガイガーは個人情報保護に関連する会議を終えた後、ちょうど数日間の休暇を取ってパリにいたのだ。

　ガイガーを採用しようとした私の意向は、ボンの連邦政府内では意外の念をもって受け取られた。なにしろ私は同盟九〇の議員出身者である。ボンは私を気まぐれな独立独行の男と見なしていた（私の方は、ややアナーキーで手作り感を好む緑の党の流儀を避けるよう努力していたのだが）。連邦政府内には、私ではこの事態を乗り切れまいと不安視する声があった。ところがガイガーの名を出した途端、たちどころに不安は収まった。というのも彼はバイエルン州の官僚であり、バイエルン州官僚の有能さと勤勉さには定評があったからだ。さらに、初めて内務省のミーティングに出席して自己紹介したときの、ガイガーが与えた印象は際立っていた。こうして私は、さまざまな法律分野に精通した無党派の専門家を右腕に迎えることができた。ガイガーは信じられないようなエネルギーでこの複雑な問題に立ち向かい、ただちに仕事を開始した。

〈ハンスイェルク・ガイガーの話〉

一九九〇年九月の時点でヨアヒム・ガウクの名前は、私には何一つ特別な意味を持っていませんでした。国家保安省の問題についても何も知りませんでした。中の見えない箱と同じで、閉ざされた組織といった印象でした。しかし数年前から、私は何か新しいことをしたいと思っていたのと、再統一のためにいくらかでも仕事をすることは、私の公民としての基本理解に適っていたこともあって、「ご依頼には基本的に興味があります」と答えました。仕事の内容に興味をそそられましたので、その仕事を引き受ける意志が自分にあるかどうか、どこからも圧力がかからない状態で確かめたかったのです。

その後の展開は急テンポでした。一九九〇年十月七日の日曜日、私はパリからミュンヘンに戻り、火曜日に飛行機でベルリンに向かいました。ガウク氏と会うためです。約束の時間は十時。場所はＳＥＤの中央委員会が入っていた建物で、現在は外務省になっています。戦前は帝国銀行でした。特別受託官の部屋は不便な場所にあったため、案内してもらう必要がありました。最上階に上り、長い廊下を歩くと、他の扉と同じ外観の、何の変哲もない扉の前に出ましたが、この扉を開けるとさらに廊下があり、何段か階段を上って、小さな二部屋の室内へ通されました。そこはかつて帝国銀行の総裁がプライベートに利用していたという空間で、これを特別受託官の事務所に転用していたのです。

中に入ると、二部屋に合わせて十人ほどの人々が座って議論していました。彼らが職員なのか、ジャーナリストなのか、私にはわかりませんでしたが、活発な雰囲気でした。後でわかりましたが、そこには職員の家族も交じっていました。というのも、あるときのことでしたが、ダーヴィト・ギルの恋人が濡れた髪に素足のまま事務所にいるところに遭遇することにもなったからです。彼女が住んでいたプレンツラウアー・ベルク地区のアパートにはバスタブがなかったので、事務所の浴室を使っていたのです。

さて、そこへガウク氏が現れ、私と二人でソファーに腰を下ろそうとしましたが、その前にソファーに山積みになった市民からの大量の手紙を片付けなければなりませんでした。他の人々に部屋の外に出てもらうように丁寧に断ってから、ガウク氏と私はほぼ四時間かけて話し合いました。私はすぐに、問題は旧国家保安省の活動の実態を明らかにするだけでなく、抑圧機構の集めた情報を人々が取り戻す可能性をどうやって確立するかだと理解しました。

もちろんこのときの私は、まだ国家保安省の文書を見たことはなく、抑圧の本当のスケールについても見当がついていませんでしたが、この仕事はやりがいがあると感じました。さらに、ガウク氏と私の物の見方はかなり似たところがあり、私たちの価値判断は波長が合うとも感じたのです。いかに私が面談に集中したかは、最後に同意して次のように言ったことからもわかります。「わかりました。木曜日にまた参ります」。というのも木曜日に予定されていた連邦内務省派遣の支援スタッフとのミーティングに同席するよう、ガウク氏に依頼されたからでした。支援スタッフはこのミーティングで、今後の組織と機構に関する最初のプランを提示するつもりであるとのことでした。

再統一後の火急の事態は、バイエルン州でも実感されていました。翌々日の木曜日、私は再びベルリンへ出張しました。これはバイエルンから私が引き抜かれることを意味しましたが、抗議したり、渋い顔で不満を示したりする者はバイエルンには誰もいませんでした。ベルリンに着くと、連邦内務省の支援スタッフの責任者フランク博士を交えた少人数のミーティングに参加しました。二日前にガウク氏と話し合っていたため、私には新しい組織に関する腹案がありました。内務省の方では、シュタージに関するすべての案件を、自分たちで処理するつもりでした。彼らはそうするのが最善だと思っていたのです。もちろんガウク氏は内務省の提案を受け入れて、西ドイツ官僚が西ドイツ基準に従って事態を処理するのを見守ることもできたでしょう。しかしガウク氏の進めようとしたやり方は、内務省の方針とは一致しようもありませんでした。内務省が厳格な官僚組織を立ち上げようとしたのに対して、氏はまず、シュタージという暗い過去の糾明を目標にしたいと考えていたからです。そこで、官僚組織の中で働いてきた私の経験をもとに、私たちは最初の独自案を提示しました。ガウク氏と私は足りないところを互いに補いました。大変うまく行きました。

木曜日の晩、この日はそもそも私がシュタージとは何を意味するのかを知ってようやく二日目になったばかりだったのですが、私はガウク氏と一緒にラジオの生放送に出演しました。ベルリン中心部のジャンダルメンマルクト広場に面し、東ドイツ時代に広報情報局として使われた建物の中で、ガウク氏と一緒に一時間あまり質問に答えたのです。知り合ったばかりで事情も良く知らない私を生放送に引っ張り出すやり方はやや乱暴とも思いましたが、ガウク氏の考えに納得していた私は、彼のメッセージを法律用語に言い換えるために出演を承諾しました。すでに彼の下で仕事をしようと決めていました。

十月十四日の日曜日、私は自家用車に荷物を詰め込んでバイエルンからベルリンへ向かい、十五日の月曜日から新しい職場に出勤しました。再統一の日からまだ二週間も経っていませんでした。バイエルン州個人情報保護受託官は、異動を認めてくれました。「シュタージ文書を管理する役所の立ち上げを支援するために、ベルリンに向かいます」と言われては、認めざるをえなかったのでしょう。ベルリンでの俸給は、引き続きバイエルン州が出してくれることになりました。ベルリンへの派遣が正式に認められ、辞令が公布されるまでには、さらに数カ月かかりました。正式に連邦内務省の管轄下に配属されたのは、一九九二年になってからでした。

ベルリンではいろいろな出来事が立て続けに起こりました。普通なら一年間かけて起こることが、当時は一カ月で起きたのです。ガウク氏の下で働き出して間もない一九九〇年十月、ボンの連邦内務省から事務次官フランツ・クロッペンシュテットを筆頭とする一団がベルリンに派遣されて来ました。事務次官はガウク氏と私をグリンカ通りにあった連邦内務省の支所に呼び出し、「連邦各省庁にそれぞれどれくらいＩＭがいるのか、知らせることになった。ついては、数週間以内に、シュタージ活動の実態に関する最初の報告書を出すように」と求めました。次官の視線は私に向けられていました。

事務次官には政治的な圧力がかかっていましたが、この時点で国家保安省の残した膨大な文書とその内部組織をおおよそなりとも概観できた者は皆無でした。ノルマンネン通りの旧シュタージ中央本部文書保管庫で私たちのために働いていた者は、市民委員会の職員数名と、私たちに協力的だったシュタージ元職員たちだけでした。本当にそれで全員でした。すると、この会合のすぐ後で、私たちは連邦内務省から一通の文書を受け取りました。そこには私たちスタッフの名簿を作成するようにという依頼が書かれていました。これを読んだガウク氏と私は、途方に暮れて顔を見合わせました。

というのも、旧ＳＥＤ中央委員会の建物内にあった私たちの事務局では、仕事の進め方がひどく錯綜していたからです。核になる少数のメンバーは固定していましたが、議論するために事務局にちょっと立ち寄る者も多く、毎日メンバーが変わりました。肝心の文書の方は、窓枠に置かれたりソファーに積んであったりで、仕事の邪魔にすらなっていました。ソファーに座るために書類の山を空きスペースに退けて、場所を作っていたわけです。

ボンの連邦内務省は、私たち事務局の状況がわかっていませんでした。ボンが理解した唯一のことは、電話の問題だけです。というのも、当時、東ベルリンから西ドイツへの回線は極端に少なく、利用するにはまず中央交換台に申し込み、回線がつながるまで、何時間も待たなければならないこともありました。あるときなど、ちょうど洗面所にいた私のところにガウク氏が飛び込んできて、「クロッペンシュテット次官が電話口にいる。急いで出てくれ。やっとつながったんだ！」と叫んだこともあったほどです。折り返し五分後にお電話差し上げます、などと言える状況ではありませんでした。

最初の数週間はスタッフの善意に支えられていましたが、仕事の仕方は途方に暮れるものでした。例えばタイプライターは一台、電動ではない手打ちの旧式があるだけで、しかもドイツ語の文章にはほぼ欠かせない「e」のキーが不調でした。「e」を打つときは、タイプバーを指で力一杯はじかなければなりませんでしたが、それでもかろうじて読める程度のかすれた印字しかできませんでした。当時私たちの事務局は不審の目で見られていましたので、完璧とは行かないまでも、役所として許される範囲を逸脱してはいりません。致命的なミスがあってはならないのです。当初、先例がなかったため、初期の事務連絡は私が手書きで書きました。これは夜中に宿舎に戻ってからの作業になりました。この宿舎はベルリンの東南のはずれのラオホファングヴェルダーという、今では地図から消えてしまった地区にありました。以前は東ドイツ内務省のゲストハウスとして使われていた建物でしたが、当時、宿泊者はたいてい私一人でした。私が手書きで書いた文案は、エリーザベト・ラートヴィヒが苦労してタイプで打ってくれました。

見慣れた登録番号が頻繁に登場することに気づいたこともあります。詳細な問合せの登録作業を担当した若い女性が、百番が一杯になると、再び一番から登録をやり直していたからだと判明しました。そこで私は登録作業を一人の技師に委託しました。彼には申し訳ないことに、かつて帝国銀行総裁が使用した、割合と広い、天井までタイル張りのトイレ付浴室を作業室として使ってもらわざるをえませんでした。

一週間後、私は一つ上の階に引っ越し、登録作業を担当した女性に「秘書」役をお願いしました。東ドイツ時代に使われていた古い口述録音装置を使い、手書きで書いていた官公庁宛の事務連絡を口述筆記することにしました。ところがうっかり「報告《ベリヒト》」をすべて「告白《バイヒテ》」と読んでしまったため、該当ページをすべて打ち直してもらったこともありました。まだコンピュータのない時代でした。

最初の三カ月間、市民委員会から引き継いだ職員には、正規の俸給が出ませんでした。これはボンの連邦内務省が払うつもりがなかったからではありません。むしろ逆に内務省は「職員の名簿を提出せよ！」と私たちに要請し続けました。国は契約を交わした者にしか給与を支給できないからです。しかし、国と契約を交わすべき者はなかなか確定しませんでした。例えばライプツィヒ支部を管理していた女性には電話で状況を報告してもらっていましたが、職員の人数については報告のたびに数が変わりました。重要な仕事がこれほど山積しているのに、どうして給料に気を配らなければならないのか、彼女には理解できなかったのです。ようやく名簿ができ上がるまで、数週間かかりました。それでもクリスマス前には全員が契約書を交わしました。

次の職員採用は、一九九一年一月に行いました。実は九〇年十一月に一度、連邦内務省の支援スタッフと協力して、必要と思われる職員数を算出してみたのです。最初からかなり多めに見積もり、ほぼ五百六十名という数字を出したのですが、最終的に三千名を超える職員が必要になるとは想像もできませんでした。全国でどれくらいの量の文書が発見されるのか、見当がつかなかったからです。例えばフランクフルト・アン・デア・オーダー市では、完全に壊れた大量のファイルが地下十メートルの防空壕で発見されました。これらのファイルはトラックの荷台から無造作に捨てられ、ピラミッドのように積み上がっていました。

職員採用の公報がベルリンの主要日刊紙に掲載されると、二週間の間に一万人の応募がありました。ベルリン・リヒテンベルク地区ルーシェ通りの旧シュタージ中央本部に勤務していた西ドイツ出身の職員たちは、これほど大量の応募書類をどのように分類するのかと、途方に暮れました。看護師、技師、工場労働者といった職業に従って分類すべきでしょうか。応募者のほとんどは東ベルリンに住んでいました。東ドイツ製の安価な灰色の封筒は、開封する際、紙の粉が出ます。職員たちには気の滅入る作業でした。一日中開封作業をし続けた結果、服が粉だらけになりました。幸い、連邦内務省の支援スタッフは少額なら融通の利く銀行口座を持っていましたので、私は一人の職員を西ベルリンに派遣し、作業用エプロンを買ってきてもらいました。

私たちは二十四時間休みなく働きました。一つの役所をベルリンで立ち上げる実務的な仕事に加えて、新しいシュタージ文書法案が連邦議会で成立するまでの間、私たちの活動にとって重要な文書利用規定をめぐるボンとの交渉がありました。この当時の文書閲覧は、東ドイツ時代の法律と統一条約とに即して制限されていましたので、これらに代わる法的基盤を整備することが絶対に不可欠でした。当該人物のシュタージ文書調査は、私たちには、法務省などの諸官庁の問い合わせがある場合に限って認められていました。一九九一年時点では、たとえ重大なケースであっても、私たちの方からシュタージのスパイ活動を発見したり、告発したりしてはならなかったのです。文書利用規定の素案は私が作りましたが、例によって手書きで、しかも週末を利用してラオホファングヴェルダーの宿泊施設で作業しました。官僚的なボンの連邦政府は――当然と言えば当然ですが――想定から漏れがないよう望んでいました。しかしこの件は成功し、文書利用規定は一九九〇年十二月十五日に施行されました。

今日、連邦受託官事務局は世論からも連邦政府からも高い評価を得ていますが、当時、発足して間もない数週間は、ボンから見て無に等しい存在でした。トップは未知の受託官、しかも新フォーラム出身者でしたし、私の方もバイエルン州の無名の州官僚で、正式に「事務局長」に任命されたわけではなく、勝手に自分たちでそう呼んでいただけでした。私たちが政治目標を達成できるかどうか、見通しは予断を許しませんでした。

ボンの連邦内務省での会合を思い出します。ガウク氏と私は、憲法擁護庁〔第十章注(3)参照〕、軍事防諜局、連邦情報局、連邦刑事警察庁、連邦内務省などから派遣された二十名から三十名の官僚たちと向かい合ったことがありました。安全保障を管轄する省庁の役人が勢ぞろいしたわけです。彼らが私たち二人にはっきりわからせようとしたのは、私たちが目ざしているシュタージ文書の広範囲な公開と諜報機関に対する文書閲覧制限は、いずれも受け入れることはできないという点でした。たとえ東ドイツが滅亡していても、安全保障に関する情報を完全に公開することは許されないと説教されたのです。一つの国の諜報活動のノウハウが明らかになると、それが敵国のものであったとしても、他国の諜報活動もわかってしまうというのがその理由でした。

その場で少しでも妥協していたら、私たちは敗北していたでしょう。私は法律家として、憲法学上の私たちの立場を強く主張しました。私の口調は攻撃的でした。警察と憲法擁護庁の権限の観点からなされたすべての反論を退けました。もし私が私たちに不可欠のものを決然と主張しなければ、彼らとの綱引きはいつまでも続く。この点を私は自覚していました。隣に座ったガウク氏は落ち着かない様子でした。氏は日ごろ、法治国家を重視する発言を心掛けていましたので、まさにその法治国家の官僚たちを私が攻撃的な口調で論駁したことが、気に入らなかったのです。いつもは彼と私はお互い距離を保つ間柄でしたが、このときの私は自分の手を彼の腕にしばらく置き、「私に任せてください。大丈夫です」と小声でささやきました。ガウク氏と私はお互い相手にはない武器を持っていました。氏にはオーラがあり、伝えるべきメッセージを持っていました。私は法律の専門家として、法理論で他人を納得させる訓練を積んでいました。

一人ひとりの市民が自分についてのシュタージ文書を、何の制限も受けずに、個人的に閲覧する。これこそ私たちが実現に向けて努力した核心でした。私たちが依拠したのは、一九八三年に憲法裁判所が国勢調査に関連して打ち出した、情報の自己決定権という権利でした。ドイツ基本法〔憲法にあたる〕は人間の尊厳とともに、個性を自由に伸ばす権利を保証しています。個人はこれに基づき、収集された自分の情報が、誰によっていつ何に関して調査されたものなのかを知る権利を持っているのです。自分のデータを把握していなければ、公の場へ出ようと望んでも、どのようにすればよいか決めることができません。

私の考えでは、東ドイツ秘密警察が非合法に集めた個人情報は、具体的な政治状況の下で非公開にしたり破棄したりすることは許されません。そうするよう要求する声が少なくないことは承知していますが、この場合は、非合法に収集されたがゆえに、一層糾明の必要性が高まるのです。バイエルン州で個人情報保護にたずさわった経験から言うと、機密書類が破棄されても、情報は管理する側の頭の中からはなくなりません。一方、個人の側は、文書が破棄されてしまえば、かつての管理者に対抗できません。つまり、過去の職務上知り得たことを公表すると称して、まったく真実ではない事柄を公にする者が現れるかもしれません。この場合、公表された側は、そもそも文書の存在の有無も知らないのですから、身を守るすべがありません。そこで私は、諜報活動の対象になった個人に文書を閲覧する機会を与えることがきわめて重要だと考えました。これからふりかかる事態に備え、どんな噂が飛び交うかを知るためです。場合によっては、身を守ることもできるでしょう。しかし、個人に閲覧が許されるからといって、関係省庁も同じやり方で文書を利用することが許されることにはなりません。

法的な見地から言えば、自由な市民となった東ドイツ市民がシュタージ文書の閲覧を望むかどうかは、私の判断に決定的な意味を持ちませんでした。情報の自己決定権は憲法上の権利ですから、東ドイツ市民が望むか望まないかに関わらず、原理的に当然与えられるべきものでしたし、今でもそうです。東ドイツ市民は、そもそも持つことのできる権利の中でも、もっとも強力な基本権を行使できるのです。

法律家でもあったブルクハルト・ヒルシュをはじめ、市民権の保護のために活動してきた自由民主党（FDP）の政治家からは、文書の閲覧を許可すると第三者の情報が流出するため、個人の権利が侵害されかねないという懸念の声が上がりました。実際シュタージ文書には、諜報活動の対象となった本人の情報以外にも、その周囲にいた人々や、報告書を作成したIM自身の情報が多数含まれています。この点に関してシュタージ文書には問題がないわけではありませんでした。もちろん独裁体制の下で人々が監視されていた特殊な状況を考えると、監視対象となった人々の知る権利とともに、文書の閲覧によって付随的に関わりが生じてしまう人々の権利との間のバランスも考慮されなければなりません。私たちは、第三者の名前を黒く塗りつぶせば、深刻な個人攻撃は避けることができると考え、閲覧に提供する前に文書を加工する作業を行うことにしました。その結果、懸念は収まったばかりか、ヒルシュのように法治国家を重視する立場の政治家からシュタージ文書法案の基本構想実現に向けての尽力が得られたため、党派を超えた多数派が形成されたのです。

個人情報保護は、シュタージ文書の閲覧を禁止する十分な理由になり得ない。このことは東ドイツ人民議会時代に学んでいたが、現実の法的利害関係は一件ごとに異なり、競合する場合もある。これらをどのように扱うべきか、依然として解決策は見出せていなかった。犯罪者に相応の権利が認められているように、シュタージ側の加害者にも当然権利はある。ＩＭの文書をどこまで調査できるようにするのか。どの情報が私たちに帰属するのか。プライバシー保護の原則はどのように尊重されうるのか。難しい問題がたくさんあった。

私たち東ドイツ出身のスタッフは、まずガイガーから法治国家の仕組みとその規範について教えてもらう必要があった。彼は、法治国家における行政行為とは何か、恣意的裁量の禁止とは何か、いかなる官庁も善意だけで運営することはできない、などといったことをやさしく教えてくれた。また、彼の説明によれば、すべての市民は法により同等の権利を持っているのであるから、一般に官僚制と呼ばれているものは、結局は弱者のための調整機構であるということだったが、これには納得がいった。さらに、多くの案件が複雑になるのは、役所内のあらゆる手続きを理解可能な状態にしておく必要があるからだという。最初からガイガーは、シュタージ文書を文書の対象となった本人、官公庁、裁判所、ジャーナリスト、学者らの閲覧に供する場合、巨額の費用がかかることを心得ていた。一方私たちは、政治的な意図を非常に明確に表現していたにもかかわらず、それを実現するためにはどういう形が必要なのか、それほどきちんと考えていなかった。

連邦内務省から派遣された支援スタッフとやり取りするときも、ガイガーが頼りになった。西ドイツの官僚だった彼は、私たちと一緒に仕事をするようになった当初、草の根民主主義《バーズィスデモクラティー》に触発された私たちの自由で気ままなスタイルに違和感を抱いたが、他の多くの者にも増して政治状況への幅広い理解力を示し、一九八九年の活動家たちに自分を合わせようと努めてくれた。

私たちと支援スタッフは、応募してきた者から誰を採用するかで、おそらくもっとも意見が食い違った。シュタージを解体させた私たち東ドイツ出身者は、変革期に活躍した活動家を、その実績を見込んで職員として採用することに関心があった。個人的なイニシアティヴから行動に出た多くの活動家たちは、その活動を通して次第に広範囲な知識を獲得していたからである。東ドイツ時代の職業が機械工であろうが、教員であろうが、牧師であろうが、どうでもよかった。例えばケムニッツ〔旧カール・マルクス・シュタット〕で私が信頼を寄せていた板金工コンラート・フェルバーの例を挙げよう。私と同じく最初の自由選挙で選出され、人民議会議員を務めたフェルバーだったが、西ドイツの支援スタッフは「板金工では、高度な業務を遂行するための前提条件を満たせない」と言うのだった。私たちは反論した。「シュタージ文書を見たこともない者が、高度な業務の遂行に役立つのか」。フェルバーのときは私たちの主張を通すことができたが、押し切られたケースも多かった。

採用した市民運動の活動家たちには、新しい職業分野でふさわしい資格が得られるよう、専門教育の機会を提供した。例えばドイツ社会同盟（ＤＳＵ）の元議員でドイツ南西部のエルツ山地地方出身のシュタイナーは、東ドイツ時代に大学入学資格試験の受験を拒まれたため機械工として働いていたが、この制度を利用してケムニッツ支所長になった。彼はその後、無党派の政治家として政界に復帰し、キリスト教民主同盟（ＣＤＵ）に属してエルツ山地地方で市長を務めた。

連邦内務省から派遣された支援スタッフの官僚たちは、看護師、舞台美術家、学生、セーターを着たラフな格好の者、カール・マルクス・シュタットから来た板金工などといった連中と一緒に官庁を立ち上げるのは不可能だと考え、多かれ少なかれ優越感を示して、それを私たちにわからせようとした。こうした官僚たちは、逆に、市民委員会のメンバーから非難された。彼ら官僚は資料の取り扱いに繊細さが欠けるばかりか、西ドイツ基準を杓子定義に当てはめるばかりで、想像力が欠如しており、権力への盲目的忠誠が目立つというのだった。

市民権運動家としての経歴を持つ者が大勢応募してくれたが、職務内容の資格を満たさなかったり、逆に、簡単な調査業務には不釣合いな研究職の資格を持っていたり、そもそも公務員にふさわしくなかったりして、不採用となった者が少なくなかった。私は辛辣な手紙を受け取った。「全体として君の事務局が『市民運動家』に好感をもって接しているとはとても思えない。多くの事柄は君の裁量の外で決められているようだ」。その通りだった。私の裁量外で決まる事柄は多かった。実際、それ以外のやり方はできなかった。一九九二年の初頭、毎月一万人もの応募者の中から採用できたのはわずか二百五十名という状況だった。

こうして採用人事は、少なくとも私たちのベルリンでは主要業務になった。ところがこれを担当したのは、西ドイツから派遣されてきた人事管理部門経験者のチームだった。彼らには、比較的フォーマルな服装を着てネクタイを締めている応募者を適格と判断する傾向があったが、私などには二十メートルぐらい離れたところから見ても、このネクタイ男たちがSEDの元党員であることは一目瞭然だった。あるとき、私は我慢できなくなり、申し分なく有能で寛大な人事担当者に向かって、「いったい今日、何人のSED党員を私に押し付けたか、わかるかい」と口をはさんだ。彼はぽかんと私を見つめた。東のボス《オストシェフ》は、民主主義国家では採用面接の際に所属政党を尋ねないことを知らないのかと驚いたのだろうが、そんなことは当然知っていた。ただ私は、他の支所のように、ベルリンでも採用面接に東ドイツ出身者を同席させるよう希望しておけばよかったと思ったのだった。

　職員の採用も大事だったが、並行して、資料の保管も行わなければならなかった。まったく手の付けようもない状態の資料を目の前にすることも稀ではなかった。アーカイヴ化に着手しなければならなかったが、そもそも保管に適する建物をまず見つける必要があった。同時に、この頃から、広報活動を継続的に行うことにした。

　シュタージの非公式協力者（ＩＭ）の活動がはじめて公になったのは、一九八九年十二月にシュタージ中央本部占拠事件があった直後だった。当時は革命的な高揚期だったこともあり、公表はほとんど法的な根拠のないまま行われた。最初に起きたスキャンダルは、一九九〇年三月人民議会選挙のときだった。ドイツ連盟の最有力候補と目されたヴォルフガング・シュヌーア*とイーブラヒム・ベーメ*の二人が、シュヌーアは選挙の直前に、ベーメは選挙の直後に、「集中的情報提供者」だったことが明らかになったのだ。彼らは長年にわたって人々を欺いていた。

　弁護士だったヴォルフガング・シュヌーアは、一九六五年からＩＭとしてシュタージのために活動していた。彼に関するシュタージ文書は、自宅のあったロストックで市民委員会の手で発見された。イーブラヒム・ベーメは九〇年三月の人民議会選挙に、西ドイツ社会民主党（ＳＰＤ）の支援を受けた東ドイツ社会民主党（ＳＤＰ）〔ＳＤＰは九〇年一月に略称をＳＰＤに変更した〕の有力候補として出馬したが、一九六八年から周囲の人々の活動をシュタージに報告していたことが明るみに出て、政治家としての野心が砕かれた。詩人ライナー・クンツェに関してベーメが作成した書類が、ゲーラ県のシュタージ地下室で発見されたのだった[1]。

　このような男たちが東ドイツの首相になる事態を未然に防げたことは、今日の私たちには喜ばしい。もっとも、一九九〇年四月から十月まで東ドイツ首相を務めたロータル・デメジエール*にも、ＩＭの疑惑があった。彼に関する調査は首相在任中に開始された後、私たちの事務局で正式に終了し、結果は一九九一年一月末、連邦内務省に報告された。デメジエールがコード名「チェルニ」というIMであったことを示す間接証拠があったのだ。それにも拘らず、内務相ヴォルフガング・ショイブレは潔白を宣言した。デメジエールは、本人の知らぬ間に、IMとして扱われた可能性が高いというのだった。キリスト教民主同盟（CDU）の有力者であるショイブレが、同党副党首の地位にあったデメジエールをかばおうとしたのは明らかだった。

このとき私は、シュタージ文書利用規定の厳格さのため、いわば両手を縛られた状態だった。私は悩んだが、法の原則に従った。政府と議会には文書閲覧を申請する権利が認められていたが、ジャーナリズム関係者や研究者にはまだ認められていなかった。シュタージの解体を積極的に進めてきた市民委員会の関係者は、閲覧制限に抵抗した。彼らは規定や事務手続きや管轄権限に従おうとせず、従うときも完全には従わなかった。ある日、週刊誌『シュピーゲル』を広げた私の目に、私たちの事務局で働く歴史研究者シュテファン・ヴォレとアルミン・ミッターが書いた記事が飛び込んできた。二人はショイブレが私たちの報告書を潤色したと公言し、コード名「チェルニ」に関して明らかになった事実をデメジエールの潔白証明とすべきではないと書いていた。

ただちに二人を執務室に呼んだ。何らかの措置を取る必要があった。

「どうして意見を公表したのですか。文書の利用規定は知っていますね。法を遵守する誓約書に署名しましたね。義務を忘れたのですか」。

二人とも驚いた風もないばかりか、罪の意識もない様子だった。二人は私に、自分たちの革命は何のためだったのか、自分たちの遵守義務は何に対する義務なのかと問いかけた。守るべきは官僚的な考え方や厳格な暫定利用規定なのか、それとも自分たちがそのために闘ってきた原則なのか。民衆《フォルク》は公正な政治を取り戻したのか、シュタージ文書を取り戻したのか……。このときせめぎ合ったのは、またしても、革命のモラルと法治国家の規範だった。

私は二人に我慢するよう頼んだ。「これは時間の問題です。しばらくすれば、今禁じられていることができるようになる。それを保証する法律ができる。公に発表できるようになります！」。

しかし二人は耳を貸さなかった。私の言うことが信頼できるかどうかわからなかった二人は、自己の良心に基づいて決めようとしていた。

私は法治国家を守る仕事に就いていた。善のモラルを基準にどんな行動をしても構わないなら、法治国家を守る義務は二義的になる。国の行政機関は法に従わなければならない。勝手な判断や善意や悪意で行動してはならない。もしこの規範が崩れるとしたら、事務局は閉鎖になるかもしれない。このように考えた私は、二人に即刻解雇を言い渡した。幸運にも隣には法律家が座っていて、直ちに「ガウクさん、まず職員協議会で公聴会を開かないと、解雇はできません。そうされますか」と付け加えた。法治国家の原則を無視した二人に怒った私自身も、一瞬、法治国家の原則を無視した。もっと正確に言えば、当時の私は法治国家の原則をまだまったく知らなかった。

二人の歴史研究者を解雇した私の決定は、市民権運動家たちに深い疑念をもって受け取られた。彼らは私が向こう側に立場を変えたと見なした。私にとっても解雇は残念だった。私は二人を高く評価していた。二人とも東ドイツ出身で、東ドイツに関する本を出版していた。事務局には彼らのような歴史研究者がいなかった。しかし私は解雇以外のやり方を取ることができず、取るつもりもなかった。私たちが再び関係を修復するまでには、その後何年もかかった。私はシュテファン・ヴォレを事務局に再雇用しようと試みたことさえあった。

このように私たちは厳しい現行法制度を守る努力を重ねる一方、より包括的な法的基盤を新たに作り出すために積極的に動いた。統一条約で定められた暫定的な諸規定に代わって、新しい法律を連邦議会で制定する必要があったからだ。しかし私たちにはまだ逆風が吹いていた。人民議会のときと同様に、「公開すれば、殺人が起こる」とか「人格権が侵害される」と反論されたのだ。とくに、シュタージに協力した経歴を公務員不適格要件とすべきであるとした私たちの主張には、異論が多かった。

統一条約が定めた厳しい規定の一つに、官公庁はシュタージに協力した疑いが発覚した公務員を公務から切り離す権利を持つというものがあった。しかしこの規定には、解雇か雇用継続かを判断する明確な基準が欠けていた。シュタージ疑惑が原因で解雇された場合、司法手続きを経ていないにもかかわらず有罪相当とみなせるかどうか、意見は分かれていたのだ。私個人はこれを有罪か無罪かという問題ではなく、公務員としての適性の問題とみなしており、秘密警察に非公式に協力していた場合、キャリア上マイナスになると考えれば良いと思っていた。この議論は、後にマンフレート・シュトルペ*との係争〔第十二章三 一一九頁以降〕が本格化した際、再燃することになった。

当時の私たちは、議論で主張を実現する力を持っていた。最終的に連邦議会で決め手となったのは、明らかにこの力だった。過半数を占めるキリスト教民主／社会同盟（CDU／CSU）、社会民主党（SPD）、自由民主党（FDP）の三党が、私たちの法案を支持したのである。一方、もともと私が所属していた同盟九〇／緑の党のオルターナティヴな傾向を持つ左派議員たちは法案に反対して対案を出したが、少数派にとどまった。あらゆる種類のスパイ活動に対する彼らの抜きがたい不信は、議会の理解を得られなかった。

一九九一年十二月、新しいシュタージ文書法（ＳｔＵＧ）[2]が施行された。基本的に今日も効力を有していることの法律が施行されたことで、私たちの主張は幅広い範囲で実現された。法律は前文で、連邦受託官事務局の目的はスパイ活動の被害を受けた人々に文書の閲覧を認めること、不当に迫害された人々の刑事訴追と名誉回復を支援すること、公務とプライベート双方の詳細な調査を可能にすること、国家保安省の組織構成と活動実態を情報公開すること、つまり、政治的、法律的、歴史的な再検討を促進することと定めたのである。

この法律は、具体的、かつ歴史的な状況に対して制定された特別な法律だった。シュタージ文書は法治国家の原則を踏みにじって収集された個人情報である。通例このような文書は裁判所の判断で利用禁止の状態に置かれるものだが、新しい法律は文書へのアクセス権を認めた。さらに、通例、個人情報保護の原則が適用される個人データの閲覧も可能になった。もし私たちが型どおりの法形式を採用していたら、個人に関する情報には連邦公文書法が適用され、三十年間閲覧が禁止されただろう。さらに言うと、新法は人民議会時代の法律よりもずっと制限が緩やかになった。文書の閲覧者はＩＭのコード名ばかりか、その本名をも知ることが認められることになったのだ。

ＩＭが作成した報告文書は、第三者の権利に抵触する箇所を黒く塗りつぶして、研究者やジャーナリストの便に供されている。一方、スパイ活動の犠牲になった人々の文書は自由な公開を認めていない。被害者を保護するためである。一般に被害者は、自分の受けた迫害がどのように報告されているか、関心を持っている。そのため研究者とジャーナリストは、該当者の許可を取れば、文書の閲覧が許可される。

過去の被害者に、彼らを対象にシュタージが集めた文書を自由に閲覧する機会を提供するのは、当時も今も、連邦受託官事務局の政治的最重要課題だ。その目的は、東ドイツ時代の個人的な運命がどのようにシュタージの影響を受けていたのかを被害者に知ってもらうためである。

ここで働いていた職員は、文書閲覧が可能になった初日のことをこれからも忘れないだろう。私たちはクリスマス休暇の間に約二万人分の申請用紙を印刷所に回し、年明けとともに始まる申請受付に備えた。一九九二年一月二日の木曜日に出勤すると、ベーレン通りの事務局の前にできるだけ早く文書を閲覧したいと希望する数百人もの行列が遠目からでも見えた。誰もが真っ先に文書を見たがっていた。東ドイツ時代なら想像もできないことだが、殺到する人々を押しとどめようと苦労していた守衛は、習い覚えたばかりの親切な態度に徹していた。その場で用紙に記入する申請者もいたが、自宅に持って帰る者も多く、夕方には用意した申請用紙はなくなってしまった。そのためそれ以上申請を受け付けられなくなったが、日刊紙各紙が申請用紙を紙面に掲載してくれたり、私たちもコピーを準備したりして乗り切った。最初の百日間に個人が申し出た閲覧申請の件数は、四十二万人分にのぼった。それ以外に、所属する職員のスパイ活動歴を調査するため、十三万人分の申請を官公庁が提出した。他の東欧諸国と異なり、これら毒の混じった書類へ、法律の定めた形式に則り、アクセスする道が開かれたのである。私たち職員は、いかに自分たちが必要とされているか、いかに自分たちの仕事が重要であるか、実感した。あまりに多くの人々が殺到したため申請を処理しきれない期間が長く続いたことはあったにせよ、私たちはこれほど多くの人々の糾明を求める気持ちに応えることのできる誇りと喜びを感じた。

一月二日には、シュタージの諜報活動の被害者を五十名ほど招待し、文書閲覧の機会を提供した。皆、程度の差こそあれ、よく知られた人々だった。「遅い！」——この日が来るのを待ち続けてきた市民権活動家らは、なぜこれほど時間がかかったのか理解していなかった。もう一年も前からシュタージの疑いのある者の情報は出回っていたのに、監視されていた彼らの文書閲覧は先延ばしされていたからだ。彼らは法の支配を考えたことがなかった。例えば市民活動家で作家のユルゲン・フクス*は「ゲーラの道」を提唱し、シュタージの工作ファイルの対象となって監視された人々から優先的に閲覧させるべきだと主張していた。もちろん私たちも仕事を進めるにあたって被害者に大きな比重を割いていたが、それは法律が制定され、法的基盤が整備されてはじめて可能となったのだ。連邦議会が個人に関わる文書の閲覧を認めない限り、私たちは何もできなかった。この状態に耐えるのは必ずしも簡単ではなかった。シュタージ中央本部を占拠したとき、ベルベル・ボーライ*の同調者らは、「自分の文書を持って帰ろう！」と煽った。もしそうしていたら被害者もデータ保護権を侵害し、無実の第三者の情報を入手することになったかもしれない。激動の渦中では誰もこの点に思い至らなかった。

1992 年 1 月 2 日、シュタージの諜報活動の被害者を 15 名ほど閲覧室に招いたときの写真。皆、山積みされた文書を前にして、長年にわたってシュタージが集めた自分自身についての情報を感嘆し、驚愕しつつ、読んだ。

とは言え、招待された市民権活動家たちは皆、待望の文書閲覧が可能になったこの一月二日を、シュタージに対する勝利の日として記憶していることだろう。この日、歌手のヴォルフ・ビーアマン*はピクニック・バスケットと保温ポットを持って現れた。朝食を袋に入れて持参した者もいた。私たちは文書を多数のアルミニウムケースに入れて運び入れ、招待した人々の前に積み上げた。私たちの善意を示すため、第三者の権利を細かくチェックする前の黒塗りのない文書をそのまま閲覧に提供した。ノートを取ることは許可したが、コピーは提供しなかった。本人以外の文書の閲覧も大目に見た。今では、たとえ夫婦であっても、パートナーの許可を文書で提出しなければ閲覧は認められない。ハンスイェルク・ガイガーがいつも例に挙げていたように、隠していた不倫関係をパートナーに知らせるつもりがあるかどうかは、本人が決めることでなければならないからだ。

一九九二年一月、市民権活動家たちは机の間を歩き回り、他の閲覧者と共通の知り合いの文書を一緒にのぞきこんだりしていた。閲覧室は興奮に包まれた。いったいどうやって報告書が作成されたのか、誰もが知りたがった。自分のこと、自分たちのことを、シュタージはどこまで知っていたのか。友人関係、親戚関係、交友関係のなかで、いったい誰が自分について報告したのか。後にそのような協力者としてグレゴール・ギジ*の活動が明らかになった。ギジは例えば、彼を弁護人に選任していたベルベル・ボーライやロベルト・ハーヴェマン*の情報をシュタージに提供していた。

ベルベル・ボーライ、ライナー・エッペルマン*、ルッツ・ラーテノウ*、ウルリケ・ポッペ*、ゲルト・ポッペ*、ヴォルフ・ビーアマンといった著名人やジャーナリストらが肩越しに振り返ったり、お互いの驚いた表情や熱心な表情を見やったりしている間、私は、ある初老の男性が閲覧している机のそばに来て我に返った。男性は自分が不当に逮捕された際の証言を読むことに没頭していた。そして、私に気づいて話し出すより早く、彼の両目から涙があふれ出た。

そもそもこの男性が自分の文書に何が書かれているか知ろうとしたのは、過去を締めくくるためだったという。ところが逮捕されたときのことを思い出すと、拘留中に別れた妻の記憶がよみがえったそうだ。彼と話した時間は短かったが、文書を読むそのまなざしと態度は、著名人たちの発言以上に、過去ともう一度向き合う者には勇気が必要であることを実感させた。過去と向き合う者は、都合の良い思い出を守ることはあきらめなければならない。もう一度過去を生きることになれば、感情に圧倒されもしよう。以前と同じちっぽけな存在に逆戻りして、打ちのめされ、辱められ、のけ者にされ、閉じ込められてしまうかもしれない。かつて苦しんだ痛みに近づくだろう。思い出すとは、過去を新たに知ることだけを意味するわけではない。過ぎ去ったことや心の中から追い出してしまったことを、新たに感じることでもあるのだ。

市民権運動家のヴェラ・レングスフェルト——当時の名前はヴェラ・ヴォレンベルガー——は、ある事実を確認した。それは、彼女がほぼ間違いないと感じてはいたが、どうしても信じたくなかった事実だった。一九七二年から「ドナルド」というコード名でシュタージに協力した彼女の夫が、結婚直後から妻の監視を始めていたのである。いったいどうしたら良き父親である一人の男性が、同時に、妻の行動をシュタージに報告できるのだろうか。その後彼女は、つらい苦しみを怒りに変え、前向きな気持ちを得ることができた。夫との離婚を経て、苦しい体験をわが身からもぎ離すように語り出した彼女は、政治の世界に転身し、闘った。

ヴェラ・レングスフェルトから三つほど離れた閲覧用机には、作家で詩人のウルリヒ・シャハト*が座っていた。一九五一年、母親が拘留されていたザクセンの女性刑務所ホーエネックで生まれた彼は、国家転覆を扇動する詩を書いたという理由で数年間刑務所に拘置された後、一九七六年、西ドイツに追放された。ハンブルクでジャーナリストとして生計を立てた後、今ではスウェーデンで暮らしている。文書を読むシャハトの表情はこわばってはいなかったが、レングスフェルトと同様、苦労して感情を抑えている様子だった。シャハトも身近な人々の中に密告者と裏切り者を発見した。しかし慰めもあった。「僕の友達は誰も裏切らなかった。みんなに感謝の手紙を送るよ」。あの日、帰り際にこう言ったシャハトの表情は輝いていた。

笑いの発作と不信の驚きが入り混じり、安堵し、興奮から醒め、幻滅し、驚愕し、怒り出した人々の反応を、私はけっして忘れない。過去の独裁体制はただ表面的に過ぎ去ったにすぎず、人々の心の中に現在そのものとして存在しているという、重くのしかかる感情を抱いた私は、私たちが過去の束縛から内面的にも自由になるためには長い、とても長い時間がかかるだろうと予感せざるをえなかった。

当時の興奮した日々の中、ようやく文書の閲覧が可能になった喜びに水を差すちょっとした出来事があった。ある晩、閲覧室を閉める時、文書ファイルが一冊なくなっていることが判明した。著名な市民権運動家である一人の女性が、彼女のモットーである「私の文書は私のものである」を実行し、ファイルを自宅に持って帰ってしまったのである。私たちは、このような行為は認められない旨を明確に表明した。すると翌日の晩、今度はファイルが一冊増えていることがわかった。つまり、私たちに気づかれずに閲覧室から消えた一冊のファイルが、再び戻ってきたのだ。自由と民主主義のために闘った市民権運動家たちに心からの敬意を示すため、閲覧室への出入りの際には荷物チェックは行っていなかった。

第十二章　混乱の年月

最初のひとつの抗議が合図となって、雪崩のように大衆運動が生まれた。一九八九年夏に上がった声は、年末に革命になったのだ。しかし私たちの場合は、ポーランドやチェコスロバキアとは異なっていた。両国の体制批判派は、七〇年代以降、抑圧機構に暴力的に介入される危険を避けながら、市民社会の行動範囲を広げる方策を繰り返し検討してきた。これに対して東ドイツの体制批判派には、市民の政治生活に組織的、制度的な影響を与えるための議論が欠けていた。西ドイツに対抗する政治路線の議論などもしたことがなかった。むしろ私たちの運動は、街頭デモに対する反応として推移した。デモに参加した人々は穏健で慎重だったが、怒りに満ち、決然としていた。人々は当初、一人前の主権者として権利を要求したが、その主張は間もなく、東西ドイツは「一つの」民族《フォルク》であるというスローガンへと変わり、分断国家の統合に道を開いた。当時、多くの市民権運動家は、このスローガンを時期尚早と感じていた。

私たちの変革の革命的な特徴がもっともはっきりと表われたのは、東ドイツ独特の存在であるシュタージとの闘いにおいてだった。シュタージは、いかなる状況下でも、共産党の力の支配に従った。私たちは人民軍や人民警察を、そこまで強固な組織とは見なさなかった。もっとも当時の私は知らなかったが、シュタージは「党の剣と盾」〔第九章二三三頁参照〕と呼ばれていた。戦闘能力が高く、忠誠心が厚く、ほとんど結社のように組織されていたシュタージが、社会主義統一党（ＳＥＤ）支配体制の核であり、後期スターリニズム体制の具現化であることは明らかだった。したがって私たちは、シュタージの権力を奪えばＳＥＤ内の強硬派の土台が崩れ、人民軍の上層部や人民警察へも影響を及ぼせるだろうと考えた。実際、その通りになった。

古い権力構造の決定的な崩壊は、一九八九年十二月四日から五日にかけて、東ドイツ各地のシュタージ地方本部が占拠されたときに起こり、翌九〇年一月十五日、ベルリン・リヒテンベルク地区のシュタージ中央本部が占拠されて終わった。しばしば論じられるように、八九年十一月九日のベルリンの壁崩壊で革命が終わったのではない。

当初、民主主義運動を担った私たちの手にどのような独裁体制の負の遺産が残るのか、想像もつかなかった。禍々しい遺産の量も、その政治的な意味も、見通せなかった。そのため、シュタージ文書をすべて並べると二百四キロメートルにもなるという連邦公文書館専門官の最初の見積もりが出たときは、愕然とした。そのおよそ半分はベルリン・リヒテンベルク地区ノルマンネン通りのシュタージ中央文書庫に保管されていた。概算によると、一メートル当たり七十案件までの文書が収められており、それはＡ４サイズで一万ページに相当し、重さはほぼ三十キログラムであるという。一九八四年に建てられた十階建ての中央文書庫は、壁も床も特別分厚いコンクリートでできているため、リヒテンベルク地区でもっとも頑丈な建物と見なされていた。その前面には十三階建ての事務棟が建っているため、表通りからは隠れて見えない。約六百万件の個人関連の書類が保管されており、そのうちの約四百万件が東ドイツ市民に関する書類、約二百万件が旧西ドイツ市民に関する書類だった。さらに、徴募活動、破壊措置や出動措置のための作戦計画、シュタージの責任者の評価書、写真、映像、録音テープ、それから臭いのサンプルという倒錯的なものもあった。シュタージは対象者の陰部から特定の臭いを採取して、黄色い布にしみこませ、ガラス容器に密閉保管していた。市民委員会がシュタージ中央本部の複合棟の管理を引き継いだとき、使われていないフロアや建物もあった。保管文書がさらに増えるのを見込んでいたのだ。

東ドイツ国家保安省文書に関する連邦受託官事務局[1]は連邦政府の上級官庁として設立されたが、通常の官庁とはだいぶ趣が異なっていた。私たちは自分たちの職務を、闇に糾明の光を投げかける灯台であると理解していた。

私たちの職員は周囲の人々からの支持を実感することが多かった。例えば、旧シュタージ中央本部の建物の一般公開を始めたとき、その初日には大変な注目と関心が集まった[2]。「シュタージを通り抜けよう」という標語に惹かれてか、何千人もの人々が押し寄せ、かつての機密中枢の廃墟を見学したのだ。しかしその一方で、東ドイツに順応してきた人々や私たちの活動を敵視する人々が多く住む地区では、職員は自分たちの活動の釈明をする必要に迫られたこともあった。しばらくの間、不安を感じた者もいただろう。あるる女性職員は、ベルリン・パンコウ地区の自宅アパートの窓を割られたことがあった。勤め先を隠した者もいたと思う。何のかのと言っても私たちの職員には、東ドイツ時代に体制の近くにいた者が少なくなかったのだ。

「地下鉄やバスに乗っていて、ここで働いていることが発覚するのではと不安を覚える人は、私たちの職務がいかに偉大で、啓発的な役目を持っているかを理解していないのです」。ベルリンのフリードリヒシュタットパラスト・大ホールで開催された職員集会で、私はこう呼びかけた。「職場に意義を見出せない人は、去ってください」。大きな拍手が起こった。

職員の九十六パーセントは東ドイツ出身者だった。皆モチベーションがおしなべて高かった。私たちは年長の女性を優先的に採用した。それは彼女たちが労働市場で他に仕事を見つけるのが難しいという事情を考慮しただけでなく、東ドイツの女性たちは自負を持ち、生活の知恵があり、シュタージ文書から読み解ける人生や運命を男たちよりもはるかに理解することができると考えたからでもあった。ただ、彼女たちは強度の心理的な負担にさらされた。それは今でも変わらない。もし私自身が、来る日も来る日もシュタージ文書を読み、そこに記録されている国家の陰険さに直面することになったら、耐えることができたかどうかわからない。

私たちは閲覧申請の洪水に直面した。二〇〇六年春までに六百万件を超える申請があった。そのうち個人の閲覧だけでも、二百六十万件もの申請があった。一九九〇年代半ば、私たちは毎日三千五百件もの通知を申請者に発送しており、なかには二百ページもの分量になる通知もあった。このように信じられないほど大量の申請を処理できたのは、とくにベルリンの本部と旧東ドイツ地域に散在する十六の支所とが互いに協力し合ったからだった。私たちはシュタージ非公式協力者（ＩＭ）の活動を名前、協力期間、ＩＭのカテゴリー、誓約文書への署名の有無、金銭報酬の有無、勲章授与の有無、協力関係を自ら解消したかどうか、などといった十六項目に分類し、作業手順の統一化を図った。シュタージ文書を公開してから十六年が経過した二〇〇七年になっても、個人の閲覧申請は年間で優に十万件にのぼった。二〇〇八年にも八万七千件あった。自分の文書と向かい合うためには、一人ひとりそれぞれ異なる時間が必要なのだ。

シュタージが任意の東ドイツ市民を監視し、被害者の心を挫き、「破壊」するために使った手段には、ほとんど制限がなかった。工作の対象者が公人の場合、恋愛関係を捏造することもできたし、ある体制批判派の牧師の場合、ヌーディストビーチで撮られた写真が地元の村の食料品店に貼り出されたこともあった。ＩＭを使って意図的に非難や中傷を流し、昇進を止めることもできたが、これなどはとくに陰険な手口だった。というのも非難は一見、政治的な背景とはまったく無関係に行われたため、工作を受けた者は職場の同僚からの妬みは想像できても、まさか背後に「安全保障上の」関心が隠れているなどとは考えも及ばなかったからだ。うわさを流し、体制に順応しない者にシュタージのスパイの疑いがかかるよう仕組むこともできた。ひとたびスパイと疑われた者は、平和運動や環境運動のグループ内での声望を完全に失った。

不服従者や体制批判グループをこのように「破壊」することこそ、シュタージの主目標の一つだった。工作の対象にされた者は自意識が揺らぎ、矛盾に巻き込まれ、社会的、個人的、職業的、身体的な葛藤をもはや克服できなくなる。あるいは、極度の緊張の中でかろうじて自分を保つことができたとしても、その行動力は著しく減退してしまうのだった。

一九九二年に閲覧準備が整って以来、受託官事務局の閲覧室は笑いと涙、恨みと喜び、そして憤怒と幻滅に包まれた。予想よりも少ない分量の文書を目の前にしたり、記述がいい加減で不正確だったりすると、「俺は軽く見られていたのか」とがっかりする閲覧者もいた。その一方で、友人や親戚、あるいは知人が体制側の情報提供者だったことがわかり、今までの人生に突然、別の光が当たった人もいた。そういうとき、閲覧室は底なしの驚きと抑えつけられるような息苦しさに満たされた。

若き神学生マティアス・シュトルクの例を挙げてみよう。彼は一九七九年十月にグライフスヴァルト市の路上で逮捕され、八〇年七月、「スパイ活動による国家反逆」と「国外逃亡未遂」のため、婚約者とともに懲役二年八カ月の刑を下された。シュトルクはなぜ自分が逮捕されたのか、思い当らなかった。シュトルクはコットブスの刑務所、婚約者はホーエネックの女性刑務所に、同年十二月まで拘留された。その後二人とも、西ドイツ政府が提供した金銭交換によって西ドイツに出国した。

一九八九年の後、シュタージ文書を閲覧したシュトルクは、親友のフランク・ルドルフ牧師が自分を裏切ったことを知った。ベルリン郊外ヘルツフェルデ出身のルドルフは、クラウスというコード名のＩＭだった。彼はシュトルクに、ポーランド経由で国外へ亡命する機会を提供したが、東ドイツに残って牧師になるつもりだったシュトルクは、親友のこの申し出を断った。にもかかわらず、彼は国外逃亡未遂の罪を着せられてしまった。これは陰険な罠だったのだ。ＩＭクラウスの友人や知人のなかで、国外亡命の提案を信じてポーランドへ向かった者は、グダニスクの港で逮捕されていたのだから。

文書を閲覧したシュトルクは、さらに衝撃を受けた。出国後シュトルクは西ドイツの大学で神学部を卒業し、今日ではヘアフォルト市の牧師を務めているが、「親友」だったフランク・ルドルフの方も一九八五年に西ドイツに移住し、フランクフルト市の福音主義教会広報部に勤務しながら、シュタージのためにスパイ活動を続けていたのだ。正体が発覚した後にルドルフは、九〇年代にスパイ活動容疑で執行猶予付き有罪判決と一万ドイツマルクの罰金刑に処せられたが、親友に裏切られたシュトルク夫妻の落胆を埋め合わせることはできなかった。

スパイ活動の本当の主犯者であるシュタージ正規職員の逃げ足の早さには、本当に驚かされた。シュタージ文書が公開されると、彼らは公の場からあっという間に姿を消した。すでにモドロウが首相のとき、彼らのいわば「合法性」が認められ、税関や警察、さらには非軍事部門に就職する道が開かれた。ロストックでは教師として採用された元職員が何人もいたほどだった。もっともこれがもとで市教育評議会委員らは罷免になり、ついには元共産党員の市長の辞任につながった。市民が抗議の声を上げたためだが、抗議運動で私たちは「シュタージを生産現場で働かせよう」「シュタージを露天堀炭鉱へ送れ」（ザクセン地方の例）といったスローガンを掲げ、原則としてシュタージを社会に統合して一般の職業人のもとで「再社会化」すべきと主張し、「シュタージを縛り首にしろ」などという意見とは一線を画した。

大勢のシュタージ職員が私企業にもぐりこんだ。おそらくシュタージや党の裏金が使われたり、銀行や貯蓄銀行からの正規の融資もあったりしたと思うが、会社を登記して旅行会社の社長になったり、保険代理人になったり、警備会社、不動産会社、葬儀社を設立したりして、さまざまなサービス関連の仕事を始めた者が多かった。高額の収入を稼ぎ出す者も稀ではなかった。あるとき、私たちの女性スタッフの一人で、三千人以上もの職員を擁する我が事務局の人事部長が、元シュタージ将校と面談したことがあった。彼女を自社に引き抜こうとして現われた男は、自信に溢れ、服装のセンスも良く、確信に満ちた笑みを浮かべていた。部長は十年物の中古オペルで満足していたが、この男ときたらダイムラーに乗り、しかももっと高額の車に買い替えるために売り払うつもりだった。部長は毎日決められたスケジュールに従って事務仕事をこなしていたが、不動産業者である男の方は仕事の配分を自由裁量で決めることができた。男はこう言った――「まっ、あなたが最初から私のところで働いていれば、今頃は……」。こんな連中が再び成功しているとは！

独裁体制時代に権力を握っていたシュタージ将校やSED幹部の連中は、手段を選ばず目標に到達する手管に習熟していた。開かれた新しい社会になったとき、連中はこの経験を生かして、西ドイツの企業に就職したり、東ドイツ時代の有利な立場を生かしたりできた。ところが彼らの犠牲になった人々の場合は、過去の経験がトラウマになっていたり、自己肯定感の希薄さに何年も苦しんでいたりすることも稀ではなく、シュタージの元幹部らに先を越されることがよくあった。この点では、壁崩壊の前後で、新旧エリート層に一種の連続性が生じている。政界の指導層はこの例外だったが、民間企業や地方公共団体、例えば市町村の行政部門などでは、同じ人物が高い地位にとどまる例が多かった。他の東欧諸国では、この傾向がより顕著に見られる。裁判所、検察、大学などの機関では新しいスタッフを西側から補充できず、西側企業の進出も東ドイツほど多くなかったからだ。

かつての東ドイツ幹部エリートらが新しい社会にスムーズに着地する姿を見て、彼らに監視され、迫害された人々や体制批判活動家たちが苦々しい気持ちを抱いたのも当然だった。ハンブルク心理学研究所が一九九〇年代の始めに行ったアンケート調査によると、シュタージの被害者は、自分たちの身に生じた出来事の責任を情報提供者、つまりスパイやＩＭにかぶせる傾向があった。とくに一九九二年から九五年にかけて、世論の関心はＩＭの過去に集中した。これは私たちには予期せざる事態だった。このときの論争が引き起こした激しい感情にいたっては、まったく予想もしていなかった。

密告とまったく無縁の社会は、おそらく存在したことがないだろう。その一方で、密告を国家に対する自明の忠節の一部として受け入れる社会も存在したためしがない。通例独裁体制下では密告者の数が異常に多くなるが、それでも密告は忠節とはならない。ナチ時代でさえ、秘密警察ゲシュタポへの協力は自明とは見なされなかった。密告という卑劣な行為は、同胞に対する特別な攻撃として非難されたのだし、今でも非難されて当然だ。「全国土でもっともろくでもない者、それは密告者である」〔十九世紀の詩人ホフマン・フォン・ファラースレーベンが書いたとされる一節〕。密告は、太古から人間が抱いてきた不安に触れる。闇の中から働きかける力になすすべもなく引き渡されるときの感情、信頼の悪用、裏切りを表している。

私たちは相当な数のスパイがいると推測してはいたが、東ドイツ崩壊の時点で国家保安省が、約九万人の正規職員のほかに、十七万九千人ものＩＭを抱えていたなどと誰が予想しただろう。東ドイツの総人口は千六百万人であり、西ドイツのノルトライン＝ヴェストファーレン州程度の規模にすぎなかった。第二次世界大戦末期のナチ秘密警察ゲシュタポでさえ、人員は三万一千人にすぎず、シュタージより明らかに少ないこの人員で、約八千万人が暮らしていたドイツ帝国はおろか、帝国外の地域も管轄していた。

もちろんナチ秘密警察が政治的敵対者に行った残虐非道の数々は、疑いもなくシュタージの比ではなかった。ゲシュタポは人々を監視しただけでなく、多くの場合、肉体的に破壊したからだ。しかしシュタージもゲシュタポと同様、絶え間なく介入して、監視と威圧を完璧化しなければ安全保障は確保できないという神経症的な考え方に支配された。実際にシュタージは、「全領域を網羅する監視」を好んだ。冷戦時代の国際情勢は、組織拡大とＩＭ獲得の理由づけに事欠かなかったからだ。一九六一年にベルリンの壁が作られてからは、東ドイツ市民の国外逃亡を未然に防ぐという口実が使われ、一九七二年に東西ドイツ基本条約が締結されると、「敵性」西ドイツ人との接触を通して発生するイデオロギー上の影響を阻止するという口実が使われた。一九七五年には、IMの総数は最大の十八万人に達した。東ドイツが存在した全期間を通算すると、国家保安省への情報提供者は延べ六十万人にもなる。

シュタージに説得され、誘われ、金銭の提供を受け、恐喝され、強要された人々は絶えなかった。徴募の手口は広範囲に及んだ。その一方で、ほぼ東ドイツ市民の三人に一人はシュタージの誘いを逃れた。たいていは重大な処罰や制裁も受けなかった。東ドイツ末期には四人に三人がシュタージへの協力を断ったという。私の周囲でも弟エッカルトや妹マリアンネが断ったばかりか、教会の若者四人のうちの三人が協力を拒否した。

ここで再統一後、ブランデンブルク州の学校で宗教の先生になった若い女性ウルリケの例を挙げてみよう。ウルリケは無神論の裕福な家庭に育ったが、その家庭は問題を抱えていた。私たちの教会学校の心温かい女性教師に出会った彼女は、教会の魅力に強く惹かれるようになった。教会では信じていないことを言わなくても良く、怒りを感じるときに沈黙する必要もなかった。教会は彼女にとって一種のホームになった。ウルリケは両親の希望により、皆と同様にピオニーア組織や自由ドイツ青年同盟（FDJ）に加入していた。学校では周囲に適応するがごとくに振る舞い、目立たないように心がけていたが、内心ではとても不安だった。第九学年のとき、彼女は心に思うことに忠実であろうと決意し、十字架のネックレスを身に着けて登校した。

学校は彼女に圧力をかけた。とりわけ副校長の態度は厳しく、ウルリケを教壇脇に立たせてさらし者にし、ネックレスを外さなければ処罰するぞと脅した。このときウルリケが学校で支えにしたのは「教会」だった——宿題帳の裏面に祈りの言葉を書き、攻撃されて不安を感じたとき、それを読むことにしたのだ。さらに机の上に、一本の歯ブラシを置いた。歯ブラシは、彼女だけが意味を知っているメッセージのシンボルだった。東ドイツの体制批判派の間では、米国のマーティン・ルーサー・キング牧師が黒人の子どもたちに語ったという歯ブラシの逸話が伝わっていた。「あなたたちが刑務所に連れて行かれると、ポケットの中身は全部出すことになるから、そのつもりでいなさい。でも歯ブラシだけは持って入れるでしょう。だからいつも歯ブラシを持っていなさい。歯ブラシは刑務所に行く覚悟を示すサインです！」。教会のシンガーソングライターがこの逸話をもとに作った歌を、私たちはよく歌った。ＳＥＤはこの歌の件で教会監督《ビショップ》に抗議を繰り返した。

君は歯ブラシを持っているか
これからも君は歯ブラシを使うだろう
今でも多くの人々が閉じ込められている
不正に抗議した多くの人々が（原注3）

ウルリケはクラスでちょっとおかしな子、あるいは少なくとも変わった子と見られていたが、彼女なりに賢明に振る舞った。まだ自分の力を十分信じることができなかったので、自分を勇気づける外からの力として歯ブラシを持ち込んだのだ。後に心理学を学んだ彼女は、このときの歯ブラシが「通過儀礼の小道具」に当たることを知った。こうして持ちこたえていたある日、ウルリケは校長に呼び出された。隣室には二人の男がウルリケを待っていた。二人とも彼女とは初対面だったが、驚くほど良く事情を調べていた。「知ってるよ」と男たちは切り出した。「君のパパの友だちに牧師のガウクさんがいるね。僕たちはガウクさんのことをとても心配しているんだ。ガウクさんは自分の行いで自分を傷つけている。家族を傷つけている。君もきっとガウクさんを助けたいと思ってるね。もし良かったら、来週また僕らと会って、ガウクさんが何をしようとしているか話してくれないかな」。

このような徴募が試みられたのは、シュタージがウルリケの精神状態を「不安定」と見なしていたからだった。後日ウルリケが閲覧したシュタージ文書には、気落ちして絶望的になったときに彼女が電話で話した内容が記録されていた。それは両親との非常に難しい関係やしばしば起こる重い鬱状態についてだった。もしウルリケが信仰や教会で見出した力を持っていなかったら、このように用意周到な提案にどう反応したか誰にも分からない。だが彼女は、まず私のところに来た。私は彼女と戦術を考えた。次の週、約束通りにシュタージの男たちと会って、たとえ緊張で心臓の鼓動が高鳴っても、無邪気を装い、次のように話すことにした。「あの後すぐ、パパの友だちのガウクさんに会って、シュタージの皆さんがガウクさんのことを心配しているって伝えたわ」。この面談の後、男たちはウルリケから協力を得ることを断念した。私は市行政評議会の教会問題担当官との次の会合で、「未成年者や子どもたちをスパイに徴募するつもりなのか」と激しく非難した。

シュタージが未成年者をターゲットにする場合、庇護を求める子どもたちの欲求につけこむことも稀ではなかった。徴募の経験を集めた「プロフィール」によると、「崩壊した家庭や喧嘩の絶えない家庭に育ち、孤独を感じ、親の愛情に飢えている者は誘いに乗りやすい」とされていた。このような状況にいる子どもたちは、自分に悲痛なほど欠けている庇護と安全を指導将校にわずかでも期待して、シュタージに協力することがあった。その場合、指導将校は子どもたちの代理父の役になりきり、授業の補習をしたり、職業見習修業のアドバイスをしたり、キャリアアップの手助けをしたりした。子どもたちが個人的な問題で相談を求めているときは、話し相手になった。

ウルリケは徴募されたことを第三者に話したため、シュタージの網を逃れた。謀議を公にする者をシュタージは信頼に値しないと判断し、その後、たいていは接触してこなかった。賄賂の誘惑に屈したり、不安のあまり拒絶できなかったり、単に否と言えなかったりした者は、シュタージから逃れられなかった。ＩＭとして活動すると、大学入学や就職の希望が叶えられたり、西ドイツに旅行に行けたり、西ドイツから来客が許可されたり、湖畔の別荘が購入できたりといった、さまざまな見返りが得られた。徴募を拒めなかった者の中には、脅された例もあった。ひき逃げ、非合法の売春、未成年者虐待などの犯罪の証拠を握られ、訴追を免れるためにＩＭにならざるを得なかったのだ。

シュタージ文書の調査の過程で、私は高位の教会関係者のケースを知ることになった。同性愛が異常なことと して蔑まされていた時代だったため、この人は妻や子どもたちや教会には何も知らせていなかった。シュタージに関係を突きつけられたとき、彼はどうすることもできず、詳細な「告白書」に署名し、国家保安省の完全なコントロール下に置かれた。反共産主義者で体制の敵であった彼は、恥ずかしさのあまり網の中でもがいたが、自由にはなれなかった。文書を読んだ私は、脅された彼に同情するとともに、人間の尊厳を踏みにじった「組織」に吐き気と怒りを覚えた。シュタージも、シュタージに指令を与えていたＳＥＤの連中も、たえず社会主義体制の人間性を称賛していたが、実際には権力を持つ者の傲慢な態度を無制限にひけらかすあまり、個人の人格権を踏みにじってもまったく意に介さなかった。目標に達するために他に手段がないと判断したときは、犯罪的な恐喝者のように振る舞った。

このような場合、ＩＭを主犯者と名指すのは難しい。情報を提供するＩＭ自身が、解雇、秘密の暴露、投獄などの脅しを受けているからだ。しかし似たようなケースでも、自らの罪を逃れるために他人を密告したＩＭは有罪となった。

分裂的な二重生活を送ったＩＭもいた。それは平和運動や環境運動のグループ、あるいは批判的知識人のサークルに投入され、運動の目標実現のために身を捧げたＩＭたちだった。シュタージは彼らに、ＩＭはその報告を通して党上層部にグループの本当の意図を理解させ、党の政策へ反映させることができると偽ったが、このような「伝説」を信じようとした者がいたのである。例えば詩人サシャ・アンダーソン*などは、壮大なファンタジーと見まがう二重生活を送った。彼は作家仲間のエルケ・エルプ*、ヴォルフガング・ヒルビヒ*、ウーヴェ・コルベ*、ルッツ・ラーテノウ*の行動を密告してシュタージから評価されていたが、体制批判知識人の間でもその行動力と組織力のおかげで重んじられていた。彼は多くの地下出版物の編集を手がけ、出版させることに成功したが、その中には彼がスパイしていた当の作家たちの作品も含まれていた。同じように人格が分裂していたに違いない例としては、政治家イーブラヒム・ベーメ*の場合が挙げられる。長い間IMとしてシュタージの忠実なスパイだったベーメは、一九九〇年二月の転換期に東ドイツの社会民主党（SPD）党首にのぼりつめたが（第十一章二八七頁参照）、おそらくこのときの彼は体制批判活動に本当の喜びを見出していたと思う。こうしたスパイたちの生活に「二重生活」という言葉を当てはめても、彼らの存在が持つ破壊性や卑劣さは表面的にしか理解できないのである。

シュタージへ情報提供活動を行いながら内面の葛藤を感じなかったのは、おそらく、どんな方法をとってでも国家の政策を支えるのが当然と考えた共産主義信奉者とSED党員だけだったろう。これらの者はシュタージの徴募を受けるのを特別な名誉と感じ、選ばれたことを誇りに思い、国のために有意義なことを行えると信じたのだ。

ときにはイネス・フレックシュタインのように、冒険心からスパイ活動に手を染めたに違いないケースもあった。共産主義路線に忠実な両親の下で育ち、十九歳のとき特別支援教育の専攻を許可され、ロストック大学の学籍を得た彼女の例を取り上げてみよう。一九八二年、シュタージはロストック大学の福音主義学生会（ESG）の活動を探る目的で、イネスに対し徴募を行った。ESG内の平和運動グループと大学教会牧師クリストフ・クレーマンについて彼女に報告させようとしたのだった。

ギーゼラというコード名のＩＭになったイネスは、すぐにＥＳＧ学生指導部に入った。早くも二学期目に中心メンバーになった彼女は、他のさまざまな活動に率先して参加するようになり、瞬く間にどこにでも姿を現し始めた。その熱意を見込んだシュタージは、彼女を教会内部の重要ポストへ影響力を行使するスパイに育てる方針を決定した。以後、彼女の人生は、それまでとはまったく異なるものになった。まずＳＥＤを辞めた。その本当の理由を党の同志はもとより、共産主義信奉者であった母親にさえ告げるのを許されなかった。さらに、特別支援教育の学業を放棄し、専攻を神学に変え、教会関係の仕事を得ようと努めた。当初、教会に関する知識のなさや自信の欠如は大目に見てもらえた。まったく無神論の環境で育ったので、学んで習得するつもりだったのだ。やがて洗礼を受けた。洗礼式には神学部の同級生たち十数名が立ち会い、皆で手を彼女の手に重ね、彼女のために祈った。それからまもなく、彼女は教会で結婚式を挙げた。洗礼式に立ち会った同級生たちは結婚式にも立ち会い、神の恵みを祈った。ＩＭギーゼラは、教会が伝道の力を失っていないことの生きた証拠であるように思えた。

ところが結婚式の後、予想もしないトラブルが起こった。彼女の夫は妻の教会活動を必ずしも認めないばかりか、妻をほとんど理解しなかった。結婚生活に亀裂が走った。このときシュタージは、まず、妻に知らせずに、夫をＩＭに徴募した。次に、夫婦を北海沿岸の保養地キュールングスボルンのホテル「オストゼー」に連れていった。夫婦それぞれにＩＭとの会合が予定されていると伝えておき、一つの部屋に別々に案内して、最後に仕切りの扉を開けた。そこで夫婦が見たのは赤の他人ではなく、すでに信頼できなくなっていた互いのパートナーだった。これを機に、夫は妻の教会活動に抗議しなくなるだろう。夫婦はそろって同じ「組織」のために働いたのだから。

その後ＩＭギーゼラは、グライフスヴァルトの福音主義教会で指導的地位に就くことが予定されていた。ところが出世する前に現メクレンブルク－フォアポンメルン州で革命が始まり、東ドイツ社会民主党（ＳＤＰ）の設立準備に関わることになった。シュタージがその情報も欲しがっていたのだ。そうするうちにシュタージのスパイであるという疑惑が浮上した彼女は、体制批判運動から身を引き、かつての指導将校らがこの間すでに新しい基盤を築いていた警備会社に就職した。

洗礼式のときに手を彼女の手に重ね、結婚式にも立ち会ったかつての同級生のヨルン・モテスは、一九九四年、イネス・フレックシュタインを探し出した。神学部で学んでいた頃、昼間は彼と席を並べてヘブライ語を学習していたイネスは、夜になると彼のことをシュタージ報告書に書いていたのだ。ＩＭギーゼラは、ヨルンを目の前にしても、謝罪の言葉を口にしなかった。それどころか、ホネカーのためなら自動小銃を手にして敵から国を守ったわ、と言ったという。後にシュタージ文書に関するメクレンブルク－フォアポンメルン州受託官に就任した神学者ヨルンは、シュタージの指令で行われた洗礼や結婚式にはそもそも価値があるのだろうかと、それ以来問い続けている。

ＩＭの徴募には手続きが定められていた。まず徴募対象者の「プロフィール」が作成される。続いて予備審査が始まり、必要な書類が作成される。この段階で候補者との接触が図られる。最後に、シュタージとの極秘の共同作業を文書で義務づけるため、署名が行われる。シュタージ文書を調査した私たちは、この手続きにはさまざまなヴァリエーションがあることを知った。例えば五〇年代初頭の指示書には、ＩＭの署名を省いてもよい場合があると書かれていた。「重要なのは義務付けではなく、候補者の積極的な協力である」。一九七九年に出され、東ドイツ末期にいたるまで有効とされた指針でも、このやり方はＩＭとの仕事に有効とされていた。

こういう特別な細則を見つけ出すには、シュタージ元大佐ベッカーの助言がとても役に立った。ベッカーは大変非難された元幹部の一人だったが、一九九〇年、私たちは非難されることを承知の上で、彼を採用した。彼は中央分析情報班（ＺＡＩＧ）[3]の責任者で、国家保安省の省内から集まるすべての情報を集約し、大臣に伝えるための選別作業を行っていた。そのためどこにどの資料があるかを熟知しており、私たちには当初推測するしかなかった書類の内容を説明することができた。シュタージの正規職員の中で、その知識を生かして市民委員会の活動を手伝った協調的な転向者の数少ない一人がベッカーだった。市民委員会の推薦を受けて、私たちは彼を採用した。

署名による義務付けを省く徴募は、大学や文化機関、そして、当然ながら、教会でよく行われた。教会ではスパイ行為はとくに厳しい糾弾を受けたからだ。例えばグライフスヴァルトのギーンケ教会監督は、オリオンというコード名の「敵対行動の防御、ならびに敵対行動の疑いのある人物の直接処理のための非公式協力者（ＩＭＢ）」（第一章注(8)参照）だったが、署名をしたことがなかったため、自分は相談相手にすぎないと考えていたようだ。彼はシュタージとの接触を職務上自明の仕事と見なそうとした。ギーンケの周囲の常議員も同じ態度だった。実際、教会指導層のほぼすべてのＩＭは署名をしておらず、シュタージからＩＭとして扱われていることを自覚していなかったため、一九九〇年以降、スパイ疑惑が持ち上がって非難されると、驚愕し、苦しんだ。多くの者には不正を行った意識がなかったのだ。しかし、もしシュタージの指導将校と定期的に会ったり、国家保安省に担当分野の報告を行ったり、場合によっては諜報活動用のアパートを訪れたり、贈り物や特典を受け取ったり、勲章さえも受け取ったりしていたなら、シュタージ側は確実な協力関係の存在を前提に動いていたことになる。署名が存在しているかいないかは問題ではないのだ。シュタージ文書法によれば、私たち受託官事務局は、シュタージ文書に書かれた内容を、当該人物がシュタージとの関わりについて述べた中に見つけて立証する義務があったし、今もある。そのため私たちは、シュタージがこれらの人々をＩＭファイルで管理した事実を元に、作業を進めた。

つまり、ある人がＩＭかどうかを決めるのは、受託官事務局ではなく、シュタージなのだ。ところが渦中の人々は怒りを事務局にぶつけて、私たちを非難した。忌まわしい報告の伝達者に過ぎなかった私たちは、こういう困った事態を何度も確認せざるをえなかった。

例として、フンボルト大学の神学教授で、学長も経験したハインリヒ・フィンクをめぐる一九九一年の騒動を取り上げてみよう。フィンクがＩＭであったという疑惑は、すべての大学関係者を調査する過程で浮上したが、当初、彼の疑惑を証拠づける書類は比較的少なかった。一九八七年の信徒大会の際、ハイナーというコード名のＩＭがシュタージの中央作戦室に諜報活動に関する電話をかけ、国家人民軍の金の功労メダルを受け取ったということはわかっていた。さらに、彼に関連する書類がファイル五冊分あったはずだということもわかっていたが、もはや残っていなかった。フィンクは解雇された。彼は裁判を起こしたが、連邦最高裁判所までのすべての判決で、彼は国家保安省のために活動していることを自覚していたという私たちの主張が支持された。その後、複数の書類が発見され、私たちの主張は最終的に裏付けられたのである。

しかし、社会主義統一党（ＳＥＤ）の後継政党である民主的社会主義党（ＰＤＳ）とフンボルト大学の学生たちは、フィンクを大学から追放された犠牲者と見なした。多くの人々にとって彼は、西ドイツに対抗する東ドイツの人々の結束の象徴であり、権利を奪われた人々の先頭に立って戦う闘士だった。ある日、「俺たちのハイナーを奪うな！」と連呼する学生たちが、ベーレン通りにあった私たちの事務局の前へデモをかけた。道路はウンター・デン・リンデン通りにいたるまで、黒々と埋め尽くされた。ちょうど私が不在だったため、きわめて攻撃的なデモ隊の前に事務局長のガイガーが出て、警察車両の拡声器を通して、近いうちにフンボルト大学構内での討論会に参加することを約束した。

このような討論会は私にはまさに都合がよかった。フィンクを支持してデモ行進した学生たちは、一九八九年にはどこにいたのだろう。革命のとき、大多数の学生たちは引きこもっていたのではなかったか。大学入学の許可を得るために、東ドイツ体制に積極的に適応しようと心がけてはいなかったか。さらに大学には、能力の有無に関係なく、党幹部養成政策の観点から指導的役割を果たすために採用された教授たちが多数いたのではなかったか。ところが今、古参の教授たちは自分の経歴を批判的に検証するどころか、西ドイツの高等教育畑の政治家たちを非難して、植民地支配者のように振る舞っていると言い出す有様だった。

討論会の会場に向かう私たちに、警察はボディーガードを付けた。護衛が付いたのは後にも先にもこのとき一回限りだった。訓練を受けた護衛のなかに、ハイヒールを履いた大柄な女性がいた。彼女は笑いながら、これは緊急のときの私の武器ですと言うと、デモ隊に向って威勢よくハイヒールを振り回してみせた。私たちの事務局は民主的な運動から生まれ、ベールに包まれていた抑圧機構の実態を明るみに出す仕事を委託され、東ドイツの過去と向き合う開かれた取り組みの象徴になっていた。それが今や、民衆《フォルク》の敵として、フンボルト大学大講堂に集まった聴衆の大多数から闘いを挑まれていた。大講堂は超満員で、雰囲気は殺気立っていた。このとき聴衆に向かって、啓蒙への情熱を込めて語りかけた自分の第一声を、私は今でも忘れていない。「私は今、心静かに、かつ喜びに満ちて、PDSに牛耳られた大学の諸君の抗議を受けて立つ」。そしてこぶしを握りしめた。ブーイングの嵐が起こった。

もちろん聴衆全員がPDSに牛耳られていたのではなかった。なかにはまったく困惑した者もいた。ある学生などは後に四枚もの長い手紙を私に書いてくれたが、一九八九年の市民運動の一部を担った「行動するカトリック」という団体に属していたこの学生が傷ついたと感じたのは、無理もなかったと思う。しかし、大多数の者の抗議は、反動的とは言わないまでも、驚くほど旧態依然に思われ、私に一九五〇年代の西ドイツ社会を思い出させた。当時、西ドイツ市民の多数の支持をよりどころにしたアーデナウアー首相は、首相府長官を務めた側近のハンス・グロプケが戦前ナチ政権に深く関わっていたにもかかわらず、その当然の帰結である罷免を実行しようとせず、顧問の地位にとどめ置いたのだった。

　フィンクのもとには、過去との取り組みを拒む人々が集まりやすい条件がとくに揃っていた。ＳＥＤ党員ではなかった彼は、イデオロギー的な偏狭さを持たず、誤りも犯していないように見えた。神学者であった彼の行動は、純粋な気持ちから出ているように思えた。さらにフィンクは「東の人間《オッシー》」だった。「東の人間」は守られねばならない、なぜなら「西の人間《ヴェッシー》」はライバルである「東の人間」を追い落とすためにシュタージ問題を利用しているからだ、と信ずる人々は多かった。一方、フィンクが東ドイツ体制にきわめて近い行動を取ったことを知っていたのは、体制批判活動に関わったキリスト教関係者だけだった。何も知らない東西ドイツの知識人たちは、一九九一年、程度の差こそあれ無邪気にも、フィンクへの支持を表明した。もっとも二〇〇五年にはフィンクに関するほぼすべての文書が復元された。一九八九年、市民委員会は恣意的に破られた書類を青い袋に入れて保管していたが、フィンクの書類はこの袋の中から発見されたのだった。復元された書類によると、一九六八年六月十一日にコード名ハイナーはＩＭとして徴募され、東ドイツが苦くも終焉した八九年十月七日まで学生や同僚の行動を報告し続けた。その功績をたたえて、勲章、賞金、贈り物が授与されていた。

　私が挑発的に話し出したので、「ガウクは『政治的伝道師』だから、感情的な奴に違いない」と身構えていた聴衆は、自分の意見が正しかったことを確かめたわけだ。このような極度に緊迫した状況では、かりに私たちの立場への理解を求めたとしても、ひ弱な印象しか与えられなかっただろう。私は役所の長になっていたとはいえ、相変わらず啓蒙活動家であった。闘争的な声明を発表することも多かった。そこで、よく問題にされたのが、私の発言の評価についてである。たとえ積極的な意見表明や情報であっても、何が事実に即しているのか、実際にある資料の価値を、極端に、恣意的に位置づけるところはないか、という点が問われたのだ。

多くの論争や裁判では、意見表明と評価の境界線をどこに引くかが争点になった。例えば私は、グレゴール・ギジ*は国家保安省に協力したと発言したが、ギジにありもしないことをなすりつけている、誹謗中傷ではないかと批判された。また、あるポーランド誌のインタビューで、ブランデンブルク州首相マンフレート・シュトルペ*のシュタージ疑惑に関連する証拠書類は「ザクセン州なら州首相の地位を剝奪するに十分である」と述べたが、このような説明は私に許されるのか、受託官事務局の長としての権限にはない評価ではないか、と問題にされたのである。シュトルペの件では私の発言は裁判所に禁じられたため、以後、繰り返すことはなかったが、これは裁判所が私に発言を禁じた唯一のケースだった。これ以外にもシュトルペはさまざまな要求を私に突き付けたが、裁判所が認めたのはこのケースだけだった。いずれにせよ私は西ドイツでは、過度に気まぐれで、きわめて政治的で、頑固過ぎる男と見られ、東ドイツでは過度に官僚的で、順応し過ぎて、西ドイツに寄り過ぎていると見られていた。

国家保安省の構造とその影響という重要な問題をめぐって論争が起きたとき、私は自分の意見を表明する権利をかならず守った。嘘や弁解や慰めを黙って聞き流してはならなかったし、そうするつもりもなかった。シュタージ問題に関して、シュトルペやギジやフィンクやシュヌーア*や、まして元シュタージ将校らに世論を決めさせ、解釈を主導させてはならなかった。この問題で私に非党派性を求められても、無理だったろう。しかし、実際の党派政治に関する限り、私の態度表明は特定の政党と関わりを持つものではけっしてなかった。同盟九〇は、受託官の職を引き受けた直後に脱退していた。

当初世論は、シュタージ文書の信憑性を疑っていた。国家保安省は意図的に偽情報を流したのではないか。IMとシュタージ幹部は故意に偏った情報を選択して報告書を作成したのではないか。こうした疑問を抱く者は多かった。しかし何年にもわたる調査の結果、自らの組織の機能性をどこまでも追求したシュタージは、自分たちにとって重要な事態をできる限り「客観的に、偽装なしに、具体的に、完全に」ＩＭに報告させようとしていたことが広く認識されるようになったと言えるだろう。例えばシュタージは、事態を正確にコントロールするために、同一の案件を二人のＩＭに別々に質問していた。報告の中では間違った情報と他の情報を明確に区別しており、たとえ情報源がある程度イデオロギー色が強く、個々の情報が不正確で表面的であったり、偏っていたりしていても、全体として信頼できる仕組みを整えていた。

ＩＭの疑いがある資料が出てくると、私たちは該当者の勤務先の人事管理部門に資料を送った。大学教員の場合は、各州の文化相宛に送付した。もっとも州文化相レベルではほとんど判断できなかったので、各大学は特別委員会を設けて審査を行った。難しいケースでは委員会が該当文書を調べたり、受託官事務局の職員が出向いて個々の背景やわかりにくい概念の説明を行ったりすることができた。しかし私たちは人事の判断にけっして加わらなかった。こういう事情を知りながら、ＰＤＳに近い新聞が私のことを「大審問官」呼ばわりしたのは、たちが悪いと言わざるを得ない。

公務員の職場で異端狩りや異端裁判が行われたという主張は、まったく事実に反する。唯一、ＩＭの疑いがある者をすべて一律に解雇した職場は、連邦軍だけだった。連邦軍以外のすべての官公庁では、一件ごとに審査を行い、決定を下した。対象者には法律にもとづき審問が認められ、シュタージ文書の記載事項が事実に反すると考えるなら、意見表明を添付することができた。その後審査が行われたが、決定にはつねに幅があった。例として一般の警察官の場合を挙げてみよう。兵役期間中に徴募され、きわめて限定的な情報をたった二回だけ報告した警察官がいたとする。こうした場合、多くの職場では該当者を継続雇用する決定を下した。こうして学校や警察などでは、元ＩＭの継続雇用の割合が高くなった。ザクセン－アンハルト州[4]では、州省庁、地方行政区、およびその下の地方自治体で、調査の対象者となった者の六パーセントにＩＭの疑いが見つかったが、実際に解雇されたのは、その三分の一にすぎなかった。ベルリンの教育現場では、調査対象者の四・七パーセントにＩＭの疑いが見つかったが、解雇されたのはわずか〇・九パーセントだった。解雇された者の中には、労働裁判所で詳細な審問を受けた者もいた。解雇は行き過ぎで、妥当な処罰に当たらないとされ、撤回されたケースも多かった。

とくに最初の数年間、私は繰り返し政治攻撃の対象となった。陰謀が企てられたこともあり、かつてシュタージの破壊工作活動がどのように機能したのかを実感させられたこともあった。一九九一年の始め、ハンスイェルク・ガイガーにボンの連邦政府内務省から電話があった。ロストックの元シュタージ将校三人が行ったという証言をもとに、ガウクがＩＭだという噂が流れているが、いったいこれはどういうことなのか、という問い合わせだった。被害者本人である私が許可を出していないのに、「幼虫」というコード名の私のファイルが一部流出したのだ。問題となった文書は、一九八八年七月末にシュタージ将校テルペが私と面会した直後に提出した報告書で〔第六章一六八頁参照〕、その最後に、私をＩＭにすべく徴募を試みてはどうかという意見が書かれていたのだ。文書は日刊紙『世界《ディ・ヴェルト》』に一九九一年四月に掲載され、ＰＤＳに近い出版社から書籍の形で出版された。すでに人民議会議員に選ばれた際、私の経歴は調査されていたが、この事態を受けてガイガーはロストックへ向かった。彼はまだ封印状態で保管されていた私のオリジナル文書を読み、いかなる徴募も行われなかったことを確認して、ボンの連邦政府内務省に報告した。ＩＭの徴募に先立つ予備審査は実施されていなかったのである。

その直後、まったく予期しなかった方面から私の潔白を示す出来事が起こった。ロストックで活動していたシュタージ上級将校が、ベルリン市郊外で謀議接触を行いたいとガイガーに連絡してきたのだ。彼は「赤いパイピングの付いた黒いアノラックを着ていく」と言うので、ガイガーは「私はミュンヘンのナンバープレートの付いたポルシェに乗っていく」と応じた。約束通り土曜日の朝七時にガイガーが出向くと、男は「当時ガウクにはこれっぽっちも同情しなかったが、ＩＭの件はお門違いだ。ガウクはＩＭではなかった」と説明した。これで真実が明らかになり、一件落着となるはずだった。

ところが数年後、再び同じ噂が流れ、またもやボンの連邦内務省の耳に入った。今度の連邦内務相マンフレート・カンターはこの件にあまり詳しくなかった。内務省人事部長がロストックに出向き、メクレンブルクの主席検事が予備捜査に着手すると、一九九四年一月、元東ドイツ内務相ペーター＝ミヒャエル・ディーステルは『新しいドイツ《ノイエス・ドイチュラント》』紙に寄稿し、私の場合も予備審査は行われていたと主張した。(5) 幸運なことに、今や私たちは法治国家に暮らしていた。私はベルリン州地方裁判所で仮処分を勝ち取り、ディーステルと『新しいドイツ』紙は私を名指してIMと呼ぶことを禁止された。この決定はベルリン上級地方裁判所で確定したが、ディーステルはあきらめず、今度は私を「シュタージの受益者」と呼び出した。しかし第二審を終えた後、裁判外の合意が成立し、ディーステルは正式に文書に署名して発言を撤回したため、私は十分に満足した。裁判所は敗訴者とされたディーステルに裁判費用を負担させた。

このようにポスト共産主義陣営〔旧SEDに関わった人々〕は私に攻撃を仕掛け、反抗し、嘘を塗り付けようとしたが、そのこと自体には驚きを覚えなかった。むしろ驚いたのは、シュタージという東ドイツの過去と取り組む私たちの仕事は、基本的に党派を超えてその重要性が了解されていたのに、実際には第三者と政党の利害に強い影響を受け、部分的にその影響下に入ってしまったことだった。この例がもっとも顕著に示されたのは、マンフレート・シュトルペをめぐるきわめて特殊なケースだった。

法律家としての才能に恵まれ、政治の世界にも野心を抱いていたシュトルペは、東ドイツ福音主義教会連盟事務局の責任者としてその名を知られており、東西いずれのドイツでも等しく敬意を払われていた。続いてベルリン＝ブランデンブルク教会宗務院長、東ドイツ福音主義教会連盟副代表などの要職を歴任した彼の声望は、一層高まった。変革期の一九九〇年に社会民主党（SPD）に入党すると、統一後、旧東ドイツ地域でただ一人のS

ＰＤの連邦州首相（ブランデンブルク州）の地位を闘い取った。

シュトルペのシュタージ疑惑については、正式な「事件」になる以前にも噂が流れたことがあった。最初は一九九〇年の夏だった。東ドイツ最後の首相ロータル・デメジエール*の場合（ＩＭのコード名「チェルニ」）と同様、私はまず噂に怒りを覚えた。シュトルペは私たちの中心メンバーの一人だったからだ。一九九一年の夏、私を含めた市民権活動家がテオドール・ホイス記念メダル[6]を授与されたとき、私たちは授賞式の記念講演者にシュトルペを望んだ。疑惑の噂が流れても、彼への信頼は揺るがなかった。

その後、彼が州首相になり、私が連邦受託官になってからのことだが、シュトルペは私を食事に招待してくれたことがあった。私たちはベルリン中心部のパラスト・ホテル内の高級レストランで会った〔パラスト・ホテルは東ドイツを代表する高級ホテルだったが、再開発のため二〇〇一年に取り壊された〕。人気のない店内には護衛が目立たないように控えていた。一時間半ほど話したが、私はテーブル近くの水槽に気を取られっ放しだった。なぜシュトルペは私を食事に誘ったのだろう。後に私はこのときの彼の振る舞いを、ともに教会に属した私が何か感づいていないか、おそらく知りたかったのだろうと解釈した。

その後、いつだったか、ポツダムのブランデンブルク州政府官房が私たちに電話を寄越したことがあった。州首相シュトルペに関する新しい噂が流れているが、耳に入っているかという問い合わせだった。私はただちにスタッフ会議を開くと、自らノルマンネン通りの文書保管庫に向かい、州政府官房には「あなたたちがゴーサインを出せば、ただちに資料調査にかかる」と伝えた。なんとしても州首相を誹謗中傷から守りたかった。ところがそこにシュトルペの弁護士で西ベルリン在住のペーター・ダンケルトが現れ、州首相の代理として私たちの熱意に謝意を示し、調査を中止させた。調査を最優先に行う必要はない、というのも州議会議員であり、かつ州政府の一員でもあるシュトルペに対して、まもなく経歴調査が行われることになっているからだという。この説明に私は驚いたが、同時に納得もした。良い考えだ。何も私たちが噂を言い立てることはない。「神経質になってはいけないというのは、正しい態度ですね」と賛同した私は、「うちのスタッフは残業で働き詰めだから、シュトルペ氏の謝意がビールの差し入れで示されれば、とても嬉しいのですけれど」と付け加えた。

その後、シュトルペに言及した最初のシュタージ文書が発見されると、シュトルペ本人が州法務相を従えて私たちの事務局を訪れた。この最初の文書では、シュトルペはほんのついでに触れられていたに過ぎなかった。短い訪問に同行した州法務相は、八〇年代に東ベルリンの西ドイツ政府常駐代表部代表を務めたハンス＝オットー・ブロイティガムだった。ガイガーは二人を上の階に案内し、発見された最初の文書を見せた。「資料の性質上、これらの文書が誰のファイルなのか、明確にするのは難しいのですが、あなたの被害者ファイルの一部でないことは間違いありません。ある箇所で『事務局長』というコード名のIMが言及されていますが、このコード名の背後に隠れている者が誰なのか、私たちにはわかりません」とガイガーは説明した。

最後にシュトルペは尋ねた。「この建物の玄関に新聞記者が詰めかけているが、私はどう言えばいいだろう」（記者たちを呼んだのは、私たちではなかった）。

「私でしたら、きわめて控えめに振る舞います」とガイガーは助言した。「この文書から明確な結論を引き出すことはできませんから」。

階下では報道陣がシュトルペの出てくるのを待っていた。スポットライトがつくと、シュトルペは撮影中のカメラに向かって次のように宣言した。「私はシュタージの被害者だ」。ガイガーは二の句が継げなかった。

その後、短い小休止を挟んだ後の一九九二年一月、シュトルペは打って出た。週刊誌『シュピーゲル』に回想録『困難な出発』の抜粋を掲載したのだ。(7) その中で彼は「シュタージを通して政治的目的を達成する」ために、一九六〇年代から国家保安省の職員や幹部将校と定期的に会ってきたいきさつを詳しく書いていた。ここに実態を解明する必要が生じた。二月十二日、ブランデンブルク州議会は調査委員会を設置した。

シュトルペの疑惑ほど世論が二つに割れたケースは他にないだろう。もったいぶらない性格のシュトルペは、ブランデンブルク州の人々が一つにまとまるための領主のような存在だった。自分はヒーローではありませんでした、皆さんと同じです、何とかまともに生き延びることのできる生き方を見つけようとしただけなのです、と心を開いて語りかけた彼の態度は、大勢の人々が抱えていた心のやましさを免責した。抵抗運動の闘士や反体制活動家たちを基準に過去の我が身を振り返れば、何もしなかった自分はいつまでもやましい心を抱えて生きなければならない。誰がそんな人生を望むだろう。シュトルペは心の底から人々に語りかけた。新しい「私たち」の感情に訴えた。この感情は、一人ひとりのシュタージとの関わり合いを検討しようとする企てすべてを、東ドイツの人々の自己理解を傷つける総攻撃とみなしたのだ。かつてＩＭとして人生を送った者は住民のわずか一パーセントに過ぎなかったことを考えると、これは異様な事態と言えた。一九九二年秋の時点で、ブランデンブルク州の八四パーセントの人々がシュトルペを支持したのだ。

シュトルペのように大勢の共感を呼ぶタイプの男には、西ドイツのさまざまな方面からも助力が差しのべられた。彼は皆のお気に入り《エヴリバディズ・ダーリング》だった。ヘルムート・シュミット*と社会民主党（ＳＰＤ）と週刊新聞『ツァイト』紙は、東ドイツ地域でただ一人、ＳＰＤの州首相となったシュトルペを失脚させたくなかった。他の州首相はすべてキリスト教民主同盟（ＣＤＵ）が握っていたからだ。さらに、社民党勢力がシュトルペを批判したくなかったのは、かつて東ドイツに対して行った自分たちの政策の自己批判を避けるためでもあった。冷戦時代、彼らはＳＥＤに慎重な振る舞いを促す一方、東ドイツの体制批判グループにも「争いを最小限に抑える」ように働きかけたが、これはシュトルペが東ドイツで行った活動とよく似た政策ではなかったか。当時のドイツ連邦大統領リヒャルト・フォン・ヴァイツゼッカー*（ＣＤＵ）も福音主義教会を守ろうとした。あるとき彼は私に、「私たちに会った東ドイツの人々は後でシュタージに報告することを、私たちは知っていました」と語ったことがある。これを聞いた私は、彼に尋ね返した。「逮捕されたウーテ・クリストファーとグナー・クリストファーのために介入をお願いしたとき〔第八章二〇一頁参照〕、あなたに依頼したことを私がシュタージに報告するという前提で行動されたのですか」。教会内でもシュトルペ支持が優勢だった。フリードリヒ・ショルレンマー*のようなかつての体制批判運動家からも、シュトルペを支持する声が上がった。大手メディアもシュトルペ支持だった。

一九九二年二月にブランデンブルク州議会が設立した調査委員会でも、大多数の委員は、ところどころ辻褄の合わないシュトルペの説明を鵜呑みにした。ほぼ二年間続いた調査期間中、シュトルペはIMだったことはないと主張し続けた。しかし彼を激しく非難する声は、同盟九〇から上がった。当時、州政府で教育相を務めていたマリアンネ・ビルトラー*も、その一人だった。一九九二年の夏、彼女は州議会議員を辞職し、同年十月末には教育相の職も辞した。ついに一九九四年春、SPDと同盟九〇のブランデンブルク州連立政権は崩壊した。同盟九〇会派の代表ギュンター・ノーケ*が期限までにシュトルペ批判を撤回しようとしなかったためだった。

「事務局長」というコード名を持つIMに関するシュタージ文書は残っていない。したがって今日でも、徴募の際の署名が存在したかどうかはわからない。州調査委員会で証言した元国家保安省の証人たちは、協力義務の誓約は口頭でも文書でも存在しなかったと証言した。しかしこれまでに明らかになったところによると、一九六四年にシュトルペは徴募に先立つ予備審査の対象者として登録され、一九七〇年に「事務局長」というコード名のIMとしてシュタージ第二十主局第四課（教会を管轄）に引き継がれた。さらに一九七六年、彼は東ドイツ福音主義教会連盟の事務局長として、SEDの支配に抗議して焼身自殺したオスカー・ブリュゼヴィッツ牧師の死をきっかけに高まった体制批判を阻止する手助けをした。一九七八年、彼は功労メダルを授与され、「大選帝侯の古地図」と一五九九年公刊の聖書といった高価な記念品を受け取った。国家保安省の将校らと謀議用の秘密のアパートで定期的に会っていたことも明らかになっている。このため一九九二年四月初旬、私たちの事務局は所見を発表し、シュトルペは「国家保安省の基準に従えば、ほぼ二十年以上にわたり東ドイツ福音主義教会で活動した重要なＩＭであった」と結論付けた。これは発見された文書にもとづく結論だった。

マンフレート・シュトルペに東ドイツ功労メダルを授与したのが、彼が主張するように、すでに亡くなった教会問題担当次官ハンス・ザイゲヴァッサーだったとすれば、これは国家の表彰だったことになる。一方、彼のシュタージ指導将校だったロースベルクは自分が直接手渡したと主張したが、そうするとこれはシュタージの顕彰ということになる。今日までシュトルペとロースベルクの主張は相容れないが、国家保安省の顕彰者リストにシュトルペのコード名が記載されていたことを考えると、私たちにはシュトルペの主張の方が疑わしかった。

何かを実現しようと思うなら、シュタージと話すことは必須だったとシュトルペは繰り返し強調したが、この主張にはほとんど納得できなかった。というのも、教会の正式な代表者として秘密警察の政務畑トップと直接話せる地位にいた彼が、どうしてシュタージ職員などと会わなければならなかったというのだろう。シュタージと会ったのは、そうするだけの理由があったはずだ。なぜシュトルペほどの人物が国家保安省と秘密裏に接触し続けたのか。この種の協力関係にもっとも強い反感を覚えたのは、ほかでもないシュトルペもその一員であるところの、教会指導者や知識人、学識者たちではなかったか。

歌手のヴォルフ・ビーアマン*は、次のように書いたことがある。「シュタージは愚かすぎたってことさ。シュトルペなんて追い回さないで、虚栄心をくすぐり、お世辞でおだててやればよかった。あなたは知的だ、何でもわかる、他人より優れているとささやけばよかった。自分は特別重要だと感じさせ、ナルシストになるように仕向ければ、簡単に誘惑できたのさ。誰でもシュタージと接触すれば、自分は重要人物だと思うものだ。俺みたいな劇場のちっぽけな芸人だって、楽屋裏の影響力はものすごいぜ！」。あるいは「私は病院勤務の医師。同僚に嫌われている党員です。でもシュタージとのコネがあるから、幹部養成政策に関する決定は一つも逃さない実力者です」。さらには「私は教会の筆頭法律顧問である。党と国家の問題を高い見地から観察している。私のような高位高官があの手の連中と接触するのは、国家と教会の関係改善に寄与するためである」。

ＩＭになった知識人は、たいてい自分の指導将校に対して知的に優位に立ったため、ルールを決めているのは自分だという錯覚に簡単に陥った。私はこの現象を、才能に恵まれた男たちのドラマと名付けた。とくに男たちという点を強調したい。なぜなら、ＩＭの九十パーセントは男性だったから。

国家保安省と密かに取引していたことを教会監督や教会指導部に伝えなかったシュトルペは、職務義務違反と背任行為を犯していた。このことを福音主義教会の調査委員会は――何年もかかったとはいえ――断定した。シュタージや国家機関の前では教会指導部と距離をとり、教会指導部を軽視する発言を行い、体制批判派に教会の保護が及ばないよう教会内の意思決定を誘導して、活動家への国家の弾圧を容易にしたとき、シュトルペは背任行為を行ったのだった。

かつて信徒大会の責任者が集まったとき、信仰で結ばれた私たち東ドイツ信徒大会議長団よりもシュタージの方に正直だと、私はシュトルペをとがめたことがあった。その直後、シュトルペは彼の指導将校に、ベルリン南東のバート・ザーローで開催された三日間のミーティングについて報告した。このミーティングで教会指導部は、党書記長エーリヒ・ホネカーとの一九七八年三月のトップ会談に向けて準備をしたのだ。このようなシュトルペの振る舞いをどのように考えるべきだろうか。彼の流した情報のおかげで、国家は正確に先を見通すことができたのだから、彼は国側に有利な状況を作り出したと言うべきだ。

さらに、何年もの間シュタージと密会を続けた者は、かなりの程度シュタージの考え方や行動を内面化したのではないか。内面化の結果、目立たずに、しかもねらいを定めて、体制批判派の役割を制約し最小にしようとしたのではないか。

国家に気に入られたシュトルペがいたおかげで、教会の状況がいくらかでも改善したかどうかは、実際にはわからない。ブランデンブルク州調査委員会が行った証拠調べの際、彼は「共に闘った仲間」として八名の教会関係者の名前を挙げたが、そのうち六名はＩＭとしてシュタージに登録されており、明らかに疑わしい者たちだった。

もちろん、シュトルペは教会に送り込まれたシュタージのスパイだったという批判から、教会は彼を守らなければならなかった。しかし、当初教会が行った十把一からげの潔白証明は、まったく説得力に欠けていた。当時、ラント教会監督クリストフ・シュティーアと私は、教会が出す宣言はイメージに引きずられてはならず、キリスト教の原則である償いと改心に基づかなければならないと考えていた。

この考え方は刑法上の観点からはあまり重要ではないが、ある人物が公務上の高い地位にふさわしいかどうかを吟味する際には、とても重要である。

私とシュトルペは昔からの仇敵同士だとよく言われてきたが、それは伝説に過ぎない。彼と知り合ったのは八〇年代に入ってからのことで、私がメクレンブルクで開催される信徒大会の責任者として東ドイツ信徒大会議長団に属していたときのことだった。巧みに交渉を率い、法律に明るく、調整の戦略に長けた彼の姿は、印象深く記憶に残った。仲介の政治力と妥協の形成力に秀でた彼を、私は信頼した。賛美の気持ちも含まれていた。彼の過去のスパイ疑惑が浮上するまで、シュトルペと私の間にはいかなる問題も生じなかった。

政界の高官や有力者らが擁護したおかげで、シュトルペはスパイ疑惑を耐え抜くことができた。この間、一般市民は、どの段階でどの発言が行われ、それらがお互いどういう風に関係しているのか、誰がいつ何を言ったのか、言わなかったのか、真実はいつ誰の口から語られたのか、見通せなくなってしまった。判断の基準が完全にずれてしまったのである。デメジエールの場合、疑惑を示す証拠はシュトルペよりずっと少なかったにもかかわらず、政界を去らねばならなかった。シュトルペの場合、大勢の人々が彼を疑わしいと見なしたにもかかわらず、政界に残った。いつしかメディアと世論は彼の件に疲れ、飽きてしまった。

一九八九年直後の世論の主流は、社会を改革してスパイ疑惑者を取り除くことに賛成していたのに、時が経つにつれて、経歴調査は行き過ぎで、東ドイツの人々を狙い撃ちしていると見なす者が優勢になった。革命的な改革者よりも、家父長的なオーラを備えた勝者タイプの政治家が求められ、州議会選挙で勝利を収めたのである。過去を憂うよりも、未来への関心が人々の心をとらえた。自己批判や内的省察や法律の見直しを求める声は主流から外れた。かつての体制批判活動家たちは、まったくではないにしても、次第に守勢

1999年11月9日。連邦議会でのベルリンの壁崩壊十周年記念式典。ヘルムート・コール、ミハイル・ゴルバチョフ、ジョージ・ブッシュ（父）ら来賓の前で、東ドイツ民主化運動に携わった人々を代表して私は講演を行ない、権力を取り戻した市民、統一前の自由、激動の高揚が去った後の目覚めについて話した。「楽園を夢見ていた私たちは、ノルトライン＝ヴェストファーレン州で目覚めました」。議事録には議場の朗らかな笑い声が記録されている。

に回るようになった。

過去との取り組みは同時代の政治状況に強く左右される。すでに一九五九年に哲学者アドルノは、次のような指摘をしていた。「ナチ時代がなぜ忘却されるのかという問題は、精神病理学の問題というよりも、社会一般の状況から理解されるべきだろう」[8]。アドルノの指摘は、東ドイツ時代の過去と取り組む際にも当てはまる。

東ドイツ時代の負の遺産との取り組みに終止符を打つべきだという議論が何度も再燃している。これは、いわゆる西ドイツの左派リベラルに特有の考え方から説明できる部分が少なくない。彼らは自分たちの誤った判断を訂正しなくても済むよう、共産主義独裁体制の分析を避けた。目の前に存在する社会主義国家の抑圧的－全体主義的な特徴を左翼的とみなして肯定し、全体主義的とは受け止めなかったのだ。この事実は彼らの主張に影を投げかけている。左派のジャーナリスト、フリッツ・ラダッツは「我々は当時、反ソ連的な考え方をしたくなかった」と書いて、この考え方の核心を明らかにした。彼は、「左翼」であることは沈黙することであろうか、紛れもない現実を批判することは「反動的」なのだろうか、と問いかけ、「沈黙は嘘になり得る」と結論を下した[9]。作家ラルフ・ジョルダーノ*は「片目を閉じた国際社会主義運動組織インターナショナル」という概念を造り出した[10]。

全体主義理論を始めとする体制批判の試みは、当時は無視されたり、道徳的見地から非難されたりした。ナチ時代の苦い経験から学んだ人々の書物は、「共産主義からの転向文学」として軽蔑された。一九六〇年代末になると、共産党に属さず、共産主義イデオロギーも信奉しない若者たちが、彼らを取り巻く民主主義と一線を画して立ち上がった。彼らはベトナム戦争に抗議し、大学の権威主義に反対し、教育、道徳、男女の役割の中にかさぶたとなって残っていた古い制度に反抗した。

若者たちの言説は反資本主義的になり、ユートピア的社会主義が空想上の目標になった。彼らは自由な民主主義の基本秩序を批判し、資本主義的と断罪した。しかし、東欧諸国の独裁体制の実態を暴く批判理論が広く受け入れられることはなかった。保守派知識人の側からそのような批判が提起されても、そもそも保守は正しくないと最初から非難を浴びた。オイゲン・コゴン*のような反ファシスト知識人の批判も、おざなりにしか読まれず、酷評された。レシェク・コワコフスキ*のように、個人の自由を擁護した知識人は、制度と化したマルクス主義の厳格な門番たちの前に、まったくチャンスがなかった。一九七〇年、ユルゲン・ハーバーマス*はもっとも重要なマルクス主義の専門家の一人として世界的に知られていたコワコフスキをフランクフルト大学のアドルノの後任に推薦したが、左翼学生と助手たちは彼を「修正主義者」と決めつけて拒否した。偏狭な政治的茶番劇だった。

　反共産主義者のレッテルを貼られるのではという不安のせいで、人権や市民権を求める東欧諸国の人々への連帯は実現しなかった。目の前に存在する全体主義国家が「左翼」と見なされ、肯定されたからだった。ワルシャワ、プラハ、ブタペスト、モスクワで活動していた反体制グループへの連帯はあまねく拒絶された。チェコのビロード革命を支えたヴァーツラフ・ハヴェル*は、幻滅の思いを次のように述べたことがある。「いまでもずっと記憶していますが、七〇年代の初めには、西ドイツの私の友人や同業者たちの何人かが私を避けました。それは、当国〔西ドイツ〕の政権にまさに愛されていない私となんからの接触を持つことは、（……）生まれつつあるデタントのもろい基盤をおびやかしうるだろうと恐れたからです」。さらに彼は、「自発的に自由を手放したのは私ではなく、あの人たちだったのです」と続けた〔一九八九年十月、西ドイツのフランクフルト国際書籍見本市平和賞授賞式で代読された受賞演説より〕。

　当時は冷戦下のデタント〔緊張緩和政策〕の時代だった。西ドイツの政治は、東欧諸国の反共産主義反体制運動を支援する代わりに、共産主義の権力者らと良好な関係を築くことを重視した。これらの権力者を動かして「上からの自由化」を実現しようとしたため、現状を危険にさらさないよう努めたのだ。一九八五年、ワルシャワを訪問したヴィリー・ブラントは、ポーランド連帯運動の指導者でノーベル平和賞受賞者のレフ・ワレリとの会談をあきらめ、ポーランドの反体制運動家たちに苦い幻滅を与えた。

このような事実を認めることは、西ドイツの多くの政治家、学者、ジャーナリストらには難しかった。東ドイツが無くなってからも、彼らはかつての東ドイツを美化して「快適な」独裁国家だったと見なそうとし、昔の交渉相手を否定しようとは思わなかった。このことは、マリオン・グレーフィン・デーンホフ*とエーゴン・バール*の例が明瞭に示している。二人ともそれぞれ独自に多大な功績を果した人物だが、東ドイツの負の遺産との取り組みに関して言えば、冷戦時代の考え方から抜け出せなかった。

〔『ツァイト』紙の主筆を務めた〕グレーフィン・デーンホフは、一九九四年になっても一九五〇年と同じように、米ソ超大国が地域紛争に「蓋をする」東西均衡戦略を支持していた。〔ブラントの側近として東方外交を主導した〕エーゴン・バールは、ＳＰＤの再統一五周年記念大会で過半数の党員の意見に反対し、ＩＭ追求を終わらせる「終止符法案」を制定するように要請した。バールは週刊誌『シュピーゲル』でのインタビューで、法律家ハンス・グロプケのようなナチ政権協力者も登用して戦後西ドイツ社会の統合をめざしたアーデナウアーを称賛したが[12]、本末転倒もはなはだしい！　グレーフィン・デーンホフは『ツァイト』紙に発表した文章[13]の末尾に、例外なき恩赦を定めた十七世紀のウェストファリア講和条約の第二条を引用した――「両陣営は、今回の騒乱が始まって以降、その様態や場所に関わりなく、どちらの側の出来事かに関わりなく、敵・味方の区別に関わりなく、敵対行為から生じたすべてのことについて、互いに永久に忘却と赦免を行うものとする」。そればかりか彼女は、共産党時代の犯罪追及に終止符を打ったポーランド政治を賢明な政策として讃えたが、まさにこの政治のために、共産主義政権時代の過去をめぐる激しい対立が何年も続いたのがポーランドなのだ。しかも葬られた不正を明るみに出そうという声の高まりは、二〇〇五年の総選挙で極端な右傾化が起こる一因となった。

当時、ウーヴェ・ヴェーゼルのような著名な左派の法律家も、共産主義政権時代に行われた犯罪を見直すことは、過去に遡って法律を適応することを禁じたヨーロッパ法の「法律なくして刑罰なし」という伝統に抵触するとして非難の声を上げていた。東ドイツ時代に合法だった行為は、再統一後のドイツで裁くことはできない。判決は、行為がなされた時点においてすでに施行されていた法律に従ってのみ下され得るという非難だった。だが、統一条約が原則にしているのは、いわゆるラートブルフの定式である。例えば亡命しようとした東ドイツ市民を国境の壁や有刺鉄線沿いで射殺したというような重大な犯罪行為の場合、ドイツの司法は、ＳＰＤの法哲学者グスタフ・ラートブルフが第二次世界大戦直後に定式化した考え方に依拠してきたのだ。

　ラートブルフの定式の特徴は、法律は人間性や自然法、ならびに西欧の自由と民主主義という理念のために存在すると考えて、人間の身体と生命を対象にした犯罪は、該当する法規範が存在しなくても処罰されうると判断するところにある。ラートブルフ自身、「法律に定められた不正」は「法律を越える正義」に席を譲らなければならない、つまりナチ時代の恥ずべき法律には裁判官を拘束する力はないと主張したのだった。この定式に基づいて、東ドイツ国境警備兵と彼らに命令を下した上官たちの犯罪を裁く道が開かれた。国家の命令があったとは言え、亡命する者を射殺した行為があらゆる人間に対する違法行為であったことは明らかだからだ。こうして東ドイツの軍隊の命令組織に対する訴訟と国家国防会議に対する訴訟、そして最後に国家の最高命令機関としての政治局メンバーに対する訴訟が開始された。これらの訴訟では、大部分のケースで有罪判決が下された。

　私は再統一後のドイツで、過去を不問に付すべきだという議論が真剣に行われ、しかもいわゆる「終止符法案」〔恩赦法〕の制定さえも求められることになるとは、まったく予期していなかった。ナチを忘却しようとした時代から借りてきた言い回しを、左派リベラルの人々が語るのを耳にするとは、本当に思いがけなかった。

　古くから活動してきた西ドイツの左派は、一九九〇年以後の東ドイツ指導層の交代がきわめて限定的であることを、「ナチの指導者を受け入れた我々は、まったく民主的な国家になったではないか」と肯定した。しかし一九六〇年代を振り返れば、彼らは権威主義的な社会構造に反発し、ナチに加担した疑いの濃い政治家や教授たちに激しく抗議したではないか。「かつて合法だったことが、今違法ということはありえない[14]」と開き直った保守政治家ハンス・フィルビンガーの過去を徹底的に追及して、ついに辞職に追い込んだ左派リベラルの人々が、このとき、まさにフィルビンガーと同じ主張を行ったのである。

「理解力のある西ドイツ人《ヴェッシー》」からも、寛大だが皮相な赦しの言葉が聞こえてきた。「もし私がそういう立場にいたら、どのように振る舞ったかわからない」というのである。自分の政府に鋭い批判の目を向け、自由が制限されていないか、諜報機関の活動が行われないかと監視を怠らない人々が、このように言うのは意外だった。どうして彼らは「もし私がそういう立場にいたら、屈することなく、同調圧力、迫害、脅しに負けずに、抵抗を貫いただろう」と言わなかったのだろう。

逆風は保守層からも吹いた。統一直前の一九九〇年の西ドイツでは、法律に違反してシュタージが作成した文書を公開することに根本的な不快感が表明されていた。数年後、同様の論拠で、彼個人に関する文書が利用されることに抗議の声を上げたのは、他ならぬ連邦首相ヘルムート・コール[*]だった。破棄をまぬがれたシュタージ諜報総局〔略称HVA、国外諜報活動を管轄した部局〕の文書の中から、西ドイツの有力政治家を盗聴した記録が見つかったのである。私の任期最後にコールとの闘いが始まった。このケースはイデオロギーではなく、法律上の闘いだった。

シュタージ文書法〔第十一章注(2)参照〕によれば、現代史の公人であるヘルムート・コールは、個人情報を自分一人だけで利用する権利を持っていなかった。彼の個人情報は報道機関や研究者にも公開されることになっていた。これを知ったコールは激怒し、私に電話で「君たちの特殊な法律がこんなものとは想像していなかった」と知らせてきた。自分の基本権が侵害されたと判断したコールは、訴訟を起こす決断をした。

この不愉快な法律上の係争は、私の後任のマリアンネ・ビルトラー[*]が決着をつけねばならなかった。ベルリン特別州行政裁判所はコールに軍配を上げた。連邦行政裁判所もコールを支持した。公人についての文書の公開を報道機関や研究者に認めたシュタージ文書法の条項は、対象となる人物がシュタージの職員や受益者でない場合、申請者への公開を認めていないと解釈すべきであるという決定が出されたのである。

私たちの受託官事務局で働く法律家たちにとって、この決定は理解しがたいものだった。法曹界の専門家は一致して、法規範を別様に解釈してきたからだ。つまり、監視された人物が公人として活動している場合、文書の公開はつねに認められるとともに、公開を拒むことができるのは、その人物がプライベートな領域で監視された場合に限るとみなしてきたのである。実際、すべての申請において、プライベートに属する内密の事項は公開されていなかった。それらは監視された人物だけに属する情報だった。ヘルムート・コールに関する文書に閲覧申請が出されたとしても、事務局は同じ基準で対応しただろう。しかしコールは、それさえも我慢するつもりがなかった。

行政裁判所の決定に従うと、事務局の法律家は閲覧申請を出したジャーナリストや研究者に対して「あなたの申請は、そもそも申請の根拠である法律の文言が無効なので、認められません」と説明するような、あり得ないことになってしまう。コール側の弁護士の言い分を認めた裁判所の見解は、すでに何年も適用されてきた条項を無意味な文言だったとするものだった。法曹界の専門家や議会の議員や事務局の法律家の中で、そのように認識していた者は皆無だったことを考えると、行政裁判所の決定は奇妙と言わざるを得なかった。

もしこの決定通りに事態が進んでいたなら、利益を得たのは、おそらくコール一人ではなかったはずだ。とくにＳＥＤの幹部や党体制を支えた指導者らは、安堵の吐息をもらしたに違いない。というのも、この手の連中も公人だったのだ。彼らがシュタージ職員、工作活動の指令者、シュタージの受益者であったとすれば、ジャーナリストや研究者にも文書の閲覧が認められただろうが、党幹部や指導者らのほとんどはこのカテゴリーに属さなかった。党幹部や指導者の場合、文書の公開には彼ら本人の個人的な同意が必要となっただろう。そのため閲覧は厳しい制限を受け、不可能になったかもしれなかった。ヘルムート・コールはこのような事態を望んだのだろうか。

二〇〇二年九月、連邦議会はシュタージ文書法を改定した。同法は、私たち事務局の解釈に沿う形で、いっそう明確な規定になった。その結果、閲覧申請が出された場合、まず該当者本人にこのことを知らせることが必須になった。本人は異議を申し立てることができるが、文書を閲覧に供するかどうかの決定権は、最終的に連邦受託官に属することとなった。受託官は学問の自由に関する基本権、自由に意見を表明する権利、そして人格権を考慮して判断する。該当者本人の同意は不要になった。

振り返ると、とくに有益でもなかったコールとの係争も、今ではすでに過去の事柄になった。彼のおかげでシュタージ文書法の法的安定性はさらに増した。つまり彼の文書も、特定の条件を満たせば閲覧できるようになったのである。余談だが、コールが訴訟を起こしたとき、私はかつてシュタージ文書の公開をめぐって彼が示した不快感を思い出した。何年も前にドイツ連邦議会の「SED独裁体制の歴史とその結果を再検討するための調査委員会」に証人として召喚されたコールは、気になる発言をしていたのだ。それは、もし自分の思い通りに事態が動いていれば、すべての証拠書類を廃棄できたのにという趣旨の意味深長な発言だった。[15] 読者も一度想像して欲しい。一人の市民であり、一国の首相であり、歴史家でもあったヘルムート・コールが、ドイツ現代史上二度目の独裁制の多彩な記念碑とも言えるきわめて証言価値の高い文書類を廃棄してもよいと考えたのだ！　明らかに東ドイツは彼が過ごした生活世界ではなかったし、彼が体験した独裁制でもなかったわけだ。このような発言を聞くと、私は東ドイツ《オッシー》の人間として怒りを感じる。

調査委員会で発言したすぐ後、コールは私をボンの首相府に初めて招いてくれた。彼は親切で、私はとても嬉しかった。いろいろあるにしても、一九八九年から九〇年に示した彼の態度を私は高く評価していた。コールはカーディガンを着ていた。私以前にもたくさんの訪問客に強い印象を与えた、あのカーディガンだった。彼は自分について語り、私も自分について語った。会談は予定の時間を超過した。彼が私に和解の合図を送ろうとしていたのは明らかだった。私は安堵した。

いかなる人も過去と取り組む際には、その人なりの困難があった。いまだに啓蒙されていない左派にはイデオロギー上の抵抗感があり、東西双方のさまざまな左派グループから反対の声が上がった。他方、東ドイツに文化的な距離感を持っていた保守派は、過去の不正行為の根本的な解明を目ざす私たちの激しさに違和感を抱いたり、異様だと感じたりした。

しかし最終的には、適切な罰を与えて、指導層の交代を進めようとした私たち受託官事務局の方針を、多くの人々が党派を超えて支持してくれた。ＳＰＤからはユッタ・リンバッハやローレ・ペシェル＝グートツァイトら法律の専門家が、自由民主党（ＦＤＰ）からはブルクハルト・ヒルシュのようなリベラルな法の守り手たちが、私たちを支持してくれた。さらに、ＣＤＵや緑の党からも支持者を得ることができた。人民議会の議員だった頃から、私は党派を超えた理性的な連合作りを心掛け、促進してきた。

本当のところを言えば、私は時代遅れの人々との論争に苦しんだというよりも、解明の情熱と喜びを胸に闘ったという方が事実に即している。例えば、シュタージ文書の公開など打ち切るべきだという議論が起こるたびに、個人からの文書閲覧申請がセンセーショナルなほど急増した。メディアと議会各派からは並外れた励ましと支持を受け、最後には表彰もいただいた。党派的なえり好みもせず、不純な意図の追求とも無縁だった私を、政治と世論は評価してくれたのだ。今でも初めて訪れた町で、近づいてきた人々から感謝されることがある。何十万もの東ドイツ市民にとって受託官事務局は、しばしば待ち時間が長いという欠点はあるにしても、不分明な過去を明らかにする機関になった。新しい視線で自分の個人史を見つめることが可能になったのである。

これに対して、ユルゲン・フクス*のような原理主義的体制批判派の市民権活動家らは、被害者の権利回復を支援するという高い道徳的要求を掲げる事務局が、個々の事例を行政上の当たり障りのない基準に沿って、まったく形式的に処理しているのは矛盾だと見なしている。しかし、私たちのような規模の大きい行政機関に官僚主義が生まれることは不自然ではない。フランツ・カフカが描いたような疎外現象の痕跡を探す者は、大きな規模の行政機関ならどこにでも材料が見つかるはずだ。私たちの理解する事務局は、政治的な解明に力を尽くす組織であると同時に、文書閲覧の権利を持つすべての人々にまず行政サービスを行う機関である。私たちは最高決定権を持つ善なる人間ではないし、道徳的に特別に認められた集団の中枢でもない。そんなことはこれまでもなかったし、今もそうではない。

各地のシュタージ支部が占拠されたときの、あの革命的な状況の中では、詩人ライナー・クンツェのように、自分のシュタージ文書を市民権運動家から「直《じか》に」手渡されたなどということもあっただろう。[16]しかし法治国家においては、自分の文書を閲覧する可能性は法的な手続きを踏む以外にない。市民は閲覧申請を出さなければならない。そうすることで文書は用意される。つまり、疑惑と無関係な第三者の権利に関わる箇所が黒く塗られる。これらすべてには秩序と構造がある。こうした一連の作業の中に人間性の獲得を認めることが重要だ。私たち自身も、ようやく長い時間をかけて、この認識を得ることができたのだった。

私たちの事務局では、スタッフが市民の関心に細やかに応じられるように配慮している。相談を望む市民が個室で面談できる時間も設けている。ただ、心理的なケアに関する専門的なアドバイスはできないし、私たちの専門外でもあるので、精神的なダメージを受けた被害者には、専門的な治療を行う相談窓口やセラピストを紹介している。

最終的には、行政法の法規に縛られてはいるとは言え、特筆に値する方法で被害者の利益に奉仕する行政機関が誕生した。これは初代の事務局長を務めたハンスイェルク・ガイガーの働きに負うところが大きい。ガイガーは事務局に勤める法律家たちの法律顧問的立場にあったばかりか、新しく入ってきた職員らのアドバイザー役も務め、とくに私には大切な助言者だった。事務局長としての活動を通して議会と政府内に幅広い信頼を獲得した彼は、一九九五年以降、コールとシュレーダーの二つの政権の下で、極めてデリケートかつ重大な課題を担当する職務を委嘱され、連邦憲法擁護庁長官、連邦情報庁長官、そして最後に連邦司法省事務次官を歴任した。しかしガイガーという、公共の奉仕者として働いた最上の指導的な人材が私たちの事務局を去ったのは、つらい損失だった。

私は事務局の将来を大変心配したが、後任にペーター・ブッセが見つかり、安堵することができた。連邦内務省出身のブッセは、連邦内務相を務めたゲァハルト・バウム（ＦＤＰ）の大臣官房を切り盛りしたこともあり、私たちのところでキャリアの最後の仕上げをすることになった。連邦内務省で彼は、とくに外国人の権利とスポーツ問題を担当していた。これは私たちの職務とはかなり離れていたが、新しい仕事に習熟するやいなや、錯綜した巨大組織の人事を統括する能力を発揮してくれた。慎重に、相手を理解し、その立場を支持しながら職員に接するブッセ流のスタイルは、とくに東ドイツ出身の職員から高く評価された。この時代を回顧するとき、ガイガーやブッセといった優れた事務局長に恵まれなかったら、私はどうなっていただろうと思わざるを得ない。

私たちがシュタージ文書法という、過去の独裁の合法性を否定する特別法を制定したことに、私は全体として深く満足している。同様の試みとしては、第二次世界大戦後に「平和と人道に対する罪」を審理した連合国のニュルンベルク特別法廷が挙げられるだろう。二〇〇一年、ストラスブールの欧州司法裁判所は、法治国家が過去の政権下で行われた犯罪をさかのぼって訴追することは合法であると認めた。国際刑事法の確立を目ざす努力は、この方向に進んでいる。

しかし、このような努力を「勝者の裁き」とみなして抗議の声を上げる人々は、主流ではないとはいえ、一九四五年の後も、一九九〇年の後も、ドイツ社会には存在している。法制度上の政治に関する議論として聞こえてくるこの声の正体は、自己の姿を批判的に内省することへの根深い不安であることが多い。言い換えれば、あらゆる「再 - 教育」への不安、独裁制の時代に作り上げた人生を振り返ることへの不安である。「ヒトラーの下で何もかも悪かったわけではない！」と語っていた祖父母の世代と同じように、「不当な国家だって？　社会主義の下で何もかも悪かったわけではない！」と言う者が今日の親世代にもいる。彼らは共に加担し、目撃し、目をそらしたという恥、あるいはまったく気づかなかったという恥からわが身を守ろうとしてきた。今も守ろうとしている。

第二次世界大戦後、哲学者カール・ヤスパースがエッセイ『戦争の罪を問う』〔邦訳は橋本文夫訳　平凡社、一九九八年〕を公刊して以来、私たちの世論には罪に関する深い理解が根付いた。私自身がヤスパースのエッセイを読んだのは一九九〇年になってからだったが、大変多くの事柄を学ぶことができた。ヤスパースによれば、罪は、裁判官が判決を下す犯罪に対する罪だけではけっしてない。罪には道徳上の罪も存在する。これは私の良心や、私に暴力を振るわれた相手が判断する罪だ。道徳上の罪を許す権利は、暴力を振るわれた被害者だけが持つ。さらに、形而上の罪も存在する。形而上の罪において人間は、我が身を神の律法を犯した罪びととして体験する。神の赦しは悔い改める以外には得られない。最後にヤスパースは、すべてのドイツ人に国民としての政治責任を負わせる政治的な罪について述べている。実際私たちは、たとえナチに対する道徳上の共犯の罪を私たちの多くが負っていなくとも、ナチのような政権が私たちのもとに生じたという事実に耐えてきた。

シュタージ文書法に「政治的、法的、歴史的な再検討」という文言を掲げた私たちは、ヤスパースに依拠しながら、シュタージという罪をさまざまな次元で検証しようと試みてきたのである。

ただ、私たちが行った東ドイツの過去の検証は、結局、第二次世界大戦直後に西側占領地区で行われたナチの検証よりもはるかに穏当なものになった。終戦直後にはドイツ社会の脱ナチ化が実施されたのに、私たちは「脱共産主義化」をあきらめた。一九八九年以後の東欧諸国の中には、共産党員の公職追放を行ったチェコのような国もあり、東ドイツでも、一九九〇年に実施された自由選挙で当選した議員の中には、国家保安省とSEDの関係者全員を犯罪集団と宣告すべきだと主張した者もいたが、議員の過半数はそのような解決策を行き過ぎであると受け取った。というのは、SEDは筋金入りの共産主義信奉者からなるエリート党ではなく、その二百三十万人にものぼる党員の多くは単なる随走者にすぎないことを誰もが知っていたからだった。さらに私たちは元党員に、統一後の社会に参加を呼び掛けるサインを送ろうと思った。共産主義体制への親近感などすぐに消えてしまうだろうと幻想を抱いていたからだった。しかし今日の状況から振り返ると、エリート党員はシュタージ将校やIMと同等に厳しく扱った方が、むしろ政治的に適切だったと思う。郡や県の党指導部や党中央委員会の元メンバーらは、再統一後の社会の中で、下っ端のIMよりはるかにキャリアのチャンスに恵まれていた。私はこのことを残念に思う。大昔の王侯貴族を農民よりはるかに優遇したようなものだった。政治的なミスだった。

東欧の隣国には、私たちと異なる道を歩んだ国もある。例えばポーランド人はまず「太い線《グルーバ・クレスカ》」を引いて、共産主義時代の過去を切り離すという未来志向の決定を行った。キリスト教的な特徴を持つ寛大とも思えるこの措置のおかげで、共産主義時代の旧エリートたちに手が差し伸べられたのである。かつての指導者は我が身を恥じて引退する一方、被害者は寛大にも過去の犯罪を暴かず、補償も求めず、世論は真実へ限られた関心しか向けないだろうという期待があったのだ。この和解のポーズには、ちょっとした戦略的譲歩も含まれていた。というのも、〔連帯運動の指導的人物で〕共産主義者ではない戦後最初の首相となったタデウシュ・マゾヴィエツキは、一九八九年の政権発足後の三カ月間、共産主義者と連立せざるを得ない事情にあり、副首相キシュツァック将軍の手中にあった内務省や諜報機関と折り合う必要があったからである。このキシュツァックという男は、一九八一年の戒厳令発令以来ヤルゼルスキ将軍の腹心だった。しかしその後のポーランドを見れば、共産党時代に終止符を打ち、罪の追求を断念したのに、その目的だった国内の平和や社会の内的結束が達成されなかったことは明らかだ。保守派の政治家カチンスキ兄弟の台頭は、主として、共産主義時代の秘密警察の活動がほとんど解明されていないことへの抗議から生じたものだった。[17]

「終止符」の政治は、かつてポーランド国内で明確に引かれていた古い勢力と新しい勢力の分離線や、「彼ら」と「私たち」の対立線をぼやけさせ、道義の通じる適切な範囲を変えてしまった。キリスト教的な和解がもたらしたものは、多くの場合、共産主義時代の支配層の集団的な罪を円卓会議以後の勢力分布上必要だった範囲を超えて帳消しにしたことであり、市民や反体制派の中で秘密警察に協力した人々に自己保身に役立つ盾を与えたことだった。

英雄的な反体制抵抗運動の名声が失墜するかもしれないという不安から、ポーランドでは過去の解明が著しく停滞した。私はこれを無意味なことだといつも思ってきた。人間というものは誘惑に負けやすく、威嚇に屈しやすい。たとえその例がごく少数であったとしても、反体制運動にたずさわった人々も免れることはできないのだ。不安は人を貪欲にする。レフ・ワレサのケースはこれを典型的に示していた。若く、行動力があり、一徹な一人の労働者が、決定的な状況で「ノー」と言えなかった。後年、共産主義に対する抵抗運動で偉大な勝利を収め、国家のもっとも重要な人物になったワレサだったが、力と偉大さを奮い起こして、自分の過去には暗い点があると同胞に告白することはできなかった。彼が成し遂げた歴史的な業績を考えると、たとえ告白したとしても、世論は彼に寛大な態度を示しただろう。真理を語り、自己を批判的に内省する者は、すべてを洗い流す雷雨にも似た不思議な力を発するものだ。しかしワレサは、概ね評価の分かれる人物になってしまった[18]。

私はポーランド議会下院《セイム》の委員会や規模の大きい欧州レベルの国際会議に何度も招待され、ポーランドのすべての主要メディアにインタビューを受けてきた。ブレスラウ大学のレオポルディーナ講堂やクラクフ大学で講演を行ったこともある。かつての反体制活動家で、後にポーランド議会上院《セナト》の議長を務めたボグダン・ブルセヴィチには、彼に関するシュタージ文書を直接手渡すこともできた。東ドイツ出身のＩＭがグダニスクでブルセヴィチの活動を何年も監視していたのだ。ポーランドの大多数の人々は、いつも喜びと期待を示して私を歓迎してくれた。ルーマニアとブルガリアでも、過去との取り組みを支持し、私たちの解決策をまさに熱狂的に讃えてくれた人々が、少数派ながら存在した。その一方で、明らかに私に距離を置く人々もいた。その中には、本来なら私の活動を支持してくれるはずの人が何人もいた。例えば『ガゼタ・ヴィボルチャ』紙の編集長の〔かつての反体制活動家の一人〕アーダム・ミヒニクは、明らかに控え目だった。おそらく彼らは私たちのやり方を「プロイセン的過ぎる」、あるいは異端審問のようだと思ったのかもしれない。

その後ポーランドはこの問題を解決するために、国民記憶院を設立した。私たちのやり方と非常に良く似ているとはいえ、国民記憶院には検察の任務も任されており、私にはほとんど過大な要求に思える。いずれにせよ、私たちドイツの受託官事務局が検察の権限を持っていないことは喜ばしい。

ドイツの左派リベラルの人々は、アパルトヘイト廃止にともない真実和解委員会の設立を決断した南アフリカの解決策をすぐれた手本として賛美することが多かったが、同委員会は南アフリカ国内でもけっして議論の余地のないものではなかった。そのことを私は一九九七年に現地を訪問して、確かめることができた。

南アフリカの市民が前提としなければならなかった条件は、東ドイツとはまったく異なっていた。私たちは南アフリカの黒人たちとほぼ同時期に街頭デモを敢行したが、私たちの革命が平和裡に進んだのに対して、南アフ

1997年1月、南ドイツ新聞社の企画で、私は南アフリカを訪れ、デズモンド・ツツ大司教と会い、真実和解委員会を視察した。南アフリカでは権力交代が公聴会を通して実施されていた。それぞれの国ごとに固有の解決策があることがわかった。

リカのケープタウンでは、一九八九年九月に二十人の黒人が射殺された。私たちは指導層の交代を実現し、罪を負うべき者の責任を刑事的にも政治的にも問うことができた。一方、デズモンド・ツツ大主教によれば、南アフリカでは公職に就いていた者が脅迫行為で平和裡な交代を妨害したという。「もしドイツと同じ解決策を目ざしていたら」——と語ったツツ大主教の次の言葉を、私はけっして忘れない——「私たちの国土は内戦で焼け野原になったでしょう」。スペインではフランコ政権末期に刑事訴追を行わない取り決めが存在したが、南アフリカでも、公の手続きを踏んで罪を告白した者に無罪を認めた。これが真実和解委員会のねらいの核心だった。

南アフリカ訪問中、私は真実和解委員会の公聴会を見学する機会があった。公聴会には加害者ばかりか、被害者の家族も招かれていた。心を打たれたのは、十二歳の息子を学校内で警官隊に射殺された、非白人居住地区のある老婦人が登場した時だった。ツツ大主教は私に、これまでずっと無価値で、人間のくずと蔑まれてきた人々の話に、今、国中が耳を傾けています、このことだけでも償いに値します、と説明してくれた。実際、カメラとマイクの前で赦しを求める、あまりにも感動的な場面が幾度も生じた。

大勢の人々が罪の告白を見つめ、その直後に罪が――おそらく――赦される場面に立ち会っていた。このような公聴会での証言は社会に対して癒しの効果があると言われており、理想的な場合には確かに効果があった。しかし真実和解委員会の仕事は、被害者の親族につらい思いをさせることが少なくなかった。例えばアパルトヘイト時代に拷問や殺害を犯したある少尉は、公聴会で罪を告白した後、自由の身となり、贅沢な自宅の屋敷に戻ったばかりか、引き続き警察の幹部を務めることさえできた。ところが彼に殺された学生の母は極貧のまま、わずかな補償金を受け取って村に戻っただけだった。明らかにこのやり方は、犯罪を行った側に有利だった。被害者の親族は心に傷を負ったまま後に残され、不正が糺される体験を得ることもなかった。

さらに、ウィニー・マンデラのケース[19]では、有罪の疑いがある者に罪を告白する意思がない場合、真実和解委員会は根本的にまったく無力であることがさらけ出された。重大な人権侵害の疑いがかけられていた彼女は、これをあからさまに否認したのである。公聴会ではツツ大主教が撮影中のカメラの前で、ほとんど懇願するように、「恐ろしいほど、ひどく間違えた」ことを少なくとも認めるようにと彼女に頼んだ。すると彼女は、やや躊躇した後、微笑みを浮かべて大主教の言葉を繰り返し、「ひどく間違えたことがありました」と言ったのだ[20]。彼女の態度は委員会を愚弄しているに等しかった。

公聴会という国の一機関に被害者と加害者の和解を行うよう委託した時点で、委員会の目標はほぼ達成不可能になった。委員会の精神的な首唱者の一人であるチャールズ・ヴィラ-ヴィセンシオ教授は、自己批判の意を込めて私に語ってくれた。「平和的な共存を目ざした方が現実的でした。和解は罪を犯した者と被害者との間でしか成り立ちません。罪を犯した者を赦せるのは、不正を加えられた被害者か、神だけです」。

ドイツでは当初から、真実を明るみに出して和解を達成しようとするやり方に強い懸念があった。シュタージやその協力者の罪を告発することを、たとえ部分的にでも不正が糺され、スパイされた個人史が本人の手に戻るために必要な道であるとは受け止めず、むしろ、国内の平和が脅かされるのではないか、と感じた人々は多かったのだ。正義を求める被害者は復讐の念に燃えている、と見なされることも稀ではなかった。実は再統一後のドイツではリンチ制裁が一件も起こらなかったのだが、この驚くべき事実はまったく不十分にしか評価されなかった。被害者が過去の苦しみを語るのは当然の権利であるのに、その権利を認めるのは本意ではないといった態度が目立つことが少なくなかった。私はよく、シュタージ文書の内容を知ることは、赦しの邪魔になるのではないかと聞かれることがあった。これに対して私はいつも、「私が赦すことのできるのは、知っていることに限られます」と答えた。

実際、赦しが可能になるのは、加害者が表面的な告白を行ったり、駆け引きの意図を見せたりせずに、誠実に何も隠さず真実を告白するときだけだった。たとえ告白された内容が悪意に満ち、有罪の疑いが濃くても、真実悔やみ、心から後悔していると感じることができれば、被害者はこれを赦すことができた。小さな例を挙げよう。一九九二年の初め、私はある知人の訪問を受けた。彼とは教会活動を通して、ほぼ二十年の間、親しい間柄だった。北ドイツから来訪した彼は、秘書が止めるのも聞かずに私の執務室に入り、私の前に立つと、こう言った。「ヨッヘン〔ヨアヒムの通称〕、僕が何をやったか、文書を読んでもう知ってるだろう」。私は自分の文書に彼が登場する箇所を、まだ読んでいなかった。

彼は私の教会の青年会に属していて、海軍の制服を着たまま洗礼を受け、毎週外出許可を申請して日曜ミサに兵舎から出席していたあの男だった〔第五章一四三頁参照〕。彼は若い頃にシュタージに徴募され、しばらくの間報告に協力したが、信仰心が根づくにつれて徐々にシュタージを離れ、最終的に協力を取り消したのだった。私は彼の人生のすべてを知っていると思っていた。恋も悩みも相談を受けた。けれども彼は、シュタージに協力していたことだけは話してくれなかった。「どうして？」。

「とても恥ずかしかったから」。彼の目から涙が流れると、その同じ瞬間、私の目からも涙があふれた。思わず手を差し出した私は、彼をしっかりと抱いた。その晩遅く、帰宅途中の道を歩きながら、私は「そもそもこれで政治的に正しかったのだろうか」と自問したが、私にはわかっていた。もし彼が、私の部屋に押しかけてきたとき、たいていのＩＭがやるように、「僕はよかれと思ってやった、誰も傷つけなかった、まさに君のためだった、だってシュタージの連中に報告しなかったら、事態はもっと悪くなったから」と話していたらどうなっただろう。おそらく私は、「訪問するときはアポイントを取り給え。私が今、君と長話ができると思ってはいけない」と言ったかもしれない。こういう場合、裏切り者にその告白を感謝するよう仕組まれたと感じて、心に怒りが湧き上がってくるだろうから、慇懃無礼な言い方になっただろう。しかし実際には彼が恥ずかしさを隠さなかったので、私の心は理性を見せる前に、何をなすべきかを悟ったのだった。

体が自然に動いたことは、すでに一度、人民議会時代にもあった。当時、民主的社会主義党（ＰＤＳ）の若手議員だったライナー・ベルナーが、疑惑が生じた他のたいていの議員たちとは異なり、ＩＭとして活動した過去を議員総会で告白したのである。突然、議場全体が静かになった。その場にいた誰もが、ベルナーは今、できる限りのことをやっていると感じた。私はとっさに議場を横切り、ベルナーに「過去のためではなく、今この時のために」と声をかけて、手を差し出した。

素直に赦すことができた三つ目の体験を紹介しよう。それは共産主義者だったにもかかわらず、友人になることができたクラウス・リヒターの場合だった。彼は支配層に加わるためではなく、良き行いをしようと共産主義者になった。身近な家族にヒトラー時代に迫害を受けた共産主義者がいたという事情も働いていた。私は同盟九〇会派の幹事長を引き受けたリヒターと一九九〇年に知り合った。人民議会で私たちとともに会派を構成した緑の党には、かつてKグループと呼ばれていた教会関係者が幾人かいたが、リヒターは彼らよりもはるかに共産主義イデオロギーから遠ざかっていた。

以前、共産主義を固く信じていたリヒターは、シュタージ諜報総局〔HVA、国外諜報活動を管轄した部局〕で働いたことがあった。アドレナリンを大量に服用して何度も西ドイツへ出張するような、スリル満点の人生になるように思えたというが、早々すべてに幻滅してしまった。スパイ見習い期間の退屈さや教官の教養のなさに嫌気が差したのだという。ちょうどその頃、恋人ができた。自分のやっていることをどう説明すれば良いのか悩んだ挙句、シュタージをやめることに成功したが、いったんシュタージに入った者にとって、これは簡単なことではなかった。

同盟九〇の会派議員を前に以上の告白を終えたリヒターに向かって、私たちは尋ねた。「いったい君は誰を裏切ったんだ」。彼と一緒に議員活動を行うことを妨げる理由は何も見当らなかった。彼は真実を話した。これ以上彼を激しく恥じ入らせる必要もなかったし、ののしったり、学習させたりする必要もなかった。すでに彼は学んでいた。もし私たちが彼の立場にいたらそうしたであろうよりも数段厳しく、自分自身と決着をつけていた。そのように感じた私たちは、この後も彼と一緒に活動できた。これは実に不思議なことだった。というのも、彼がスパイ活動を告白したとき、目の前にいた議員たちは一人の例外もなく、長年シュタージから敵と見なされていた被害者だったのだから。

後に私はリヒターを私たちの事務局に受け入れ、あらゆる攻撃から彼を守った。私は彼を百パーセント信頼することができた。リヒターなら、たとえ真夜中に電話で起こされても、西ドイツの古参左翼が二十人押しかけてこようが、アメリカの保守系議員が三十人現れようが、北ドイツ低地地方の共産主義反動勢力が怪しい集会を開いていようが、どこへでも行って対応してくれただろう。新しく獲得した自由と私たちの仕事に対して、つねに責任を負ってくれただろう。

　振り返ると、数々の混乱や制限や間違いがあったにせよ、私たちの解決策は成功したと思う。スパイ活動の被害者は尊厳を取り戻し、名誉回復と補償を得ることができた。私たちの活動のおかげで、政界と社会の比較的広範囲な指導層の交代が実現した。罪を負うべき者や政治的責任を担う地位にあった者らは、その一部が追放された。少数とは言え、刑事罰を下された者もいた。しかしとくに強調したいのは、これらと並んで、直近の過去を議論する場を作り、解明は可能であると知ったことだ。混乱の年月にこの経験ができたことは、後々まで持続する成果だった。

　連邦受託官の一期目の五年間は、当初考えていたよりもずっと早く過ぎ去った。新しい試みを考え出し、説明に回る日々。膨大な仕事に没頭する毎日。光陰矢のごとしだった。次期受託官の選出が連邦議会の日程に挙がったとき、唐突な感じすらした。一九九五年九月二十五日、ドイツ連邦議会に出席した私は、過半数の支持を快く得て再選された。

　しかし、二期目の五年間も安穏とはほど遠い状況だった。一九九五年、連邦議会調査委員会は次の議会会期中にSED独裁体制の検証と取り組むことになり[21]、事務局で働く全員、顧問役の議員たちも含めて、これから長期間の仕事が待ち受けていることを感じた。私たちの教育活動の重要性は一層高まるだろう。展覧会やシンポジウムを開催し、出版物を公刊して、公共の場での議論を促す必要があった。シュタージ文書の閲覧を新たに申請する人々の数は、相変わらず膨大だった。十年、十五年どころか、おそらくあと三十年、四十年も活動を続けねばならないかもしれないのだ。

　二期目が終わる二〇〇〇年頃になると、ガウクのいない「ガウク局」〔連邦受託官事務局の通称〕など多くの人には想像できない状況になっていた。議員たちは私のもとを訪れ、引き続き務めるよう説得した。任期は二期までと定めら

後任のマリアンネ・ビルトラーと私。2005年、ベルリンの連邦議会議事堂で、彼女が連邦受託官に再選されたときの写真。ビルトラーは私以上に国際的な協力関係を大事にし、私たちの経験が必要とされればどこへでも出向いて、あらゆる方法で支援した。彼女の第2期の任期が満了する2010年になっても、仕事が終わるのはまだ先の事だろう。

れている点を私が指摘すると、法律はいつでも変えられると応じる議員もいたが、個人の都合で法律を変えることは、けっして良い民主主義ではないと私は答えた。法律を変えてまで居続けるつもりはなく、私の考えは決まっていた。何かの役に立つとも思えなかった。民主化運動のただ中から出てきた私は、連邦受託官に就任したとき、シュタージ解体に関する専門知識など持ち合わせていなかった。だから後任には、私と同様、東ドイツ出身の信頼できる人物が就くのがよいだろう。重要なのは「ガウク局」を残すことではなく、シュタージ文書法の内容と事務局の仕事を維持することだった。

その通りのことが実現した。固い信念を持つ元市民権運動家マリアンネ・ビルトラー*が、私の後任として着任した。彼女のもとで「ガウク局」が「ビルトラー局」に生まれ変わるのに、それほど時間はかからなかった。

退任にあたって、持てる能力を十二分に発揮し、誠実かつ全力で私たちの活動に尽くしたすべての人々に感謝の言葉を捧げねばならなかった。個人的に知り合えた職員には限りがあったが、大切な存在になった職員も多かった。てきぱきと仕事を差配してくれた秘書室のレナーテ・リーバーマンは、とくに私のすぐ近くにいて、必要なときに私を支え、指揮してくれた。今後、彼女なしでどう仕事をすればいいのだろうか。

最後にすべての支所を訪れたとき、形式的な送別式だけでなく、人間的な暖かさに満ちた感動の瞬間も体験した。見ず知らずの人たちが手紙をくれ、テレビ各局は私の退任にあたって特集を組み、新聞各紙は私の仕事を評価してくれた。ヨハネス・ラオ大統領からは連邦功労十字章を拝受した。ちょうど十月、教会は収穫感謝祭の時節だった。ずいぶん長く牧師の活動から離れていた私だったが、以前と同じように「豊かな収穫を得た」と感じた。

退任後、私は政治関係の公職を引き受けるだろうと多くの人から思われていた。もちろんそういう自分の姿を想像することもできたかもしれないが、政党に属さない左派のリベラルな保守主義者を自認していた私は、いずれかの政党の連邦議会議員として活動する自分の姿を想像できなかった。そこで退任後間もなく、ある名誉職を引き受けた。超党派の社団法人「忘却に抗して——民主主義のために」の理事長として、もう一度あらたに、歴史と取り組む仕事を委託されたのである。過去の共産主義と取り組むとともに、ナチ時代の独裁政治が行った残虐行為の記憶を保持し、戦前の古い極右勢力と九〇年代の新しい極右勢力の双方から民主主義を守ろうとする人々と組織から成るネットワークの一部になった私は、民主主義のための活動を始めた。

結局、東ドイツがなくなった後の二十年間も、私は自分の一生のテーマに忠実に生きてきた。世論における自由の価値を人々の意識に保つため、今も絶えず講演活動を続けている。職業は何ですかと問われて、「旅する民主主義教師です」と答えたこともあった。

共産主義独裁の帰結を克服するには、哲学者アドルノがナチの過去と取り組む際に求めたように、過去を「真剣に」理解し、過去の呪縛を「明晰な意識」で断ち切ることを実践しなければならない[22]。アレクリンダーとマル

2007年11月、ミュンヘンのユダヤ人協会本部。長年ポーランドで強制収容所やゲットーの生存者の生活支援にあたってきたマクシミリアン - コルベ*協会に、和解のために尽くした功績をたたえて「忘却に抗して一民主主義のために」賞を授与したときの写真。左端から２番目はコルベ協会会長のフリードリヒ・クローネンベルク、その右隣はユダヤ人協会会長のシャルロッテ・クノーブロッホ、右端は駐独ポーランド大使マレク・プラウダ。

ガレーテ・ミッチャーリヒ夫妻やホルスト＝エバーハルト・リヒターなど多くの社会学者や心理学者が独裁体制下の体験の影響について述べているように、過去の影は未来の数世代に及ぶため、その呪縛から逃れるのは容易ではない。彼らの意見は傾聴に値する。

私たちはこれからも学びの途上にある。私たちの歩む道が険しいのは、意見を抱く前にまず事実を全体として認めなければならないからだ。そうでなくては、過去の再検討は意味をなさない。被害者に寄り添い、その心を思いやらねばならない。自己憐憫に陥って罪悪感を埋め合わせてはならない。かつて暮らし、仕事をし、耐え、ともに活動した、まさにその時代に「真剣に」感情を込めて向き合うのは、個人の心理療法の場合でも、社会の場合でも、痛みがともなう。

個人の場合、記憶を選んで過去の暗い側面から逃げようとする衝動に負けることがあるように、集団の場合も、不正な国家の暗い側面を小さく見せようとしがちだ。驚愕、恥、悲しみ、後悔を引き起こし、被害者の心に非力で無力なあきらめの感情を呼び起こすのは、この暗い側面に他ならない。もちろん、ノスタルジーが絶えず作り出す仮想世界は、政治に悪用されるか否かに関係なく、大変好まれるものだ。しかしその理由は、人々が知的に怠慢だからではない。人々が仮想世界を愛するのは、痛みから自由になれるからだ。

戦後西ドイツの場合、過去との取り組みにはさまざまな段階があったことが読み取れる。人々の心の抵抗に打ち克って戦争中の事実が浸透するまでには、長い時間を要した。自分たちを一義的に戦争の被害者とみなしていた国民《ナチオーン》の態度が変わり、罪と責任を認めるようになるまでには、長い時間がかかった。罪と苦しみは集合的な歴史の一部であるだけでなく、個々の家族の歴史の一部でもあることを、私たちはこれからも学んでいかねばならない。戦後生まれの第三世代の若者たちの中には、自分の家族が背負っている過去の重荷と向き合うのを避ける者が多い。過去にドイツ人が犯した罪であれ（「祖父はナチではなかった」）、ここ数年、再び強く意識されるようになってきた東プロイセンから追放されたドイツ人の苦しみであれ、目をそむけてはならない。

一方、東の私たちは、ようやく道の半ばまで到達したところだ。本気で過去と決別し、精神的に態度を改めた人は、まだ住民の一部に過ぎない。たいていは、どっちつかずの妙な態度を捨てきれていない。その思い出は、甘く優しいノスタルジーと、過去のくびきを断ち切る「明晰な意識」（アドルノ）との間で揺れているのだ。長い間、抑圧されて生きてきた私たちは、道半ばの途上にいる人間である。私たちは過去との決別がどのように定義されるか、知識としては知っているが、それだけで古い呪縛が自動的に解けてしまうわけではない。

痛みを好む者はいない。けれども、あれほど自由を奪われ、屈辱を受け、終わりなき無力感に苛まれた痛みを、たんに意志の力で消し去ることは不可能だ。体制協力者やかつての権力者は、自分に対しても一般の人々に対しても、都合主義、不遜、罪をごまかしてはならない。

突然襲ってくるさまざまな感情を拒まなくなるとき、私たちははじめて自覚的に感情に別れを告げ、過去の呪縛から解放されることができるだろう。

第十三章　『私の考える自由』[1]

二人の男が室内に座り、お互いの話にじっくり耳を傾けている。シュタージ文書に関する連邦受託官の任期が二期目に入ったある日のことだ。一人は私、もう一人はユルゲン・ケルナー教授である。教授は私を精神療法医の会議に招待するために来訪したのだが、業務の話以外に、私を駆り立てている衝動についても知ろうとしたため、通常の仕事上の面談の範囲を超える、幅広く、突っ込んだ会話になった。話すうちに、私は唐突に、そもそも教授の方がはるかに良く知っている事柄を列挙し始めた。私がつい先ほど着いたところには貴重なものがたくさんあるが、以前住んでいたところでは、それらはごくわずかな残りかすだけが存在していたり、そもそもはじめから存在していないことも多いと。

私は続けた。「私は今暮らしているこの場所にとどまりたいと思っています。いつでもここから去る自由もあるのです。ここには憲法で保障された基本的諸権利があります。良心の自由があります。信仰の自由が、表現の自由が、職業選択の自由が、集会の自由が、研究と出版の自由があります。人々は自ら団体や市民グループや労働組合や政党を作り、活動に参加して責任を引き受けています。批判、議論、意見の相違は政治文化上の普通の事と見なされているので、政治イデオロギー上の妨害工作や地下活動と判断されて、処罰されることはありません。今暮らしているところでは、法の支配が確立しています。必要とあれば、裁判を起こして自分の権利を主張することもできます。自由市場が存在する一方で、社会のネットワークも備わっています。困窮する者は、支援が受けられます。六十年以上もの間、この国はよその国を侵略していません。すべての隣国と平和な関係を築いています」。

私の宝物庫からもっと多くの貴重なものを列挙することもできたが、さしあたり、これで十分だった。美しい品々は私だけの物ではなくなり、ケルナー教授の瞳にもその輝きが映った。瞳は、語る言葉よりも、心の中の動きを雄弁に語るものである。

「さきほどからあなたが例を挙げるたびに、心の中で相槌を打っていました」。

このように答えた教授は、もちろん私が挙げたすべてをよく知っていた。ただ、西ドイツの多くの人々がそうであるように、長所よりも、日常生活の不十分さや自由の欠如と欠点の方に目が向いていた。もっとも、長所より欠点を意識しがちなのは、東ドイツの人々も同じだった。北海沿岸の保養地リューゲン島の住民は、空気の悪い内陸のライプツィヒやボルナやビッターフェルトから訪問客を迎えたときに、初めて自分たちが普段いかに素晴らしい空気を吸って暮らしているか、はっきりわかったものだ。同じように、子どもの頃から慣れ親しんできた環境が私という東ドイツ出身者の鏡に映るのを見て、教授はその別の側面に新たに気づき、感動したのだ。彼は微笑んだ。既知の事柄を信じることができたようだった。

心の底まで東ドイツ的である私は、西ドイツの友人や知人たちとの間に越えがたい経験の差があることを思い知ることになった。そういう機会が、ここ数年、数えきれないほどあったのだ。西側社会の自由をいつまでも喜ぶ私をナイーブと見なして、同情する視線を私に向ける者がいることを知り、心がざわついた。まるで原初的な文化圏から来たかのように私を扱う新聞の文芸欄の担当者から、文化人が自然人に向けるような人類学者の視線を向けられ、これに何百回も耐えなければならなかった。

こういう仕打ちを受けても、自由を愛する暖かく深い感情を持ち続けようと私は思った。これからも持ち続けようと思っている。おそらくこれは、長い間、ひたすら自由に憧れ続け、その魅力の虜になった者にしか理解できない愛情なのかもしれない。かつて脅迫や迫害を受けたときでも、この愛情のおかげで、内面では力を得ることができたのだ。今、グローバル化された世界の中で、これほど多くの複雑な挑戦を前に自由が敗北するように見えても、自由の改革する力を私は信頼する。私はその力の、徹底的な、自己実現へ至る次元を自ら体験した。さらに、自由がなかったときに私たちを覆っていた無力感を、今でもきわめて鮮明に覚えている。だから私は、自由が失われればどういう結果になるかこの心に感じ取れるかぎり、まさに東ヨーロッパの数多くの人々と同じく、いつまでも自由を称賛しようと思うのだ。

「資本家」から財を接収すれば、正義を求める貧しい人々の希望が鼓舞されることは、知識としてはその通りだ。ところが実際に接収が実施された東ドイツで私たちが直ちに直面した現実には、新しい正義は存在しなかった。そこでは古い芝居が新しい演出で上演されていたようなものだった。権力を握る少数者が凱歌をあげ、その他すべての者が無力感に苛まれるという、昔からの芝居だった。

レーニンが提起したあらゆるものの接収は、マルクスの「収奪者が収奪される(2)」という発想の帰結である。しかし接収の結果、何百年も続いてきたザクセン地方やテューリンゲン地方の小規模個人経営主や中規模企業家は消滅してしまい、農家は当事者の意思に反して、大規模生産組合に転換されてしまった。自立した企業家と農家は、組織への依存度の高い工場従業員と農業労働者になった。よりにもよって「労働者の党」が労働者から自由な労働組合を奪い、労働者を国家権力の代行者に機能転換したのだ。政治的な諸権利や自由な経済活動が失われたため、個人の行動力、責任を取る能力、企業家のイニシアティヴ、刷新精神はなくなった。当初は経済的な力だけが奪われるように見えたが、結局は文化的な力も、さらには政治的な力も奪われてしまった。「廃墟を作り出すのに、武器はいらない」。東ドイツ時代、歴史的に価値のある古い町並みが荒廃するのを目のあたりにした私たちは、こんなブラックジョークを語り合った。一党独裁体制のせいで、社会も同様の廃墟になってしまった。まず党は、貨幣と財産を奪う。それから市民権、人権、独立した法、独立した裁判官を奪う。そして経済、芸術、文化の自由を埋葬する。この結果生じた社会の疎外現象は、マルクス主義の理論家たちが非難した資本主義社会の疎外現象よりはるかに深刻だった。

これらすべては、研究室の中で行われた長期間の実験ではなかった。生活している生身の人々を対象に企てられた実験だった。しかも、ベルリンの壁のために移動の自由を奪われた私たちは、否が応でも適応しなければならなかったのだ。

統一的な意志の下に置かれた社会全体が手足のように強制的に動かされていく様子を、いまでもはっきり思い出すことができる。子どもたちは幼稚園や小学校の頃から、ユングピオニーアの青いネッカチーフやテールマン・ピオニーア(3)の赤いネッカチーフを首に巻き、毎週団旗掲揚を行わなければならなかった。わがままな子どもは締め出され、罰を受けた。国家は個人に団体への加入を要求した。青少年は自由ドイツ青年同盟(ＦＤＪ)に、成人は自由ドイツ労働組合同盟(Freier Deutscher Gewerkschaftsbund、略してＦＤＧＢ)に、そしてたいていの者は、さらに独ソ友好協会(Gesellschaft für Deutsch-Sowjetische Freundschaft、略してＤＳＦ)に加入した。これに加えて何千人もの成人男子が職場の企業民兵隊に加入して、武器を持ち、軍事部隊に所属し、体制への忠誠を証明しなければならなかった。

選べたのは、体制への適応の度合いだけだった。

学校や大学で教わった政治路線を内面化した者は、矛盾に気づくことなく、教え込まれた事を肯定し、何の問題もなく入党した。そもそも党員でなければ出世できない社会だった。社会の指導的地位は、すべて社会主義統一党（ＳＥＤ）の党員が占めていた。例えば学校長は、一人の例外もなくＳＥＤの党員だった。

共産主義を一言も信じていない者でさえ、出世を望んで、自ら体制に適応していった。このような者たちは「あたかも」体制を信じている「かのような」態度を示したが、その適応は形の上にすぎず、信念がなく、体制への忠実度は最低限必要な程度しかなかった。内面的には体制に属していないが、表面的にはつねに体制とともにいた彼らは、圧倒的な国家機関に強制されて客観的に無力な状態に置かれ、次第に主観的にも無力になった。自分の能力に自信を失い、自己実現の能力が自分にあることを疑い、最後には、このような条件下でそもそも影響力を発揮したいとも思わなくなった。

体制への適応に失敗すると、その人のキャリアは台無しになり、人生設計が根本から狂った。そういう例はメディアの注目を浴びることはないが、東ドイツ全土には何千もあったことを、私はあまりにもよく知っている。というのも、弟のエッカルトがそうだったからだ。船員として働いていた弟は、船舶の機械助手から技師に昇進した。Ｃ６という資格を取得した弟は、船舶の主任技師として働き口を得ようと、船会社の人事管理課に出向いた。すると、応対した職員は懐疑的な視線を向けて尋ねた。「君、党に入っていますか」。「いいえ。自分はまだ、そのような重要な段階ではないと思います」と弟は、かつてこのような場面に遭遇した多くの者と同じ様に答えた。

しかし結果は、あらかじめ決められていたようなものだった。入党の準備が整っていないのなら、主任技師として船上で指導的な役割を担えない、第二技師、あるいは第三技師としてこれからも働いてもらわなければならない、という冷たい返事が返ってきたのだ。弟は適応しようとしなかった。彼はそのまま退出した。このような者は、主任技師になれなかった。その後、会社は弟を船に乗せなくなった。船員だった弟は、陸で仕事をせざるを得なかった。

　数年前、私はヴァーツラフ・ハヴェル*〔チェコ元大統領。ビロード革命を支えた劇作家〕の文章を読む機会があった。一九九〇年に東ヨーロッパ諸国の生活を刑務所に喩えたハヴェルは、厳格に決められた一日のスケジュール、正確に定められた食事の量、割り当てられた寝床、厳しい規則をその特徴として挙げていた。東ドイツ時代、私たちは次第に小さな隙間《ニッチ》や自分だけの世界に引きこもって暮らすようになったが、その理由は、ハヴェルの喩えを背景に考えると理解できる。私たちの世界は、友人たちとの交流、共同体、アーティストたちのサークル、取り壊された建物、田舎、大都市の文化的な安全地帯だった。政治的に自立できず、無力であった私たちが、その状態を揺り動かせもしない自由裁量のごく限られたちっぽけな私的自由に、なぜ大きな喜びと多くの暖かさと人間的な近さを感じることができたのかは、刑務所の喩えを念頭に置くからこそ理解できる。しかも私たちは、再統一後に得た大きな自由の中で、まさに当時の体験の濃密さを懐かしんでさえいる。

　絶対に東ドイツの頃に戻りたくないと思っているのに、あの当時の濃密な体験が失われたことを哀しむ気持ちに何度も襲われているのが、今の私たちだ。不自由な状況のなかで自分たちが獲得し、自分たちに贈った特別な生活を失ってしまったのだ。私たちは自分たちのために生きていた。党のために生きていたのではなかった。しかし、すべてが失われ、新しい時代が急テンポでやって来たとき、新しい自由を心から感謝し、喜んだにもかかわらず、ときおり哀しみに襲われることがあった。おそらく、急激な春の訪れのようなあの激動の秋の日々に、新たに生じた大量の活動に忙殺されるあまり、新しい環境に自分をゆだねるのを急ぎ過ぎたのだろう。慣れ親しんだ生活にきちんと別れを告げずに出発したのだ。夢にまで見た自由が現実のものとなったとき、目標を失ったあこがれを思慕する気持ちが、ときどき私に追いついてくる。以前、あこがれとしての自由には、いざなう力があった。その美しさは、減じることがなかった。今、現実のものとなった自由は、幸せであると同時に、重荷ともなっている。
ハヴェルの文章にも、解放の喜びの後、新しい自由にショックを受けたことが書かれていた。秩序も治安も欠けた状況で、解放された人々はあらゆる事を自ら行うことになった――しかし多くの人々は、このような自己責任の能力をもはや持っていなかったという。

　新しい自由を手に入れてしばらく経ったある日のこと、エーリッヒ・フロムの昔からなじんでいる主著のなかに、自由にまつわる困難をより良く理解する助けとなる文章を見つけた。それは六十年以上も前に書かれた『自由からの逃走』の一節で、フロムは人間が自由を望むとき、つねに強い不安と逃避の傾向が現れるという理論を展開している。彼はアダムとイブを例に挙げる。神の命令を無視して知恵の実を食べたとき、二人は原初の依存状態を離れて、人間的な自由を獲得した。しかし次の瞬間に二人は逃げ出した。楽園を去り、互いに孤独になった二人は、不安に苛まれた。「新しく獲得した自由は呪いとなる[4]」。フロムによれば、今や人間は楽園の甘い絆から自由になったが、自己決定への自由はまだ持っていない。

　誰でも若いときは、何かからの自由を体験できる。思春期から成人に達する時期は、自由の刺激にふさわしい年齢だ。しかし成人すると、自由の理解に変化が起こる。一人の人間への愛、とくに子ども、価値、神、芸術、自然、仕事――大きな目標への愛が育まれ、自分以外の何かに対する根本的な愛着が生じる。ひとたびこの変化を体験した人間は、それを保ち続けるためにあらゆることをしようとするので、無理に期待をかけたり過大に要求したりしなくても、責任を引き受けるようになるものだ。人間は、規範や両親や国家や宗教などを通して外からも義務を負わされている存在ではあるとしても、そういう義務とはまったく無関係に、共感や愛の力によって、より親しく責任を引き受けるように導かれる存在でもある。自由を責任として生きる者は、最後には、人間に備わっている最もすぐれた深い能力に到達する。私たちが私たち自身の存在を、他者との関わりを保ちながら試練を与えられた者として理解するとき、魂は私たちの努力に報いてくれる。こうして私たちは、連帯の結びつきと幸せを体験する。

ただし、絶えず変化を要求する自由と責任は、いつまでも続く試練でもある。自由を得て潑剌とした人生に目覚める人々の中には、市長になったり、会社を設立したり、未知の世界の探検に出発したりする人もいるだろう。自由を得た一人の女性は、ドイツ連邦政府の首相になった〔東ドイツ出身の第八代ドイツ連邦共和国首相アンゲラ・メルケルを指す〕。一方、自由を得ても、自分には荷が重すぎると思ったり、弱気になったりする人もいる。西ドイツには本当の自由は存在しない、社会福祉国家は看板倒れだ、機会の平等は絵に描いた餅にすぎないという見方が確かめられたと感じている人もいる。ここ数年ドイツは、こうした弱気や絶望に目を向けすぎている。私自身もそうだ。かつて東ドイツだった地域の選挙結果やアンケート調査結果を見て、これほど多くの人々が自由に対して距離をとっていることに憤怒の念を覚えたこともある。自由を他人事に過ぎないと思う人々は大変多いというのが実情だ。

長期間、無力感を教え込まれ、自己主張の意志も持たず、自分の能力に確信が持てず、政治的にも知的にも不安定な状態が続くと、たいていの人間は同調圧力に屈してしまう。自由を差し出しなさい、そうすれば目標をあげましょう、人生の意味を教えてあげましょう、あなたは人生の責務を担わなくても良いのです、と語りかけられると、そのイデオロギーを抵抗なく受け入れ、「救済」されてしまうのだ。このような態度は西ドイツでも見受けられるが、東ドイツに比べるとずっと少ない。頻度の違いは、歴史的に形成された精神的態度の結果である。東ドイツと西ドイツの人々の性格の差などではなく、習得環境の機会の差に関係している。

東ドイツで育った人々は「思いやりのある」政治への抵抗力がほとんどない。彼らは国の民《ランデスキント》として存在し、市民《シトワイヤン》としては存在していない。おそらくこの特徴は、次世代に継承されるだろう。自由を他人事と見なして関わらない東の人と、自由を積極的に肯定する東の人との間の懸隔は、東西ドイツで別々に育った者同士の懸隔よりも大きいほどだ。さらに、東ドイツでは多くの人々が「単純な真理」に頼るが、西ドイツでは、人々は言論と議論を通して解決策を作り出そうとする。これは今後も長く西側市民社会の長所となるだろう。グローバル化の進行により、ドイツでも財政危機や経済の不安定化が起こっているが、このようなとき、事もあろうに体制転換を宣伝する社会主義や共産主義イデオロギーを再び信ずるとしたら、思考の怠慢であり、過去の歴史経験から学ぶことを拒否する態度であると言わざるを得ない。政治史上、豊かさも自由も生み出せなかった者たちが、どうして新しい危機を克服できるというのか。

左翼の中には、私たちに体制転換を呼びかける人々が存在する。彼らの中には、フランス革命以前の封建社会に戻ろうとした十九世紀の旧体制派と同じように、時代遅れの状況の復活を要求する反動的な人々があまりにも多い。共産主義は過去の社会プロジェクトであり、未来のものではない。資本主義の廃止を望む者は、浴槽の水と一緒に中の子どもまで流すようなものだ。反則を繰り返す選手がいるからといって、サッカーを廃止することはしないし、ドーピングが発覚したからといって、自転車競技を廃止したりしないだろう。自由を望む者は、経済活動における自由も望まなければならない。ただし、経済の分野でも政治の分野と同様に、自由とは社会全体に対する責任であるという、民主主義者の理解をしなければならない。

西側諸国の社会が経済危機に対して脆弱で、かつ不平等を生み出すことは間違いない。したがって、つねに事態を批評し、有効な対策を講じることが必要だ。しかしそのために、自由を制限して社会制度を破壊した一派に弟子入りしてはならない。私たちが学ぶべき場所は、彼らのところではない。北アメリカとヨーロッパの歴史を振り返れば、普遍的人権を基礎づけた自由についての偉大な言説と運動を見出すことができる。その一方で、民主主義の土壌には全体主義の理念が栄える可能性があることも確かだ。私たちがプロレタリアート独裁体制やアーリア人種体制というヴィジョンの勝利を体験したことを忘れてはならない。

民主主義ほど学習能力のある制度はない。かつて劇作家ブレヒトは、共産主義は単純だが簡単には実現できない制度であると述べたことがあったが[5]、民主主義はそうではない。民主主義は複雑だが、普通の人々が作ることのできる制度である。各国の大人たちと独裁を経験した人々は互いに協力して、運動すべきなのだ。その際、掲げるべき政治モットーは、絶対的な「善」と「正義」のためにというものではなく、そのたびごとによりよい解決策を見つけるためという簡潔なものが良い。世俗の世界にとどまり、私たちの足元のすぐ近くにとどまるためのモットーである。

民主主義以外の新しい社会制度は必要ない。権利を委託された民主的代議員がさまざまな諸問題や脅威に向き合う民主主義、改革し続ける精神をともなう民主主義、これこそが私たちには必要なのだ。

どこでも好きな場所に住めるようになって二十年が経った。かつて壁に囲まれて暮らしながら自由と民主主義に興奮して以来、今も引き続き熱中し続けようと思っている私は、なぜ西側諸国の人々が私のように自由と民主主義に熱くならないのか、この二十年でだいぶ良くわかるようになった。私たちの民主主義は壊れやすく、自由はけっして十分に完成されていないのである。古代ギリシャの都市国家アテネでは、市民の自由は自由なき奴隷の存在とともにあった。近代のアメリカでは、独立宣言当時、大勢の黒人奴隷が存在していた。自分たちの利益を代表する組織を自由に作る権利とストライキ権を求めて、工業国の労働者が何十年もの間闘ったのも、それほど遠い過去のことではない。スイスで女性の選挙権が認められたのは、ようやく二十世紀後半になってからのことである。

そして現代では、一人の個人の自由が他の人々の自由と均衡を保つよう、絶え間ない調整が求められている。それを可能にするのは、たとえ一時的であっても、社会的なコンセンサスを作り出すことのできる不断の議論だけだ。アメリカでは社会に暮らす一人ひとりの市民の自立と自己責任に重きが置かれ、ヨーロッパでは社会福祉国家の考え方が広く浸透している。アメリカのモデルは、弱者を扶助する社会福祉が欠落していると批判され、ヨーロッパの社会福祉国家モデルは、個人の力を奪い、自己責任の気風を損なう危険があると批判されている。

さらに、グローバル化の進む世界では、人類全体の自由をテロリストの脅威から守るために個人の自由の権利をどこまで制限すべきか、そのたびごとにつねに新たに取り決めねばならない。自由主義社会は、自国の領土の外で平和を維持する活動を行ったり、生存を脅かされている民族《フォルク》や人々を保護したりするために、暴力と軍事手段の使用を望んでもよいのか、よいとすればどの程度まで使用が許されるか、私たちはともに協力してこの問題と取り組まなければならない。

かつてマルティン・ルターは、「教会は自らを絶えず改革し続ける教会《エクレシア・センパー・レフォルマンダ》として理解するときのみ、教会である」と述べたと言われている。これに倣って、私は自由と民主主義を「絶えず改革し続ける社会制度《ソシエタス・センパー・レフォルマンダ》」として理解するようになった。

絶えず改革し続けなければならないという要請は、けっして国家の官庁や諸機関だけに向けられたものではない。同程度に、とりわけ一人ひとりの市民にも向けられた要請である。

もし自由が輝ける力を完全に失ってしまえば、私たちがすでに容赦なく体験している事態が強まるだけだ。それは市民としての存在が消費者としての存在に替わっていく事態である。人々は、もはや選挙に行かず、市民運動にも参加せず、公共の場から身を引き、政治空間から退いている。私は消費生活に反対するわけではないが、消費が人生における唯一の、あるいは主たる目的になると、人間の幸せは基本的欲求が満たされる間だけしか続かなくなる。しかもその欲求は変わりやすい。そこで人々には、むしろ間違いを恐れずに学び続ける態度を望みたい。たとえ何事にも罪がなくとも、無関心のあまり公共性の形成に関わり合おうとせず、無力な状況に自ら進んでおもむくような態度ではだめなのだ。

初めて西ドイツを旅行したころ、自己の信念を主張する市民の勇気《ツィヴィールクラージュ》を持つ人はほとんど見当たらなかった。この美徳を妨害する者などどこにもいないのに、めったに実践されないのはなぜだろうと私は不思議に思ったものだ。さらに後には、誰からも強制されないのに、市民の権利の自覚を放棄する者が目につくようになった。以前の私は、自由からの逃走は過渡期の社会だけに見られる問題だと考えていたが、この種の体験をいくつも重ね、フロムの書物を読み返した今では、これはむしろ人類に恒常的に見られる問題だと思うようになった。

自由と付き合うのは、本当にむずかしい。自由は二つの顔を持ち、私たちを惑わそうとする。まず自由は、自己実現やさまざまな可能性、そして未来を約束してくれる信頼のみなもとだ。道徳的な振る舞いの根本にある感情移入と責任感は、隣人との自由な出会いや自由な近づきによって成長するものである。これに対して自由の持つもう一つの顔は、私たちを震撼させる。こちらの自由は、強欲な資本主義やむき出しの計算、集団利益の追求、倫理に反する研究欲となって、ついにはエゴイズムを助長し、他者との連帯や共感に水を差す。私たちが自由のこのような側面に驚くとすれば、それは結局、私たち自身の心に潜む破壊的な潜在力に驚くことに他ならない。

自由を愛した偉大な作家シラーは、無制約な自由の危険を心得ていた。「そこでは女も、肉に飢えるオオカミと化し」〔『鐘の詩』、一七九九年〕、礼節は危機に瀕する、と書いている。このような危険があることを考えると、自由は私たちに、人間同士の諸関係における道徳と、公共の組織における諸価値を確認することを繰り返し義務づけていると言えるだろう。

ドイツ連邦共和国の市民として二十年を過ごした私は、自由な社会の日常生活では自由の輝きが部分的に失われていることを認めざるをえなかった。しかし東ドイツ市民として、東ヨーロッパの失われた歴史の当事者でもあった私は、自由を思いのままに使ってきた西側の人々よりもはっきりとわかることが一つある。それは、もし今後私たちが自由から勇気を得られず、自由を行使する能力を失うことになれば、私たちは変革への力と意志さえも失うことになるということだ。

自由の輝きは、これから、さらに失われていくのかもしれない。そして私たちは、不慣れな重荷を担うことになるのかもしれない。漠とした不満がこの国を覆うことになるかもしれない。そうなっても私は、かつて私たちが自由を切望した事実を記憶し続けようと思う。あのとき私たちは、自由に見つめられて、出発した。自由を得た私たちは新たな試練に直面したが、自由は私たちを見捨てなかった。自由はいつまでも私を照らしてくれる。それ以外にはありえない。

第十四章　五月のベルリン

今日は気持ちの良い五月晴れだ。おそらく六十年前の一九四九年五月二十三日も、同じように晴れやかな天気だったに違いない。その日、西ドイツの憲法にあたる基本法がボンで産声を上げた。今日のこの日を機会に、過去を振り返る人は多い。私もその一人だ。

ぼんやりした記憶をたどる私の前に、突然、小柄な少年が現れる。少年は明るい森の小道を歩いて自宅に帰るところだ。ランドセルを背負い、手には木の棒を持っている。授業が終わって気分は良いのに、心の中にもやもやしたものがあるようだ。道の両脇には背の高い五月の草が花をつけて茂っている。少年は足を二歩踏み出すたびに、棒で草をなぎ倒して、ちょうど学校で教わったある言葉を繰り返しつぶやく。それは二つの単語から成る言葉で、少年の怒りが伝わってくる。「ボン－の－基本法、ボン－の－基本法」。こうして森の小道の尽きるところまで来た少年は、満足そうに後ろを振り返る。道の両脇には彼のつけた跡が、誰の目にもはっきりとわかるほど残っていた。彼は学校で教わったことを吐き出す必要があったのだ。

少年は学校で、国境の向こうにある西ドイツのボンという町について教わった。そこには悪い人間どもの政府があるという。彼らは祖国統一に反対する分裂派であり、搾取者であり、帝国主義者であり、アメリカに支援された恥ずべき連中だった。そんなことぐらい少年にも容易に想像がついた。アメリカの汚いやり方をすでに教わっていたからだ。アメリカは我々の収穫を台無しにする目的で、夜中に東ドイツ上空に飛来し、ジャガイモの害虫を撒いたのだった。もっとも我々小学生は、アメリカの謀略を許さなかった。たとえ狡猾なアメリカがメクレンブルク地方の我らの警戒を空振りさせても、我々は全国土の戦線を匍匐前進し、農作物の一本一本に養分を補給してまわったからだ。今のところ我々の畑には、ジャガイモの害虫は一匹も見つかっていない。それゆえに、アメリカに対する我々の怒りは一層高まるのだった。

　しかし田舎の子どもたちは、警戒を怠らなかった。ヴストロー村の私の友だちもそうだった。それどころか、普段禁じられている大騒ぎができるので、大喜びで出陣した。バルト海沿岸のフィッシュラント地方が美しい朝を迎えるころ、子どもたちの集団が村を通り抜けた。彼らは鍋蓋をたたき合わせたり、ひしゃくやスプーンで鍋や水差しをたたいて太鼓代わりの音を出したりしながら、何度も大声を上げるのだった。「ルールルー規約[1]、マーシャループラン、海にー落ちろードボン！」。

　こうしてヴストロー村の子どもたちは立ち上がった。子どもたちにおのれの限界を見せつけられた人類の敵アメリカは、強烈なショックを受けたに違いない。男の子たちの行動力に感動したハイディという少女は、母親に禁じられていたのに、内緒でユングピオニーア組織に入団した。母親が見ていないところで、ハイディはピオニーアの青いネッカチーフを誇らし気に首に巻いた。

　子どもたちは「ボンの基本法」も「ルール規約」も「マーシャルプラン」も詳しいことは知らなかったが、それで熱狂が消えることはなかった。子どもたちも東ドイツ建国初期の熱気に包まれていたからだ。けれども彼らは、おそらく予想よりもずっと早く、生活の現実に直面して熱気を失い、醒めてしまうだろう。今、当時を思い出しているこの男も、そんな熱狂から距離を置こうとするより前に、遠ざけられてしまったのだ。

さて、こうして振り返る瞬間にも、すべては遠い過去になった。七十歳になったこの男は、たいていのことを体験してしまった。人生の時刻表など見たこともなかった彼がここまでたどり着いたとは、なんと不思議で、まったく驚きに満ち、しばし秘密めいてもいることだろう。彼の願いは、ベルリンから遠く離れた、祖先の故郷に近いメクレンブルクに戻ることだった。メクレンブルクには「振り返れ《ズィーディヒウム》」という地名の土地がある。そのやや小高い台地に立つ者は、これまで歩いてきた道を振り返る。遠くに道、藪、大地、入江が見えるはずだ。なるほど、全体はこういう風に見えるのだなと、彼は遠慮がちに微笑むだろう。

しかし今日、男はまだベルリンに、彼の首都の中心にいる。四十年間、彼を抑圧した者たちの首都だったこの街は、今日、基本法が公布されて六十年の節目を祝っている。十三回目の連邦共和国大統領選挙[7]が行われた。ベルリンの上空には太陽が輝いている。

私の心にも太陽がある。

風にはためく黒赤金三色の国旗を背に、議事堂前の石塀に寄りかかってみよう。

「さあ」と同行のスタッフに声をかける。「カメラを出して、撮って」。

撮るのは西ドイツ出身の聡明な女性である。「でも、この国旗の前で撮らない方が良いのでは！」。

「いや」と私は答える。「ちょうどこの場所がいい！」。

第十五章　三年が経って

二〇〇九年夏の終わりに本書の草稿を出版社に渡した私は、自分でも信じられないほど解放された気分になった。執筆の圧力をかけ続けてくれた出版社と、共著者であるヘルガ・ヒルシュの支援がなかったら、私の思い出からまとまった形の本が仕上がることはなかっただろう。もっとも、自分で納得して始めた企画なのに、なぜ書くのがこれほどにも苦しいのか、執筆している間はわからなかった。

執筆を始めた当初は、漠然と、おもに私の歩んだ職業人と政治家としての道について、情報を提供する本にしようと考えていた。それは共産主義独裁の時代に始まり、一九八九年秋の激動を経て、再統一した自由なドイツでシュタージ文書に関する連邦受託官として活動した時代に至るまでの私の歩みである。しかし、個人的な体験や出会いや感情の記述に大きなスペースを割かなければ、私の政治信条や態度をよりわかりやすく説明することなど不可能だとわかった。部分的には忘れていても、両親や家族、友人、知人たちの物語が、思い出の中で新しい命を獲得していたのだ。

それから私は、自分でいぶかしく感じるほど、何度も深い哀しみに襲われた。

もちろんその理由は、過去の哀しみを取り戻したためだった。例えば息子たちが出国したときに感じた別れの苦しみがそうだった。当時の状況では、ひとたび出国すれば何年も、いや何十年も再会できないことが分かっていた。私たち家族は、息子たちの出国を後戻りできない亡命として体験したのだ。しかししばらくすると、私の哀しみは人生のもっと深いところから湧いてくるのかもしれないという感触を得るようになった。哀しみは、東ドイツに残るという決断を私自身が下したことから生まれていた。私は自分に、さながら捕虜の刑を宣告していたのだった。

詩人ゴットフリート・ベンは、彼自身の人生を主題に一編の詩を書いている。若い頃、私もこの詩を学ぶ機会があったが、その意味を理解したのは、ようやく老年になってからだった。

ああ、旅はむなしい！
後にようやくわかるのは……(1)

私のような者は、とくに矛盾を理解し、耐えねばならないときには、長い道が必要だ。依然として、東ドイツにとどまった自分の決断を正しいと思っている自分に変わりはないが、今では、自由な人生を送れなかった哀しみが自分の心にあることを認められるようになった。

おそらく、絶えず新たに過去を思い出して「検討しよう」と努力しなければ、このような認識は得られなかっただろう。これは書くときばかりではなく、書いたものを読み合わせるときもそうだった。そのようにもくろんだわけではなく、単にそうだという認識が私を貫いたのだ。こうして私は、七十歳の敷居を越えた今、もう一度わずかに自分自身に近づき、新たな方法で自分という土壌に接地することになった。

自分自身との和解を実感した私は、自分の型に合う生活を始めた。全国を講演して回り、市民の勇気《ツィヴィールクラージュ》、精神的態度とその変化、独裁制とその帰結、さらに、責任を伴う自由といったテーマについて話し、パネル・ディスカッションに参加した。以前とは異なり、経済的なゆとりが生まれた。何十年もの間、月末になると生活費がなくなるというごく質素な生活を繰り返してきた私にも、余裕ができた。表彰される機会も増えた。私は満足感を覚え、いつしか収穫を感謝する時期が来たと感じるようになった。私たち福音主義教会では、十月の第一日曜日に収穫感謝祭を行う習わしがある。同じように、人生の秋を迎えた私の心に、収穫を感謝する感情が芽生えた。

二〇一〇年五月三十一日、ホルスト・ケーラーが連邦大統領の職を退いた。[2] 私は野党の社会民主党（SPD）と同盟九〇／緑の党の党首たちから電話をもらった。次期大統領候補として私を提案したいが同意してくれないかというのである。まずは返事を保留してしばらく考えようと思ったが、自分の確信を心の中で感じた私は、その場で引き受ける決断をした。そして、提案を受諾するとともに、与党のキリスト教民主同盟（CDU）とメルケル首相*、そして自由民主党（FDP）からの指名もあれば大変好ましいのだがと率直に付け加えた〔当時はCDU／CSUとFDPの連立政権。メルケル首相の所属政党はCDU〕。

結果はただちに明らかになった。SPD党首ジグマール・ガーブリエルはメルケル首相に連絡したが、与野党間の合意は実現しなかったのである。そのため、与野党それぞれが指名した二人の候補者が対決することになった。与党連立政権はニーダーザクセン州首相のクリスティアン・ヴルフを指名した。

友人や知人たちの中には、もしやと思った者もいたが、大統領選挙人で構成される連邦集会の構成メンバー[3]を考えれば、連邦大統領に選出されるかもしれないという幻想を私自身が抱くことはまったくありえなかった。政党制民主主義が基本的にどのように機能するか、よく知っていたからだ。とは言え、大統領候補に指名されたことを意義深いとみなした私は、指名に感謝し、これを私の政治的影響力が認められた結果と理解するだけでなく、この機会を利用して、それまで講演活動を通して語ってきた責任として政治という私の考えを世論に向けて幅広く訴えようと思った。

こうして私は新たに大きな挑戦の前に立った。語るべきテーマを広げなければならなかったし、専門家の助力を仰いで個々のテーマを専門的に理解し、連邦集会の選挙人に対して環境問題から外交問題までの私の立ち位置を明確にしなければならず、さらに、それを世論に説明しなければならなかった。

私を支持したのは、おもに野党のＳＰＤと緑の党に所属する議員や連邦集会の選挙人だったが、連立与党のキリスト教民主・社会同盟（ＣＤＵ／ＣＳＵ）と自由民主党（ＦＤＰ）からも、私に共感する率直な声が少数ながら聞こえてきた。各種メディアは、予想以上に私を支持した。一九八九年に活躍した著名な市民権運動家たちも私を支持した。しかし一番驚いたのは、インターネットでの活動だった。ＳＰＤや緑の党や私の支持層ではないグループが、自発的にガウク支持運動を行ってくれたのだ。

市民の中から、熱意と誠実さを持つ運動が生まれた。これは、私個人への共感だけでは説明がつかなかった。何か別の原因がなければならなかった。大部分の市民が抱く既存の政治制度への信頼はひどく低下しており、私は現行の政治制度に反対する大統領候補者と見られていることが次第に明らかになった。しかし私は、そのような役割を自分に認めなかった。守るべきは民主主義である。私たちの民主主義は完全ではないが、欠点から学ぶ能力がある。政党制民主主義も守らねばならない。政党がなければいつまでも紛糾が繰り返されるばかりで、多数の合意を得るのがきわめて困難になる。このように判断した私はただちに意見を表明し、政党は自らの活動を振り返り、自己検証を行わなければならないが、廃止されるべきではないと主張した。政治家を十把一絡げに非難してはならないのだ。

この主張で私への共感がダメージを蒙ることはなかった。どうやら多くの人々にとって決定的だったのは、私が計算尽くや打算で政治を行っているのではなく、心から民主主義を守り、改良しようとしていると感じられたということだった。

人々に支持されていると感じた私は、ゆっくりと落ち着いた気持ちで投票日までを過ごした。SPDと緑の党が私の指名を発表した記者会見で、集まった記者たちを前に、誰が新大統領になるかは、いずれにせよ六月三十日になればわかるでしょうと予告したほど落ち着いていた。

ところが投票日には、予想に反して緊張させられてしまった。与党候補のクリスティアン・ヴルフは、第一回投票はおろか、第二回投票でも、選出に必要な過半数を獲得できなかったのだ。私のパートナーであるダニエラ・シャート[4]も、私と同様、予期しなかったことを突然計算に入れる必要が生じて、真っ青になった。妹ザビーネと末娘カタリーナは、ダニエラを落ち着かせるために、議事堂の外に一緒に出た。私は議事堂内の礼拝所に籠った。喧噪を離れて、気持ちを集中する必要があった。私の感情は混乱していた。幻想とは無縁な冷静さと、喜びと驚きと感謝のかたまりが混じり合っていた。なんという特別な一日であることか！

私は贈りものを得た気持ちだった。クリスティアン・ヴルフが三度目の投票で過半数を獲得し、新しい連邦大統領に選ばれると、私は心から喜び、新大統領に神の祝福を願った。

落選したからといって、不快でも何でもなかった。選挙で気持ちが傷つくこともなかった。メルケル首相が私を望んだかどうか、当時も今も憶測したいとは思わない。もしあと二十歳若かったら、大統領選にもっとのめり込んでいただろうが、私はもはや、絶対に「何かに成らねばならない」ような年齢ではなかった。選挙が終わると、満足感を抱いて、大いなる自由の生活に戻った。選挙戦略に縛られて行動する必要がなくなり、辛辣かつ挑発的に議論に介入できるようになった。そのため私を支持してくれた人を部分的に失うことにもなったが、そのことも落ち着いて受け入れた。万人の気に入るために、身についた信条に逆らって振る舞うことなどできないものだ。

こうして私のカレンダーは、講演会、朗読会、討論会で埋まっていった。社団法人「忘却に抗して――民主主義のために」理事長という名誉職を引き受けた以外、すべての公職から退いた。

ところが、二〇一二年二月十七日、連邦大統領クリスティアン・ヴルフは大統領職を辞任した。(5) 誰を大統領候補に立てるか、野党陣営は改めて考えねばならなくなった。しかも今回は野党にもチャンスがあった。この間に各地の州議会で選挙が行われた結果、連邦集会における与野党の勢力分布が連立与党に不利な方向に変化したため、連立与党の優位は僅差になった。与党の候補者が間違いなく過半数を獲得するためには、野党の賛成が不可欠になっていた。

野党のSPDと緑の党は、再度私に大統領候補を依頼してきた。まるで既視体験《デジャ・ヴュ》のようだった。依頼をそのまま断ることは問題外だった。もし断ってしまえば、日頃から責任を引き受ける大切さをねばり強く主張してきた身としては、責任を取らずに逃げ出すことになり、自分に対しても世論に向けても申し開きができなくなる。そこで、一市民の責任として依頼に応ずる約束をしたが、その条件として唯一、連立与党と野党二党の共同候補となることを求めた。今回もあらゆる点から見て、私が約束を果たさねばならなくなるとは思えなかった。なぜならメルケル首相が私の立候補に態度を保留していることが、多方面から読みとれたからだ。そこで私は、SPDは私を提案しても、最終的には連立与党の指名する別の候補に同意するだろうと予想した。

二〇一二年二月十九日の日曜日、ウィーン市立劇場での公開討論会に参加した私は、終了後、何人かの有識者と一緒にランチをとっていた。そこへ、連立与党のFDP幹部会が投票の結果、満場一致で私を大統領候補に決定したというニュースが飛び込んできた。しばらくすると、SPD党首ジグマール・ガーブリエルから電話が入った。ＦＤＰの突然の方針転換を受けて、私がどのように振る舞うつもりなのか確認したいという。彼への返答を考えるにあたっては、今回もそれほど悩まなかった。伝統を尊重する保守政党のＣＤＵとＣＳＵが、その政治思想と価値観を変えずに、ポスト共産主義者の左派党《ディ・リンケ》〔ＳＥＤの後継政党。第十章注（1）参照〕と共闘して私に反対票を投じる状況を想像してみたが、ありえるとは思えなかった。保守政党と私は多くの価値を共有していたからだ。そこで私はガーブリエル党首に答えた。「立候補します」。

再び勝負が開始された。

ウィーンからベルリンへ飛行機で戻り、自宅へ向かうタクシーの中で携帯の電源を入れ直したちょうどそのとき、連邦首相府から連絡が入った。メルケル首相が私と話したいという。続いてすぐに首相が電話に出た。「ガウクさん、キリスト教民主同盟と私は、たった今、ＦＤＰとともに、あなたを連邦大統領候補に指名することを決めました」。私は感謝の言葉を述べるとともに、この決断が首相にとって容易ではなかったことを自覚している旨を伝えた。そして、行先を変更して自宅ではなく、連邦首相府に向かうように、運転手に頼んだ。

前回の連邦大統領選挙から二年も経っていなかった。私の心は、今回も、矛盾した感情で溢れた。まず、私は東ドイツ出身者であり、政党に属しておらず、しかも七十二歳という高齢である。にもかかわらず連邦大統領候補に指名されたことは大変な名誉と顕彰であり、私の人生にまったく新たな転換を再度与える挑戦でもあった。

他方で、大統領になれば、自分ですべてを決められる人生を失うだろう。今の人生は私に合っており、自分でも気に入っていた。自由で自発的な暮らしを失う代わりに、規則と議事録に縛られる毎日になるだろう。十分に吟味して発言しなければならないし、いつもボディーガードがつくことになる。

私は、得るものが多い反面、失うものもあると感じていた。

二〇一二年二月十九日の晩、連立与党と野党の連邦大統領統一候補に指名された私は、連邦首相府の窓から連邦議会議事堂前の広場をながめた。「まさにここだ」。そこは三年前、ホルスト・ケーラーが連邦大統領に選ばれた日に、自分のポートレートを撮ってもらった場所だった。その「まさにここ」の議事堂で開催された連邦集会で、二〇一二年三月十八日の日曜日、過半数を遥かに越える得票数を得て、私は第十一代ドイツ連邦共和国大統領に選ばれた。(6)

三月十八日は特別な日だ。一九九〇年の三月十八日、東ドイツ人民議会で最初の自由選挙が行われた。一八四八年の三月十八日には、革命派がベルリンのバリケードを占拠し、我が国の民主主義と自由の伝統の基礎を築いた。

なんと素晴らしい日曜日だろう！

この国が願うように、また、私自身も願うように、さらには、現在の混乱する時代が必要とするように、私が大統領職を全うできるかどうかはわからない。しかし、私にわかっていることが一つある――二つの独裁制に駆り立てられて少年時代を過ごし、後年ようやく本当の自由を知ることができた人の子は、人生の秋を迎えた今、「まさにここ」、統合されたヨーロッパの中心に位置する、再統一されたドイツの連邦大統領府で、もう一度新しい地平に心を定め、新たな人生に身を捧げることが許された。どうしてそういうことになったのか、その理由を私が完全に理解することはけっしてないだろう――。

解きがたいこの生を、
ただ、感謝するのみ。

訳注

第一章

（1）『私がそこからやって来たところは……』（"*Wo ich her bin ...*"）。ガウクと同様、北ドイツ出身で、戦後、東ドイツから西ドイツに移住した小説家ウーヴェ・ヨーンゾン*（1934-1984）の作家活動を記念して一九九四年に出版された評論集も同じ題名である。ガウクがヨーンゾンと接点があったことは、本書の第三章（六七頁）で回想されている。

（2）マックス・ウェーバー（肥前栄一訳）『東エルベ・ドイツにおける農業労働者の状態』（未来社、二〇〇三年）参照。

（3）社会主義統一党（Sozialistische Einheitspartei Deutschlands 略してＳＥＤ）のこと。一九四五年五月に降伏したドイツは、オーデル川以東の領土を放棄し、残りを米ソ英仏の戦勝四カ国に分割占領された。米英仏はドイツ西部とベルリン市西部を、ソ連はドイツ東部とベルリン市東部を占領したが、米英仏とソ連の対立が激しくなる中、四九年五月に米英仏占領地域がドイツ連邦共和国（Bundesrepublik Deutschland 略してＢＲＤ、西ドイツ）の建国を宣言すると、同年十月にはソ連占領地域がドイツ民主共和国（Deutsche Demokratische Republik 略してＤＤＲ、東ドイツ）として独立した。東ドイツでは建前上は複数政党制が導入されたが、実質的にはドイツ共産党を中心に四六年に結成されたＳＥＤによる一党独裁体制が敷かれた。

（4）自由ドイツ青年同盟（Freie Deutsche Jugend 略してＦＤＪ）。旧東ドイツの支配政党であったＳＥＤの青年組織。

（5）ピオニーア組織（Pionier）。ＦＤＪに入団する前の低年齢層の少年少女を対象にした組織。

（6）本書での難民（Flüchtlinge）は、敗戦でドイツが失った東プロイセンやポンメルン地方などから追われた人々を指す。何世代にもわたって住み慣れた故郷を失った人々であり、「故郷を追われた人々」（Heimatvertriebene）とも言われる。疎開者（Evakuierte）は空襲等を避けて地方に避難した人々。

（7）非公式協力者（Inoffizieller Mitarbeiter des MfS 略してＩＭ）。国家保安省（Ministerium für Staatssicherheit der DDR 略してＭｆＳ、あるいはStasi「シュタージ」）の活動に協力して、体制批判者の活動を同省に報告していた人々の総称。

（8）敵対行動の防御、ならびに敵対行動の疑いのある人物の直接処理のための非公式協力者（Inoffizieller Mitarbeiter der Abwehr mit Feindverbindung bzw. zur unmittelbaren Bearbeitung im Verdacht der Feindtätigkeit stehender Personen 略してＩＭＢ）。

（9）当初シュタージは警察と同様の階級制を取っていたが、一九五〇年代前半に「大尉」「少佐」などの軍人階級制を導入した。

（10）ラント教会（Landeskirche）。一般に、領邦（ラント）の領主が領内の教会を管轄した歴史を踏まえて領邦教会とも、また近代以降の州（ラント）制度を踏まえて州教会とも訳される。しかし、その教区は現在のドイツ連邦共和国の州とかならずしも一致しないことと、東ドイツは一九五二年に州（Land）制度を廃止して県（Bezirk）制度を導入したため、本書の前半で語られる東ドイツ時代には州はなかったことを考慮して、本書ではラント教会と訳した。再統一後は再び州制度が復活して現在に至っている。

（11）県行政評議会（Rat des Bezirks）。県の最高行政機関。

（12）ドイツ語のVolk（フォルク）は人民のほかに、国民、民族、民衆とも訳される。さらに国民を表すドイツ語にはNation（ナツィオーン）もあり、ルビを振って適宜区別した。

第二章

（1）七人の眠りびとの日（Siebenschläfertag）。キリスト教迫害時代のエフェソスで、ローマ皇帝デキウスの迫害を逃れて洞窟に隠れた七人のキリスト教徒が、ほぼ二百年後に眠りから覚め復活したという伝承にもとづく。

（2）ナチ人狼部隊（Werwolf）。第二次大戦末期に連合国軍に対するゲリラ攻撃を行う目的で結成された部隊。

（3）聖書からの引用は新共同訳（一九八七年）に拠った。

（4）ドイツ自由民主党（Liberal-Demokratische Partei Deutschlands 略してＬＤＰ、あるいはＬＤＰＤ）。一九四五年に設立され、一九四九年の東ドイツ建国以後ブロック政党の一つとなった。一九九〇年の再統一直前に西ドイツの自由民主党（Freie Demokratische Partei 略してＦＤＰ）に合流した。

（5）東西ドイツはそれぞれ独自の通貨を発行した。ここでのマルクは東ドイツが発行した通貨である。一方、西ドイツが発行した通貨は、ドイツマルク（ＤＭ）と呼ばれた。

（6）ホジャがロバを仕込んで文字を読む真似事をさせる話は、護雅夫訳『ナスレッディン・ホジャ物語 トルコの知恵ばなし』（東洋文庫38、平凡社、一九六五年）一七四頁にもある。

第三章

（1）一九四七年から五六年までフランスの保護領だったザールラントは、五五年十月二十三日に実施された住民投票の結果を受けて、五七年一月一日にドイツ連邦共和国に復帰した。

（2）ドイツ福音主義信徒大会（Deutscher Evangelischer Kirchentag）。聖職にはない一般信徒の集まりで、国からもラント教会からも独立して催されている。戦前にナチに従わなかった告白教会が一九三五年に開催した福音主義週間をもとに、一九四九年からほぼ二年おきに開催されたが、六一年にベルリンの壁が築かれたため、以後東西ドイツ別々に開かれた。リヒャルト・ヴァイツゼッカー元大統領は六四年から七〇年、七九年から八一年の二度、西ドイツの信徒大会議長を務めた。九〇年の再統一以後、再びドイツ全体の信徒大会に戻った。

（3）Manfred Hausmann: "Füreinander". In: *Manfred Hausmann: Gedichte aus den Jahren 1922-1946*（S. Fischer Verlag, 1983）S. 144.

（4）Uwe Johnsohn: *Begleitumstände*.（Suhrkamp Verlag, 1980; es 2426）S. 153.

（5）この民謡の第一番と第三番の歌詞は次の通り。（一）何を考えても自由／他人にはわからない／どこへでも飛んで行ける／夜の影のように／誰にも知られない／どんな猟師も撃ち落とせない／そのままあり続ける／何を考えても自由！（三）閉じ込められても／暗い牢獄に入れられても／そんなものは／無駄なものにすぎない／心の考え一つで／柵を破れる／壁を壊せる／何を考えても自由！（*Die Gedanken sind frei*. In: August Heinrich Hoffmann von Fallersleben, Ernst Heinrich Leopold Richter: *Schlesische Volkslieder mit Melodien. Aus dem Munde des Volkes*, 1842, S. 307）

（6）地区総長（Generalsuperintendent）。監督（Bischof）の下で、地区長（Superintendent）が監督するいくつかの地区が集まった地域をまとめる。

（7）一般教育総合技術学校（Allgemeinbildende Polytechnische Oberschule 略してＰＯＳ）。七歳から十六歳までの生徒が通った教育機関。

（8）一九八七年リリースのアルバム『Sind So Kleine Hände』所収。

（9）二十世紀初頭にドイツで発売された携帯用タイプライター。戦後も東ドイツで生産が続いた。

第四章

（1）Gerhard Schoenberner: *Der gelbe Stern - Die Judenverfolgung in Europa 1933 bis 1945*（1960）. 邦訳はゲルハルト・シェーンベルナー（土屋洋二ほか訳）『黄色い星：ヨーロッパのユダヤ人迫害：1933-1945』新版（松柏社、二〇〇四年）。

（2）告白教会（Bekennende Kirche）。一九三三年、ドイツ福音主義教会はヒトラー政権の圧力下にアーリア条項を導入した。これに反発し、聖書と信仰告白のみにもとづく教会のあり方を守ろうとした福音主義者は、翌三四年、十八のラント教会代表をバルメンに集めて信仰告白会議を開催した。この会議でバルメン宣言が採択され、神学者カール・バルトを理論的指導者に告白教会が成立した。

（3）ボンヘッファー「ユダヤ人問題に対する教会」（ボンヘッファー〈森野善右衛門訳〉『告白教会と世界教会』新教出版社、二〇一一年）七六頁。ただし引用に即して訳文を変更した。

（4）Dietrich Bonhoeffer: "Nach zehn Jahren". In: *Dietrich Bonhoeffer Werke. Bd. 8. Widerstand und Ergebung. Briefe und Aufzeichnungen aus der Haft*, hg. von Eberhard Bethge, Gütersloh 1998, hier S. 34.

（5）a.a.O., S.30.

（6）一九六一年九月一日、フルシチョフは三年間停止していた核実験の再開を宣言した。

（7）東ドイツの福音主義教会は、東西福音主義教会を代表するドイツ福音主義教会に加入していた。東ドイツ政府はこれを西側の軍事的手先とみなして「ＮＡＴＯの教会」と非難し、東ドイツ福音主義教会に脱退するよう圧力をかけた。

第五章

（1）通例ラント教会には、教会監督を長とし、総会（ジュノーデ）議長や地区総長などが加わる教会指導部がある。

（2）「イデオロギーの衝突と共通安全保障（Der Streit der Ideologien und die gemeinsame Sicherheit）」というタイトルで東ドイツのSED機関紙『新しいドイツ《ノイエス・ドイチュラント》』と西ドイツのSPD機関紙『前進《フォアヴェルツ》』に一九八七年八月二十八日に発表された。一九八四年から継続して開催された両党を支持する知識人同士の会合のまとめであり、東西それぞれの体制内で開かれた議論は可能でなければならないと主張した。

（3）Helmut Schmidt: *Weggefährten. Erinnerungen und Reflexionen.*（Siedler, 1996）S. 520.

（4）ユーゲントアリヤー（Jugendalija）。一九三三年にベルリンで設立されたユダヤ人組織で、子どもや青少年を脱出させることを目的としていた。

（5）一九八八年六月十九日、信徒大会の最終礼拝で行われた説教より。全文は Joachim Gauck: Nicht den Ängsten folgen, den Mut wählen – Denkstationen eines Bürgers.（Siedler 2013）S. 11-17 に収められている。

第六章

（1）キリスト者の権威への従順を説いた『ローマの信徒への手紙』十三章の解釈をめぐり、東ドイツ政府を否定したディベリウスに対する非難の声が起こった。Vgl: Marion Gräfin Dönhoff: *Apostel Paulus und die DDR*. In: Die Zeit, Nr. 43（23. Okt.）/ 1959, S. 1.

（2）Karl Barth: "An einen Pfarrer in der Deutschen Demokratischen Republik, 1958". In: *Karl Barth Gesamtausgabe, V Briefe, Offene Briefe 1945-1968*. Hg. v. Diether Koch, Zürich 1984, S. 401-439.

（3）「連盟はドイツのすべての福音主義キリスト者の特別な共同体に従うことを告白する。この共同体の共同責任を担うにあたって、連盟は、ドイツ民主共和国とドイツ連邦共和国のすべての福音主義教会に当てはまる課題を、パートナーとしての自由において、自らの機関を通して引き受ける」。Vgl: Hendrik Munsonius: *Landeskirchentum und Kirchengemeinschaft. Verfassungsrechtliche Beobachtungen im 20. Jahrhundert*（Vortrag auf der Theologischen Konferenz Meißen, Arnoldshain, 11.-14. 2. 2014). http://www.ekd.de/download/2014_8theol_konferenz_munsonius.pdf（２０１４年８月13日）

（4）ハンス・マイアー（Hans Meier）。著名な文学者であるハンス・マイヤー（Hans Mayer）ではない。

（5）民主集中制（Demokratischer Zentralismus）。党員による選挙を通じて選出された指導部を中心に、中央集権的に党組織を運営するやり方。レーニンによって提唱された。

（6）国家社会主義（Staatssozialismus）。ソ連やドイツ民主共和国（東ドイツ）の政治体制を指す。ナチズム（Nationalsozialismus）の訳語にも「国家社会主義」が使われることがあるが、両者は異なる。

（7）国家保安省第二十主局は、国家機関、文化、教会、地下活動などを管轄した。

（8）拡張型上級学校（Erweiterte Oberschule）。東ドイツにはギムナジウムに相当する拡張型上級学校があり、九年生（十五歳）から十二年生（十八歳）が学び（一九八三年以後は十一年生と十二年生）、大学入学資格（Abitur）を得ることができた。

（9）新フォーラム（Neues Forum）。一九八九年、民主化運動の中で結成された市民団体。同年末には東ドイツ市民運動の中核になった。

第七章

（1）統制教育（Schwarze Pädagogik、直訳すると「黒い教育」）。西ドイツの社会学者カタリーナ・ルチュキー

（Katharina Rutschky）は、一九七七年に編著『統制教育（Schwarze Pädagogik）』を公刊して、市民社会の教育を子どもを統制する制度として告発した。

（2）「我々は西側から来るあらゆる汚物を本当にコピーしなければならないのか？ 私が思うに、同志たちよ、イェー・イェー・イェー（ヤァ！ ヤァ！ ヤァ！）だか何だかとかいうあの単調な繰り返しは、もう止めさせなければならない」（一九六五年ＳＥＤ第十一回党中央委員会での書記長ヴァルター・ウルブリヒトの演説より）。

（3）“Soldaten sind vorbeimarschiert”として知られている歌。

（4）一九七六年十一月、西ドイツのケルンでコンサートを行った歌手ビーアマンの市民権を東ドイツ政府は剝奪し、東ドイツへの帰国を禁じた。この措置に抗議する公開書簡に署名した東ドイツ知識人は、国内での出版を制限されるなどの弾圧を受けた。この事件の後、多くの作家、俳優らが東ドイツを去った。

第八章

（1）東ドイツの英語表記（German Democratic Republic）にGunnars Deutsche Republik（グナーのドイツ共和国）をかけた。

（2）民主主義の出発（Demokratischer Aufbruch 略してＤＡ）。教会関係の体制批判活動家を中心に一九八九年秋に設立された社会主義の改良をめざす政治グループ。ヴォルフガング・シュヌーア*が代表を務め、現首相アンゲラ・メルケル*が広報を担当した。しかし八九年十二月の総会では、社会主義的要素が後退した綱領を決定した。九〇年二月には、ドイツ社会同盟（ＤＳＵ）と東ドイツ・キリスト教民主同盟（ＣＤＵ-Ｏｓｔ）とともに中道右派の選挙連合「ドイツ連盟」を結成し、代表のシュヌーアは将来の東ドイツ首相と目された。選挙後はキリスト教民主同盟（ＣＤＵ）と合併した。

（3）ポーランドに倣って東ドイツでも円卓会議が設置された。政府側と体制批判派側の十六団体の代表者が一つのテーブルにつき、シュタージ解体や自由選挙導入などを決めた。中央円卓会議は一九八九年十二月七日から九〇年三月十二日まで東ベルリンで開催され、教会関係者が司会を担当した。東ベルリン以外の多くの地方都市でも円卓会議が設置された。

（4）ドイツ連盟（Allianz für Deutschland）。一九九〇年三月十八日に行われた東ドイツ人民議会選挙のために、民主主義の出発（ＤＡ）、ドイツ社会同盟（ＤＳＵ）とキリスト教民主同盟（ＣＤＵ-Ｏｓｔ）が連合して設立された中道右派の選挙同盟。ドイツ再統一の早急な実現と州制度の復活を掲げたドイツ連盟は、西ドイツのキリスト教民主同盟（ＣＤＵ）の党首で首相でもあったヘルムート・コール*人気に支えられ、投票総数の約四十八パーセント（ＣＤＵ四〇・九パーセント、ＤＳＵ六・三パーセント、ＤＡ〇・九パーセント）を獲得して選挙に勝利し、ロータル・デメジエール*（ＣＤＵ）が首相となった。

（5）一九一九年一月十五日に殺害されたローザ・ルクセンブルクを追悼するため、東ドイツでは毎年一月に政府公認のデモが行われてきた。しかし一九八八年一月のデモでは、政府公認デモから逸脱する恐れがあるとの理由で、シュタージはシュテファン・クラフチック*などの多数の市民運動家を逮捕した。クラフチックの妻フライア・クリール*は、西ドイツのメディアにＳＥＤへの抗議と逮捕者への連帯を求める声明を発表したが、直後に自身も逮捕され、夫とともに西ドイツへ追放された。弁護を担当したシュヌーアは、出国申請をしなければ十数年に及ぶ禁固刑が待っているという虚偽の情報を二人に与えて、出国申請を行うように誘導したという。

第九章

（1）“Sich selbst aus unserer Gesellschaft ausgegrenzt”という見出しの一九八九年十月二日付『新しいドイツ《ノイエス・ドイチュラント》』紙の

記事には、西ドイツが「『故郷をドイツ帝国に（Heim-ins-Reich）』という精神疾患」をはやらせているという表現が見える。「故郷をドイツ帝国に」というスローガンは、一九二〇年代のズデーテン地方で使われた。

（２）民主主義を今（Demokratie Jetzt 略してＤＪ）。一九八九年九月に設立された政治グループ。後の円卓会議につながるフォーラムの開催を提案するなど、活発な活動を行った。九〇年三月の人民議会選挙では新フォーラムなどと選挙連合を組み、十二議席を獲得。後に新フォーラムや緑の党とともに同盟九〇／緑の党に合流した。

（３）佐々木孝丸と佐野碩によって知られる日本語歌詞では、この箇所は「いざ戦わん／奮い起ていざ／ああインターナショナル／我等がもの」と歌われる。

（４）「昇れよ、義の太陽」（日本基督教団讃美歌委員会編『讃美歌二十一』一九九七年、四一〇番より）。

（５）国民戦線（Nationale Front）。ＳＥＤの支配を強化する目的で一九四九年に主要な政党と大衆組織を集めて結成された翼賛組織。東ドイツは建前上議会制民主主義をとっていたが、実際に人民議会で議席を持ったのは、「民主主義ブロック」を構成する社会主義統一党（ＳＥＤ）、キリスト教民主同盟（ＣＤＵ）、ドイツ自由民主党（ＬＤＰＤ）、国民民主党（ＮＤＰＤ）および民主農民党（ＤＢＤ）という五つの政党に限られていた。「民主主義ブロック」を構成したこれらの五政党をブロック政党と呼んだ。国民戦線はブロック政党五党の他に、自由ドイツ労働組合（ＦＤＧＢ）、自由ドイツ青年同盟（ＦＤＪ）などから成っていた。

（６）閣僚評議会議長〔首相〕のヴィリ・シュトフは、一九八九年十月十八日にエーリヒ・ホネカーが国家評議会議長〔国家元首〕を辞任した際、「エーリヒ、もう無理だ、君は辞任しなければならない」と発言した。十一月七日にシュトフが閣僚評議会議長を辞任した後は、ハンス・モドロウ*が後任を務めた。

（７）ボリシェヴィキ（Bolschewik）。ロシア社会民主運動党左派だったレーニン派の通称。一九一七年の十月革命でプロレタリア独裁政権を樹立し、一八年にロシア共産党と改称した。

（8）通商交渉部（Bereich Kommerzielle Koordinierung 略称ＫｏＫｏ）。同盟国との武器売買等を通して利益を上げる活動を担当していた。

（9）社会的市場経済（Soziale Marktwirtschaft）。社会保障制度を整備して、弱者を救済する仕組みを持つ市場経済。企業の利潤追求には政府の定める一定の歯止めがかかる。

（10）一九八九年十一月九日、東ベルリン地区党第一書記で党情報局局長を務めていたギュンター・シャボフスキー*は、東ドイツ市民の出国制限を大幅に緩和する新しい旅行規定を記者会見で発表した。東ドイツのテレビとラジオが生中継したこの記者会見の場で、出席していた西側ジャーナリストの質問に答えて、新規定はただちに施行されると彼が発言したことから、東ドイツ市民が国境に殺到することとなった。

（11）一九九〇年二月八日の人民議会で、従来の閣僚に加えて、円卓会議のメンバーだった八名の体制批判活動家が無任所閣僚に任命され、新旧両派によるモドロウ政権最後の内閣が発足した。この内閣を国民責任内閣（Regierung der nationalen Verantwortung）という。山田徹『東ドイツ・体制崩壊の政治過程』（日本評論社、一九九四年）三四〇頁参照。

（12）西ドイツ、そして現在のドイツの連邦選挙法では、原則として得票率が五パーセントに満たない政党は、連邦議会や州議会の議席を持つことができない。ワイマール共和国の議会で小政党が乱立して民主主義への不信が生まれたことへの反省から、この「五パーセント条項」が設けられた。

第十章

（1）民主的社会主義党（Partei des Demokratischen Sozialismus 略してＰＤＳ）。ＳＥＤの後継政党。グレゴール・ギジ*が党首を務めた。二〇〇七年に左派党（Die Linke）となり、現在に至っている。

（2）ドイツ社会同盟（Deutsche Soziale Union 略してDSU）。もとは西ドイツの右派保守政党。

（3）憲法擁護庁（Bundesamt für Verfassungsschutz）。連邦内務省の管轄下にあり、連邦情報局と軍事防諜庁と協力して情報収集や公安活動を行う機関。その主たる任務は、憲法（基本法）に基づく民主主義体制を脅かす極右、極左勢力やテロリスト、カルト集団などの監視である。

（4）キリスト教社会同盟（Christlich-Soziale Union 略してCSU）。西ドイツバイエルン州を地盤とする中道右派の地域政党。キリスト教民主同盟（CDU）と姉妹政党の関係にあり、連邦議会ではつねに統一院内会派を組んで活動している。

（5）Gesetz über die Sicherung und Nutzung der personenbezogenen Daten des ehemalligen MfS/AfNS.

（6）連邦制をとる西ドイツには、各州、および連邦政府にそれぞれ内務省があった。現在のドイツも同様である。

（7）旧国家保安省の文書とデータの管理に関する連邦政府特別受託官（Sonderbeauftragter der Bundesregierung für die Verwaltung der Akten und Dateien des ehemaligen Ministeriums für Staatssicherheit）。第十二章注（1）も参照のこと。

第十一章

（1）詩人ライナー・クンツェは一九六八年にシュタージの工作対象となり、一九七七年に家族と共に西ドイツへの移住を余儀なくされた。一九九〇年にクンツェは自分を対象に作成された膨大な文書を入手し、その抜粋を『暗号名「抒情詩」』と題して公刊した。これにより、イーブラヒム・ベーメ*のIMとしての活動が明らかになった。ベーメとクンツェの関係については、ライナー・クンツェ（山下公子訳）『暗号名「抒情詩」』（草思社、一九九二年）に収められている訳者補註が詳しい。

（2）旧東ドイツ国家保安省文書に関する法律（Das Gesetz über die Unterlagen des Staatssicherheitsdienstes der ehemaligen Deutschen Demokratischen Republik）、通称シュタージ文書法（Stasi-Unterlagen-Gesetz 略してＳｔＵＧ）。ここでの文書には、カードや録音テープなどのあらゆる記録が含まれる。

第十二章

（1）東ドイツ国家保安省文書に関する連邦受託官事務局（Die Behörde des Bundesbeauftragten für die Unterlagen des Staatssicherheitsdienstes der DDR）。一般には「ガウク局（Die Gauck- Behörde）」とも呼ばれた。当初受託官の名称は、第十章注（7）にあるように「旧国家保安省の文書とデータの管理に関する連邦政府特別受託官（Der Sonderbeauftragte der Bundesregierung für die Verwaltung der Akten und Dateien des ehemaligen Ministeriums für Staatssicherheit）」だったが、一九九〇年十月三日のドイツ再統一とともに「旧国家保安省個人関連文書に関する連邦政府特別受託官（Der Sonderbeauftragte der Bundesregierung für die personenbezogenen Unterlagen des ehemaligen Staatssicherheitsdienstes）」となり、一九九一年十二月二九日に「旧東ドイツ国家保安省文書に関する連邦受託官（Der Bundesbeauftragte für die Unterlagen des Staatssicherheitsdienstes der ehemaligen DDR、略称ＢＳｔＵ）」となった。受託官はガウクが二期務めた後の二〇〇〇年十月、東ドイツ時代に平和運動に携わり、再統一後は同盟九〇のブランデンブルク州教育・青少年・スポーツ相を務めたマリアンネ・ビルトラーが後任となり、二〇一一年三月からはジャーナリストとしてシュタージの過去を追求してきたローラント・ヤーンが務めている。ヤーンは東ドイツ時代、シュタージの手で強制的に国外追放された経験を持つ。

（2）旧シュタージ中央本部は、現在はシュタージ博物館として一般に公開されている。

（3）Zentrale Auswertungs- und Informationsgruppe の略称。

(4) 東ドイツ時代には州は廃止され、マクデブルク県やハレ県などに分かれていたが、再統一後、再び州制度が導入された。

(5) Peter Michael Diestel: "Gauck als IM-Vorlauf. Lügen MfS-Akten ganz, teilweise oder gar nicht?“, In: *Neues Deutschland*, 31. 12. 1993, S. 3.

(6) 西ドイツ初代連邦大統領テオドール・ホイスの名を冠する賞。賞と記念メダルがあり、一九六五年以来毎年、自由と民主主義を体現する市民活動家や市民団体、政治家などに贈られている。

(7) Manfred Stolpe: "Man bekam dann einen Anruf . . .Ministerpräsident Manfred Stolpe über seine Zusammenarbeit mit der Staatssicherheit in der DDR“, In: *Spiegel*, 20. 01. 1992 (Nr. 4), S. 22-27.

(8) 一九五九年秋に行われたアドルノの講演『過去との取り組みとは何か(Was bedeutet: Aufarbeitung der Vergangenheit)』より。In: *Th. W. Adorno, Schriften 10・2 "Kulturkritik und Gesellschaft II* (Suhrkamp 1977), S. 558.

(9) Fritz J. Raddatz: "Die linke Krücke Hoffnung. Das Ende der Trierer Eschatologie oder: Die Angst der Intellektuellen vorm Utopie-Verlust“. In: *Die Zeit*, 14. Sep. 1990 (Nr. 14), S. 65-66.

(10) Ralph Giordano: "Die Internationale der Einäugigen“. In: *Krisenjahr 1956: Politik und Zeitgeschichte*, 24. April 2006 (Beilage zur Wochenzeitung Das Parlament) Hg. von der Bundeszentrale für politische Bildung, S. 5-7.

(11) ヴァーツラフ・ハヴェル「言葉についての言葉」(ハヴェル〈飯島周訳〉『反政治のすすめ』恒文社、一九九一年所収、四〇頁)。ハヴェル本人はプラハに残ったため、受賞演説は俳優のマクシミリアン・シェルによって代読された。

(12) Spiegel-Gespräch: "Ich will unser Blut zurück“, In: *Der Spiegel*, 24. 10. 1994 (Nr. 43), S. 43-46, Hier S. 44. このイン

タビューでバールは、再統一後のドイツはＩＭに恩赦を与え、東ドイツ時代の犯罪追及の動きに終止符を打つべきだと述べた。

(13) Marion Gräfin Dönhoff: "Gerechtigkeit ist nicht Vergeltung". In: *Die Zeit*, 13. Januar 1995, S. 1.

(14) バーデン＝ヴュルテンベルク州首相だった保守政治家ハンス・フィルビンガーは、ナチ政権下の海軍法務官時代に逃亡兵らの死刑判決に関わっていた事実が発覚したため、一九七八年に州首相を辞職した。このときフィルビンガーは「かつて合法だったことが、今違法ということはありえない」と弁明して、自らの過去を正当化した。Vgl. Affäre Filbinger: "Was Rechtens war ...". In: *Der Spiegel*, 15. 05. 1978 (Nr. 20), S. 23-27., hier S. 26.

(15) 一九九二年三月に連邦議会が設立した「ＳＥＤ独裁体制の歴史とその結末を再検討するための調査委員会（Die Enquête-Kommission "Zur Aufarbeitung von Geschichte und Folgen der SED-Diktatur in Deutschland")」（座長ライナー・エッペルマン）は、一九九三年十一月四日の公聴会にヘルムート・コール首相を召喚し、八〇年代の西ドイツ政府の政策について証言を求めた。証言後の質疑応答の中でコールは、「もし私が完全に自由に決定できるのなら、シュタージ文書をどうしなければならないか心得ている」と発言した。Vgl. Materialien der Enquête -Kommission "Aufarbeitung von Geschichte und Folgen der SED-Diktatur in Deutschland" (12. Wahlperiode des Deutschen Bundestages), Hg. von dem Deutschen Bundestag, Baden-Baden 1995, Bd. V. 1, S. 928.

(16) ライナー・クンツェ（山下公子訳）『暗号名「抒情詩」』（草思社、一九九二年）参照。

(17) カチンスキ兄弟。二〇〇一年に右派の「法と正義」党を創設した一卵性双生児の政治家兄弟として知られる。弟のレフは二〇〇五年のポーランド大統領選挙で大統領に選出されたが、二〇一〇年、カティンの森事件七十周年記念式典に出席するために搭乗していた飛行機が墜落事故を起こし、多くのポーランド政府要人とともに死亡した。

(18) ワレサの疑惑については、スワヴォミール・ツェンツキェヴィッチ（吉野好子・松崎由美子訳）『アンナのポーランド「連帯」―裏切りと真実』(同時代社、二〇一二年)参照。
(19)ネルソン・マンデラの二番目の妻で反アパルトヘイトの活動家だったウィニー・マンデラは、一九八八年にソウェトの十四歳の少年が誘拐され殺害された事件に関連して、殺人幇助罪で起訴され、一九九一年に懲役六年の有罪判決を受けた。この事件は真実和解委員会でも取り上げられ、ここに述べられている公聴会が開催された。この公聴会については、アンキー・クロッホ(山下渉登訳)『カントリー・オブ・マイ・スカル――南アフリカ真実和解委員会〈虹の国〉の苦悩』(現代企画室、二〇一〇年)の第二十章「国民が母と向き合う」に詳しい報告がある。
(20)アンキー・クロッホ(山下渉登訳)『カントリー・オブ・マイ・スカル――南アフリカ真実和解委員会〈虹の国〉の苦悩』三四九~三五〇頁。
(21)一九九五年、連邦議会は調査委員会「ドイツ統一の過程におけるSED独裁体制の帰結の克服(Überwindung der Folgen der SED-Diktatur im Prozess der deutschen Einheit)」(一九九五―一九九八年)を設置した。
(22)Th. W. Adorno, a.a.O., S. 555.〔注(8)参照〕

第十三章

(1)『私の考える自由』。ナポレオン戦争時に活躍した作家マックス・フォン・シェンケンドルフ(Max von Schenkendorf, 1783-1817)の作詞による愛唱歌。第一番の歌詞は以下の通り。「私の考える自由よ/輝ける光とともに現れ/私の心を満たす/いとしい天使よ!/この困難な世界に/姿を見せてはくれないのか?/おまえは遠い星空で/踊るだけなのか?」
(2)「資本主義的私有の最期を告げる鐘が鳴る。収奪者が収奪される。」(マルクス〈向坂逸郎訳〉『資本論(三)』、岩波文庫、四一五頁、第七篇第二十四章第七節)。

（3）テールマン・ピオニーア。第二次世界大戦末期にブーヘンヴァルト強制収容所で処刑されたドイツ共産党党首エルンスト・テールマンにちなんで名付けられた小学校低学年の児童のための政治的大衆組織。一九六〇年代以降、第一〜七学年のほぼすべての子どもたちがユングピオニーアとテールマン・ピオニーアに加入した。

（4）エーリッヒ・フロム（日高六郎訳）『自由からの逃走』（東京創元社、一九五一年）四四頁。

（5）ブレヒト（岩淵達治訳）『母』の劇中歌「共産主義の賛歌」（『ブレヒト戯曲全集第三巻』未来社、一九九八年、二〇五〜二〇六頁）。

（6）シラー（小栗孝則訳）『鐘の詩』より（『世界名詩集大成』第六巻ドイツ篇Ⅰ、平凡社、一九六〇年、一四〇頁）。

第十四章

（1）ルール規約（Ruhrstatut）。一九四九年に英仏米とベネルクス諸国が結んだ協定で、西ドイツのルール地方の重工業をヨーロッパ諸国の監督下に置くことを目的としていた。後の欧州石炭鉄鋼共同体の設立につながったが、ソ連は協定に参加しなかった。

（2）二〇〇九年五月二十三日に行われた連邦大統領選挙では、当時現職のホルスト・ケーラー大統領が一回目の投票で大統領選挙人の過半数の票を獲得して、再選された。

第十五章

（1）Gottfried Benn: "Reisen". In: *Gottfried Benn: Sämtliche Werke*. In Verbindung mit Ilse Benn hrsg. von Gerhard Schuster. Bd. 1. Gedichte. Stuttgart 1986. S. 307.

（2）ケーラーはドイツ連邦軍のアフガニスタン派兵に関する発言を批判され、政局混乱の責任を取って辞任した。

(3) 連邦大統領は、連邦集会(Bundesversammlung)において選出される。連邦集会は、ドイツ連邦共和国大統領の選出のみを目的とする非常設の連邦機関で、連邦議会議員、ならびに各州議会から選ばれた代議員により構成される。代議員は出身団体の党議拘束を受けないため、かならずしも議会の政党の勢力図通りに投票が行われるわけではない。連邦大統領の選出にあたっては、過半数を獲得する候補者が得られるまで二回投票が行われ、それでも決まらない場合は、三回目の投票でより多数を得た候補者が大統領に選出される。

(4) 一九九一年以降、ガウクは妻と別居している。第十一章二六九頁参照。

(5) ヴルフはニーダーザクセン州首相在職中に受け取ったとされる自宅購入用の不明瞭な融資を批判され、混乱の責任を取って辞任した。

(6) 得票数は、ヨアヒム・ガウク九百九十一票、ベアーテ・クラースフェルト(当時の左派党党首)百二十六票、オーラフ・ローゼ(極右政党ドイツ国家民主党元党首)三票、棄権百八票だった。

原注

(1) ドイツ自由民主党(Liberaldemokratische Partei Deutschlands 略してLDPD)。五つのブロック政党のうちの一つ。

(2) 一九七四年、ブラント首相のもっとも身近な側近の一人で、党に関する案件の首相個人秘書を務めていたギュンター・ギョームが、東ドイツのスパイであることが発覚。同年五月のブラントの首相辞任のきっかけとなった。

(3) フリッツ・ミュラーの歌より(ムントオルゲル出版社、ケルン)。

人名リスト

アーデナウアー、コンラート（Konrad Adenauer, 1876-1967）。キリスト教民主同盟（ＣＤＵ）の政治家。一九四九年から六三年まで初代西ドイツ首相を務めた。

アンダーソン、サシャ（Sascha Anderson, 1953-）。作家。一九八〇年代の東ベルリンで反体制知識人の中心メンバーとして活躍したが、後にシュタージの非公式協力者（ＩＭ）であったことが明らかになった。

イェニヒェン、ヨハン（Johann Jaenichen, 1873-1945）。彫刻家。独学で彫刻を学び、画家ヘートヴィヒ・ヴォルマンと結婚後、ヴストローに住んだ。

ヴァイス、コンラート（Konrad Weiß, 1942-）。映画監督。東ドイツ時代には市民権運動家としても活動し、「民主主義を今」（ＤＪ）の代表として円卓会議に参加。九〇年三月の人民議会選挙に当選。以後、九四年まで同盟九〇／緑の党に属し、連邦議会議員の地位にあった。

ヴァイツゼッカー、リヒャルト・フォン（Richard Karl Freiherr von Weizsäcker, 1920-2015）。キリスト教民主同盟（ＣＤＵ）の政治家。一九八四年から九四年まで第六代ドイツ連邦共和国大統領。特に、ドイツの敗戦四十年にあたる八五年五月八日に西ドイツ連邦議会で行った「過去に目を閉ざす者は結局のところ現在にも盲目になります」（『荒れ野の四十年』永井清彦訳、岩波ブックレット）との演説が有名。

ヴェーグナー、ベッティーナ（Bettina Wegner, 1947-）。シンガー・ソングライター、詩人。学生時代の六八年にチェコスロバキア連帯を訴えるビラを撒いて退学となり、一年半の保護観察処分を受けた。その後、歌手としてデビューし、口コミ等で多くの観客に支持された。七八年に西ドイツの報道番組で取り上げられて一躍有名になったことがきっかけで活動に支障をきたし、八三年に東ドイツを去った。

ヴォルフ、クリスタ（Christa Wolf, 1929-2011）。小説家。主な作品に『引き裂かれた空』『カッサンドラ』『残るものは何か?』など。邦訳に『クリスタ・ヴォルフ選集』（保坂一夫、中込啓子訳、恒文社、一九九七〜九八年、全七巻）など。

ヴォレンベルガー、ヴェラ（Vera Wollenberger, 1952-）。市民運動家。ジャーナリスト。九〇年三月の人民議会選挙で代議員に選出され、再統一後は二〇〇五年まで連邦議会議員を務めた。九六年までは同盟九〇／緑の党に属し、以後はキリスト教民主同盟（CDU）に属した。

ウルブリヒト、ヴァルター（Walter Ulbricht, 1893-1973）。一九五〇年から七一年までSED中央委員会書記長、六〇年から七三年まで国家元首である国家評議会議長を務めた。

ウルマン、ヴォルフガング（Wolfgang Ullmann, 1929-2004）。神学者、政治家、ジャーナリスト。一九八九年にコンラート・ヴァイス*、ウルリケ・ポッペ*とともに政治グループ「民主主義を今」（DJ）を立ち上げ、再統一後は同盟九〇／緑の党の連邦議会議員を務めた。

エッペルマン、ライナー（Rainer Eppelmann, 1943-）。福音主義教会牧師。政治家（キリスト教民主同盟〔CDU〕）。東ドイツのサマリア教区団の牧師として青少年問題に関わり、ブルースを歌うミサで人望を得、平和運動を積極的に推進した。「民主主義の出発」（DA）の設立に関わり、一九九〇年三月の人民議会選挙で当選。デメジエール内閣では軍縮・防衛大臣を務めた。DAがCDUと合併してからは、CDUに属し、二〇〇五年まで連邦議会議員。議会が設立した「SED独裁体制の歴史とその結果を再検討するための調査委員会」の委員長を務めた。

エルプ、エルケ（Elke Erb, 1938-）。作家、翻訳家。

ガートン・アッシュ、ティモシー（Timothy Garton Ash, 1955-）。イギリスの現代史研究者。邦訳に『ヨーロッパに架ける橋、東西冷戦とドイツ外交』（杉浦茂樹訳、みすず書房）など。

カルデナル、エルネスト（Ernesto Cardenal, 1925-）。ニカラグアのカトリック司祭。解放の神学者かつ文学者としても知られ、サンディニスタ政権時代には文化大臣（1979-87）を務めた。

ギジ、グレゴール（Gregor Gysi, 1948-）。左派党の政治家。東ドイツ時代は弁護士として多くの市民権活動家の弁護に携わった。一九八九年十二月にSED党首に選出され、その後継政党であるPDSの党首を務めた後、その流れをくむ左派党に所属する。九〇年代に入り、東ドイツ時代に自由派弁護士として関わりを持った体制批判グループ内の情報をシュタージに報告していた疑惑が生じたが、九八年の連邦議会選挙で再選された。

クラフチック、シュテファン（Stefan Krawczyk, 1955-）。作家、シンガー・ソングライター。八〇年代前半まではフォークソング・グループの一員として党公認の音楽活動に従事していたが、八四年にフライア・クリール*と知り合って以後、体制批判の歌詞を書いたため、音楽活動を禁止され、教会の下で活動を続けた。八八年一月のローザ・ルクセンブルク・デモに参加して逮捕され、妻クリールとともに西ドイツに追放された。

クリール、フライア（Freya Klier, 1950-）。ドレスデン生まれ。作家、市民権活動家。六八年に国外逃亡に失敗して投獄された後、演劇を学び、女優、後に演出家として活躍したが、八五年に市民権活動のため就業禁止処分を受け、以後、教会の下で活動を続けた。八八年一月のローザ・ルクセンブルク・デモに参加した夫シュテファン・クラフチック*が逮捕された際、西ドイツのメディアにSEDへの抗議と逮捕者への連帯を求める声明を発表し、広範囲の支持を得たが、直後に自身も逮捕され、西ドイツへ追放された。

グリューア、ディートリント（Dietlind Glüer, 1937-）。福音主義教会の教育者としてロストック南部の教会設立に尽力。八九年に設立された新フォーラムの共同設立者の一人となり、九〇年代は同盟九〇に参加して政治活動を行った。

グレーフィン・デーンホフ、マリオン（Marion Gräfin Dönhoff, 1909-2002）。戦後西ドイツを代表する著名な女性ジャーナリスト。週刊紙『ツァイト』の編集主幹を務めるなどの幅広い活動を通して、平和、正義、寛容を広く世論に呼びかけ、政界と文化人の橋渡しに努めた。

クレンツ、エーゴン（Egon Krenz, 1937-）。ＳＥＤの有力政治家。ホネカー退陣後の七週間、その後任として党書記長と国家評議会議長を務めた。

ゲートイェン、クリスティアン（Christian Gätjen, 1940-2008）。画家。舞台美術家。ロストック民衆劇場で舞台美術と衣装を担当した。

ケストラー、アーサー（Arthur Koestler, 1905-1983）。ブタペスト生まれの作家。小説、科学哲学、ユダヤ思想など多方面の著作活動を行った。『真昼の暗黒』（中島賢二訳、岩波文庫、二〇〇九年）、『ホロン革命』（田中三彦、吉岡佳子訳、工作舎、一九八三年）など邦訳多数。

ケンポフスキー、ヴァルター（Walter Kempowski, 1929-2007）。ロストック生まれの作家。一九四八年に逮捕され、五六年に釈放後、西ドイツに移住した。

ゴース、アルブレヒト（Albrecht Goes, 1908-2000）。作家。テュービンゲン大とベルリン大で神学を修め、福音主義教会の牧師となった。第二次世界大戦後の一九五三年ごろから作家活動に専念。

コール、ヘルムート（Helmut Kohl, 1930-）。政治家。一九七三年にキリスト教民主同盟（ＣＤＵ）党首に就任、一九八二年にドイツ連邦共和国（西ドイツ）首相となる。以後、ドイツ再統一を経て一九九八年までの五期十六年間在任。

コゴン、オイゲン（Eugen Kogon, 1903-1987）。ジャーナリスト。戦前、ナチに対する抵抗運動のために何度も逮捕され、ブーヘンヴァルト強制収容所で終戦を迎えた。戦後、ニュルンベルク裁判で証言するとともに、ジャーナリズム活動を再開。ナチを生んだ政治体制への反省からヨーロッパ共同体を推進する政治運動を担った。

コッホ＝ゴータ、フリッツ（Fritz Koch-Gotha, 1877-1956）。版画家、作家。新聞や雑誌の挿絵画家として出発し、風刺画家として名を成す。第二次世界大戦中にベルリンの住居が空襲で焼失した後、アーレンスホープに移り住んだ。

ゴルヴィッツァー、ヘルムート（Helmut Gollwitzer, 1908-1993）。戦前、カール・バルトの影響を受け、告白教会のメンバーとなる。戦後は西ドイツのベルリン自由大学の教授を務め、学生運動を積極的に支持した。

コルベ、ウーヴェ（Uwe Kolbe, 1957-）。作家。二十代から作家活動を始めていたが、八〇年代には東ドイツの文化政策への批判を強めたため自作の出版が難しくなり、『ミカド』のような非合法の雑誌の編集に携わった。八七年に東ドイツを去ってハンブルクに移った。

コルベ、マクシミリアン（Maximilian Kolbe, 1894-1941）。ポーランド人でフランシスコ修道会マキシミリアノ・コルベ神父のこと。アウシュヴィッツ強制収容所に収容中、餓死刑を宣告された他の囚人の身代わりになって亡くなった。

コワコフスキ、レシェク（Leszek Kołakowski, 1927-2009）。ポーランドの哲学者。戦後、ポーランド共産党に入党し、スピノザを専攻。五六年の反ソ蜂起を機にマルクス主義批判に転じたことから、六六年に共産党を除名された。七〇年、ハーバーマス*の推薦により、フランクフルト大学のアドルノの後任候補になったが、哲学科の反対のため実現せず、オックスフォード大学に招聘された。邦訳に『哲学は何を問うてきたか』（藤田祐訳、みすず書房、二〇一四年）などがある。

ジェルジンスキー、フェリックス（Feliks Dzierżyński, 1877-1926）。ポーランド出身の共産主義者。一九一七年にＫＧＢの前身である非常事態委員会《チェカー》を作った。

シャハト、ウルリヒ（Ulrich Schacht, 1951-）。作家。ザクセン州の女性刑務所ホーエネックで生まれる。大学で神学を専攻した後の一九七三年に自宅軟禁措置を受け、七六年に西ドイツに追放される。現在はスウェーデン在住。

シャボフスキー、ギュンター（Günter Schabowski, 1929-2015）。ＳＥＤ政治局員。一九八九年十一月九日の記者会見で東ドイツ市民の旅行制限の大幅な緩和を記したメモを読み上げたことがきっかけとなり、大量の東ドイツ市民が国境検問所に押し寄せ、国境が開放された。

シュルツ、ヴェルナー（Werner Schulz, 1950-）。東ドイツ時代は平和運動を推進し、新フォーラムに関わり、九〇年三月の人民議会選挙で当選。再統一後は同盟九〇／緑の党の連邦議会議員として活動した後、二〇〇九年から二〇一四年まで欧州議会議員を務めた。

シュトラウス、フランツ・ヨーゼフ（Franz Josef Strauß, 1915-1988）。政治家。六一年から八八年まで中道右派の保守政党でバイエルン州の地域政党であるキリスト教社会同盟（ＣＳＵ）の党首。同党はドイツ連邦議会でキリスト教民主同盟（ＣＤＵ）と同一の院内会派を構成することから、ＣＤＵ政権時代に連邦政府特任相（五三～五五年）、核問題相（五五～五六年）、防衛相（五六～六二年）、財務相（六六～六九年）を歴任。七八年から八八年までバイエルン州首相を務めた。

シュトルペ、マンフレート（Manfred Stolpe, 1936-）。社会民主党（ＳＰＤ）の政治家。東ドイツ時代は福音主義教会の要職を歴任し、一九九〇年から二〇〇二年までブランデンブルク州首相、二〇〇二年から〇五年まで第二次シュレーダー内閣の連邦運輸・建築・住宅相を務めた。ベルリンの壁崩壊後、東ドイツ時代のシュタージとの協力関係をめぐってガウクとの間に激しい論争が起こり、行政訴訟に発展した。一九九三年、ベルリン行政裁判所はガウクに対し、シュトルペをシュタージの非公式協力者（ＩＭ）と主張することを禁じるとともに、シュトルペに対しては、過去のガウクの主張の取り消し要求を認めない決定を下した。シュトルペのシュタージとの協力関係については、その後も論争が続いた。

シュヌーア、ヴォルフガング（Wolfgang Schnur, 1944-）。東ドイツ時代は弁護士として活動し、とくに反体制活動のために投獄された教会関係者の弁護を担当した。八九年には「民主主義の出発」（ＤＡ）の創立メンバーになるなど積極的に政治活動に参加し、一時、将来の東ドイツ首相候補と目されたが、九〇年三月の人民議会選挙直前にＩＭ疑惑が浮上し、失脚した。

シュペルバー、マネス（Manès Sperber, 1905-1984）。ガリツィア（現ウクライナ）生まれのユダヤ系心理学者、作家。第二次大戦後はパリで執筆活動を続けた。

シュミット、ヘルムート（Helmut Schmidt, 1918-2015）。社会民主党（ＳＰＤ）の政治家。一九七四年から八二年まで第五代ドイツ連邦共和国（西ドイツ）首相。週刊新聞『ツァイト』紙の共同編集者を務め、言論人としても活躍した。

ジョルダーノ、ラルフ（Ralph Giordano, 1923-2014）。ジャーナリスト。長らく西部ドイツ放送（ＷＤＲ）などでドキュメンタリー番組の製作を担当するとともに、『ベルティーニ家の人々』（一九八二年）や『第二の罪』（八七年、邦訳九〇年）などのドイツ現代史に関する小説や評論を執筆した。

ショルレンマー、フリードリヒ（Friedrich Schorlemmer, 1944-）。福音主義教会牧師。市民運動家。作家。「剣を打ち直して鋤にする」運動〔第七章〕を推進し、東ドイツの平和運動、市民権運動の中心メンバーの一人として活動した。八九年に民主主義の出発（ＤＡ）の設立に関わった後、社会民主党（ＳＰＤ）に所属。超党派の社団法人「忘却に抗して――民主主義のために」〔第十二章〕の評議委員を務めた他、反グローバル運動にも積極的に関わっている。

ゼーガース、アンナ（Anna Seghers, 1900-1983）。小説家。代表作にクライスト賞を受賞した『聖バルバラの漁民一揆』（一九二八年）、ナチ時代に亡命先で執筆した長編小説『第七の十字架』（一九四二年、邦訳有）などがある。一九二八年に共産党入党。戦後は一時西ベルリンに住んだ後、五〇年に東ドイツに移住。東ドイツ作家連盟会長などを歴任した。

ソルジェニーツィン、アレクサンドル（Alexander Solschenizyn, 1918-2008）。ロシアの作家。ソ連時代に強制収容所の実態を描いた『収容所群島』などを発表し、一九七〇年にノーベル文学賞を受賞。一九七四年にソ連を追放されたが、一九九四年に帰国した。

タールハイム、バルバラ（Barbara Thalheim, 1947-）。シンガー・ソングライター。東ドイツを代表する歌手として国外でも活躍していた八〇年、東ドイツの音楽家の西ヨーロッパでの活動を禁ずるSEDの措置に抗議したため、党から除名され、一時的に音楽活動を禁止された。その後活動を再開し、現在まで精力的な活動を続けている。

タルノー、ルドルフ（Rudolf Tarnow, 1867-1933）。メクレンブルク＝フォアポンメルン地方の郷土作家。低地ドイツ語で詩や物語を出版した。

テールマン、エルンスト（Ernst Thälmann, 1886-1944）。ワイマール共和国時代のドイツ共産党党首。一九三三年にゲシュタポに逮捕され、四四年にブーヘンヴァルト強制収容所で処刑された。

ディベリウス、オットー（Otto Dibelius, 1880-1967）。一九四九年から一九六一年までドイツ福音主義教会評議会議長を務めた神学者。ナチ時代は告白教会のために積極的に活動した。

テオドール、エーリヒ（Erich Theodor, 1885-1956）。画家。バルト海沿岸で画家として活動し、一九三四年、フィッシュラントで知り合った画家のヘートヴィヒ・ホルツ＝ゾンマーと結婚。戦後はフィッシュラントの芸術家グループのリーダーとなった。

デメジエール、ロータル（Lothar de Maizière, 1940-）。政治家。一九九〇年三月の人民議会選挙でキリスト教民主同盟（CDU）から立候補し当選。東ドイツ最後の首相となった。第十一章で触れられているように、再統一後の九〇年十二月にシュタージ非公式協力者（IM）「チェルニ」疑惑が浮上し、いったん大臣職を辞任したが、九一年、内務相ショイブレの支持を得て復帰。CDU副党首を務めたが、結局、九二年秋に辞任した。

ネーメト、ミクローシュ（Miklós Németh, 1948-）。ハンガリーの政治家。一九八八年十一月から九〇年五月までハンガリー首相を務め、冷戦の終結に重要な役割を演じた。その後、欧州復興開発銀行副総裁を務めた。

ノーケ、ギュンター（Günther Nooke, 1959-）。教会系の体制批判グループに関わり、八九年秋に「民主主義の出発」（D

Ａ）を設立して代表となったが、九〇年三月の人民議会選挙では「民主主義を今」（ＤＪ）から立候補。ブランデンブルク州議会議員時代には州首相マンフレート・シュトルペ*のＩＭ疑惑を批判。九六年に他の市民権活動家とともにキリスト教民主同盟（ＣＤＵ）に入り、九八年から二〇〇五年まで連邦議会議員を務めた。

ノイベルト、エーァハルト（Ehrhart Neubert, 1940-）。六〇年代から八〇年代にかけて、ワイマール市近郊で牧師を務める。七六年に東ドイツ・キリスト教民主同盟（ＣＤＵ-Ｏｓｔ）の党員になったが、八四年に脱党。反体制運動家として活動し、八九年に「民主主義の出発」（ＤＡ）の設立に関わる。九〇年には同グループを離れ、同盟九〇に加入、九六年からはＣＤＵのメンバー。連邦受託官事務局の研究調査部門チーフを務めた。

ハーヴェマン、カーチャ（Katja Havemann, 1947-）。作家。化学者で著名な反体制活動家だった夫ロベルト・ハーヴェマン（1910-1982）の死後、ベルベル・ボーライ*らとともに平和運動・市民権運動に関わり、八九年九月に設立された新フォーラムの設立メンバーとなったが、九〇年代に入ると徐々に政治の世界から離れた。

ハーヴェマン、ロベルト（Robert Havemann, 1910-1982）。戦前、ナチへの抵抗運動に加わり四三年に逮捕され死刑判決を受けたが、戦争遂行に必要な研究を行うという条件で、刑務所内の実験室で研究継続を強いられた。戦後はＳＥＤに入り、人民議会議員を務め、東ドイツの物理化学研究を推進するかたわら、ＩＭとなったが、六四年に西ドイツの雑誌インタビューでＳＥＤを批判したため、党を除名され大学から追われた。七六年のビーアマン市民権剥奪事件ではＳＥＤの措置に抗議し、自宅軟禁となる。東ドイツ反体制運動の中心的存在だった。

ハーバーマス、ユルゲン（Jürgen Habermas, 1929-）。公共性理論やコミュニケーション論を通して理性の復権を主張する哲学者として世界的に有名。フランクフルト大学教授退職後も雑誌等で積極的に発言を行っている。『公共性の構造転換――市民社会の一カテゴリーについての探究』（細谷貞雄、山田正行訳、未來社、第二版、一九九四年）、『近代――未完のプロジェクト』（三島憲一編訳、岩波書店、二〇〇〇年）など邦訳多数。

バール、エーゴン（Egon Bahr, 1922-）。社会民主党（ＳＰＤ）の政治家（西ドイツ）。ヴィリー・ブラントの西ベルリン市長時代からの側近。ブラントの首相就任以後、西ドイツの東方外交推進に大きな役割を果たした。連邦政府特任相（一九七二－七四）、経済協力相（一九七四－七六）を歴任。

ハイム、シュテファン（Stefan Heym, 1913-2001）。詩人、小説家。ケムニッツのユダヤ商家の家庭に生まれる。第二次世界大戦中はアメリカに逃れ、アメリカ軍に従軍。戦後、マッカーシズムをきっかけに東ドイツに帰国。しかしホネカーに批判されるなど、東ドイツ体制との間にはつねに軋轢があった。ドイツ再統一後、連邦議会議員に立候補して当選。一九九四年の連邦議会で開会の演説を行った。

ハヴェル、ヴァーツラフ（Václav Havel, 1936-2011）。チェコの劇作家。共産党時代に反体制運動の指導者として活動し、ビロード革命を経た八九年、チェコスロバキア大統領に就任。九三年から〇三年まで、チェコ共和国初代大統領。邦訳に『ハヴェル自伝、抵抗の半生』（佐々木和子訳、岩波書店）、『反政治のすすめ』（飯島周監訳、恒文社）など。

バッハマン、インゲボルク（Ingeborg Bachmann, 1926-1973）。オーストリア出身。二十世紀のドイツ語圏文学を代表する詩人。邦訳に『インゲボルク・バッハマン全詩集』（中村朝子訳、青土社、二〇一〇年）など。

ハム＝ブリュッヒャー、ヒルデガルト（Hildegard Hamm-Brücher, 1921-）。自由民主党（ＦＤＰ）の政治家。

バルト、カール（Karl Barth, 1886-1968）。スイスの神学者。一九三四年、ナチの政策に従うドイツ福音主義教会に対して結成された告白教会の理論的指導者として、バルメン宣言を起草した。

ビーアマン、ヴォルフ（Wolf Biermann, 1936-）。詩人、シンガー・ソングライター。ハンブルク生まれ。造船所の労働者だったユダヤ人の父は共産党の抵抗運動に加わり、アウシュヴィッツで殺害された。十六歳で東ドイツに移住したビーアマンは時事的な詩や風刺歌を書き、劇団活動を始めたが、七六年十一月、西ドイツのケルンで行ったライブの直後に東ドイツ市民権を剝奪され、帰国の道を閉ざされた。この措置を境に、抗議の意志を示した多数の東ドイツ知識人が出版を制限されるなどの抑圧を受けたばかりか、多くの作家、演劇人らが西ドイツに追放されたり、自ら望んで出国したりするなどして、国を去った。ビーアマンは再統一後の九〇年代以降も、精力的、かつ活発な活動を続けている。

ビルトラー、マリアンネ（Marianne Birthler, 1948-）。東ドイツ時代は教会系の平和運動に関わり、九〇年からは同盟九〇のスポークスマンを務め、同年十月の地方選挙でブランデンブルク州議会議員に選出されて州教育・青少年・スポーツ相に就任したが、州首相マンフレート・シュトルペ*のシュタージ疑惑に抗議して九二年十月に辞任。二〇〇〇年から二〇一一年までガウクの後任として旧東ドイツ国家保安省文書に関する連邦受託官を務めた。

ヒルビヒ、ヴォルフガング（Wolfgang Hilbig, 1941-2007）。作家。働きながら独学で小説を執筆し始め、一九八五年に東ドイツを去って西ベルリンに移り住んだ。代表作『私』（一九九三年、邦訳は二〇〇三年、内藤道雄訳、行路社）に表れているように、存在の二重性をとらえる独自の世界を構築した。

ブーバー、マルティン（Martin Buber, 1878-1965）。宗教哲学者。ウィーンのユダヤ人家庭に生まれ、一九二四年から一九三三年のヒトラーの政権掌握までフランクフルト大学教授を務めた。一九三五年エルサレムに移住し、ヘブライ大学教授となる。主な著作を収めた『ブーバー著作集』（みすず書房）が公刊されている。

ファルケ、ハイノ（Heino Falcke, 1929-）。一九七二年にドレスデンで開催された教会会議で『キリストは解放する、それゆえ教会は他者のためにある』と題する講演を行って社会主義を批判した。一九七三年から九四年までエアフルト監督教区長を務めた。

フクス、ユルゲン（Jürgen Fuchs, 1950-1999）。作家、市民権運動家。七五年、ロックバンド活動を理由に大学を除籍され、SEDを除名された。七七年、ビーアマン市民権剝奪事件に抗議して逮捕され、西ドイツへ追放。西ドイツでは欧州全域の平和運動に携わる。再統一後も精力的に作家活動を行うとともに、シュタージの過去の糾明にも積極的に取り組んだが、九九年白血病で死亡した。その死をめぐっては、シュタージの工作活動の影響ではないかとの疑惑が起こった。

プラチェク、マティアス（Matthias Platzeck, 1953-）。政治家。東ドイツ時代は環境運動に関わり、モドロウ内閣で無任相を務め、再統一後の九五年、社会民主党（ＳＰＤ）に入党。二〇〇二年から二〇一三年までブランデンブルク州首相を務めた。

ブラント、ヴィリー（Willy Brandt, 1913-1992）。西ドイツの政治家。第四代連邦共和国首相、社会民主党（ＳＰＤ）党首を歴任。西ドイツ首相時代には東方外交を進め、七一年にノーベル平和賞受賞。ワルシャワ・ゲットーの記念碑の前にひざまずく写真が有名。

ベーメ、イーブラヒム（Ibrahim Böhme, 1944-1999）。一九八九年、東ドイツ社会民主党（ＳＤＰ）の結党に参加。九〇年三月の人民議会選挙で社会民主党（ＳＰＤ）が勝利した場合の東ドイツ首相と目された。しかし、人民議会選挙直後にＩＭ疑惑が浮上。さらに九〇年十二月、詩人ライナー・クンツェが自身を対象に作成された膨大なシュタージ文書を『暗号名「抒情詩」』と題して公刊したことで、ベーメのＩＭとしての活動が明らかになり、政治活動に終止符が打たれた。

ヘッケル、エーリヒ（Erich Heckel, 1883-1970）。表現主義の画家。キルヒナーやロットルフらとともにドレスデンでグループ「橋（ブリュッケ）」を設立し、中心メンバーの一人として活動したが、ヒトラー政権下、退廃芸術の烙印を押され、美術館所蔵の作品すべてが撤去された。戦後は西独のカールスルーエ芸術アカデミーで教鞭を取った。

ベッヒャー、ヨハネス（Johannes Robert Becher, 1891-1958）。詩人。第一次世界大戦で混乱する世相を背景に、表現主義の詩を書き始めたベッヒャーは、ワイマール時代に共産主義者となり、ナチの政権掌握後は亡命生活を送った。

戦後は東ドイツ人民議会議員、文化大臣を歴任し、東ドイツ国歌を作詞したが、五七年に党の批判を受けて影響力を奪われた。

ボーム、ハルク（Hark Bohm, 1939-）。映画『マリア・ブラウンの結婚』などで有名な俳優、演出家。

ボーライ、ベルベル（Bärbel Bohley, 1945-2010）。画家。市民権活動家。八九年の平和革命を牽引した体制批判派の中心メンバーの一人。平和運動に関わった彼女は、八〇年代に画家としての活動を禁じられ、八八年のローザ・ルクセンブルク・デモの際に逮捕されて国外に追放されたが、半年後に東ドイツに戻り、八九年九月の新フォーラム設立に尽くした。多くの活動家が集まった彼女のベルリンの自宅は、平和革命の拠点となった。九〇年代はボスニア・ヘルツェゴビナの救援活動に関わった。

ポジュガイ、イムレ（Imre Pozsgay, 1933-）。ハンガリーの政治家。一九八八年から八九年まで、ハンガリー社会主義労働党の政治局員。党の改革を主張し、民主化を推進した。

ポッペ、ウルリケ（Ulrike Poppe, 1953-）。東ドイツの市民権運動家、「民主主義を今」（ＤＪ）の設立メンバーの一人。

ポッペ、ゲルト（Gerd Poppe, 1941-）。市民運動家。八五年から八六年にかけて設立された政治グループ「平和と人権イニシアティヴ」の設立者の一人。九〇年三月の自由選挙で成立した人民議会では同盟九〇に属し、再統一後の連邦議会では同盟九〇／緑の党の一員として九八年まで議員を務めた。

ボフ、レオナルド（Leonardo Boff, 1938-）。ブラジルのカトリック司祭。解放の神学者として知られる。邦訳に『アシジの貧者・解放の神学』（石井健吾訳、エンデルレ書店、一九九〇年）など。

ホルツ＝ゾンマー、ヘートヴィヒ（Hedwig Holtz-Sommer, 1901-1970）。画家。ファッションデザイナーとして出発し、ヴァイマール造形芸術学校で絵画を学んだ後、画家として活躍。一九三四年、フィッシュラントで知り合った画家のエーリヒ・テオドールと結婚。以後、フィッシュラントを故郷とした。

ボルヒェルト、ヴォルフガング（Wolfgang Borchert, 1921-1947）。劇作家。第二次世界大戦に従軍した体験にもとづいて執筆した『戸口の外で』（一九四七年）が有名。邦訳に『ボルヒェルト全集』（小松太郎訳、早川書房）がある。

ボンヘッファー、ディートリヒ（Dietrich Bonhoeffer, 1906-1945）。神学者。告白教会の精神的支柱の一人。ヒトラー暗殺計画に加担したとされ、一九四五年、敗戦の直前に、フロッセンビュルク強制収容所で処刑された。

マルクス、ゲァハルト（Gerhard Marcks, 1889-1981）。ベルリン生まれの彫刻家、版画家。一九三七年の退廃芸術展以後、展覧会への出展が禁止された。戦後は西独のケルンで活動を続けた。

マローン、モニカ（Monika Maron, 1941-）。小説家。東ドイツの環境汚染を描いたデビュー作『飛散する灰（Flugasche）』（一九八一年）は西ドイツで出版された。代表作に『Animal triste』（邦訳『かなしい生きもの』）など。

ミーテ、ケーテ（Käthe Miethe, 1893-1961）。作家。ワイマール共和国時代はジャーナリスト・翻訳家として活躍。代表作に『フィッシュラント』（一九四九年）。

ミッツェンハイム、モーリッツ（Moritz Mitzenheim, 1891-1977）。一九五四年から七〇年までテューリンゲン・ラント教会監督を務め、東ドイツ政府に近い立場に立った。

ミュラー＝ケンプ、パウル（Paul Müller-Kaempff, 1861-1941）。自然主義的な描写を得意とした風景画家。

メルケル、アンゲラ（Angela Merkel, 1954-）。キリスト教民主同盟（ＣＤＵ）の政治家。二〇〇五年より第八代ドイツ連邦共和国首相。ハンブルクに生まれたが、福音主義教会牧師だった父の赴任に伴い、生後すぐに東ドイツへ移住。東ドイツ時代は物理学者として科学アカデミーに勤務。八九年「民主主義の出発」（ＤＡ）に参加した後、ＣＤＵに入党。九〇年、連邦議会議員。コール政権では女性・青少年問題相などを歴任。九八年同党幹事長。二〇〇二年以後同党党首。

メンツラー、ドーラ（Dora Menzler, 1874-1951）。舞踊家。ダンス教師。一九〇八年、ライプツィヒに体操教師のための学校を設立した。この学校は一九三一年にヘレラウ祝祭ホールに移った。裸体ダンスを推進したが、ヌーディスト文化とは一線を画した。

モドロウ、ハンス（Hans Modrow, 1928-）。SEDの政治家。七〇年代以来、ドレスデンの地区第一書記を務め、八九年十一月十三日、シュトフの後をついで首相（閣僚評議会議長）となった。反体制知識人との対話を実現させるなど、改革派と見なされた彼は、民主主義的手続きを経ない東ドイツ最後の首相となった。

モルトマン、ユルゲン（Jürgen Moltmann, 1926-）。西ドイツの福音主義神学者。『希望の神学』（一九六四年）を著わす。

ヨーンゾン、ウーヴェ（Uwe Johnson, 1934-1984）。小説家。旧ドイツ帝国領ポンメルン地方のカミン（現ポーランド）に生まれる。一九五四年から五六年にかけてロストック大学とライプツィヒ大学でドイツ文学を学び、最初の小説『イングリト・バーベンダーエルデ』（五六年完成、八五年出版）を書く。本書第四章で語られているように（一一三頁）、五三年に福音主義教会青年会への誹謗に抗議してロストック大学を除籍になり、ライプツィヒ大学のハンス・マイアーのもとに移った。『ヤーコプについての推測』（五九年、邦訳有）で注目され西ベルリンに移住し、六〇年にフォンターネ賞受賞。『三冊目のアヒム伝』（六一年）、『カルシュとその他の散文』（六四年）を発表の後、ニューヨークに移り、六八年からはライフワークとなった『記念の日々』を執筆した。

ラーテノウ、ルッツ（Lutz Rathenow, 1952-）。詩人、小説家。イェーナ大学在学中に文学サークルを結成。一九七七年のビーアマン市民権剝奪事件に抗議して逮捕され、退学処分を受けた。八〇年代には作家活動を続けるとともに体制批判運動に参加。二〇一一年からはザクセン州のシュタージ文書に関する州受託官を務めている。

ライヒ、イェンス（Jens Reich, 1939-）。分子生物学者、市民権運動家。八四年、シュタージへの協力を拒み、分子生物学中央研究所を解雇される。九〇年三月の人民議会選挙では無所属で当選。再統一後の九四年には同盟九〇／緑の党から連邦大統領候補に推薦されたが、当選は果たせなかった。九〇年代以後は科学者として活躍した。

リーツ、ハイコ（Heiko Lietz, 1943-）。一九八〇年、平和運動をめぐって教会と対立し、牧師職を辞めた。九〇年以後は新フォーラム、同盟九〇／緑の党に加わり、政治活動を行った。

レオンハルト、ヴォルフガング（Wolfgang Leonhard, 1921-2014）。歴史家。カール・リープクネヒトとローザ・ルクセンブルクの親しい友人だったズザンネ・レオンハルトの息子として生まれ、ナチ時代はソ連に亡命。しかしスターリンの粛清を目の当たりにしてソ連に批判的となった。戦後東ドイツに帰国し、一時期、ＳＥＤの宣伝部で働いたが、ユーゴスラビアを経て、一九五〇年西ドイツに移住。ソ連、および共産圏の専門家としてジャーナリズムで広く活躍した。

ロイター、フリッツ（Fritz Reuter, 1810-1874）。詩人、小説家。十九世紀の民俗的関心の高まりを背景に、北ドイツ地方の低地ドイツ語で『小物語集と詩集』（一八五三年）を出版したのを皮切りに、政治犯として獄中で七年間を過ごした過去を自伝的に語る『私の獄中時代から』（一八六二年）などの三部作小説を書き、低地ドイツ語文学の興隆に努めた。

訳者解説　「自由」と「民主主義」を求めて

本書は二〇一二年三月から二〇一七年三月までの任期で第十一代ドイツ連邦共和国大統領に就任したヨアヒム・ガウク（一九四〇年生まれ）の回想録 *Winter im Sommer - Frühling im Herbst* の全訳である。ガウクは東ドイツの福音主義教会牧師として、体制批判活動を行なってきた。一九九〇年、五十歳を過ぎて初めて体験した東独初の自由選挙が忘れられないという。この選挙の後、同年秋、東ドイツという国家はなくなり、西ドイツと一つになった。

本書の初版が出版された二〇〇九年、ドイツはベルリンの壁崩壊二十周年を祝った。一九八九年十一月九日の夕刻、社会主義統一党（ＳＥＤ）の政治局員ギュンター・シャボフスキーが記者会見で東ドイツ市民の旅行制限の大幅な緩和を発表したことがきっかけとなり、深夜から翌朝にかけて大勢の人々が検問所に押しかけ、国境を通過した。分断されていた東西ドイツ市民が感情を一つにして喜ぶ姿が世界中に放映されたこの夜は、冷戦時代が終わりを告げた瞬間として、今でも多くの人々の心に記憶されている。

壁がまだ存在していた頃、東ドイツ北部の港湾都市ロストックにヨアヒム・ガウク牧師がいた。党と政府が社会の統制を強める中、人々が自由に意見を言える唯一の場所となった教会には、社会からはじかれた人々や体制批判派が集まるようになり、その活動は次第に政治色を帯びた。東欧諸国が揺れ動いた一九八九年、教会は変革の担い手となった。ガウクは政治家になる決断をし、新フォーラムに参加。翌九〇年三月十八日に行われた人民議会選挙に立候補して、無所属の議員になった。

本書の前半は、主にこの東ドイツ時代の回想に当てられている。敗戦直後の幼少期の思い出に始まり、ソ連の収容所に抑留されていた父親の帰還、妻との出会い、ロストック大学での学び、福音主義教会の活動、そして次第に教会が東ドイツ体制批判運動の一翼を担っていく様子が、バルト海沿岸の風光明媚な保養地フィッシュラントと中世ハンザ同盟以来の港湾都市ロストックを背景に描かれている。ゴルバチョフのソ連書記長就任以後、八〇年代後半の東ドイツ社会は動揺し、多くの人々が国を去った。去った人々の中にはガウク自身の三人の子どもたちもいた。抑圧的な国家が崩壊する喜びには、家族が離れ離れになる哀しみが混じった。

再統一後のドイツで彼を有名にしたのは、「旧東ドイツ国家保安省文書に関する連邦受託官（Der Bundesbeauftragte für die Unterlagen des Staatssicherheitsdienstes der ehemaligen DDR）」としての活動である。冷戦時代の東ドイツでは、「シュタージ」と略称された国家保安省が元締めとなり、一般の人々を非公式協力者（ＩＭ）に徴募して職場や私生活での発言や行動、人間関係などを詳しく報告させたばかりか、必要に応じて工作を行い、生活全般にわたって秘密裏に介入していた。工場、組合、大学、教会、作家同盟、ジャーナリズムなど、社会のあらゆる領域が監視や工作の対象になった。壁崩壊の時点で、総人口千六百万人の東ドイツ国内に、約九万人の国家保安省職員と十七万九千人ものＩＭが存在していたという。

東ドイツをナチに匹敵する第二の独裁体制とみなしたガウクは、監視社会を二度と繰り返さないためには過去を明るみに出さねばならないと主張し、シュタージが集めた膨大な報告文書を公開する仕組みの策定に尽力した。一九九〇年当時、新しい統一ドイツの国づくりをどのように進めるか、意見は分かれていた。ＩＭが行ったスパイ活動を不問に付すか、事実を調査するか、国論は真っ二つに割れていたのである。連邦受託官に就任したガウクの事務局は「ガウク局」とも呼ばれ、統一後のドイツ社会が直面した困難を象徴する代名詞ともなった。

本書の後半は、二期十年にわたって務めた受託官時代の回想が主な内容になっている。

ガウクは二〇一〇年と一二年の二回のドイツ連邦共和国大統領選挙に候補者の一人として推薦され、後者で過半数の得票を得て大統領に選出された。ドイツ語原著は大統領就任前の〇九年に出版されたが、就任を機に新たに最後の一章が加筆され、十二年に新版が出版された。本訳書は十二年版にもとづいている。七〇年代に西ドイツ新左翼活動家として行動し、東欧諸国の共産党支配体制に幻滅したのを機にジャーナリズムの世界に入ったヘルガ・ヒルシュとの共著である。九〇年代の一時期にガウクの私生活上のパートナーだった彼女は、二〇一〇年の大統領選の際には選挙スタッフの一員としてガウクの選挙活動を支えた。大統領選候補者に推薦される以前に出版されたとはいえ、このような成立の事情を考えれば、政治家ガウクをとくに西ドイツの人々にアピールする意図が本書にあることは否定できない。しかし、それを認め、かつその分を割り引いて読んでみても、「自由」と「民主主義」を希求するガウクの姿勢には、彼の人生における終始一貫した真摯さが感じられることは間違いない。選挙対策のために書かれた安易な自伝と一線を画しているところに、本書の魅力がある。

「自由」と「民主主義」——ガウクの希求したのは、この二つだった。彼が前半生を生きた東ドイツに、この二つはなかった。東ドイツが瓦解したとき、彼は体制を徹底的に批判するとともに、これらをすでに実現していると思えた西ドイツに東ドイツがなることを肯定した。このためガウクは、東からも、西からも、厳しく批判された。東ドイツの知識人層にとって彼は、社会主義の可能性を捨て、豊かな西ドイツに吸収されることを肯定した日和見主義者と映った。西ドイツの人々にとって彼は、秘密警察という暗い過去を徹底的に追求するあまり、宥和と和解を拒む、潔癖で頑固な男だった。

戦前のロストックに生を受け、変革の八九年を挟んで東西の両ドイツを経験したガウクの回想録は、戦後ドイツの分断と再統一の価値ある証言である。もちろん、キリスト者として国家の敵となった彼の生き方は、東ドイツの大多数の人々の生き方とは異なる部分が多い。秘密警察に監視下され、国家の抑圧に日々晒された一方で、西ドイツとの交流が全面的に不可能になった後も西と接触を保つことのできた教会関係者として、彼はいわば特権的な存在でもあった。以下、蛇足ながら解説を記して、本書の背景説明としたい。

東ドイツ時代——SEDの反教会政策と闘う

一九四五年五月に降伏したドイツは、オーデル川以東の旧東プロイセン地域などの領土を放棄し、残りを米ソ英仏の戦勝四カ国に分割統治された。四カ国のうち米英仏はドイツ西部とベルリン市西部を、ソ連はドイツ東部とベルリン市東部を占領したが、米英仏とソ連の対立が激しくなる中、四九年五月に米英仏占領地域がドイツ連邦共和国（西ドイツ）の建国を宣言すると、同年十月にはソ連占領地域がドイツ民主共和国（東ドイツ）として独立した。市場経済を導入して北大西洋条約機構に加盟した西ドイツと、計画経済を導入してワルシャワ条約機構の一員になった東ドイツとがにらみ合うことになったのである。ソ連の衛星国となった東ドイツでは建前上は複数政党制が導入されたが、実質的には、ドイツ共産党を軸に四六年に結成された社会主義統一党（SED）の一党独裁制が敷かれた。東西冷戦の最中、社会生活全般にわたる統制を強化したSEDは、公教育からキリスト者教育を締め出し、教会から教会税という収入源を断つなど、キリスト教会を弾圧した。

そもそもドイツ社会はキリスト教と密接な関わりがある。再統一後の現在のドイツでは、総人口約八千万人のうち、二千四百万人がカトリック教会に属し（二〇一三年）[1]、二千三百万人が福音主義教会に属する（二〇一二年）[2]。いずれも総人口のほぼ三〇パーセントであり、両者合わせると、人口のほぼ六割がキリスト教徒である。この場合、キリスト教徒であるということは、それぞれの教会に教会税を納めることを意味する。たとえば二〇一四年の教会税の年間総額は、カトリック教会は約五六億八千百万ユーロ[3]、福音主義教会は約五二億ユーロ[4]に達する（同年の為替相場は一ユーロ＝一三五円前後）。近年、教会の信者数は減少傾向にあるが、ここ数年のドイツ国内における景気回復のため、教会税の徴収総額は増えている。教会税は、教会の日常活動や病院、社会福祉施設などの運営に当てられる。福音主義教会の社会福祉団体は約四五万人を常勤で雇用して二万七千の社会福祉施設を運営し、カトリック教会のカリタス連盟は約五九万人を常勤で雇用して社会福祉活動を行っている。[5]

東では福音主義教会の信徒が圧倒的に多かった。一九四六年に東ドイツが行った国勢調査によると、人口のほぼ八割の宗派は福音主義であり、カトリックはほぼ一割に過ぎない。[6]そのため東ドイツ建国当初、ＳＥＤは国民の大多数が属する福音主義教会と対立するのを控え、中立的な姿勢をとった。ところが東西冷戦が激しくなった五二年、方針を転換して教会の影響力の排除を断行し、教会関係者を国家保安省の監視下に置いた。五四年には成年式《ユーゲントヴァイエ》を導入して堅信礼《コンフィルマツィオーン》の機会を信徒の子弟から奪い、五六年には教会税の徴収をやめて教会から財源を奪った。そのため六四年の国勢調査では、福音主義を宗派とする人々は人口の六割に減少するとともに、宗派のない人々が人口の三割を占めるにいたった。この当時の教会が受けた衝撃は、本書第四章に詳しい。当初は党の方針に反対し、子弟に成年式を受けさせないよう教会員に説いた教会だったが、結局は屈服し、堅信礼の実施時期をずらさざるを得なくなった。

ヨアヒム・ガウクが牧師としてロストック郊外の新興住宅地区に赴任したのは、ちょうどこの時期に当たっていた。教会員獲得のためにアパート一戸一戸を訪ね歩いた苦労が、第五章で回想されている。

八〇年代に入ると、東ドイツの福音主義教会は「剣《つるぎ》を鋤《すき》に打ち直す」を標語とする平和運動を推進し、政治性を強めていった。ガウクの教会には、キリスト者に加えて、社会の同調圧力に違和感を抱く人々が集まった。建設兵として化学コンビナートに送られたトーマス・アブラハム。深夜のロストック市内に落書きを書いて投獄されたグナー、ウーテ、デルテ。西ドイツ政府の金銭提供による出国を体験したグナー。自動車のトランクルームに身をひそめて西ドイツに脱出したジビュレ・ハンマー。シュタージで埋め尽くされたギュストローの町を堂々と歩いて西ドイツ首相ヘルムート・シュミットを間近で見たバイアー。シュタージのＩＭでありながら、報告書に本心を語ったスージー・ベルガー。本書に描かれたこれらの人々の体験には、圧力に屈しない普遍的な感覚がある。

国家と党の介入を受けない唯一の場所だった教会には、体制批判運動の担い手が集まった。当然、教会の内部にはIMがいて、切り崩し工作を行った。ガウクは、現在は閲覧可能となった、彼自身を対象になされた数々の諜報活動の記録も織り込みながら、当時シュタージが行った教会への工作の実態を暴いている。

一九八九年――東ドイツよりも西ドイツを望んだ現実主義者

一九八九年、人々はついに立ち上がった。同年九月、ライプツィヒの月曜デモなどを皮切りに、大勢の人々が街頭デモを敢行し、体制に対する不満を行動で示した。同調圧力と事なかれ主義に染まったかに見えた社会が、ついに動き始めたのである。

この激動のなかで政治家になる決断をしたガウクは、翌九〇年三月に行われた東ドイツ初の自由選挙による人民議会選挙に新フォーラムから立候補して、当選した。

当時、東ドイツ社会の崩壊を目の当たりにした体制批判派の多くは、早期のドイツ再統一に反対した。豊かな西ドイツに東が買いたたかれるという危機感は強く、たとえ生活水準は西に及ばなくとも、東ドイツが四十年間で達成した完全雇用や男女平等の社会制度は維持されねばならないという意見が強かった。とくに知識人の間では、スターリン体制に忠実な秘密警察国家とは異なる、ヒューマンな社会主義国家に東ドイツを作り変える可能性に賭ける人々が多かった。

たとえば作家クリスタ・ヴォルフは、八九年十一月八日に東ドイツのテレビニュース番組に出演し、東の人々に「ここに残りましょう」と訴えた。彼女をはじめ、弁護士、政治家、教会監督、芸術家などの知識人は八九年十月二十八日付で声明文「私たちの国のために」を発表し、かつて社会主義が理想として掲げたヒューマニズムの原点に戻り、西ドイツに対する社会主義的選択肢《オルターナティヴ》として東ドイツの自立を目ざすべく、署名活動を始めた（本書第九章）。

しかしガウクは声明文を「無意味な異議申し立て」と一蹴し、再統一に賛成したのだった。知識人は街頭デモを行う人々との接点を失っていると彼は感じたという。「何が民衆《フォルク》のためになるのかは自分たちだけが知っている、しかし未熟な民衆は残念なことに、西ドイツ、とくにその首相ヘルムート・コールに誘惑されている」（二四六頁）という主張が知識人層を大衆から遊離させていたとガウクは回想している。

このような態度を示したガウクは、運動の仲間たちから批判された。第九章では、つかみあいの喧嘩をしかねない雰囲気の中で、仲間の一人がガウクを非難して次のように言ったことが記されている――「ヨッヘン〔ヨアヒムの愛称〕、統一に賛成だなんて、どういうつもりだ？　ここは自分たちの国なんだぞ。自分たちの手できちんとやっていくべきだ」（二四三頁）。このように批判されてもガウクには、東ドイツ知識人が夢見た、人間的な顔を備えた社会主義体制を作る理想は、現実感を欠く少数者が大衆を主導する点で、共産主義時代と同様の大衆から遊離した発想に思えたのだろう。結局、西ドイツと同じ社会になることを訴えた点で、彼の立場は当時の西ドイツ首相ヘルムート・コールと重なったのだ。

現実を重視する彼の政治姿勢は、「西ドイツの平和主義者の友人たちとは異なり、平和と自由を守り、自分の人生や他人の人生を守るために、武器を手に取らねばならない時代もありうると考えていた。したがって一九九〇年代の私の立場は、バルカン半島で勃発した内戦で人々が殺害されるのを黙って見ていたくないと考え、軍事的に介入した人々に近かった」（一九一頁）と回想するところからもうかがえる。

一九九〇年三月十八日、東ドイツ初の自由選挙による人民議会選挙が行われた。選挙結果は反対派にとって散々なものだったが、それでもガウクが所属した新フォーラムなどの選挙連合同盟九〇から十二人が当選した。彼はメクレンブルク＝フォアポンメルン地方の市民運動を代表する唯一の議員として政治活動を始めた。

再統一されたドイツで――秘密警察《シュタージ》の暗い過去と向き合う

東西ドイツが再統一した一九九〇年十月二日に東ドイツ人民議会は解散した。

解散までのほぼ半年間、人民議会の内務委員会で活動したガウクは、シュタージ解体のための特別委員会の委員長に就き、解体を妨害する政権側議員と闘い、シュタージ文書の公開を可能にする法律の制定を勝ち取った。しかし、人民議会が制定した法律は再統一後のドイツ連邦共和国には引き継がれなかった。そこでガウクをはじめとする人民議会議員は西ドイツ連邦政府と交渉し、統一条約に付加条項をつけることに成功した。これにより再統一後のドイツ連邦議会は、人民議会時代の法律を基に、シュタージ文書公開を取り決める新しい法律を制定する義務を負った。さらに、人民議会が選んだ一名の東ドイツ市民がシュタージ文書に関するドイツ連邦政府特別受託官に任命されることになり、九〇年九月二十八日の最後の人民議会で投票が行われ、ガウクが選ばれた。

当時、人民議会が解散するにあたり、人民議会議員四百名中の一四四名は、九〇年十二月のドイツ連邦議会選挙までの限られた任期の間、連邦議会議員の地位を得ることが決まっていた。ガウクはその中の一人だったが、人民議会での選出を受けて再統一直後に受託官に任命されたため、任期が始まったばかりの連邦議会議員を辞職した。党派性を排すためだったという。

シュタージが集めた膨大な文書は、再統一後のドイツ社会にきわめて深刻な問題を突きつけた。文書の内容が漏れると、魔女狩りにも似たＩＭ探しが起こるという懸念があった。文書が公開された場合、西ドイツの諜報活動も明るみに出るという安全保障上の問題もあった。さらに西ドイツの人々の間には、秘密警察問題に触れることを忌み嫌う雰囲気があった。

ガウクは一貫して公開を主張し、その実現に精力を注いだ。彼は、スパイ活動の被害を受けた当事者のみならず、第三者のジャーナリストや研究者にも文書の閲覧を許可することが、シュタージの活動実態の解明につながり、ひいては監視国家の抑止につながるという信念を抱いていた。彼によれば、文書の公開は東ドイツ市民のアイデンティティに関する問題だった。スパイ網の実態を知らなければ、かつて東ドイツに暮らした人々は人間としての自己理解が得られない。自分の人生の物語は、自分のものでなければならない。自分が生きてきた物語に秘密警察がいかに関わったのかを知らねばならないというのだ。

ガウクは諜報機関との駆け引きに勝たなければならなかった。軍事・諜報・警察・公安関係者が勢ぞろいした会合の席上、彼の腹心の事務局長ガイガーが、文書閲覧を制限しようとした諜報機関関係者を論破する場面の回想は興味深い（二八一～二八四頁）。憲法にあたるドイツ基本法が第一条で保障する基本権に「個性を自由に伸ばす権利」、すなわち情報の自己決定権が含まれると主張して、文書閲覧を制限することはできないと論じたガイガーの憲法学上の強い姿勢が、公安関係者を黙らせたという。安全保障上の懸念よりも、憲法が保障する人間の基本権が勝った。シュタージ文書の公開は個人の自由という基本権の制度的保障として実現したことがわかる。

もちろん、過去は不問に付すべきだと考えてシュタージ文書の公開に反対した人々は、東西いずれのドイツにも多かった。文書の公開を求めて闘うガウクは、西ドイツでは気まぐれで頑固過ぎる男と見られ、東ドイツでは官僚的で西ドイツ寄りだと見られた。再統一の立役者だった当時のヘルムート・コール首相もガウクと対決した一人だった。彼は自分を対象にシュタージが収集した文書の公開を差し止めるため、首相退任後の二〇〇〇年にベルリン特別州行政裁判所に提訴した。コールは勝訴したが、連邦議会は二〇〇二年にシュタージ文書法を改定して、コールのような高い公的地位に就いていた公人に関するシュタージ文書の公開を一定の条件下に認める道を開いた。

一九九〇年から二〇〇二年までブランデンブルク州首相を務めたマンフレート・シュトルペとの係争も世間の耳目を集めた。ベルリン・ブランデンブルク教会評議会会長や東ドイツ福音主義教会連盟副代表などの教会関係の要職を歴任したシュトルペは、東ドイツの人々に大変な人望があった。彼は再統一後、旧東独地域の州首相を務めたただ一人の社会民主党（ＳＰＤ）の政治家でもあった。九二年、シュトルペは回想録を発表し、東ドイツ時代にシュタージの職員や幹部将校と定期的に会っていた事実を告白した。これを受けてガウクは、シュトルペはシュタージの重要なＩＭであったと発言したが、シュトルペはベルリン特別州行政裁判所にこの発言の禁止を求める訴えを起こした。行政裁判所はガウクにシュトルペに関する発言を繰り返すことを禁じた。

シュトルペは、彼に同情的な世論に支えられて失脚を免れ、州首相を二〇〇二年まで三期務めた後、〇二年から〇五年までＳＰＤ・緑の党連立政権時代の連邦政府に入閣し、連邦運輸・建設・住宅相を務めた。オスタルギーと言われる東ドイツ時代を懐かしむ気持ちを持つ大多数の人々の心情は、あきらかにシュトルペの側にあった。シュタージ疑惑が浮上した後の九四年の州議会選挙では、シュトルペを擁するＳＰＤはブランデンブルク州で五割を超える得票を獲得し、過半数を制した。福音主義教会も彼を擁護した。ヴァイツゼッカー元ドイツ連邦共和国大統領は、二〇〇九年に公刊された『ドイツ統一への道』の中で、シュトルペへの非難を「無知で破廉恥なこと」と述べている〔岩波書店、永井清彦訳。六九頁〕。ブランデンブルク州調査委員会がシュトルペを重要なＩＭだったと認める報告書を公表したのは、ようやく二〇一一年になってからのことである。

「自由」と「民主主義」を求めて

こうした状況では、ガウクは東西ドイツの和解を妨害する男と見られても不思議ではなかった。本書の第十二章には、フンボルト大学元学長フィンクを擁護する学生たちがガウクに抗議するデモを行い、連邦受託官事務局前の道路を埋め尽くしたエピソードが生々しく語られている。旧SEDの流れをくむ民主的社会主義党（PDS）に近い新聞は、彼のことを「大審問官」呼ばわりさえした。

実際、作家クリスタ・ヴォルフの一九五〇年代末のIM歴が明らかになった一九九三年、東ドイツの文学的良心とも言える彼女の人格すべてを否定すべく執拗に攻撃を繰り返した西ドイツメディアを、ガウクは止めようともしなかった。当時、奨学金を得て米国に滞在していたヴォルフはガウクに書簡を送り、受託官事務局は彼女のシュタージ文書を報道機関にリークしたのではないかと問いただしたが、ガウクは三カ月後にようやく返書を送り、リークはなかったと事務的に回答しただけだった。彼の返書からは、六五年の第十一回SED中央委員会総会で党の方針に公然と反駁して以後、シュタージの威圧的な監視下に置かれた作家の苦しみを理解しようとする姿勢は読み取れない。九三年に問題になっていたのは、「東の人々の自尊心が踏みにじられる」（H．フィンケ[7]）事態だったが、ガウクの事務局はその片棒を担いでいると見なされた。東ドイツをナチに匹敵する第二の独裁体制とみなしたガウクの主張は、歴史の勝者である西ドイツの立場からなされた東の人々への不当な攻撃と受け取られる側面があったことは否定できない。

その一方で、シュタージ文書の閲覧に道を開いたガウクに、大勢の東の人々が敬意を示していることも事実である。本書で彼は、初めて訪れた町で近づいてきた人々から感謝されることがあると書いているが（三三五頁）、受託官事務局でシュタージ文書を閲覧することにより、ついに自身の過去の本当の姿を知ることができた人々は多い。事務局のホームページに公表された数字によると、[8] 閲覧が始まった一九九二年一月から二〇一四年十二月までの閲覧申請総数は、延べ六百九十六万件にものぼる。そのうち、一般市民の申請は三百万件、公的機関の調査申請は百七十五万件、ジャーナリストや研究者の閲覧申請は三万件である。閲覧が始まって二十三年目にあたる二〇一四年になっても、一般市民から六万七千件、公的機関から二百七十件、ジャーナリストや研究者から千四百件の申請があった。シュタージ文書に目を通して、新しい視線で自分の個人史を見つめようとする人々の申請は、これからも途切れないだろう。

「自由」と「民主主義」を実現すべく力を尽くしたガウクの闘いがなかったら、今でもシュタージ文書は公開不可となっていたかもしれない。彼が行った活動が東の人々の新しい出発を確実なものにしたことは間違いない。

二〇一五年にドイツに入国した難民申請希望者は、ドイツ連邦内務省によると約八十九万人にのぼるという。(9) 排外的な主張を掲げる政党が支持を集める中で、いまだに格差を抱える東西ドイツ間の和解はやや後景に退いた感がある。今を逃したら、東西冷戦下に「自由」と「民主主義」を希求した一人の人物の自伝を紹介する機会はなくなるかもしれない。このような訳者のやや性急な申し出を快く受け止め、翻訳出版の勇断を下された論創社社長の森下紀夫氏と、編集で大変お世話になった森下雄二郎氏に厚く感謝したい。

翻訳を進めるにあたって多くの方々にご教示を仰いだが、なかでも訳者の度重なる質問に丁寧に答えていただいたのみならず、数多くの貴重なアドバイスを授けていただいた立教大学講師ゲジーネ・ゲスナー氏に深謝するとともに、校正を引き受けた新野忍に心からの感謝を捧げる。

二〇一七年八月　新野守広

（1）http://www.dbk.de/zahlen-fakten/kirchliche-statistik/（二〇一五年三月二九日）

（2）http://www.ekd.de/statistik/93734.html（二〇一五年三月二九日）

（3）http://www.dbk.de/zahlen-fakten/（二〇一五年三月二九日）

（4）https://www.evangelisch.de/inhalte/120536/10-03-2015/ekd-nimmt-mehr-als-fuenf-milliarden-euro-kirchensteuer-ein（二〇一五年三月二九日）

（5）ヴァイツゼッカー（永井清彦訳）『ドイツ統一への道』（岩波書店）の訳者解説の記述（二二五頁）に倣い、新しい数字を挙げた。

（6）W. Büscher: Unterwegs zur Minderheit - Eine Auswertung Konfessionsstatistischer Daten. In: R. Henkys（Hrg）: *Die evangelische Kirche in der DDR*, München 1982, S. 423. 一九六四年以後、東ドイツ政府は国勢調査で宗派の集計を行わなくなった。

（7）Hermann Vinke（Hg.）: Akteneinsicht Christa Wolf. Luchterhand, 1993. S. 13.

（8）http://www.bstu.bund.de/DE/Home/home_node.html（二〇一五年四月十三日）

（9）http://www.bmi.bund.de/SharedDocs/Pressemitteilungen/DE/2016/09/asylsuchende-2015.html（二〇一六年十月十日）

関連年表

一九四五年　五月　ドイツ降伏。
一九四六年　十月　ソ連占領地域でＫＰＤとＳＰＤが合併し、ＳＥＤ設立。
一九四九年　五月　米英仏占領地域、ドイツ連邦共和国基本法を可決。ボンを連邦共和国（西ドイツ）の暫定首都に選ぶ。
　　　　　　十月　ソ連占領地域、ドイツ民主共和国憲法を発効。ベルリンが民主共和国（東ドイツ）の首都となる。
　　　　　十二月　西ドイツ政府、マーシャル・プランの協定に調印。
一九五三年　三月　スターリン死去。
　　　　　　六月　東ドイツ全土で労働者が蜂起。
一九五五年　九月　西ドイツ首相アーデナウアー（ＣＤＵ）、訪ソ。ソ連との外交関係再開への協定を結び、戦争捕虜の送還が決まる。
　　　　　　十月　ザールラントで住民投票。ドイツ復帰賛成派が多数を占める。
一九五六年　二月　ソ連共産党第20回党大会で第一書記フルシチョフがスターリンを批判する報告を行う。
一九六一年　八月　東ドイツ、東西ドイツ間の交通を遮断し、壁を構築。
一九六二年　一月　東ドイツ、人民議会で兵役義務法を可決。
一九六八年　四月　東ドイツ、新憲法を採択。西ドイツとの乖離政策を推進。
　　　　　　　　　西ドイツ各地で学生デモ。
　　　　　　八月　東ドイツ人民軍、ソ連と東欧四カ国の軍隊とともにチェコスロバキアに侵攻。「プラハの春」終焉。
一九六九年　六月　東ドイツに福音主義教会連盟が設立される。

一九七〇年十二月　西ドイツ首相ブラント（ＳＰＤ）、ワルシャワのゲットー跡地で跪く。
一九七四年　五月　西ドイツ、秘書ギョームのスパイ事件のためブラント辞任。ＳＰＤ副党首シュミット、首相就任。
一九七五年　七月　ヘルシンキでヨーロッパ安全保障協力会議開催。ヘルシンキ宣言採択。
一九七六年　十月　東ドイツ、ホネカーがＳＥＤ書記長、国家評議会議長に選出される。
一九七九年十二月　ソ連、アフガニスタン侵攻。
一九八二年　十月　西ドイツ、ＣＤＵ党首コールが首相に就任。
一九八五年　三月　ソ連、ゴルバチョフがソ連共産党書記長に就任。
一九八六年　四月　チェルノブイリ原発事故。
一九八七年　八月　東ドイツのＳＥＤと西ドイツのＳＰＤとの対話が発表される。
一九八八年　一月　東ベルリンのローザ・ルクセンブルク追悼デモで多数の市民活動家逮捕。
一九八九年　六月　北京で天安門事件が起こる。
　　　　　　九月　ライプツィヒで最初の月曜デモが起きる。これを皮切りに東ドイツ各地で次々と人々がデモを行う。
　　　　　　十月　ライプツィヒで大規模デモ。
　　　　　　　　　ロストックで最初の木曜デモが起きる。
　　　　　十一月　旅行許可に関する出国規制緩和の発表をきっかけに、東ドイツ市民が国境検問所に殺到。東西ドイツを隔てる国境ゲートが開放される。
　　　　　十二月　東ドイツ各地のシュタージ地方本部占拠。
　　　　　　　　　円卓会議が始まる。
一九九〇年　一月　東ベルリンのシュタージ中央本部占拠。

三月　東ドイツ人民議会選挙。再統一の早急な実現を公約した西ドイツ首相コールの人気に支えられ、ドイツ連盟が勝利。ロストックの新フォーラムに属したガウクは同盟90から立候補し、人民議会議員に選出される。

十月　東西ドイツ再統一。連邦政府特別受託官に就任したガウクは、連邦議会議員を辞任。

一九九五年　九月　ガウクの連邦受託官二期目が始まる。

一九九八年　十月　シュレーダー（ＳＰＤ）、首相に就任。

一九九九年　三月　ドイツ連邦軍、ユーゴスラビア空爆に参加。

二〇〇〇年　十月　ガウクの連邦受託官二期目が終わる。後任には東ドイツ時代に平和運動に携わり、再統一後、ブランデンブルク州教育・青少年・スポーツ相を務めたマリアンネ・ビルトラーが選ばれる。

二〇〇三年　ガウク、社団法人「忘却に抗して—民主主義のために」の理事長に就任。

二〇〇五年十一月　ＣＤＵ党首メルケル、首相に就任。

二〇一〇年　六月　ガウク、ＳＰＤと同盟90／緑の党の推薦を受け、連邦大統領候補となるが、ＣＤＵ／ＣＳＵとＦＤＰの推薦を受けたクリスティアン・ヴルフが第十代連邦大統領に選ばれる。

二〇一二年　三月　ヴルフの辞任に伴い、ガウクは第十一代ドイツ連邦共和国大統領に選ばれる。

主な政党の略号

ＣＤＵ（キリスト教民主同盟）
ＣＳＵ（キリスト教社会同盟）
ＤＡ（民主主義の出発）
ＤＪ（民主主義を今）
ＤＳＵ（ドイツ社会同盟）
ＦＤＰ（自由民主党）
ＫＰＤ（ドイツ共産党）
ＰＤＳ（民主的社会主義党）
ＳＥＤ（社会主義統一党）
ＳＰＤ（社会民主党）

主な団体・用語の略号

ＦＤＪ（自由ドイツ青年同盟）
ＩＭ（国家保安省の非公式協力者）

ガウク家の人々

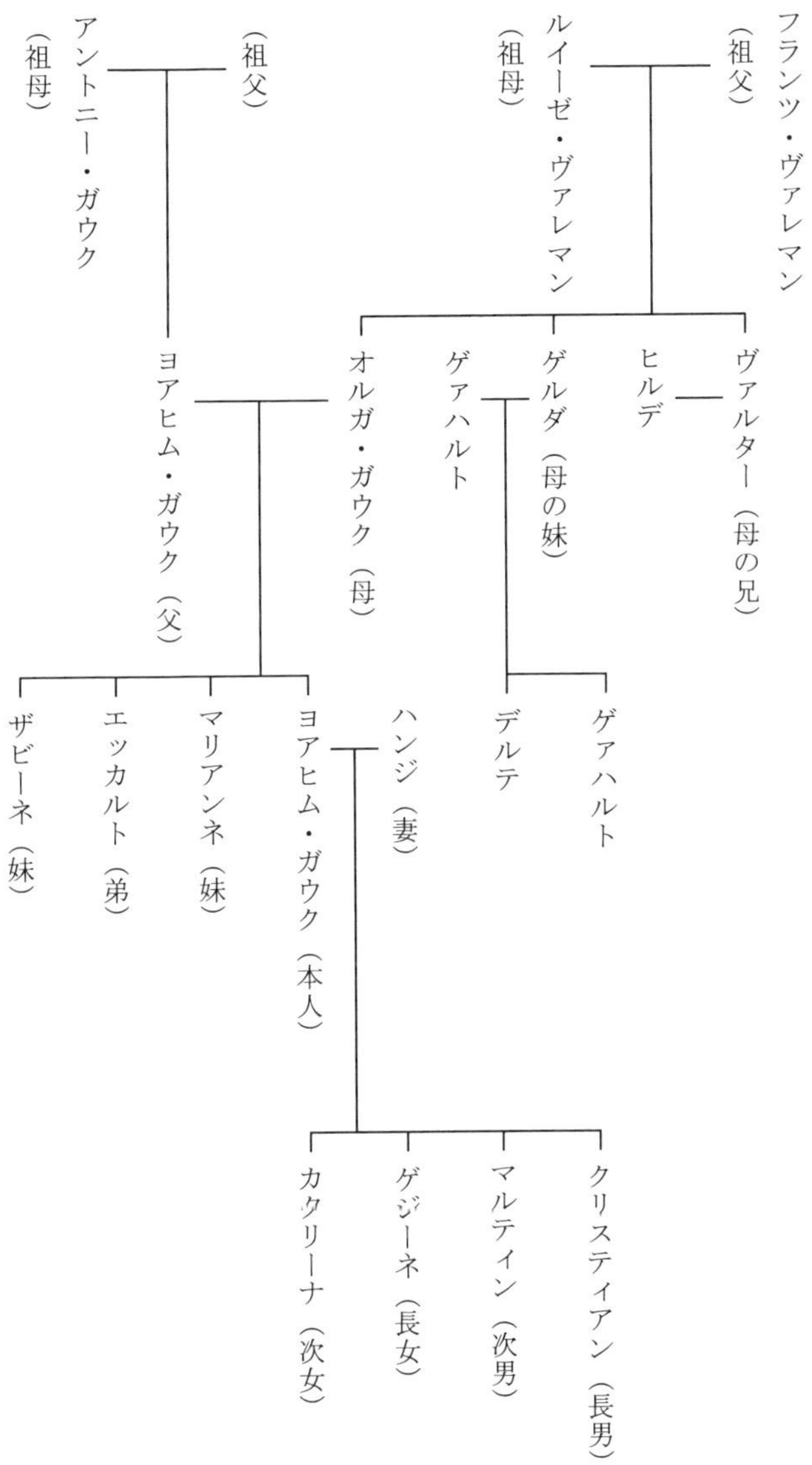
フランツ・ヴァレマン（祖父）
ルイーゼ・ヴァレマン（祖母）
（祖父）
アントニー・ガウク（祖母）
ヴァルター（母の兄）
ヒルデ
ゲルダ（母の妹）
ゲアハルト
オルガ・ガウク（母）
ヨアヒム・ガウク（父）
ゲアハルト
デルテ
ハンジ（妻）
ヨアヒム・ガウク（本人）
マリアンネ（妹）
エッカルト（弟）
ザビーネ（妹）
クリスティアン（長男）
マルティン（次男）
ゲジーネ（長女）
カタリーナ（次女）

写真提供者（所在地、頁）

ＡＰ通信、デュッセルドルフ、３４８頁（フリッツ・ライス）

シュテフィ・ベーレント、ディーター・ベーレント、シュヴェリーン／ピルナ、２４７頁

旧東ドイツ国家保安省文書に関する連邦受託官事務局（ＢｓｔＵ）ロストック支所、１９６頁

社団法人「忘却に抗して―民主主義のために」、ベルリン、３５０頁

バルバラ・クレム、フランクフルト、２９３頁

個人所有（匿名）11頁、17頁、20頁、30頁、51頁、52頁、72頁、１００頁、１１１頁、１２４頁、１２５頁、１４４頁、１８２頁、２４１頁、２４９頁、２７１頁、３７９頁

ゲァハルト・シュミッツ、ヴァルネミュンデ、２４０頁

マルティナ・ティーアコップフ、ブレーメン、２７４頁

ガイ・ティリム、ヨハネスバーグ、３４２頁

ウルシュタイン社、ベルリン、１４９頁（ウルシュタイン／ＡＤＮ写真アーカイブ）、２６６頁（ウルシュタイン社―ヴェレク）、３２７頁（ウルシュタイン社―ＬＳプレス）

ジークフリート・ヴィッテンブルク、ロストック、84頁、１３３頁、２２１頁、２４６頁

〔著者〕
ヨアヒム・ガウク（Joachim Gauck）
1940 年、ドイツ北部のロストックに生まれる。ドイツ民主共和国（東ドイツ）で神学を専攻後、福音主義教会の牧師となり、東ドイツの体制批判運動を担う。東西冷戦が揺らいだ 1989 年、新フォーラムに参加。1990 年 3 月、東ドイツ人民議会で初めて実施された自由選挙で当選。同年 10 月のドイツ再統一後は連邦受託官として国家保安省の解体に関わった。2012 年 3 月から 2017 年 3 月まで第 11 代ドイツ連邦共和国大統領を務める。

〔訳者〕
新野守広（にいの・もりひろ）
1958 年生まれ。ドイツ演劇翻訳・研究。著書に『演劇都市ベルリン』（れんが書房新社）、『知ってほしい国、ドイツ』（共著、高文研）、訳書にハンス＝ティース・レーマン『ポスト ドラマ演劇』（共訳、同学社）、マウリス・フォン・マイエンブルク『火の顔』、デーア・ローアー『最後の炎』（ともに論創社）など多数。第 2 回小田島雄志・翻訳戯曲賞受賞。立教大学教授。

ガウク自伝――夏に訪れた冬、秋に訪れた春

2017年10月20日　初版第1刷印刷
2017年10月30日　初版第1刷発行

著　者　ヨアヒム・ガウク
訳　者　新野守広
発行者　森下紀夫
発行所　論 創 社
東京都千代田区神田神保町 2-23　北井ビル
電話 03（3264）5254　振替口座 00160-1-155266
装丁　宗利淳一
印刷・製本　中央精版印刷
ISBN978-4-8460-1667-8
落丁・乱丁本はお取り替えいたします